尚商系列丛书

上海商业发展报告

ANNUAL REPORT ON BUSINESS DEVELOPMENT OF SHANGHAI

贺瑛 曹静 孙雪飞 沈荣耀 冯睿 等著

上海科学技术文献出版社
Shanghai Scientific and Technological Literature Press

图书在版编目（CIP）数据

上海商业发展报告.2022/贺瑛等著．—上海：上海科学技术文献出版社，2023
ISBN 978-7-5439-8719-7

Ⅰ.①上… Ⅱ.①贺… Ⅲ.①商业经济—研究报告—上海—2022　Ⅳ.① F727.51

中国版本图书馆 CIP 数据核字（2022）第 237184 号

责任编辑：李　莺　栾　鑫
封面设计：VIDA

上海商业发展报告.2022
SHANGHAI SHANGYE FAZHAN BAOGAO.2022
贺　瑛　曹　静　孙雪飞　沈荣耀　冯　睿　等著
出版发行：上海科学技术文献出版社
地　　址：上海市长乐路 746 号
邮政编码：200040
经　　销：全国新华书店
印　　刷：常熟市人民印刷有限公司
开　　本：787mm×1092mm　1/16
印　　张：17.25
字　　数：229 000
版　　次：2022 年 12 月第 1 版　2022 年 12 月第 1 次印刷
书　　号：ISBN 978-7-5439-8719-7
定　　价：78.00 元
http://www.sstlp.com

 # 编 委 会

编委会主任： 张国华　贺　瑛

编委会执行主任： 冯叔君

编委会副主任： 黄　宇　杜　娟　刘　斌　赵　萌

编委会委员： （按姓氏笔画排名）

　　　　　　　　王　晨　王鲜梅　亢秀秋　冯　睿　吕　洁

　　　　　　　　刘会齐　江　江　孙雪飞　吴文霞　沈荣耀

　　　　　　　　宋长海　张凯旋　张海平　邵　伟　单佳灵

　　　　　　　　赵黎黎　胡恒智　俞　玮　唐晓虎　符栋良

　　　　　　　　曹　静　曹剑涛

前　言

由上海商学院、上海市商务委员会联袂打造的《上海商业发展报告(2022)》，从2021年度上海商业运行、商业网点、商业品牌、商业热点入手，借此对上海商业发展未来进行了展望。考虑到2021年度的特点，本年度商业品牌聚焦于信息消费品牌，商业热点的重点则在"直播电商"。

本报告第一章"上海商业运行状况"从上海商业运行的国内外环境着手，将上海商业置于国际、国内和上海经济发展的大环境中。特别是在新冠疫情后全球经济复苏的情况下，结合上海经济发展热点，分析其对上海商业宏观市场运行和微观企业运行的影响，商业宏观市场运行包括商业市场的总体状况和发展趋势，微观企业运行分析选取2021年有典型性和代表性的上海商业老字号企业进行重点分析，并在此基础上对该年度上海商业的重点政策进行列举和深入解读。

本报告第二章"上海商业体系研究"主要对2021年上海商业网点体系的发展进行综合研究。第一节以消费数据为核心分析上海市商业网点的外来消费和消费画像特征，并通过2019、2020和2021三年的消费数据进行趋势分析，揭示新冠疫情对本市商业网点发展的影响。第二节基于GIS空间大数据和消费数据，从基底洞察、引力评价和区域禀赋三个维度分析18个上海市级商业中心，并对市级商业中心的发展状况进行综合量化评价。第三节以2021年度上海社区商业发展的新变化为研究重点，梳理提炼2021年上海市在助推社区商业发展方面的相关政策，总结上海社区商业2021年度的需求及供应特征，并选取上海优秀社区商业案例及2021年新开业的新兴社区商业案例进行深入研究，综合2021年社区商业发展情况及市场环境，预测上海市社区商业未来的发展趋势。第四节基于上海商业街区发展的新方位和新类型，系统分析了发展的政策优势和时代机遇，进一步解析了在数量不足、特色不显著、烟火气不足和消费黏性弱等方面的缺憾，并以安福路为例总结提炼了上海商业街区发展创新路径的探索经验。最后结合无界化的消费场景、情景化的消费体验和低碳化的消费理念等趋势，以"人民城市人民建、人民城市为人民"重要理念为指引，从精准定位、以人为本和智慧引领等视角，对上海商业街区的发展提出了对策建议。

本报告第三章"上海商业品牌研究"聚焦上海信息消费品牌研究。第一节在阐明信息消费品牌概念的基础上，结合2022年凯度BrandZ最具价值全球品牌排行榜，对信息消费品牌价值进行分析，并提炼出信息消费品牌的主要发展特征。第二节概述信息消费品牌总体发展呈现出的强势头、深融合、多业态、新场景四大特点，并进一步聚焦分析上海信息消费品牌发展现状。第三节针对上海信息消费品牌展开典型案例研究，分别以潮流网购社区——得物、一站式在线旅游服务平台——携程网、动漫娱乐平台——哔哩哔哩为例，从发展现状、信息服务内容及信息服务成效等方面进行分析。第四节运用问卷调查法，从信息消费类型（能力）及意愿、信息消费终端及品牌选择、信息服务付费意愿、新型信息消费场景参与和智能化集成信息产品消费意愿等方面，对上海市居民信息消费行为展开深入的调查。本研究旨在为上海信息消费品牌的发展提供有益的参考与借鉴。

本报告第四章"上海商业热点分析"的主题为"直播电商"，主要对数字经济涵盖范围内的上海直播电商运转现状和带来的社会效益进行阐述。第一节介绍了数字经济和数字商务的内涵及上海数字经济发展现状。第二节阐述直播经济产生的理论依据及运营模式。第三节是对上海直播行业发展的现状分析，并用典型案例加以说明。第四节则对上海直播经济发展提出相关的政策建议。

本报告第五章"上海商业发展展望"从疫情中的上海商业入手，对未来上海商业的发展进行了思考。

本书是集体合作的产物。第一章由曹静主持完成，第一节、第二节由吕洁、曹静完成,第三节和第四节由俞玮、曹静和吕洁共同完成。第二章由孙雪飞主持完成。第一节由胡恒智、张海平完成,第二节由胡恒智、孙雪飞完成,第三节由孙雪飞、王鲜梅完成,第四节由宋长海、唐晓虎、孙雪飞完成,赵萌、王晨协助孙雪飞参与了第二章的统稿工作,蒋若冰参与了第二章的数据分析工作。第三章由冯睿、亢秀秋、江江共同完成。第一节由冯睿执笔,第二节由亢秀秋执笔,第三节由冯睿(案例一:得物)、江江(案例二:携程网)、亢秀秋(案例三:哔哩哔哩)共同执笔,第四节由江江执笔。由冯睿完成全章的统稿工作。第四章由沈荣耀和邵伟共同完成,邵伟完成第一节、第二节,沈荣耀完成第三节、第四节,由沈荣耀完成全章统合工作。第五章由贺瑛独立完成。本书由贺瑛总纂。

感谢银联智策提供数据分析支持,感谢上海市商业联合会提供行业调研支持。特别感谢上海科学技术文献出版社对本书出版的大力支持,感谢责任编辑的倾心付出。

目 录

第一章 上海商业运行状况 ········· 1
 第一节 上海商业运行环境 ········· 1
 第二节 上海商业宏观市场运行分析 ········· 13
 第三节 上海商业企业微观经济运行分析 ········· 23
 第四节 上海商业政策环境分析 ········· 34

第二章 上海商业体系研究 ········· 42
 第一节 上海商业网点发展概况 ········· 42
 第二节 上海商业中心发展评估 ········· 59
 第三节 上海社区商业发展分析 ········· 78
 第四节 上海商业街区发展分析 ········· 102

第三章 上海商业品牌研究 ········· 125
 第一节 信息消费品牌概述 ········· 125
 第二节 信息消费品牌发展现状 ········· 139
 第三节 上海信息消费品牌典型案例 ········· 151
 第四节 上海市居民信息消费行为调研 ········· 171

第四章 上海商业热点分析——直播电商 ········· 206
 第一节 数字经济与数字商务 ········· 206
 第二节 直播经济 ········· 217
 第三节 上海直播电商现状分析 ········· 231
 第四节 上海发展直播电商的政策建议 ········· 239

第五章 上海商业发展展望 ········· 249
 第一节 疫情中的上海商业 ········· 249
 第二节 上海商业发展思考 ········· 254

参考文献 ········· 264

第一章 上海商业运行状况

第一节 上海商业运行环境

一、国内外宏观经济环境

(一)疫情延续,全球经济复苏放缓

2021年新冠变异毒株继续肆虐全球,从初期的阿尔法、贝塔、伽马,到广泛流行的德尔塔,再到近期更具传播性的奥密克戎。在经历2020年经济衰退之后,2021年全球经济强劲反弹,各主要经济体经济发展不断回归正轨,但整体分布呈现出复苏不充分、不均衡的特点。12月摩根大通全球制造业和服务业PMI(Purchasing Managers' Index,采购经理指数)指数分别为55.3和54.6,2021年以来一直保持在高景气区间。根据世界银行公布的数据,2021年全球GDP(国内生产总值)从2020年的84.7万亿美元,大幅上涨至96.1万亿美元,增量超过德国、日本和意大利GDP之和。其中,中国的贡献最大,2021年GDP增量历史上首次突破3万亿美元,占全球增量的比重高达26.6%。其次是美国,GDP增量超过2万亿美元,占比18.4%。中国、美国、印度经济复苏强劲,2021年连续三个季度保持经济增长势头,2021年前三季度GDP总量较2019年同期分别增长15.98%、6.54%、10.88%,均已显著超过疫情前水平。中美两国经济复苏,已恢复平稳增速,印度在第二季度受疫情暴发影响,增速明显放缓,第三季度又重回高速区间。德、英、法前三季度累计GDP已基本恢复到疫情前水平,日本、意大利尚未完全复苏,仅恢复到疫情前的97%左右。[1]

---

[1] 数据来源:Wind外贸信托。

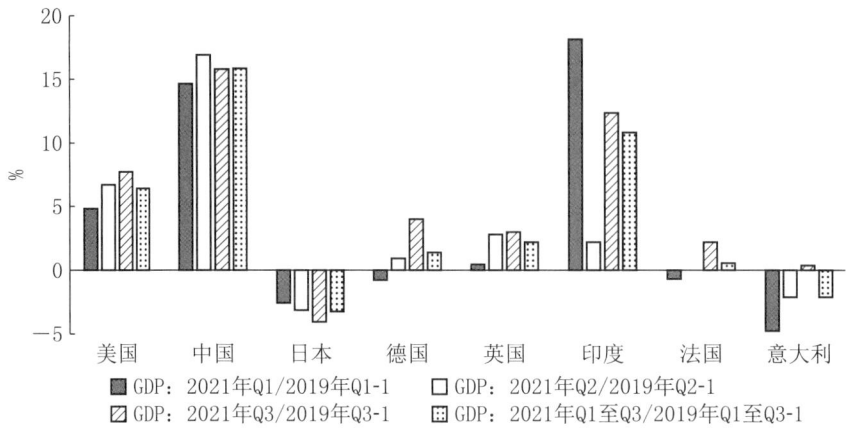

图 1-1 全球主要经济体 GDP 较疫情前恢复情况

除了疫情的持续扰动之外,供应短缺以及通胀压力也是 2021 年全球经济复苏趋缓的主要影响因素。发达经济体需求复苏强劲,国际贸易和社会零售品销售都超过疫情前水平;但受疫情影响,部分产业链生产受阻,国际航运物流紧张,供给问题凸显,导致全球供需结构性失衡的局面。主要大宗商品、中间投入品、工业出厂品、出口产品、海运等领域价格全面上涨,PPI(生产价格指数)和 CPI(消费价格指数)均面临上涨压力。2021 年,标普高盛商品全收益指数上涨 40.4%,其中能源、工业金融和农产品分别上涨 60.7%、29.6%、24.7%。欧盟 27 国 11 月 CPI 同比增长 5.2%,刷新 21 世纪以来的历史纪录。

(二)工业经济稳定增长,服务业结构分化明显

2021 年,正值中国共产党成立一百周年,在这一重要历史时刻,面对复杂严峻的国际环境和国内疫情散发的多重考验,我国经济增速居全球主要经济体前列。全年 GDP 为 1 143 670 亿元,比 2020 年增长 8.1%,两年平均增长 5.1%。中国吸收外资再创历史新高,首次突破了 1 万亿元人民币,达到 1.15 万亿元,增速达到了 14.9%,高技术产业引资占比首次超过了 30%。2021 年,中国实现进出口总额 6.05 万亿美元,再次实现了超预期增长。其中,进口总额为 2.69 万亿美元,同比增长 30.1%,出口总额为 3.36 万亿美元,同比增长 29.9%,实现贸易顺差 6 764.3 亿美元,比上年增长 29.1%。货物和服务净出口带动全国 GDP 增长了 1.7 个百分点,对 GDP 增长的贡献率大幅提高,达到 20.9%。[1]

---

[1] 数据来源:中华人民共和国海关总署。

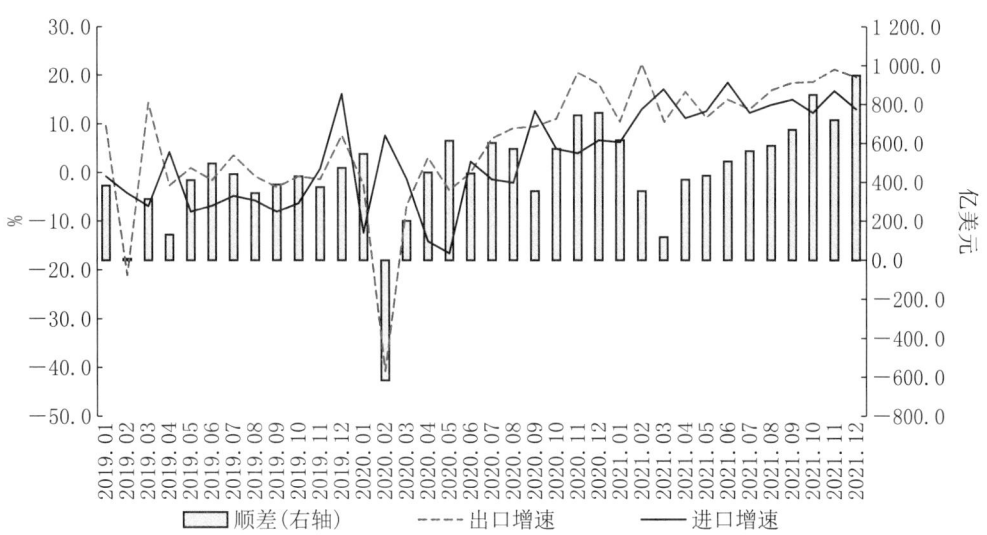

图1-2 2019年1月至2021年12月我国外贸进出口及顺差情况

注:2021年的进、出口增速为近两年复合增速。

从生产端看,2021年全国规模以上工业增加值同比增长9.6%,与GDP增速相比高出1.5个百分点;两年平均增长6.1%,比GDP两年平均增速高出1个百分点,与疫情前的平均增速水平较为接近。据《经济研究:2021年中国经济回顾与2022年经济展望》分析显示,制造业增加值全年同比增长9.8%,占GDP比重达到27.4%,同比提高1.1个百分点,这是自2011年以来制造业占GDP比重连续下降后首次实现回升。2021年,全国服务业增加值同比增长8.2%,两年平均增长率与全国GDP增速水平基本持平。疫情影响之下,不同服务行业的结构分化较为明显。2021年在服务业全行业增加值两年平均增长5.0%的情况下,信息传输、软件和信息技术服务业、金融业实现的增加值两年平均增长分别达到16.7%、5.3%;但受疫情影响较大的行业,如住宿和餐饮业、租赁和商务服务业的增加值两年平均增速则分别只有-2.4%、0.8%。[1]

(三)发展绿色经济,致力"碳中和"目标

随着全球变暖和气候变化加剧,各主要经济体大力发展绿色经济,"碳中和"逐渐成为全球战略共识。在"碳中和"的背景下,欧洲能源转型步伐加快,大量关闭核电站、煤火电站等,更加依赖天然气、风力发电等绿色能源。然而,受极端气候影响,风电供给大幅减少,以及在政治博弈下俄罗斯—欧洲天然气管道输气量有限,2021年

---

[1] 数据来源:中华人民共和国海关总署。

欧洲能源供给严重不足,引发能源危机,迫使工业部门限制产量。欧洲能源危机的爆发拉动全球大宗商品价格大幅上涨,天然气、原油、煤炭等能源品价格飙升。我国电力目前以火力为主,煤炭价格的高企造成煤电价格倒挂,叠加生产需求旺盛,导致电力供应也出现紧张。

2021年,在"碳达峰""碳中和"的绿色经济战略布局上,多地积极加码能耗双控举措,加剧了限电限产的实施力度。限电限产制约了高耗能工业用户生产和出口。2021年《政府工作报告》中指出:"扎实做好碳达峰、碳中和各项工作,制定2030年前碳排放达峰行动方案,优化产业结构和能源结构。"10月,《关于完整准确全面贯彻新发展理念做好碳达峰碳中和工作的意见》正式发布。金融方面,碳市场、碳中和债券、结构性货币政策工具等多项绿色金融政策出台。截至2021年底,国内21家主要银行绿色信贷余额达15.1万亿元,占其各项贷款的10.6%。按照信贷资金占绿色项目总投资的比例测算,这相当于每年可支持节约标准煤超过4亿吨,二氧化碳减排量7亿吨以上,可见绿色信贷环境效益明显。

(四)培育高端装备制造和"专精特新"企业,助力高质量发展

中国经济正处于重要的结构转型期,高端装备制造和"专精特新"是提质增效的重要抓手。高端装备制造近年来发展迅速,2021年,高技术制造业投资增速快于全部投资增速17.3个百分点,东部、中部和西部地区制造业投资分别增长14.2%、16.0%和16.8%。但高技术制造业占经济的比重目前相对较低,仍有很大的发展空间。2020年高技术制造业占规模以上工业增加值比重仅为15.1%。

2021年中央经济工作会议提出:"要提升制造业核心竞争力,启动一批产业基础再造工程项目,激发涌现一大批'专精特新'企业。""专精特新小巨人"也在这一年迎来密集的政策红利。1月,财政部、工信部联合印发了《关于支持"专精特新"中小企业高质量发展的通知》;7月30日,"专精特新"出现在中央政治局会议;11月15日,北交所正式开市交易,旨在服务"专精特新"中小企业;11月19日,国务院印发《为"专精特新"中小企业办实事清单》;12月8日至10日,中央经济工作会议指出,要"激发涌现一大批'专精特新'企业"。截至11月底,已培育国家级"专精特新小巨人"企业4 762家,带动省级"专精特新"中小企业4万多家,入库企业11.7万家。已上市"小巨人"企业300余家,近两年净利润和营业收入的平均增速均超25%,达到所有上市公司均值的两倍左右。

(五) 加快数字经济发展,促进传统产业升级

数字技术创新仍是全球战略重点,全球数字化转型正由效率向价值变革、由企业内向产业链价值链拓展,全球面向实体经济的工业和产业互联网平台快速发展。2021年,全球47个主要国家数字经济增加值达到38.1万亿美元,同比名义增长15.6%,占GDP比重为45.0%。其中,发达国家数字经济规模较大,达到27.6万亿美元,GDP占比为55.7%。而发展中国家数字经济增长更快,2021年增速达到22.3%。各主要国家数字经济加速发展,美国数字经济蝉联世界第一,规模达到15.3万亿美元,中国位居第二,规模为7.1万亿美元。从占比上看,德国、英国、美国数字经济占GDP比重位列前三位,均超过65%。从增速上看,挪威数字经济同比增长34.4%,位居全球第一,另有南非、爱尔兰、新西兰等13个国家数字经济增速超过20%。[1]

数字经济为世界经济发展增添了新动能,也是驱动我国经济发展的关键力量。从增速上看,2012年至2021年,我国数字经济平均增速为15.9%;从占比上看,2012年至2021年,数字经济占GDP比重由20.9%提升至39.8%,占比年均提升约2.1个百分点。数字经济整体投入产出效率由2002年的0.9提升至2020年的2.8。2021年底,国务院颁布并开始实施国家级的《"十四五"数字经济发展规划》。面临人口红利的退潮,《中华人民共和国国民经济和社会发展第十四个五年规划和2035年远景目标纲要》(简称《"十四五"规划纲要》)针对"打造数字经济新优势"也提出了详尽规划。

二、 上海经济发展态势

(一) 经济发展韧性增强,新兴动能加快成长

上海市全年经济社会平稳健康发展,呈现稳中加固、稳中有进、稳中向好的态势。全市实现GDP总值43 214.85亿元,较上一年增长8.1%。这是全市GDP自2017年突破3万亿元以来,首次突破4万亿元,四年再上一个新台阶。

第一产业增加值为99.97亿元,同比下降了6.5%。第二产业增加值则达到11 449.32亿元,同比增长9.4%。全年全市35个工业行业中有28个行业产值实现增长,增长面为80.0%。全年新能源、高端装备、数字创意等工业战略性新兴产业总产值16 055.82亿元,比上年增长14.6%。上海集成电路、生物医药、人工智能这三大先导产业所实现的工业总产值达3 254.74亿元,同比增长18.3%。汽车制造业、专用设

---

[1] 数据来源:《全球数字经济白皮书(2022年)》。

备制造业、电气机械和器材制造业较快增长,产值同比增速分别为21.1%、19.7%和15.1%。其中,新能源汽车、新能源和生物产值同比增速分别为1.9倍、16.1%和12.1%。第三产业增加值首次突破3万亿元,达到31 665.56亿元,同比增长7.6%,对全市经济增长贡献率达69.6%。其中,交通运输、仓储和邮政业增加值为1 843.46亿元,同比增长13.5%;信息技术服务业增加值3 392.88亿元,同比增长12.4%;批发和零售业增加值5 554.03亿元,同比增长8.4%;金融业增加值7 973.25亿元,同比增长7.5%;房地产业增加值3 564.49亿元,同比增长4.8%。[1]

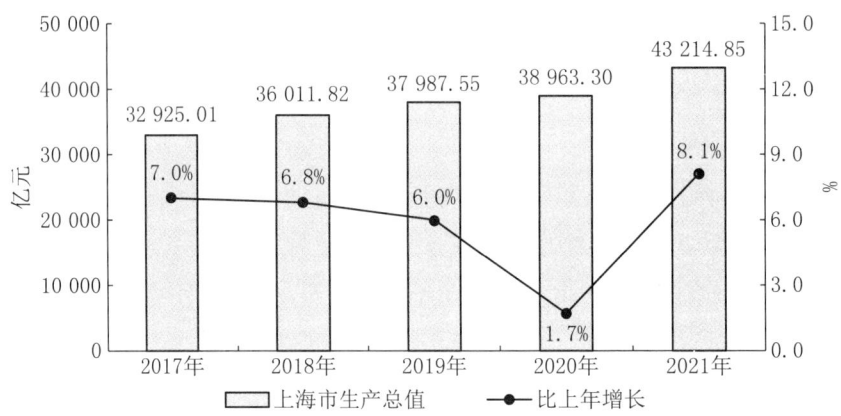

图1-3 2017—2021年上海市生产总值及其增长速度

(二)消费拉动经济作用持续增强

上海市全年社会消费品零售总额为18 079.25亿元,较上一年增长了13.5%,两年平均增长6.8%。从行业角度看,批发和零售业零售额达到16 623.32亿元,同比增长12.7%;而住宿和餐饮业零售额1 455.93亿元,同比增长22.7%。从商品类别的角度看,基本生活消费增势较好,日用品类零售额同比增长24.7%;升级类消费需求持续释放,文化办公用品类、金银珠宝类和化妆品类零售额同比分别增长40.1%、30.3%和15.7%。全市网上商店零售额3 365.78亿元,比上年增长20.8%,占社会消费品零售总额的比重为18.6%,较上年增加了2.2%。

居民消费价格平缓上涨,较上一年上升1.2%,涨幅同比下降0.5个百分点,为五年来新低。居民消费价格比上年上涨1.2%,涨幅同比回落0.5个百分点。其中,教育文化娱乐类价格上涨2.7%,交通通信类价格上涨4.0%,居住类价格上涨1.1%,其他用品及服务类价格上涨0.9%,生活用品及服务类价格上涨0.7%,食品烟酒类价格上

---

[1] 上海市统计局.2021年我市工业生产运行情况[EB/OL].(2022-01-24)[2022-11-01].https://tjj.sh.gov.cn。

涨0.5%,衣着类价格下降0.5%,医疗保健类价格下降1.1%。2021年全市工业生产者的出厂价格较上一年提高2.1%,工业生产者购进价格则上涨了7.3%。[1]

(三) 开放型经济特点不断彰显

2021年,上海市货物进出口较快增长,利用外资增势良好。口岸货物进出口总额首次超过4万亿元,达到40 610.35亿元,较上一年增长16.5%,再创历史新高。亚太示范电子口岸网络拓展至24个成员口岸。其中,进口24 891.68亿元,增长17.7%;出口15 718.67亿元,增长14.6%。增速均为2016年以来的最高水平。高新技术产品出口占全市比重为38.5%。从市场角度看,对美国进口1 993.27亿元,增长8.5%,出口3 087.89亿元,增长3.6%;对欧盟进口5 463.64亿元,增长11.8%,出口2 605.66亿元,增长25.2%;对东盟进口3 484.21亿元,增长10.3%,出口1 896.55亿元,增长12.2%。一般贸易进出口增长24.1%,占进出口总额的比重为57.5%,比上年提高3.8%。民营企业进出口增长32.5%,占进出口总额的比重为27.2%,比上年提高3.3%。全年外商直接投资实际到位金额为225.51亿美元,较上一年增长11.5%。其中,第三产业外商直接投资实际到位金额增长12.7%,占全市的比重为95.5%。[2]

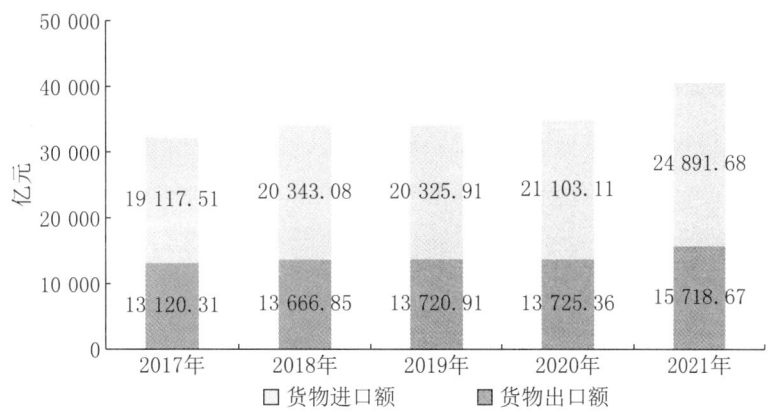

图1-4 2017—2021年上海市货物进出口总额

2021年,上海港集装箱吞吐量突破4 700万标准箱,同比增长8%,已连续12年位居全球第一。2021年上海浦东和虹桥两大机场年货邮吞吐量达436.6万吨,在逆势中刷新了上海航空货运枢纽保障能级的新纪录,浦东国际机场货邮吞吐量保持全

---

[1] 上海市统计局.2021年上海市国民经济和社会发展统计公报[EB/OL].(2022-03-15)[2022-11-01].https://tjj.sh.gov.cn。
[2] 同上。

球第三。港口货物吞吐量由 70 176 万吨增至 2021 年的 77 635 万吨。[1]上海港在考虑自身发展的同时,还关注了疫情下全球海运业缺少集装箱的难题,助推世界各地港口积压空箱回流上海。

(四) 金融市场平稳运行,财政收入较快增长

2021 年,上海金融市场成交额由 2016 年的 1 364.7 万亿元增加至 2 511.07 万亿元,增长超 80%;金融业增加值增加至 7 973.25 亿元,占全市经济总量的 18.5%,占全国金融业增加值的 8.7%,居全国城市之首。在资管领域,上海资产管理规模约占全国四分之一,全国首家合资理财公司、首家外商独资公募基金管理公司、首家外资保险资管公司等相继落沪,原油期权等金融创新产品和业务相继推出。上海证券交易所有价证券、期货交易所和中国金融期货交易所成交额分别增长 25.7%、40.4% 和 2.4%。12 月末,全市中外资金融机构本外币存款余额 17.58 万亿元,同比增长 12.8%;贷款余额 9.60 万亿元,增长 13.5%。

全年上海市地方一般公共预算收入 7 771.80 亿元,较上一年增长 10.3%。其中,增值税增长 8.8%,企业所得税增长 21.5%,个人所得税增长 28.4%,契税增长 8.0%。全年全市地方一般公共预算支出 8 430.86 亿元,同比增长 4.1%。

(五) 居民收入稳步增长,就业形势稳定

2021 年全市居民人均可支配收入 78 027 元,较上一年增长 8.0%。其中,城镇常住居民人均可支配收入 82 429 元,同比增长 7.8%,两年平均增长 5.8%;农村常住居民人均可支配收入 38 521 元,同比增长 10.3%,两年平均增长 7.7%。[2]城乡居民基本养老金标准、最低生活保障标准继续提高。全市居民人均转移净收入在各收入来源中增幅最高,同比增长 9.5%,两年平均增长 9.5%。目前在上海集聚的持牌金融机构已近 1 700 家,金融从业人员接近 50 万人。从统计局公布的各行业收入情况看,金融行业是中国收入最高的行业之一。

全年上海市新增就业岗位 63.51 万个,与上年相比增加了 6.47 万个。新安置就业困难人员 78 231 人,新消除零就业家庭 164 户。全年帮扶引领成功创业 12 787 人,包括青年大学生 9 807 人,10 092 名长期失业青年实现就业创业。全年共完成补

---

[1] 上海市统计局.砥砺奋进谱新章 行稳致远再启航:市第十一次党代会以来的上海经济社会发展成就报告[EB/OL].(2022-06-16)[2022-11-01].https://tjj.sh.gov.cn。
[2] 上海市统计局.2021 年居民人均可支配收入及消费支出[EB/OL].(2022-01-21)[2022-11-01].https://tjj.sh.gov.cn。

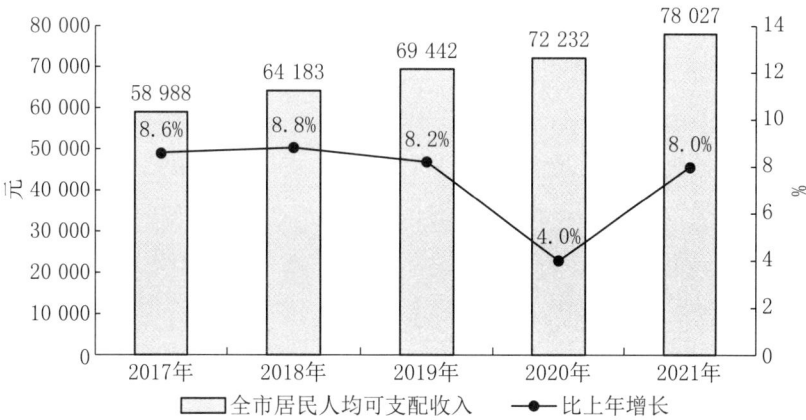

图 1-5 2017—2021年全市居民人均可支配收入及其增长速度

贴性职业培训118.85万人次。其中,农民工补贴性职业培训51.78万人次。高技能人才占技能劳动者比例达到35.34%。累计核发《外国人工作许可证》约33万份,其中外国高端人才(A类)约6万份,约占18%。全市户籍城乡登记失业人数14.4万人,城镇登记失业率为2.73%。[1]

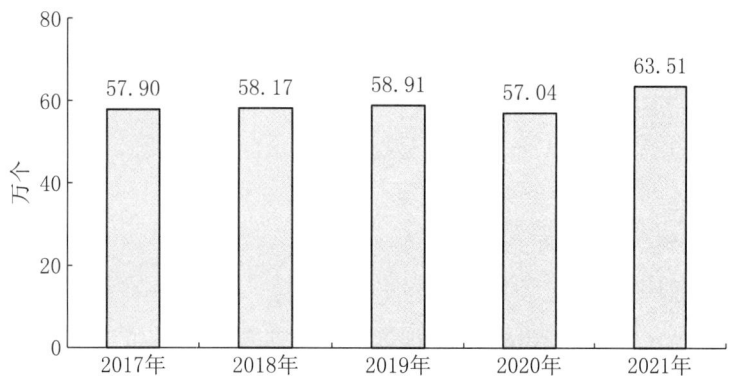

图 1-6 2017—2021年新增就业岗位情况

三、上海经济发展热点

(一) 三大先导产业高端引领,六大重点产业集聚发展

2021年,上海市政府发布《上海市先进制造业发展"十四五"规划》,提出5年构建

---
[1] 上海市统计局.2021年上海市国民经济和社会发展统计公报[EB/OL].(2022-03-15)[2022-11-01].https://tjj.sh.gov.cn。

"3+6"新型产业体系,重点发展集成电路、生物医药、人工智能三大先导产业,以及电子信息、生命健康、汽车、高端装备、先进材料、时尚消费品六大高端产业。

全市规模以上战略性新兴产业总产值为16 055.82亿元,比上年增长14.6%。三大先导产业总规模超过1.2万亿元,增长近15%。(1)集成电路聚焦"全链发展+芯机联动",产业规模达到2 300多亿元,增长16.7%。兆芯CPU量产突破200万颗,重要基础软硬件产品加快替代,离子注入机、12英寸大硅片、厚膜光刻胶等实现产业化突破,先进工艺产能、核心芯片能级、关键设备和基础材料配套支撑能力不断提升。(2)生物医药聚焦"张江研发+上海制造",产业规模达到7 600多亿元,增长13.7%。浦东生物医药产业立法出台,新增获批1类创新药8个,创历年新高,新增12项产品进入国家创新医疗器械特别审批通道,占全国总数的1/5,完成ECMO原型样机研制。(3)人工智能聚焦"算法创新+场景赋能",产业规模达到3 000多亿元,增长17.2%。发布实施国内首个《新一代人工智能算法创新行动计划》、首个标准化体系建设指导意见,实现7纳米通用图形处理器芯片量产。

六大重点产业加快出产值、出新品、出效应,产业规模达到5万多亿元,增长14.5%。在特斯拉产能快速提升的带动下,新能源汽车产业大幅增长1.9倍;新能源产业、生物产业、数字创意产业分别增长16.1%、12.1%、11.5%。8K超高清芯片、智能座舱、5G通信模组等一批产品达到国际领先水平,C919大型客机签署全球首单,首艘国产大型邮轮船体建造贯通,工业机器人年产量、海上风电机组市场占有率均居全国第一,世界首条35千伏公里级高温超导电缆示范工程正式投运。

(二) 在线新经济发展成效显著

凭借得天独厚的品牌集聚效应和商务基因优势,上海跨入在线新经济时代,持续引领疫情防控期间消费电商产业的探索创新。上海的互联网经济主要聚焦在线医疗、金融服务、展览展示、工业互联网等10多个领域,细分领域优势明显,例如在网络游戏市场方面上海占据了全国30%。2021年,叮咚买菜、万物新生(爱回收)、怪兽充电等一批新生代互联网企业成功上市。全年上海企业互联网业务累计收入同比增速35%,位列全国第一。上海市共有16家互联网头部企业进入"中国互联网百强"名单,居全国各省市第2位,入选企业营收平均增速均超50%,保持良好发展势头。上海各区软件和信息服务业领域正在推进的产业项目总计超过130个,涉及总投资规模约1 200亿元。其中,投资额超亿元的项目共有71个,超50亿元的重大项目共有11个。华为、网易、京东、美团点评、盒马鲜生、中电金信、SAP、字节跳动、哔哩哔哩、米哈游等公司的一批重大总部项目集中落地,助力上海打造全球在线新经济的总部高地。

随着技术的发展,上海"在线新经济"延伸出"元宇宙"及其相关产业。2021年12月底,《上海市电子信息产业发展"十四五"规划》正式发布,强调上海将加强元宇宙底层核心技术基础能力的前瞻研发,推进深化感知交互的新型终端研制和系统化的虚拟内容建设,探索行业应用。

(三)全面推进城市数字化转型

2021年,上海市各领域数字化水平有了很大提升,形成了一批重要成果,并构建了城市数字化转型的"1+1+3+3"框架体系。两个"1",分别是城市数字化转型的1份意见和1份"十四五"规划;两个"3",一个是经济、生活、治理三大领域的数字化转型行动方案,另一个是3大关键支撑,即若干政策举措、数据条例和数据交易所。

10月27日,上海市发布《上海市全面推进城市数字化转型"十四五"规划》,明确了"十四五"时期上海城市数字化转型的"1+4"目标体系。提出到2025年,上海将打造国内外一流的数字化标杆城市,形成国际数字之都建设的基本框架目标。11月底,上海数据交易所揭牌成立,促进了数据交易。举行2021全球数商大会,实现全国五大首发。加快建设国际数据港,发布全国首个智能网联汽车数据跨境流动操作指引和正面清单。2021年12月,上海获评工业和信息化部全国首批"千兆城市"称号。2021年全市软件和信息服务业营业收入超过1.26万亿元,增长15%以上。经济、生活领域41个标杆场景落地应用,"一网通办"接入服务事项达到3 458项,"一网统管"城运平台汇集各类应用1 150个。

(四)"五个新城"发力,优化市域空间格局

2021年1月,"五个新城"首次写入上海的政府工作报告中,"五个新城"建设成为上海构建新发展格局的重中之重。3月,上海制定"1+6+5"新城规划建设总体政策框架。其中的"1"即是由上海市规划和自然资源局、市发展和改革委员会牵头制定,上海市人民政府发布的《关于本市"十四五"加快推进新城规划建设工作的实施意见》;"6"即由上海市级相关部门围绕政策、综合交通、产业发展、空间品质、公共服务、环境品质和新基建等方面制定六个重点领域专项工作文件;"5"即由各新城所在区政府、管理委员会牵头制定五个新城《"十四五"规划建设行动方案》。50家企业总部、62家研发中心签约落户新城。91个民生重大项目、25项交通重大工程开工建设,总投资超过1 000亿元。两港大道快速化、松泽高架西延伸等重点交通项目相继建成。9月,五个新城的总体城市设计完成,各个区和管理委员会均成立了实体化运作的新城规划建设推进协调领导小组办公室(简称"新城推进办"),全力推进重点地区、示范

样板区规划设计和建设实施。2021年,聚焦产业、交通、公共服务等重点领域启动的重大项目多达255项。

(五) 新能源汽车产业快速发展

上海新能源汽车加速发展,当前目标是到"十四五"末期,全市新能源汽车产量达120万辆以上,产值超3 500亿元,占全市汽车制造业产值35%以上,并建成满足125万辆以上电动汽车充电需求的充电网络。2021年,上海从供给、需求两端发力,推出了一系列新能源汽车支持措施。例如,2月发布《上海市加快新能源汽车产业发展实施计划(2021—2025年)》和《上海市鼓励购买和使用新能源汽车实施办法》,11月施行《上海市智能网联汽车测试与示范实施办法》和《关于支持本市燃料电池汽车产业发展若干政策》。

2021年,上海新能源汽车产量达到55万辆,同比增长170%;产值突破1 600亿元,同比增长200%。新能源汽车年度推广量为25.4万辆,比上一年增长110%,创历史新高。[1]全年上海累计投放新能源汽车67.8万辆,包括纯电动出租车1.6万辆、新能源公交车1.4万辆。上海市累计建成各类充电桩超过50万根,上海市车桩比1.36∶1,处于国内领先水平。新能源汽车类零售额比上年增长70.8%,占全市汽车类零售额的比重从上年的11.6%提高到18.1%。[2]随着上海新能源汽车市场车型的不断丰富,私人用户比例累计占比达到71%。在芯片荒和汽车产业高质量发展的背

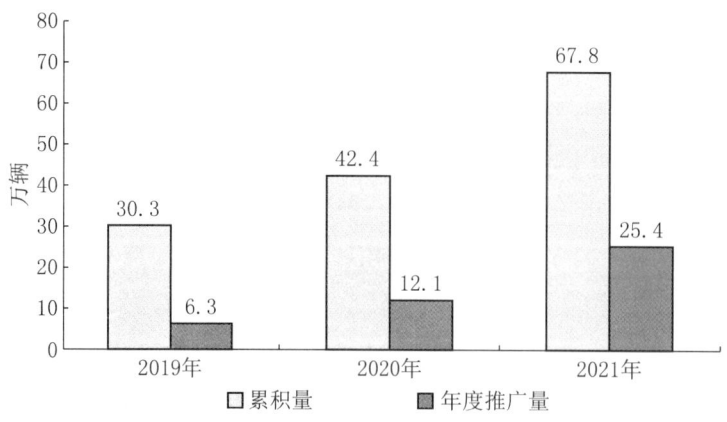

图1-7 2019—2021年上海市新能源车辆推广情况

---

[1] 数据来源:《2021年上海绿色交通发展年度报告》。
[2] 上海市统计局.2021全年本市消费品市场运行情况与特点[EB/OL].(2022-01-29)[2022-11-01].https://tjj.sh.gov.cn。

景下,上海正加大力度布局车规级芯片的生产,提升关键零部件研发制造水平,完善汽车电子产业链。

第二节 上海商业宏观市场运行分析

一、上海商业市场总体概况

(一) 社会消费品零售总额全国居首

2021年,上海实现社会消费品零售总额1.8万亿元,同比增长13.5%,在全国城市中居于首位。其中,网上商店零售额3 365.78亿元,增长20.8%,占社会消费品零售总额的比重为18.6%;无店铺零售额3 738.79亿元,增长18.0%。受2020年下半年基数较高和国内新冠疫情零星散发的影响,2021年上海社会消费品零售总额增速呈前高后低的走势。一季度,社会消费品零售总额比上年同期增长48.9%,上半年同比增长30.3%,下半年增速放缓,8月份和12月份出现负增长。[1]

分区域看,浦东新区的社会消费品零售额最高,为3 831.8亿元,同比增长20.4%;但在增速上,普陀区排在首位,较上年增长25.8%,实现社会消费品零售额828.7亿元。从行业角度看,2021年批发和零售业实现零售额16 623.32亿元,较上一年同期增长12.7%;住宿和餐饮业实现零售额1 455.93亿元,增长22.7%。从商品类别角度看,2021年吃、穿、用、烧的商品零售额分别为3 852.41亿元、4 161.15亿元、9 507.63亿元和558.06亿元,分别增长11.4%、12.3%、14.2%和25.0%,分别占社会消费品零售总额的21.3%、23.0%、52.6%和3.1%。从消费热点来看,"家消费"和

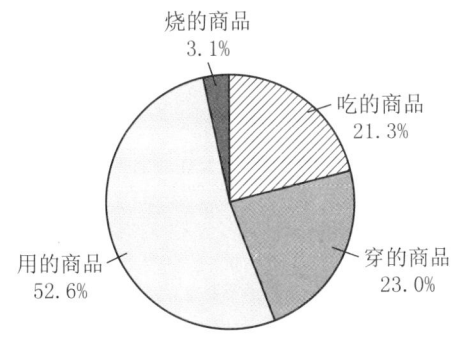

图 1-8 2021年上海市社会消费品零售总额中的商品类别占比

---

[1] 冯晓华.2021年上海消费品市场运行情况及2022年预测[J].统计科学与实践,2022(2):48-50。

"她消费"在线下零售业消费中占比近四成；第二届"五五购物节"对消费的总体刺激作用达到7.65%，化妆品、珠宝首饰类消费增长尤为显著。[1]

（二）外资回潮趋势明显

2021年，上海新增外商直接投资的企业数量为6 708家，比上一年增长16.6%；合同金额达603.91亿美元，增长16.9%；实到外资金额225.51亿美元，同比增长11.5%。制造业外商直接投资实到金额9.30亿美元，下降15.3%。第三产业实到外资215.30亿美元，增长12.7%，在三个产业中占比最高，达到95.5%。其中，租赁和商务服务业、科学研究和技术服务业实到金额分别为76.04亿美元、30.92亿美元，分别增长38.0%和33.1%。外商独资企业实到金额占比最大，是上海外商直接投资的主体。2021年，上海新增外商独资企业数3 934个，占全部新增企业数的比重为58.6%；实到金额172.91亿美元，比上一年同期增长1.8%，占全市实到金额的比重为76.7%。[2]香港实际投资为158.63亿美元，同比增长16.9%；新加坡实际投资27.25亿美元，增长23.6%；美国实际投资为6.13亿美元，增长2.2%。2021年内新增跨国公司地区总部60家，外资研发中心25家，在上海投资的国家和地区累计达190个。

在零售商业市场方面，2021年是上海商业市场增量井喷之年，外资、国企、民企等项目纷纷涌入。其中，新增外资项目总体量达74.9万平方米，在2021年新增的九个10万平方米以上的大体量项目中，内资5席，外资占据4席，总体量相当，外资回潮趋势明显。港资尤为活跃，上海已成为港资巨头落地商业项目最多的内地城市，规模甚至开始反超香港。

（三）电商产业加速升级

在消费互联网方面，上海涌现明星级企业，商业创新活力强劲，移动互联网时代基因明显，引领行业变革发展。根据上海市商务委员会统计，2021年全市电子商务交易额为3.24万亿元，较上一年增长10.2%。其中，B2B（Business-to-Business，企业间电子商务）交易额约为1.92万亿元，年增长率达8.7%，占比上海市全年电子商务交易总额将近60%。[3]在B2B前50位企业交易额中，钢铁行业排名第一，实现交易

---

[1] 上海市统计局.2021年本市社会消费品零售总额增长13.5%[EB/OL].(2022-01-24)[2022-11-01].https://tjj.sh.gov.cn。
[2] 上海市统计局.2021年上海市国民经济和社会发展统计公报[EB/OL].(2022-03-15)[2022-11-01].https://tjj.sh.gov.cn。
[3] 2021年上海市批发和零售业情况一览[EB/OL].(2022-05-08)[2022-11-01].https://www.sohu.com/a/545039143_120153926。

额9 626.6亿元,同比增长23.5%。石油化工行业增速最快,B2B交易额为2 701.5亿元,同比上涨25%。此外,有色金属、成套设备、汽车等行业均实现较大增长,但农产品行业下跌5.6%,交易额仅为39.3亿元。

《2021年上海市国民经济和社会发展统计公报》显示,上海网络购物交易额为1.32万亿元,同比增长12.3%。其中,商品类网络购物交易额为7 829.7亿元,较上一年增长13.8%;服务类网络购物交易额5 333.3亿元,增长10.1%。在网络购物前50位企业交易额中,生鲜农产品行业增速排在首位,同比上升42%,而后为餐饮服务、综合百货、住宿旅游、服装纺织品等行业。其中,综合百货业交易额最高,达到6 055.3亿元。但是,建材家居和生活服务行业的交易额并不理想,均同比下滑10%以上。

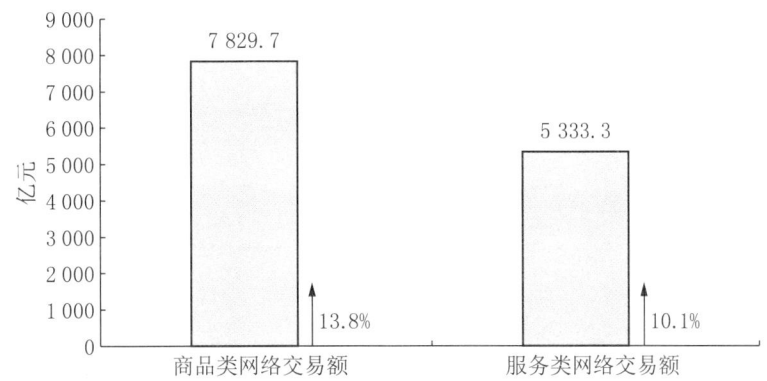

图1-9　2021年上海市电商网络交易额及增长速度

(四) 商业市场活跃度居全国首位

2021年,上海商业存量居一线城市之首,商业活跃度居全国首位,购物中心客流指数和商圈客流指数均列第一。受疫情影响,不少项目延至2021年开业,导致商业增量市场迎来"爆发"状态。其中,3万平方米以上的商业地产项目(购物中心)加上存量改造升级项目共49家,商业建筑面积为320万平方米。2021年拟新开业3万平方米以上购物中心为49家,面积为398.06万平方米,新开数量大幅多于2020年,数量为近四年来最多。[1]

从新增商业项目分布区域来看,覆盖范围较为广泛,15个区域有新开购物中心。其中,浦东新区以7个新开购物中心占据首位;其次是松江区、青浦区,各有4个商业

---

[1] 数据来源:《上海购物中心2020/2021年度发展报告》《上海购物中心2021/2022年度发展报告》。

项目于2021年开业;徐汇区、普陀区分别迎来3个新开购物中心;黄浦区、静安区、闵行区、长宁区、虹口区、宝山区、奉贤区各新增2个购物中心;金山区、杨浦区、崇明区则各有1个购物中心开业。从中可以看出,商圈逐渐向近郊区域扩散,形成外溢现象。

2021年上海商业呈现出以区域型购物中心为主导的多元化发展特征。从面积来看,3万~5万平方米的商业项目占比最高,10万平方米以上大体量商业占比增加显著。北外滩来福士、瑞虹天地太阳宫、前滩太古里、天安千树、上海久光中心等一大批网红型项目颇具代表性,因其独特的定位及商业内容布局,赢得了不错的市场反响,成为超级区域型项目、滨江商业项目、艺术商业项目的新标杆。2021年,上海购

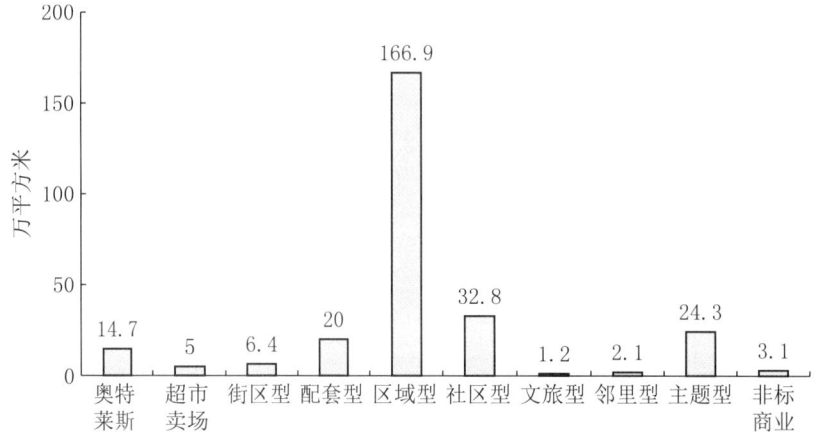

图1-10　2021年上海市各类型新增商业体量统计

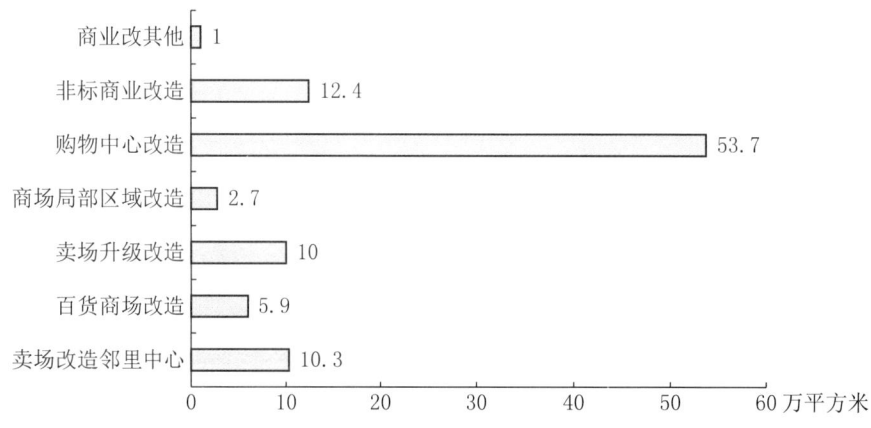

图1-11　2021年上海市各类型存量改造项目体量统计

注:包含3万平方米以下项目。

物中心的总体经营呈增长态势,经营总额占全市消费品零售总额的12.96%。在销售业绩排行前50的店王中,上海和北京的购物中心数量最多,上海国金中心IFC、上海恒隆广场、上海环球港均超百亿元。上海国金中心IFC和上海恒隆广场的销售业绩分别达到185亿元和155亿元,超2020年68%和55%,增长明显。[1]

(五) 新增首店创历史新高

基于上海商业形态和类型的多元化优势,很多品牌倾向将首店落于此地,上海购物中心首店效应尤为突出。据中商数据统计,2021年上海全市新开首店1 078家(含旗舰店/概念店),同比增长18.6%,继续领先全国,创历史新高,成为上海商业创新基因的标志性表达。其中,全球首店10家,亚洲首店4家,中国首店156家,上海首店908家;中国内地品牌894家,占比83%,中国港台品牌11家,占比1%,国际品牌173家,占比16%。[2]超过3 000个国际国内品牌在沪举办新品首发、首秀、首展活动,整体消费呈现回暖趋势,消费升级类商品保持良好增势。

在业态分布上,餐饮业态首店数量最多,共649家,占比60.2%;零售业态首店共307家,占比超过28.5%;休闲娱乐、生活服务、儿童体验业态首店122家,共占比约11.3%。在区域上,黄浦、静安、浦东、徐汇、长宁、闵行、虹口七区占据了全市近九成首店份额。其中,能级和时尚度最高的全球首店、亚洲首店则只出现在静安、黄浦、浦东、徐汇、长宁五区。五区中,黄浦区稳居榜首,2021年引入222家首店品牌,全球首

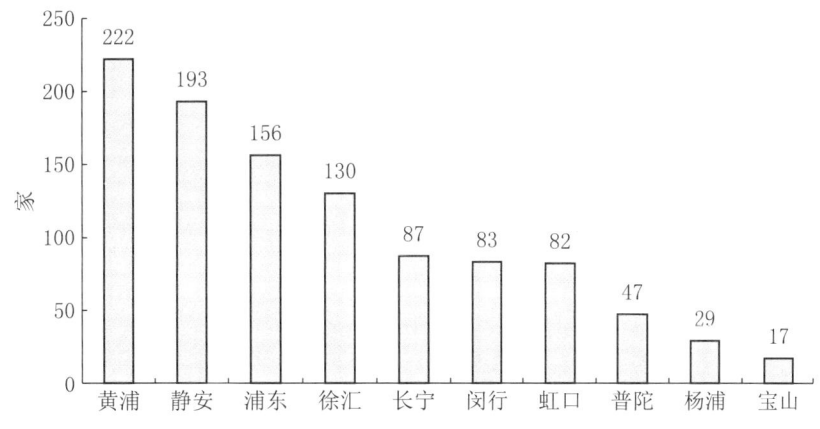

图1-12 2021年上海首店选址热点区域

---

[1] 数据来源:中商数据。
[2] 创历史新高! 上海2021年引入1 078家首店[EB/OL].(2022-03-02)[2022-11-01]. http://www.linkshop.com/news/2022483185.shtml。

店、亚洲首店、中国大陆首店达40余家。

从商圈来看,南京西路、淮海中路-新天地、南京东路、陆家嘴、徐家汇五大超级商圈聚集了全市近三分之一的首店;入驻购物中心的首店占85%左右。其中,前滩太古里、瑞虹天地太阳宫、北外滩来福士、上海久光中心、Lalaport上海金桥、大洋晶典·天安千树等新增大体量新型项目,静安嘉里中心、环球港、港汇恒隆广场、上海国金中心IFC、环贸(iapm)商场、久光百货等老牌标杆项目焕新,这些都是2021年引入首店数量较多的购物中心。同时,越来越多的网红首店走进街区,除了传统商业街区淮海中路以外,衡复、巨富长、愚园武夷街区成为2021年最受首店欢迎的前三个街区。

(六) 商业物业市场复苏明显

2021年上半年,上海商业物业市场就开始出现逐步回暖趋势。2021年全年成交商品住宅1 058.2万平方米,较上一年上涨14.8%;成交价格同比微降1.1%,达到人民币每平方米55 140元。全年土拍市场约六成涉宅土地成交位于五大新城板块,杨浦、徐汇等中心城区也迎来了土地放量。大宗交易市场代表性成交项目也开始频现,如领展32亿元收购七宝万科广场50%权益,以及中泰证券27.4亿元收购外滩中心A2&C2等。2021年上海大宗交易市场共录得1 051亿元成交,同比上升46%,基本恢复至2018年的水平。[1]

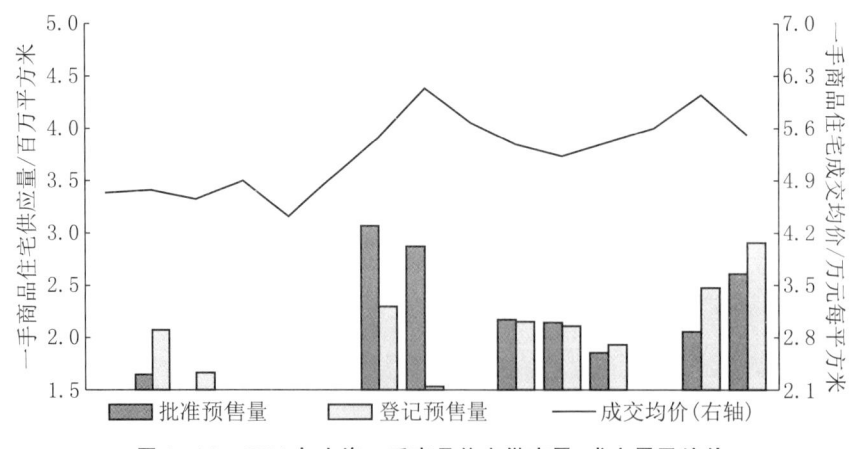

图1-13 2021年上海一手商品住宅供应量、成交量及均价

在整体融资环境严峻背景下,2021年上海商业物业投资市场整体表现平稳,合

---

[1] 数据来源:第一太平戴维斯市场研究部。

计总成交量达人民币981亿元,同比上升47%。2021年自用买家占全部写字楼和产业园区成交量的76%。而大部分的投资者目前重点关注包括物流、数据中心、产业园区、生命科学园及租赁住宅等基本面强、中长期需求及价值增长可观的物业。从交易类型来看,主要分为综合体、商业、核心、研发办公以及数据中心等。

在零售物业市场,2021年上海迎来16个项目共139.4万平方米新增供应,创下历史供应高峰。净吸纳量达到148万平方米,较2020年明显反弹。国内外零售商在上海零售物业租赁市场整体表现积极,全年平均租金累计上涨1.3%,涨至26.5元,空置率同比下降1.7个百分点,自疫情发生后连续七个季度保持下降趋势,上海零售市场入驻率基本恢复至疫情前水平。休闲娱乐、汽车、运动及户外在2021年品牌租赁需求提升显著,居上海购物中心面积整体占比中同比增长的前三位。时尚、餐饮、生活、娱乐,以及汽车体验店等业态的品牌为最主要的市场需求驱动力。

二、上海商业发展趋势

（一）整体零售市场表现乐观,购物中心业绩增长显著

上海零售市场受疫情影响,部分头部商业体如TX淮海、新天地等迅速调整线上布局,开始进军元宇宙以应对疫情危机,表现出上海商业市场的强大韧性。在业态分布上,2021年大卖场和标准超市销售下滑,均较上一年下降10%以上。但专卖店、百货店和便利店等,都获得了较好的业绩增长。尤其各购物中心努力克服新冠疫情的影响,总体经营呈恢复性增长,相比2020年销售增长29.1%。在上海建设国际消费中心城市的进程中,购物中心是推动消费市场提质扩容的重要业态。2021年各购物中心经营规模总额为2 343.2亿元,占全市社会消费品零售总额12.96%,比上一年增加了1.56个百分点。随着未来多家购物中心拟入市,建设步伐将进一步加快,其中多个项目位于浦东。

虽然疫情对上海零售业造成了重大冲击,但在持续强劲的需求以及有限新增供应的推动下,核心商圈的租金水平仍呈增长趋势。出入境也持续回暖,高端消费部分外流,而部分奢侈品消费则因境内外价格差缩小、购物渠道便捷等原因继续存留国内市场。同时,消费地区间流入流出快速恢复。入境游客和国内游客到沪旅游消费复苏,本地旅游消费也流向外地。本地或周边省市如出现疫情反复,住宿、餐饮和旅游等消费会短期明显下滑,但消费回暖大趋势不会改变。[1]

---

[1] 冯晓华.2021年上海消费品市场运行情况及2022年预测[J].统计科学与实践,2022(2):48-50。

时尚、餐饮、生活、娱乐,以及汽车体验店等业态的品牌是最主要的市场需求驱动力。在业态扩张方面,餐饮依旧是主要驱动力,尤其是咖啡、茶饮和烘焙品类依旧火热。中式饮品借势国潮加速发展,行业迎来新一波国潮创新新浪潮。时尚服饰需求热度不减,借助冬奥会冰雪运动潮流,推动运动品牌持续扩张,服务业态中以美容和美发沙龙为主的个护品类扩张积极。随"狗妈猫爸"的宠物狂热潮的出现,如宠物友好餐厅、宠物奢侈品、上海亚宠展、宠物友好购物中心等上海宠物行业已悄然兴起。一系列的首店与快闪店依旧是上海零售市场的活力表现。

未来,零售物业市场预计迎来大量新增供应,其中既有位于非核心板块的优质新项目,也不乏包括张园在内的核心板块的城市更新改造项目。主题鲜明的新项目为非核心商圈注入新的活力,而升级改造项目的启幕有望重塑核心商圈格局,为上海打造国际消费中心城市奠定基础。

(二) 重点商圈发展态势良好,郊区商圈增速最佳

2021年,上海全市重点商圈销售平均增速为30.1%。在包括南京东路、南京西路、淮海中路、四川北路、徐家汇等在内的14个市级商圈中,五角场商圈全年销售增速最快,达61%,而后是虹桥商务圈、国际旅游度假区商圈、新虹桥—天山商圈,增速均在40%以上。区级商圈销售平均增速为28%,其中浦东新区张江商圈、普陀区长风商圈增速非常明显,分别为68.4%、66.8%,普陀区长寿商圈增速与上一年持平。在所有商圈中,郊区商圈销售情况最佳,平均增速达35.9%。其中,奉贤区南桥商圈、闵行区七宝商圈增速排在前两位,松江区松江新城南区商圈增速处于最末,为9.3%。奉贤区虽然起步晚、基础薄弱,但是南桥承接了上海市奉贤区主要的发展任务,集中了奉贤区的大部分资源。闵行区七宝商圈则已经成为上海西南区域重要的商圈之一,北部有巴黎春天、嘉茂购物广场、华商时代广场等,中部有万科七宝国际、七宝宝龙城市广场、汇宝广场。未来,还将打造七宝巨无霸级商业中心"九星城",商业面积达到惊人的470 000平方米,预计将有5 000家商户入驻。

上海市远期规划还有十多个市级商圈,已开业和未来两年筹开业的购物中心(及独立百货)的416个项目中,286个项目在商圈内。其中,163个项目位于市级商圈(含远期),占总体的39.18%,市级商圈的购物中心更加集中。[1]未来,上海新增商业速度或有所减缓。上海拟开业商业项目包括瑞安房地产、中信泰富地产、万科、华润、合生商业、龙湖、万达、中南商用等在内的知名商业地产企业,均将迎来新项目开业。

---

[1] 数据来源:赢商网。

预计商业体量超10万平方的商场有5个,分别是LOVE@大都会(约22万平方米)、绿地外滩中心商场(约14万平方米)、龙湖奉贤天街(11万平方米)、青浦正荣财富中心(约10.6万平方米)、天空万科广场(10万平方米)。

作为全国商业体最活跃的城市之一,上海存量项目革新升级的同时,新的商业区域不断扩容,购物中心不断朝着多元化方向发展,新业态、新物种和新生态层出不穷。后两年,上海或将新增包括苏河湾万象天地、天空万科广场、蟠龙天地、环宇城MAX等在内的69个商业项目,合计总建筑面积超500万平方米。鉴于区域人口和消费力的增量预期,未来拟入市的商业项目多为郊区邻里中心型商业,主要服务于大型社区客群。青浦区、奉贤区的新增TOD(Transit oriented development,以公共交通为导向的发展模式)项目大部分将在年内开业,此外还将有多个改造项目亮相。

(三)首店经济持续加速,新消费首店表现突出

作为首店经济领头羊城市,上海一直是长三角城市群乃至全国消费市场的前沿窗口和品牌创新的试验场。未来首店数量将继续增加,在没有大型商业体开业的前提下,一大批具有市场影响力的首店分批落地。随着疫情转稳,一批国际化设计师品牌、潮牌、奢侈品继续将上海视为进驻亚洲市场的先锋试验场,计划在上海开出中国首店。未来发展方向上,餐饮仍是上海首店的主力业态,其次为零售业态,潮牌潮玩、精品咖啡、户外运动、设计师品牌等细分业态热度高。随着张园西区、上海天空万科广场、上海苏河湾万象天地、海梦一方、上海新天地时尚Ⅱ、锦沧文华广场、中信泰富广场等重磅新项目开业,也将带来不少重量级首店,带动下半年上海首店经济的发展。此外,多个重点新项目及网红街区,有望成为未来首店聚集地。衡复、愚园武夷、巨富长、新天地、人民广场、外滩等街区也将是首店重要聚集地。

首店经济将继续发挥其对消费的引领性作用,引导环保健康、无性别、二手时尚、元宇宙等概念门店成为新热点。在类型上,为迎合不同消费人群的需求,时尚零售、高端美妆、户外运动、品牌元宇宙线下概念门店、集合店、场景创新店等新概念类首店与日俱增。在"碳中和"热潮及冬奥会效应影响下,更多大环保、大健康、大体育业态品牌首店不断出现。随着Z世代消费圈层更加细分,电竞圈、JK制服圈、潮玩圈、滑板圈等小众圈层的新消费首店表现也非常突出,纷纷进驻购物中心开出首店。在后疫情时代,首店经济愈加成为激发消费新动能、促进消费升级、提升城市商业魅力的重要支撑。

(四)电商领域蓬勃发展,B2B产业前景可观

2021年,上海市电子商务领域的发展居全国前列。伴随无人零售、在线视听、无

接触配送等新模式的不断涌现,在主要直播电商平台,上海市的用户观看数和品牌参与规模均居全国第一。在直播电商方面,上海是全国首个建立MCN(多渠道网络服务)专委会的城市,并率先提出培育在线新经济领军企业,支持打造直播电商基地,着眼构建"网红经济"集聚区,并推动全产业链上下游交流合作等。在"十四五"上海国际贸易中心建设的主要指标中,2025年上海市网络零售额目标值将达2.1万亿元。电子商务产业的高质量发展加快了上海构建中外品牌汇聚中心的进程。2021年,上海市支持电商平台打造全球新品网络首发中心,为国际中高端品牌进入国内市场提供孵化平台,提升国际品牌集聚效应;大力支持电商平台依托大数据精准发掘消费需求,实施自有品牌战略,深度打造本土制造消费品品牌。

上海市B2B平台跨越了仅提供媒介价值的线下交易衍生品阶段,开始通过还原特定产业B端真实交易场景和解决真实交易痛点,实现线上平台再现线下交易模式、构建完整交易闭环,逐步引导形成B2B平台核心交易价值。"工赋上海"三年计划提出,到2022年要实现工业互联网对实体经济的明显推动作用,工业全产业链条的数字化、网络化和智能化转型也将会带动B2B交易端的融合发展。受疫情影响,全球买家采购意愿实现周期延长并向线上转移,采购意愿的积累和释放将在未来一段时间加速上海市B2B产业的发展。

据上海市政府2021年8月印发的《上海市建设国际消费中心城市实施方案》,上海市还将加快推动老字号"数字焕新工程",促进产品迭代更新。深化老字号"一品一策一方案",支持发布"国潮新品"。支持老字号在重点商圈集聚发展,升级打造旗舰店、品牌店、集成店,推动老字号开展数字化转型。实施国际化战略,支持老字号在进博会宣传推广,进免税店、上跨境电商平台。支持老字号企业挂牌上市,发行债券。加强老字号商标配套专项保护、注册登记保护、异地协调保护、跨部门保护。加大传承老字号传统技艺的高技能人才培养力度。

(五) 布局发展绿色低碳、元宇宙、智能终端三大新兴产业

围绕新产业新赛道,上海市政府将继续优化绿色低碳、元宇宙、智能终端空间信息、动力产业、氢能、5G、时尚消费品等空间布局。为支撑新兴产业的整体布局,上海市将重点推进氢能产业发展、数字经济培育、新型基础设施建设等三方面工作。[1]

一是推动氢能产业可持续发展。这是上海市实现"碳达峰、碳中和"目标,也是加

---

[1] 上海市经济和信息化委员会.怎么布局发展绿色低碳、元宇宙、智能终端三个"新赛道"?如何优化产业空间布局?今天的发布会详解![N/OL].2022-07-11[2022-11-01].https://app.sheitc.sh.gov.cn/rdhynr/692941.htm.

快抢占绿色低碳新赛道的重要举措。未来,上海市将重点培育制氢、储氢、输氢、用氢产业链关键技术,在推动氢能在交通领域示范应用的同时,建设各类加氢站和国际一流的创新研发平台,以及增加燃料电池汽车保有量,提升绿色低碳产业发展能级。

二是培育壮大数字经济。人工智能、区块链、云计算、大数据等数字技术是支撑元宇宙等新赛道产业发展的重要技术基础。上海市将进行从底层技术到应用的全链条布局,加大对元宇宙产业的支撑,重点推进数字孪生、扩展现实、智能人机交互等核心技术攻关,在可穿戴设备、智能机器人等重点领域培育推出重磅产品。

三是持续推进新型基础设施建设。元宇宙、智能终端等新赛道产业发展离不开以新一代网络基础设施、高性能算力设施为特征的新基建支撑。上海市将大力推进全国算力网络长三角枢纽节点建设,加速建设高效实用、智能绿色、安全可靠的新型基础设施体系,促进新赛道产业的发展。

第三节　上海商业企业微观经济运行分析

2021年,经过新冠疫情的冲击、新业态的竞争,零售企业在各自的赛道上重新进行战略布局。传统电商零售增速下降,网下实体店零售额同比上升12.7%,呈现恢复性增长态势。其中,实体零售企业积极转型创新,以新商品、新服务、新模式、新业态引领、挖掘和创造新型消费,拓展新增市场。从零售业的发展趋势来看,疫情加速了零售业的变革创新。零售企业将继续朝着以品质为中心、以服务为中心、以数字化技术为中心、注重绿色经营等方向转变,新技术、新产品、新品质、新业态、新模式的快速发展,将推动零售业向高质量发展转型升级。

一、纺织业"不倒的旗帜"——三枪

"三枪"品牌诞生于1937年,正是中国人民奋起抗日的年代。以三声枪响为标志的三枪品牌距今已有85年的历史。作为中国最早的内衣品牌之一,三枪曾是国人婚嫁必备品,如今的三枪品牌依然是国人最熟知的贴身衣物领导者之一。经过多年的沉淀和不断的摸索前行,三枪在面料、工艺、设计、生产、销售及服务等各个领域都形成了领先优势。近些年来,在越来越多的新锐内衣品牌崛起之际,品牌之间的竞争日趋白热化,三枪作为一个老字号品牌依然展现了其强劲的生命力。面对时代发展的快速演进、时尚潮流的不断更替、消费升级、竞争加剧、新消费群体的出现、数字化浪潮、新疫情时代等层出不穷的重大挑战,三枪作为一个老品牌如何能突破重重障碍,

层层突围,成为纺织业"不倒的旗帜"?

第一,追求品质,勇于创新。纵观三枪品牌的发展历史,追求品质与勇于创新的精神早已融入其企业骨血。早在上海针织九厂时代,作为如今三枪品牌前身的工厂已专门设立了自己的研发部门,大胆创新。当时研发推出的42支双股闪色棉毛衫,一经问世,便轰动一时。1991年,三枪率先开发出用于内衣加工的三层保暖面料,将蓬松、柔暖、富有弹性的棉毛内衣成功推向市场。2002年,潜心研制多年的舒绒莱卡内衣,一经推出更是在保暖内衣市场引起轰动。2021年秋冬季,三枪在面料和工艺上自主研发创新,"热力弹"系列内衣在保暖和弹性方面表现出色,在"双十一"的首波营销中表现惊人,直接卖到断货。除了技术的不断创新,好的产品品质一直是三枪不变的追求。

第二,转型新零售。随着海外品牌进入中国市场,同时国内品牌竞争加剧,老品牌可谓举步维艰。2011年三枪决定开始尝试零售转型,并着手组建电商部门,开启全新的电商道路。在稳扎稳打了一年之后,第二年的"双十一",三枪电商销售突破三千万元,这个业绩相当于门店半个月的销量。2016年,三枪更是一骑绝尘,拿下天猫内衣品类销售额第一的业绩。得益于电商,三枪成功完成了品牌的重新定位和转型。截至2021年,三枪全网年销售额已超十亿元,且仍呈快速增长的趋势。在网络营销布局方面,三枪已入驻天猫、京东、唯品会等电商平台。近几年伴随着"直播带货"的盛行,三枪在拼多多、抖音、腾讯视频号等社交渠道积极开辟"直播带货"新业态,给消费者带来更优质便捷的购物体验。2021年底,三枪与有赞新零售达成正式的战略合作,以私域为基础,通过有赞联合伯俊软件打造的"融合仓",共同推动三枪的数字化转型。目前,三枪的新零售主要从三方面发力,即私域会员的运营、导购数字化、门店小程序商城的运营。

第三,升级数字化。在三枪品牌创立百年来临之际,为实现三枪"百年百亿"的目标,三枪极具远瞻性地将信息化管理手段放在重要位置,高度重视信息化技术对三枪业务的支撑作用。2021年,三枪与全球零售计划解决方案市场领导者Aptos成功签约。Aptos的零售行业解决方案,可以提供以"商品、客户、订单"为核心的端对端全业务链解决方案,更加契合三枪复杂业务模式下的管理创新,依托先进的信息技术来不断完善供应链体系、打通线上线下信息流、重构其业务价值链、寻求最高的用户价值和更完美的用户体验,帮助新零售下客户需求的数字化转型及快速发展之道。

第四,开辟新赛道。近些年来,三枪一直在积极向年轻人靠拢,"让年轻人为年轻人设计"。三枪将核心产品线重新定义为"功能性舒适贴身衣物",包括了从内衣到打底衫、家居服的各个品类,具备保暖、防晒、抗菌、导汗等多种功能,并采用时尚走秀、跨界合作、制作设计师联名款等方式推出不同系列T恤等手段,越来越受到年轻消费者的喜爱。自2006年起,三枪品牌就成为迪斯尼的合作伙伴,开发童装商品,成为迪士尼在华最佳授权商之一。2019年6月,三枪携手国内领先的数字音乐平台——网易云音乐推出了跨界联名商品合作,为经典国货品牌注入新鲜活力。2019年9月,三枪携手天猫亮相2020纽约春夏时装周,这也是中国贴身衣物品牌首次在全球顶级秀场展现中国风采。从2020年起,三枪看中了市场的运动风潮,积极推出了相应的新品,如瑜伽服及针对健身爱好者推出的易于穿搭的新疆棉汗衫等。此外,三枪也与很多其他品牌进行了跨界合作,如与故宫联名推出的"大内高手"系列内衣及家居服产品;与动漫《罗小黑战记》合作,推出了深受二次元爱好者青睐的联名产品;等等。

第五,迎接新机遇。2020年面对全球新冠疫情的突然暴发,三枪果断开始生产口罩。从2月20日的首只口罩下线,到每天产量300万只,三枪仅仅用了两个月时间便成为主要的上海口罩生产商。外界再次赞赏这个中国经典品牌,称上海纺织制造依旧是"模子"。三枪抗击疫情中不断积累实践经验,积极探索主业转型。例如,占地200多亩(约13.5万平方米)的三枪工业城在生产制造全部转移至大丰后,转型发展的方向在哪里?在这场疫情危机中,三枪找到了未来支撑企业长远发展的新机遇,医用纺织品也许会成为三枪的重要业务领域。

二、有华人的地方就有老凤祥

"老凤祥"品牌已有170余年历史,是一家由上海市黄浦区国有资产监督管理委员会控股的上市公司。2019年的营业收入和利润总额分别为496.29亿元、24.93亿元,复合增长率分别达到24.87%和35.45%。公司荣列"中国500强企业"第392位,"全球100大奢侈品公司排行榜"第15位,"上海百强企业"第32位。作为一个跨越了三个世纪的品牌,老凤祥是如何做到盛名不衰的?

第一,上海滩飞出"金凤凰"。上海是我国早期银楼业的发祥地,1848年(清道光28年),慈溪望族费氏于南市大东门(今方浜中路)创办凤祥裕记银楼,请族人入股打理,慈溪费汝明、费祖寿、费诚昌祖孙三代既为"老凤祥"的传人,也是合伙者、经营管理者。1908年(光绪34年),费祖寿领导的"老凤祥"创造了巨额利润后,迁址于目前的上海老凤祥银楼总店所在地——南京东路432号,复改称为"裕记"。20世纪30年代,银楼业组成同业会时,老凤祥已列入九大银楼之一,声名鹊起。1966年11月,"文革"期间"老凤祥"商标停止使用,之后店名几度变更,1972年恢复了饰品出口和涉外旅游部门的饰品加工业务,并成功研制出自动项链生产、精密失蜡浇铸、无氧电镀等国内领先设备。1985年1月,"老凤祥银楼"终于在原址旧店重新揭牌,恢复"凤祥牌"商标,自9月15日开始产品采用"沪C"这个统一编号。

第二,打造完整产业链。到21世纪,已有百年历史的老凤祥陷入了前所未有的危机与挑战,企业年销售额仅有7.1亿元,濒临亏损。2001年,时任中国第一铅笔股份有限公司总经理的石力华临危受命,出任上海老凤祥公司和上海工艺美术公司总经理。石力华上任后,原先的企业班子全部平移,他召开大会、个别调研,稳住了老员工不安的心。紧接着,老凤祥开始大力调整产品结构。在当时业内以"黄金、铂金、钻石、白银"老四大类首饰为主的情况下,它率先增加了"白玉、翡翠、珍珠、有色宝石"这新四大类首饰的比重,之后又开发出"珐琅、K金、眼镜、工艺旅游纪念品"等新四类产品,形成了较为齐全的首饰产品门类。同时,老凤祥以关停并转、分流安置、银楼调整的思路进行改革调整,分流了三分之一员工,坚持让原本销售90%以上其他品牌的老凤祥银楼销售自己的商品,并对下属企业实行关停并转、恢复生产。2004年,两所颇具"现代化、自动化、智能化"的黄金、镶嵌生产基地诞生。一所是老凤祥东莞珠宝首饰有限公司,集黄金首饰的研发设计、生产加工、装备制造、物流配送于一体。还有一所是老凤祥(东莞)珠宝镶嵌首饰有限公司,可实现超50万件的年产能规模。两座现代生产基地的创建,极大地完善了老凤祥的产业链,构成了强大的核心竞争力。

第三,向着更广阔的市场跨界。刚开始,老凤祥通过在外地设立自营连锁店的方式做大市场,随后形式愈发多样,包括特许连锁、专柜经营、店中店,后来进一步发展到加盟连锁以及区域总经销。如今,老凤祥在全国的经销网点超3 800家,形成了"五位一体"的经销网络。老凤祥坐稳内地珠宝第一品牌的交椅后,积极走向海外。2012年8月,澳大利亚悉尼,第一家老凤祥海外特许专卖店开业;2014年12月,老凤祥纽约专卖店在全球租金最高的商业街区之一——纽约第五大道开业。2015年,老凤祥在香港地区开出首家专卖店。短短3个月后,位于九龙弥敦道的第二家旺角店又开业。如今,老凤祥已在香港布店15家。跨界,是激发出百年民族老字号活力的一大动力。在上海"一品一策一方案"重振老字号工作的引导推动下,老凤祥将继续坚持"敢想、敢做、敢突破"的创业精神,在市场竞争中迸发出百年民族品牌源源不断的活力与生命力。

三、 但愿人长久,岁岁杏花楼

创建于1851年的"杏花楼",以餐饮起家、因月饼发家,这些年不论是餐饮还是月饼,既有拿得出的拳头产品,又有叫得响的创新产品。归根结底,"传承"与"创新"是杏花楼发展的两大关键词,100多年积累的传统技艺加上敢于创新、善于创新的决心,唱响了一曲"但愿人长久,岁岁杏花楼"。

杏花楼的前身是一个广东人在上海虹口区老大桥开的一间名叫"生昌号番菜馆"的夜宵店,经营小吃、点心。杏花楼为何能从一家小小的夜宵店发展为上海响当当的粤菜馆和"月饼大王"?这与它的经营理念不无关系。杏花楼从生昌号番菜馆开始就强调原汁原味、货真价实,从而积累了口碑,也奠定了扩张的基础。到了20世纪20年代,在当时的经理、名厨李金海带领下,更是突破了夜宵店的"小打小闹",变成上海滩小有名气的大饭店。李金海颇有现代经营理念,他招股集资成立股份有限公司,把原来场地翻建成七开间门面、钢筋混凝土结构的四层楼房,装潢富丽堂皇,并打出"专办中国筵席,兼营欧美大菜"的旗号。此外,杏花楼在底楼增设外卖专柜,供应广东土特产,使得饭店既有堂食,又支持外卖。如此一番,杏花楼在上海声名远播,引来工商、军政各界要人饮宴,名声大振。

杏花楼月饼的真正走红,是从在20世纪80年代开始的。在杏花楼的各色菜肴和广东土特产中,名气最响且能"带得走"的,莫过于广式月饼,皮薄、馅多、原料考究,是杏花楼月饼最大的特色。当时,月饼依旧实行凭票购买定量供应,杏花楼敏锐把握市场趋势,意识到月饼市场的竞争将从数量转为质量。于是,杏花楼领导班子三赴广东,前往佛山香兰饼家、天海饭店、广州莲香楼、趣香饼家等月饼强项企业考察,从外形、色泽到内质、用馅,逐一分析,取人之长,补己之短,从而使月饼质量提高了一大步。经区、市、国家商业部层层评比,1983年,杏花楼生产的豆沙、莲蓉、椰蓉、百果四式月饼取得了商业部优质产品金奖。同时,杏花楼持续强化月饼的文化内涵。1933年,通过聘请上海著名国画家杭樨英专门设计和绘制,杏花楼推出了印有浓郁民族气息的重彩国画"中秋明月、嫦娥奔月"图的月饼包装图案。一年又一年的潜移默化,使得杏花楼月饼成为"有情有礼"的象征。

杏花楼自创立品牌以来,积累了一系列良好的生产传统,而且随着技术的进步,形成了现代化的生产体系。进入21世纪后,杏花楼拥有了智能食品生产基地,铺设行业领先的电脑自动化程控食品生产流水线,实现了现代化加工技术赋能经典产品。现代化的生产工艺不仅为杏花楼已有的拳头产品保驾护航,而且成为保障民生供应的重要设备,体现老字号的社会担当。2011年,在杏花楼生产"放心月饼"的生产车间里,诞生了"放心馒头",解除当时消费者对"染色馒头"的担忧。同时,杏花楼根据市场的需求,从单一的"放心馒头"起步,拓展出更多的"放心糕点"。2020年初的新冠疫情发生后,相关生产线没有停顿一天,用单日逾10万件的生产效率,源源不断地为市场提供安全、平价的中式点心。最近,杏花楼食品厂完成了新一轮的升级改造,

GMP(药品生产质量管理规范)车间标准已经达到10万级,远超普通食品厂要求;车间的生产流水线铺设了先进的电脑自动化程控,配合标准过硬的ISO质量体系,为老字号带来全新升级。

长久以来,杏花楼店名、品牌、商标相得益彰,不断实现"逆生长"。以2020年热销的杏花楼月饼为例,其中卖得最好的不仅有经典口味的广式月饼,还有奶茶月饼、酒心月饼、乳酪馅猫爪月饼等,让消费者连连惊喜。这些新产品的亮相,来自杏花楼把握时代机遇,不断突破创新的决心。2016年清明季,杏花楼推出一款咸蛋黄肉松青团备受追捧,顿时让门店门口迎来了百米排队"长龙"。在2019、2020年又相继推出两款创新产品——鸡丝培根青团和芝士牛肉青团。近几年,为了适应年轻消费者,杏花楼在传统的鲜肉粽基础上推出了有特色的鲍菇腊肉粽、广东口味的裹枕粽,每年都有近20种口味各异的粽子推出。尝到了创新的滋味,也了解到"网红"产品对老字号"逆生长"的意义之后,杏花楼在创新的路上越走越快、越走越稳,老字号多年的积累实现了"不鸣则已,一鸣惊人"。2021年,为了更精准地创新,杏花楼还建立了科技研发中心。从"科学技术是第一生产力"出发,汇聚技术人才和研发精英,理论、技术和实战紧密结合,使得老字号的经典产品永葆青春,新产品又成为时尚国潮,一如既往地弘扬民族品牌。

四、 诚信为本质量奠基,守正创新德济天下——雷允上

"雷允上"品牌具有350年历史。据《苏州府志》等资料记载,雷允上创始人雷大升,字允上,吴县(在今苏州)人。清雍正年间,雷大升在苏州阊门内穿珠巷天库前继承祖业"雷诵芬堂",以字"允上"挂牌坐堂行医。由于医道有术,且精于丸散膏丹制作,"雷允上"三个字在当时名噪姑苏城。咸丰10年(1860),由于太平军攻占苏州城,店铺迁往上海。1993年,南京西路719号雷允上药店被评定为"中华老字号"。2001年,雷允上注资成为上市公司"开开实业"的全资子公司,作为国有控股的中华老字号企业开启了品牌发展新篇章。其具体做法包括:

第一,在品牌创新发展中,注重以优秀的文化之魂铸就企业的品牌。以诚信与质量为核心的"诚信为本、质量奠基"企业文化,是雷允上品牌350年屹立不倒的基石。经不断打磨,雷允上文化建设体系逐步形成,为推进品牌建设注入灵魂。如今的雷允上,已不单单经营药品,更多的是关注产品和服务中的文化传播和"大健康"理念传递。雷允上相继成立了"劳模创新工作室""技能大师工作室""首席技师工作室""老药工工作室""工匠工作室",还入选"上海市中小学质量教育社会实践基

地"名单,一些濒临失传的手工传统技艺和服务技能,在90后、00后青年手中得以继承和发扬。

第二,为了健康持久的发展,雷允上寻求科学管理的理念和方法,从产品、经营、业态、技术四个维度开展创新。(1)产业创新方面,雷允上大力开发拓展"上雷"自主品牌产品,通过产品研发、加工生产、质量保障和市场营销等方面的系统部署,"上雷"自主品牌产品发展壮大,市场占有率连年增长。(2)经营创新方面,雷允上从销售商品转到推广健康生活方式,实现引领健康生活方式的目标;积极探索电子商务线上和线下的融合发展,提供便捷服务体验,扩大品牌影响力;同时,探索线上线下的深度融合,保障用户的用药需求,实现电商快速营销聚客,实体门店专业服务稳客,线上线下联动发展。(3)业态创新方面,从连锁零售业态转型切入,统一使用"雷允上"商号。通过统一标识、提升连锁药店的整体形象,发挥品牌优势,彰显老字号的文化魅力;实施零售业务的转型发展,调整商品经营结构;拓展社区服务功能,着力打造邻家诊所和社区健康店;实现差异化经营,有效提升零售连锁品牌形象和经营效益。(4)技术创新方面,雷允上在传承的基础上注重产品、服务和管理等技术创新,建设了包括企业资源计划、自动化办公、人力资源管理系统、在线培训系统、财务管理软件等在内的信息管理平台,整合业务流程、基础数据和计算机软硬件,形成资源一体化、信息化管理体系,实现了对药品质量与经营动态的实时监控,为保证药品经营质量安全、提高管理效益奠定了基础,为企业科学决策提供依据。

第三,对标"一品一策一方案"的要求,雷允上坚决贯彻落实市委、市政府提出的上海品牌要形成"国内领先,国际一流"标准的指示。2019年,与行业协会共同起草《膏方定制加工服务要求》团体标准,在第三方评价下,雷允上"膏方定制加工服务"顺利通过"上海品牌"服务认证,这也是"上海品牌"认证中唯一一项中医药传统服务。随着"十四五"规划发布,雷允上将积极响应"健康中国2030"号召,坚定文化信念,传承精华,守正创新,牢牢抓住"大健康"产业战略转型的机遇期,探索医药健康、医疗健康、医养健康三位一体的产业发展新格局,恪守"以诚取信,以质取胜,以需取市,以德济天下"的核心价值观,走稳、走好老字号三百年的健康之路,为金字招牌赋予新内涵、新力量!

五、栉风沐雨"双甲子","艺术殿堂"展新姿——朵云轩

"朵云轩"创立于100多年前的十里洋场,光绪26年(1900)7月3日。这家由浙江人孙吉甫创立的笺扇庄选址"英租界抛球场南首三马路口朝南洋房"(今黄浦区九

江路),初营"牙玳竹木、仿古雕刻、苏杭雅扇"及各类信笺制售等。改革开放后,朵云轩勇当市场经济弄潮儿,形成多元化产业布局,发展成为上海首屈一指、全国领先的艺术品经营品牌。2012年进入上海世纪出版集团;2015年,朵云轩板块完成资产重组,建立实体化集团。120多年弹指一挥间,朵云轩从一家小笺扇庄发展成为集门店零售、木版水印、艺术品拍卖、古玩经营、艺术经纪、艺术电商、艺术教育、艺术会展等多元业态于一体的上海文化艺术品经营领军企业,是"中华老字号"企业,国家级非物质文化遗产生产性保护示范基地,入选首届"上海文化企业十佳"、第二届"上海文化企业十强"。

朵云轩的发展历史浓缩着"创新"二字,而敲响新中国艺术品拍卖第一槌是其中最令人称道的篇章之一。1992年8月,中国大陆第一家艺术品拍卖公司——上海朵云轩艺术品拍卖公司在浦东注册成立。1993年6月20日的上海静安希尔顿酒店二楼大厅,朵云轩举行首届艺术品拍卖会,拍卖会成交总额830万港元,这在那个年代绝对是一个天文数字!朵云轩首拍的巨大成功,极大地刺激、鼓舞了当时以国营文物商店为主体的中国艺术品行业,朵云轩因此被誉为"中国艺术品市场高歌猛进历史进程的开启者"。如今中国艺术品拍卖业的许多流程设计、服务标准都肇始于朵云轩。

朵云轩的作品始终追求"新裁别出,精益加精"。2008年,朵云轩木版水印技艺被列入国家级非物质文化遗产代表性项目名录。《十竹斋书画谱》是我国历史上第一部卷帙浩繁的中国画彩色套印画册,由明代出版家胡正言编梓,汇集当时名人作画、题字300余件,具有重要文化艺术价值,传至近代,几近亡佚。朵云轩历时数年再造《十竹斋书画谱》善本,为我国出版事业争得了极大荣誉。自20世纪60年代重建以来,每个历史时期,朵云轩木版水印都紧随时代变迁打造时代精品。不仅是木版水印工艺,朵云轩对于书画文物的抢救征集同样"精益加精"。朵云轩重建后,抢救征集各类文物艺术品数以万计。根据国家需要,朵云轩还先后两次向上海博物馆、辽宁省博物馆等捐赠古代书画精品300余件,为文博事业做出了巨大贡献。

近年来,上海朵云轩集团以"一品一策一方案"工作为抓手,大力推动百年品牌年轻化、时尚化、国际化,引入市场化新机制,启动新产品开发,布局新渠道,进军新业态,打出一套"组合拳",有力提振了品牌影响力。例如,2019年上海书展上,朵云轩木版水印与中国邮政合作首发的"行走的藏书票"套装"圈粉"无数。在由上海市消费者权益保护委员会发起的2019年度上海市特色伴手礼评选当中,朵云轩与知名文房产品设计公司"慢物质"联名推出的"朵云轩活字镇纸"成了25个"上海优选特色伴手礼"之一。2020年,新冠疫情突如其来,朵云轩危中寻机,加快线上业务布局,仅用两个多月时间就完成"朵云网拍"App开发并投入使用,凭借优质拍品、诚信口碑,迅速集聚人气。如今,作为百年老字号和国有艺术品领军企业,朵云轩始终坚持与文化强国同频共振,与时代进步同向同行,加快改革创新,让一代代上海人记忆中的"艺术殿堂"焕发新光彩,为上海建设国际重要艺术品交易中心和国际文化大都市做出应有的贡献。

六、 每一代人的甜蜜记忆——大白兔

"大白兔"品牌创建于1959年,是上海产业工人庆贺新中国成立10周年的"礼品"。面世没多久,由于用料考究,奶香浓郁,"7颗大白兔等于1杯牛奶"的说法很快在市场上流传开来,大白兔奶糖成为上海食品工业的一张名片。不论是上海市民还是来上海出差旅游的人,纷纷购买大白兔奶糖作为体面的礼品。在将大白兔奶糖作为礼品的各种故事中,最有名的莫过于大白兔奶糖变成了"国礼"。1972年,替时任美国总统尼克松访华"打前战"的美国随行人员,在上海尝到大白兔奶糖后赞不绝口,就推荐给了尼克松。尼克松吃一颗想两颗,接二连三吃了好几颗。见此,周恩来总理当即批示将大白兔奶糖作为"国礼"送给尼克松。之后,听装大白兔奶糖出现在美国"复活节"礼品市场,成为美国人馈赠亲友的佳品。随着市场经济的发展,大白兔奶糖产量大增,成为出口创汇的重要产品。1980年,大白兔奶糖已经在东南亚市场打响品牌,成为品质过硬的外销拳头产品。

在20世纪八九十年代,大白兔奶糖始终在国内糖果市场保持领军者地位,并且从单一的牛奶口味拓展出10多个品种。1991年,大白兔奶糖年产量超过12亿粒,销量突破6 200吨,全年出口2 700吨,均为国内糖果行业之最。此外,内销外销量同步增长,让大白兔奶糖的市场口碑也节节攀升。在21世纪初,又赢得了"和平之糖"和"冠军之糖"的新称号。2003年伊拉克战争期间,国内某战地记者随行带了一些大白兔奶糖,分发给当地儿童,没想到,孩子们不舍得将整颗大白兔奶糖放进口中,而是舔着吃完。这个场景让记者们大受触动,与全世界孩子共享和平的渴望,使大白兔奶糖赢得了"和平之糖"的称号。"冠军之糖"则与多名奥运冠军有关。例如,第28届雅典奥运会男子69公斤级举重冠军张国政,趁在上海比赛期间购买了10千克左右的大白兔奶糖,不意奶糖成为红娘,促成冠军姻缘。

进入21世纪后,大白兔奶糖凭借过硬的品质和愈发严格的质量管理,始终站在国内糖果市场的前列。这些年,老字号变身"国潮"蔚然成风,大白兔奶糖也在上海市商务委员会、光明食品集团的支持下,通过"一品一策",加快加大创新力度,将平面的大白兔变成活蹦乱跳的大白兔,令人耳目一新。在大白兔的"一品一策"中,跨界创新是亮点之一。最近一两年来,大白兔奶糖味润唇膏、沐浴露、香氛,大白兔奶茶、大白

兔冰激凌等亮点频出,每一个都成为受年轻人追捧的网红。冠生园集团认为,混搭和跨界的最终目标是销售大白兔自己的产品,品牌要有拿得出手的产品,质量第一、创新不断。此外,大白兔坚持跨界和混搭是"相互成就"的过程,每出一款新品,也会同步在大白兔线上旗舰店上市。同步上市、同步推广,从而突破了简单的"授权"和"被授权"的关系,让大白兔和合作伙伴共同受益。

七、老凤新音声嘹亮,涅槃重生创辉煌——凤凰

"凤凰"源于1897年中国首家自行车车行同昌车行,1993年A股B股同时上市,后被中华人民共和国商务部、中华人民共和国海关总署、国家市场监督管理总局等部委认定为"中华老字号""中国名牌""最具市场竞争力品牌""全国工业品牌培育示范企业""百年功勋企业",是国家首批驰名商标获得者,是中国轻工业联合会的骨干企业。受全球多地疫情蔓延影响,不少出口型企业受到较大冲击。但上海的老字号自行车品牌凤凰却逆势而上,成为国际新时尚。其发展特色主要体现在:

第一,计划经济时代,凤凰牌自行车曾是很多国人心目中的国产第一名牌。这不仅是因为凤凰牌自行车拥有一个仪态秀美的凤凰图案,既体现了产品轻快、车身亮丽的特点,也蕴含了吉祥如意的寓意;更是因为凤凰自行车刹车手感好,电镀和喷漆的质量远超同类产品,轴承轻灵,钢圈的精度高,骑起来用户体验比同类产品高一大截。尤其是凤凰18型,仅购车票的价格就相当于普通工人的两个月工资,是那个年代不折不扣的奢侈品。被誉为"结婚三大件"之一的自行车,由于能够体现普通百姓的家庭富裕程度,不仅国内消费者争相购买,更远销海外,成为我国出口创汇的重要外销产品,甚至国家领导人出国访问时,都将凤凰自行车作为"国礼"赠送。

第二,打破体制机制的桎梏,以"混改"开启涅槃的艰辛之路。1994年,市场环境发生巨变,厂商同质化竞争激烈,再加上外资品牌冲击,凤凰销量开始"断崖式跌落"。2010年,公司销量仅为161万辆,创下了自1979年以来的最低纪录。在政府领导下,凤凰开启了创造性的混合所有制改革,以引进资本、引进机制和增资扩股的方式与江苏美乐投资有限公司达成合作,从传统的生产、销售、研发环节开始"破圈"。一是对原有以"二八大杠"为核心的产品线进行升级,打造包含童车、学生车、城市休闲车、运动竞技车、电动车、智能助力车、医疗康复车在内,覆盖老中青、少童幼四代消费群体的两轮车产品。二是完成线上线下营销渠道的建设,产品销售从传统批发模式转为终端门店、国际贸易、电子商务、大客户订制等多种商业模式并举。出口涉及80多个国家和地区,遍布非洲、南北美洲、欧洲、亚洲、大洋洲。三是加大研发投入,近年来,

凤凰建设南北两个两轮车研发中心,并且聚焦电助力技术、智能技术在产品上的应用,不仅引领了行业的未来发展,更实现了凤凰制造和品控的跨越式提升。

第三,玩转品牌"跨界 1+1",百年老字号越来越"潮"。2018 年,凤凰与时装品牌太平鸟合作,通过结合流行的街头运动和国潮文化,推出一系列女装、配饰及限量合作款自行车产品。2019 年,凤凰与百事可乐合作推出联名自行车,并保留了原凤凰"二八大杠"车型、三角车架设计、鞍座等经典元素。近年来,凤凰不断开展系统性的品牌培育和建设工作,被国家工业和信息化部评为"全国工业品牌培育示范企业",同期上海获此荣誉的企业仅 3 家,全国仅 97 家。公司还连续多年被中国轻工业联合会评为"全国行业十强企业",获得中国轻工业企业"百强"称号。2019 年,公司荣获"2019 年京东零售最佳国货品牌奖"。2020 年 8 月,世界品牌实验室发布 2020 年"中国 500 最具价值品牌",凤凰成了 500 强榜单上少有的出行品牌。

2020 年,新冠疫情暴发,凤凰又紧紧抓住大众对健康出行的需求,在研发方面结合健康需求,推出了以汉代猛将霍去病为 IP 形象的锂电池助力自行车系列。"霍去病"系列一上市,便立刻在各大电商平台成为"现象级"的产品。如今,日新月异的互联网时代已经到来,凤凰将继续引领大众时尚骑行,引领健康、时尚的全新生活方式,探索未来城市交通的发展需求,使自行车成为连接人们生活的智能终端。

八、前浪不惧后浪追,重压之下敢为先——第一百货

上海市第一百货商店的前身是上海市日用品公司,创立于 1949 年。彼时,上海百废待兴,保障市民生活供应、保证市场物价稳定,是它所肩负的最重要使命,"第一百货"就是在这一背景下应运而生的。1953 年 9 月 28 日,商店迁至南京东路 830 号现址。迁入新址后,商店的营业面积、营业品种、销售规模长期在全国百货零售行业雄踞榜首,20 世纪 80 年代到 90 年代,年销售额连续 14 年在全国大型零售企业中名列第一,成为名副其实的"中华第一店"。"大胆改、大胆试、大胆闯",是上海第一百货与生俱来的基因。在波澜壮阔的上海商业历史长河中,它一直占据着独特的地位。其发展特色体现在:

第一,在七十多年的发展历程中,第一百货商店除了它的名字和所取得的经营业绩外,还有很多个"第一"。最早的"第一",可以追溯到 1936 年,第一百货商店的前身——著名的大新公司开业时,从美国引进的那部双向上下、铁制踏板、柚木镶嵌的自动扶梯,它也是中国首部装在商场里的自动扶梯,成为当时南京路的一个主要景点。此后,还有享誉业界几十年的第一百货 18 扇商店大橱窗,在全国首屈一指;

1984年,第一百货商店在业界率先推行对各个楼层商场部门实行经营承包责任制,女营业员不仅穿上西装,还涂口红站柜台,在全市商业系统也是第一家;1986年,第一百货设专柜同个体经济合作,展销个体户杨百万蚊帐;20世纪80年代末,出台全国百货行业最早形成并实施的一份规范文本——《工商联销协议书》,它不仅在全国业界首创了"工商联销"的经营模式,也首创了管理规范。

第二,转型升级谋发展,坚守初心再出发。改革开放的春风,让第一百货商店迎来了高速发展。1992年6月1日,上海市第一百货商店股份有限公司成立;1993年2月19日,在上海证券交易所上市交易。然而,进入21世纪,上海传统国有商业却经历着前所未有的挑战,面临高端消费外流、外地消费回流、本地消费横流、网购消费截流、多元消费分流的"五流"冲击,有着"中华第一店"光环的第一百货商店辉煌不再。通过不懈努力,第一百货商店继续前进、勇立潮头,展现出上海的城市形象和城市精神。2007年12月,第一百货商店新楼建成营业,商店经营面积由3万平方米扩大到7万多平方米,形成了融购物、休闲、娱乐、餐饮于一体的经营新格局。2008年11月,第一百货商店老楼历时9个月,完成整体修缮工程,新老楼实现一体化经营。2017年6月,商店再次整体闭店装修。按照老字号"一品一策一方案"要求,第一百货商店大刀阔斧地开展改革创新,最终形成第一百货老楼、新楼、原东方商厦南东店三楼合一的第一百货商业中心全新格局,总面积超过10万平方米。2018年,第一百货商业中心迎来了重装亮相,积极打造首店、品牌经济,先后引入首店13家。

"敢争第一"的第一百货商店,再次迈出转型创新步伐,更加流光溢彩。2019年,企业销售同比上升37.1%,客流同比上升27.6%。如今,面对新冠疫情,第一百货商业中心快速反应,积极组织开展自救自新,充分应用数字化模式,将线下消费需求迭代至线上,通过抖音直播、云店销售、微信推送等形式,升级销售、客服、配送、结算一体化的精准"宅服务"。截至2021年底,第一百货商业中心共开展线上直播10多次,"化妆节"期间,云店销售额超1 000万元,网购消费人群覆盖了全国31个省区市。无论面对怎样的情况,"勇争第一,前浪不惧后浪追;沧海横流,重压之下敢为先"永远是"一店人"的精神!

第四节 上海商业政策环境分析

一、 提升开放能级,增强枢纽功能

为更高起点、更大力度推进上海国际贸易中心建设,2021年4月,上海市人民政

府印发了《"十四五"时期提升上海国际贸易中心能级规划》(以下简称《规划》)。[1]《规划》中提出以"提升开放能级,增强枢纽功能"为主攻方向,加快推动制度型开放,数字化转型和新动能转换积极促进内需和外需、进口和出口,引进外资和对外投资协调发展,着力畅通国内大循环,促进国内国际双循环,率先构建要素高效流动、高效聚合的枢纽节点,实现国际贸易中心核心功能显著提升,为全面提升上海城市能级与核心竞争力做出更大贡献。"十四五"时期上海国际贸易中心建设主要任务包括6个方面,具体政策措施共计23条。

(一)培育外贸综合竞争新优势,构筑全球贸易枢纽

一是打造联动长三角、服务全国、辐射亚太的进出口商品集散地。具体包括:促进对外贸易稳中提质;建设一批高能级强辐射的贸易平台;优化国际市场布局,优化进出口商品结构。

二是打造新型国际贸易发展高地。具体包括:实现离岸贸易创新突破,培育一批离岸贸易结算标杆企业;增强转口贸易枢纽功能,提高货物流转通畅度和自由度;挖掘跨境电商发展潜能,提升跨境电商公共服务平台能级。

三是打造服务贸易创新发展高地。具体包括:持续扩大技术贸易规模,促进技术进口来源多元化;建设国际技术贸易合作平台;提升知识密集型服务贸易能级;集聚一批具有全球影响力的再制造检测认证与研发创新中心和企业。

四是建设数字贸易国际枢纽港。具体包括:探索推进数字贸易规则制度建设;加快建设高质量基础设施;建立健全公共服务功能;培育一批国际化、有潜力的数字贸易品牌;推动浦东、长宁、静安、杨浦等区打造各具特色的数字贸易生态圈;打造长三角全球数字贸易高地。

(二)深入推进高水平制度型开放,打造亚太投资门户

一是打造新时期外资首选地。具体包括:实施新一轮高水平对外开放,推动上海率先形成与高标准投资规则相衔接的基本制度体系和监管模式;构建面向全球的投资促进网络,健全由政府、专业机构、商协会、企业组成的"四位一体"投资促进体系。

二是打造高质量外资集聚地。具体包括:实施"总部增能"行动,持续提升总部经济能级;积极参与若干世界级产业集群建设,大力吸引产业链上下游配套企业集聚;

---

[1] 上海市商务委员会.上海市人民政府关于印发《"十四五"时期提升上海国际贸易中心能级规划》的通知[N/OL].2021-04-29(2022-11-01).https://sww.sh.gov.cn/。

构建外商投资全生命周期服务链,拓展涉外服务专窗内容,健全完善政企沟通、联系走访、重大项目服务、投诉和兜底服务等工作机制。

三是打造"走出去"对外投资合作桥头堡。具体包括:培育更高层级的本土跨国公司,推动对外投资和扩大出口更好结合;提升对外承包工程国际竞争力,打造一批具有影响力和带动力的标志性海外工程项目;打造"走出去"公共服务体系升级版,加强"走出去"风险防范体系建设,深化政企银保四方协调合作。

(三)推动消费持续提质扩容,建设国际消费中心城市

一是创新高端消费供给。具体包括:提升高端商品和服务集聚能力;推动首发经济发展;深化品牌经济发展,培育本土品牌;加快免退税经济发展,积极争取新设市内免税店。

二是建设多层级商业地标。具体包括:打造世界级商圈;形成差异化区域商圈;推动"五大新城"商业高质量发展;培育特色商业街区;建设夜间经济地标,鼓励夜间经济多元化业态发展。

三是引领服务消费升级。具体包括:扩大文旅休闲和体育消费;提升健康和养老消费;升级信息消费,推动建设各类信息消费体验中心;扩大外来消费,培育一批会商旅文体跨界融合的新模式、新业态。

四是推动消费数字化转型。具体包括:加快电子商务创新发展,着力培育一批在线新经济领军企业;加快线上线下深度融合,建设南京路步行街、虹桥商圈等数字商圈商街示范项目;加快生活服务数字化提升,建设数字生活服务示范区;推进智能化终端设施建设,加快发展"无接触"经济;推进网络新品牌建设。

五是打响"上海购物"品牌。具体包括:提升"五五购物节"辐射力和影响力;构建"上海购物"品牌体系;优化"上海购物"环境。

六是推动生活服务升级。具体包括:探索超大城市主副食品保供体系;优化社区商业;推进家政业提质扩容;建设完善早餐供应体系。

(四)提升进博会全球影响力和竞争力,全面建成国际会展之都

一是持续放大进口博览会溢出带动效应。具体包括:推动贸易升级,高水平建设一批专业贸易平台和国家(地区)商品交易中心;推动产业升级,推进重大项目落地、总部能级提升;推动消费升级,提升进博会常态化精品旅游线路的吸引力;推动开放升级,巩固和放大虹桥国际经济论坛国际影响力;高标准提升城市服务保障能力,着力打造成为城市治理体系和治理能力的现代化国际样板。

二是提升会展业配置全球资源的能力。具体包括：集聚高能级办展主体；培育具有国际影响力的会展项目体系；创新展会服务模式，大力发展"云展"，实现会展行业线上线下融合发展。

三是打造国际化城市会展促进体系。具体包括：形成具有引领性的会展业标准体系，完善会展服务、会展经营、绿色会展、评估认证等标准；构建会展业营商环境高地，完善高效便捷的事中事后监管机制、知识产权保护机制、纠纷解决机制。

（五）推进现代流通体系建设，建设亚太供应链管理中心

一是优化现代商贸流通体系。具体包括：建设高水平的商贸流通体系，提升商贸企业产供销资源整合能力；培育集聚具有全球竞争力的现代流通企业，加快集聚一批贸易型总部和民营企业总部；促进内外贸一体化，培育一批拥有自主品牌和开展国际经营的本土跨国商贸集团。

二是推动供应链创新与应用。具体包括：强化供应链物流支撑，完善智慧物流基础设施建设；加快推进供应链数字化和智能化发展；提升供应链服务平台能级；加强供应链安全建设，促进供应链全链条安全、稳定、可持续发展。

三是打造具有亚太影响力的大宗商品市场。具体包括：加强市场监管配套制度建设；提升大宗商品国际资源配置能力，积极布局亚太地区交割仓库、物流网络及交易经纪业务，推动浦东新区"期现联动"创新探索。

（六）持续打造市场化、法治化、国际化营商环境，形成贸易投资制度创新高地

一是推进浦东新区、自贸试验区和临港新片区高水平制度型开放。具体包括：支持浦东新区打造社会主义现代化建设引领区；支持自贸试验区和临港新片区构建更高水平开放型经济新体制的试验田。

二是推进虹桥商务区打造上海国际贸易中心新平台。具体包括：做大进口商品集散规模，培育保税展示、保税交易、价格形成、信息发布等核心功能，增强虹桥海外贸易中心功能；推动服务贸易创新发展；加快形成联通全球的数字贸易枢纽；持续提升服务辐射长三角的能力。

三是优化跨境贸易营商环境。具体包括：深化跨境贸易降费提速改革；深化中国（上海）国际贸易"单一窗口"建设；健全适应贸易高质量发展的法规制度体系。

四是优化国际经贸人才发展环境。具体包括：聚焦国际贸易中心建设紧缺急需人才，加大海内外优秀人才引进力度；强化高水平人才队伍培育，完善市场化、社会化

的国际贸易中心人才培养体系。

二、全力打响"上海购物"品牌，加快建设国际消费中心城市

为进一步贯彻落实上海市委、市政府关于全力打响"四大品牌"的决策部署,对标国际最高标准、最好水平,持之以恒、久久为功,全力打响"上海购物"品牌,加快建设国际消费中心城市,上海市商务委员会于2021年8月发布了《全力打响"上海购物"品牌 加快建设国际消费中心城市三年行动计划(2021—2023年)》(以下简称《行动计划》)。[1]

对标上海市"十四五"规划,《行动计划》坚持以品质发展为主线,围绕进一步提升消费贡献度、消费创新度、品牌集聚度、时尚引领度和消费满意度,按照定性和定量相结合的原则,明确具体发展目标,在发展首发经济、培育本土品牌、发展夜间经济、推进商业数字化转型等方面,加大推进力度,聚焦8个专项行动提出24条具体任务。

(一)进一步提高五个"度"

一是提升消费贡献度。消费规模持续扩大,消费结构逐步优化,服务消费和外来消费规模明显提升。到2023年,全市社会消费品零售总额规模达到1.8万亿元以上。

二是提升消费创新度。商业数字化转型步伐加快,新业态、新模式引领发展,新型消费基础设施更加完善,新型消费规模持续扩大。到2023年,全市网络购物交易额达到1.6万亿元左右。

三是提升品牌集聚度。云集更多全球优质消费品牌和企业,培育一批具有全球影响力的本土新品牌,创新一批老字号品牌,到2023年,打响160个左右引领性本土品牌。

四是提升时尚引领度。新品发布活动、首秀首展活动进一步集聚,"五五购物节"的国际影响力显著提升。到2023年,全市新引进品牌首店2 400家以上。

五是提高消费满意度。消费服务质量和便利度明显提高,重点商圈商街的文化内涵和环境品质不断提升,消费环境持续优化,消费者体验度和满意度明显提升。

(二)聚焦八个专项行动

一是消费地标打造专项行动。打造国际消费中心城市核心承载区,构建引领高

---

[1] 上海市商务委员会.《全力打响"上海购物"品牌 加快建设国际消费中心城市三年行动计划(2021—2023年)》[N/OL].2021-08-02(2022-11-01).https://sww.sh.gov.cn/.

品质生活和辐射长三角消费市场的五个新城商业新增长极,培育彰显城市文脉和商业文明的特色商业街区。

二是首发经济提质专项行动。深化一批首发示范区建设,打造一批新品发布地标性载体、全球新品网络首发平台、地标性高端商业综合体,集聚一批高能级品牌首店。打造"全球新品首发季",开展上海全球新品首发地整体形象宣传推广。

三是品牌经济升级专项行动。打造全球高端品牌集聚地、本土制造消费品品牌创新地。聚焦汽车、日化美妆、纺织服装、设计品牌、食品等重点领域,促进本土制造消费品品牌扩大销售,提升本土品牌影响力和美誉度,发展零售自有品牌。深化老字号"一品一策一方案"。

四是夜间经济点亮专项行动。促进本市夜间经济地标从点、线发展向块、圈、带状发展;打造1+15+X夜间经济整体布局;打造一批标志性夜间体验项目;研究建立衡量夜间经济发展规模和质量的多维度指标体系;加强外摆位、周末限时步行街、夜间停车、演艺新空间布局、灯光优化等政策创新。

五是外来消费集聚专项行动。促进会商旅文体联动,打造具有全球吸引力的文旅体育消费名片。发展免退税经济,扩大退税定点商店数量、类型及覆盖地域范围。完善外卡收单受理环境和支付便利度,增加和完善多语种导示标识。

六是商业数字化转型专项行动。推进传统商业数字化创新,打造商业数字化转型示范区、国际消费中心城、市数字化示范区、生活服务数字化示范区和新城商业数字化示范区,建设数字商圈商街。培育集聚一批引领行业发展的直播电商平台、体现上海特色的潮流直播消费场景。打造一批覆盖面广、类型丰富的新零售应用场景。

七是"上海购物"品牌推广专项行动。将"五五购物节"打造成为新一轮打响上海"四大品牌"的全球名片和标志性活动,加大全球营销推广力度,增强上海作为国际消费中心城市的国际影响力。实施"上海购物"品牌全球推广计划,建立属地化、专业化、国际化、精准化的推介矩阵,塑造上海城市形象。

八是消费环境优化专项行动。推进信用示范商圈建设,构建以商务信用为基础的新型监管机制。加强对直播电商等新型消费业态规范和标准的研究制订。完善首席质量官制度,健全市场监测、用户权益保护、重要产品追溯等机制。

三、 加快发展外贸新业态新模式

为深入贯彻《国务院办公厅关于加快发展外贸新业态新模式的意见》(国办发〔2021〕24号),上海市政府于2021年10月印发了《关于本市加快发展外贸新业态新模式的实施意见》。[1]坚持创新引领,将创新驱动作为贸易新旧动能接续转换的关键动力,培育贸易竞争新优势,提升贸易发展软实力,推动贸易新业态新模式发展的政策支撑更加有力,贸易新业态新模式综合竞争优势更加显现,贸易新业态新模式创新辐射能力更加突出。

(一)加快提升贸易创新发展能级,培育贸易竞争新优势

主要包括五项工作措施:打造离岸贸易创新发展高地、推进绿色低碳贸易发展、打造国际贸易分拨枢纽、支持外贸综合服务企业健康发展、支持外贸垂直服务平台发展壮大。其中重点任务有以下五个方面:(1)支持商业银行对满足特定条件的人民币离岸经贸业务和外汇离岸贸易业务,自主决定审核交易单证的种类;(2)允许特定类别境外再制造产品按新品实施进口管理,研究推动开展汽车发动机关键零部件等禁止进口的旧机电产品再制造业务;(3)支持自贸试验区内企业按照综合保税区维修产品目录开展"两头在外"的保税维修业务;(4)扩大国际分拨货物《未再加工证明》试点范围;(5)降低外贸综合服务海关高级认证企业进出口货物平均查验率。

(二)加快推进贸易创新数字赋能,培育贸易发展新动能

主要包括六项工作措施:完善贸易数字化基础设施、提升贸易数字化营销能力、推进跨境电商制度创新、培育本土海外仓企业、加快数字贸易发展、培育贸易数字化生态链条。其中重点任务为:(1)推进港口相关业务受理系统与上海国际贸易"单一窗口"信息双向交互;(2)推进上海跨境贸易大数据平台建设;(3)深化跨境电商B2B出口试点;(4)支持出口商品按一般贸易方式进入海关特殊监管区域,再以跨境电商方式出境;(5)建设数字贸易交易促进平台,提升在线跨境结算功能。

(三)加快推进贸易创新环境建设,提升贸易发展软实力

主要包括八项工作措施:提升贸易创新策源能力、支持企业主动对接高标准国际贸易规则、完善贸易创新容错机制、鼓励贸易金融服务创新、提升贸易新业态相关外汇收支便利、加强竞争政策执法、提升贸易知识产权保护水平、加强行业组织建设和专业人才培育。其中重点任务有以下几点:(1)推动产业链国际开放合作;(2)提高企业RCEP(《区域全面经济伙伴关系协定》)等自贸协定利用能力;(3)对外贸企业相关

---

[1] 上海市商务委员会.上海市人民政府办公厅印发《关于本市加快发展外贸新业态新模式的实施意见》的通知[N/OL].2021-10-18(2022-11-01).https://www.sh.gov.cn/。

非主观故意又可整改行为,按照规定不纳入跨境人民币业务重点监管名单;(4)支持上海跨境人民币贸易融资资产转让服务平台建设;(5)支持跨境电商企业将境外费用与出口货款轧差结算;(6)建立知识产权快速便利维权机制和知识产权保护联合培塑机制;(7)鼓励设立外贸新业态领域相关行业组织。

(四)加快完善贸易创新保障体系,筑牢贸易发展基础

主要包括五项工作措施:加强贸易创新组织领导、加大财税政策支持力度、强化贸易风险防范与应对能力、深化经贸国际交流合作、加强外贸新业态宣传引导。其中重点任务:(1)发挥与商务部、海关总署等部市、署市合作机制作用;(2)鼓励各区出台相关财政支持政策;(3)出台《上海市贸易调整援助办法》;(4)大力发展丝路电商,加强共建"一带一路"经贸合作。

第二章　上海商业体系研究

第一节　上海商业网点发展概况

一、数据与分析方法概述

上海市商业网点发展概况是从全市商业网点整体性出发，以消费数据为核心要素，分析上海市商业网点的消费特征和消费趋势。

报告分析所用数据来源包括银联消费大数据[1]，具体包括各商圈的消费额统计、用户消费能力统计和用户消费类型统计等数据。辅助数据包括上海市区县行政区划及上海市环线等地理信息(GIS)空间矢量数据。本节内容涉及的分析方法包括海量数据可视化、GIS 叠置分析方法和空间统计分析方法。

二、上海行政区月平均消费趋势

采用上海市 2019—2021 年银联消费数据，对上海市商业网点月平均消费进行分析。统计结果发现，2019 年上海市月平均消费最高的地区是黄浦区，高达 477 亿元/月；第二梯队是静安区、闵行区、浦东新区和徐汇区，均高于 100 亿元/月；第三梯队是宝山区、奉贤区、嘉定区、普陀区、松江区、杨浦区和长宁区，其消费水平在 50 亿元/月～100 亿元/月；第四梯队是虹口区、金山区、青浦区，消费水平在 10 亿元/月～50 亿

---

[1] 为了保持数据和分析结果的一致性，本年度使用的 2021 数据沿用 2019 年和 2020 年银联智策数据采样方式。未来年度报告将采用经过商户治理、建模生成的分品类全量银联智策在沪交易数据进行消费趋势分析，并基于全量数据优化行政区和商圈级别消费数据。

元/月；消费水平最低的是崇明区，在9亿元/月左右。

2020年，在新冠疫情影响下，上海市大部分地区消费水平较2019年均出现一定幅度的下降，其中长宁区月均消费下降最为严重，由2019年的99亿元/月下降至2020年的32亿元/月，跌幅高达68%。其次是静安区和虹口区，静安区由2019年的247亿元/月跌至2020年的104亿元/月，虹口区则由2019年的47亿元/月跌至2020年的21亿元/月，其跌幅分别为58%和55%；而奉贤区和金山区消费水平却呈上涨趋势，涨幅分别为53%和26%，但其2020年月平均消费仍相对较低，处于50亿元/月~100亿元/月的第三梯队。

2021年，由于社会面受新冠疫情影响逐渐好转，上海市大部分地区月均消费水平出现显著增长，其中崇明区月均消费涨幅最高，从2020年的5亿元/月增长至2021年的9亿元/月，涨幅高达80%。其次是宝山区，月均消费由2020年的44亿元/月增长至2021年的76亿元/月，涨幅达73%。静安区（增幅53%）、闵行区（增幅50%）、青浦区（增幅44%）和徐汇区（增幅46%）的月均消费水平增幅均在48%左右。奉贤区和金山区2021年月均消费金额相较2020年不升反降，奉贤区月均消费水平由2020年的95亿元/月跌至2021年的35亿元/月，跌幅高达63%。金山区月均消费水平则从2020年的53亿元/月跌至2021年的29亿元/月，跌幅为45%。

消费水平的变化能从一个侧面反映上海市各区功能结构与消费习惯。如长宁区月均消费水平由2019年的99亿元/月降至2020年的32亿元/月，跌幅高达68%，在新冠疫情影响下，外地来沪工作者锐减，可能是导致长宁区月均消费能力下跌的原

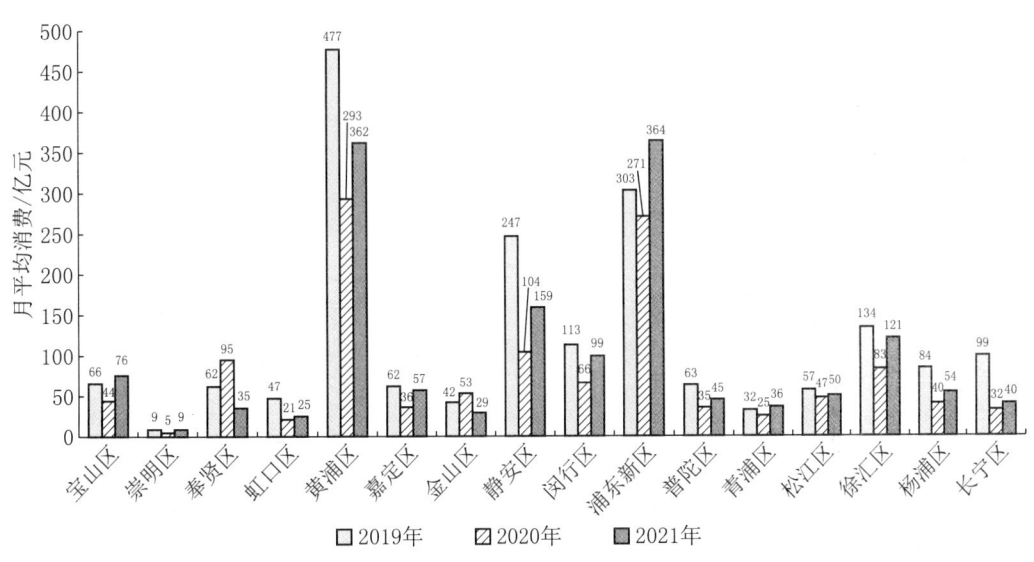

图2-1 2019—2021年上海市各区月均消费水平

因。而奉贤区和金山区，新冠疫情期间月均消费水平不降反升，但2021年却未能保持新冠疫情期间良好态势，2021年奉贤区和金山区月均消费金额均低于新冠疫情前2019年的水平。

三、上海商业网点外来消费分析

（一）分省份评价

依据全国34个省份和直辖市的消费全量数据统计分析来沪消费总额，并对比2019—2021三年的消费额变化，有助于理解哪些省份和地市来沪消费贡献度较大，和在全国层面呈现怎样的结构特征。

如图2-2、图2-3和图2-4所示分别为2019年、2020年和2021年上海所有商圈整体消费总额分省份的统计结果（上海本地除外）。从图2-2可以看出，2019年来沪消费总额最高的是江苏省，年消费金额高达869亿元。浙江省、广东省和北京市紧随其后，年消费金额分别为553亿元、548亿元和464亿元。第五至第九依次为福建省、山东省、河南省、安徽省和湖北省，其消费总额在150～250亿元。其他省份的消费总额均在150亿元以下。区域分析可以发现，长三角区域内省份的消费总额均在前八位，消费占比达31%；北京市、广东省（含广州市、深圳市）消费总额均在前四位，消费占比达20%。其他区域消费占比总计为49%。

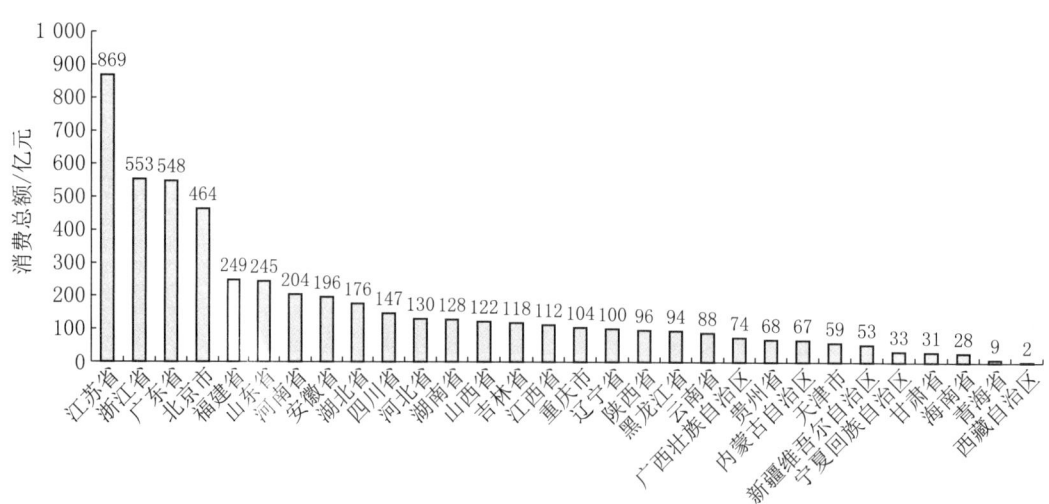

图2-2 2019年上海所有商圈整体消费总额分省份统计结果（港澳台除外）

从图2-3可以看出，2020年全国各个省份中，江苏省来沪消费总额最高，达

585亿元。浙江省和北京市紧随其后,年消费金额分别为470亿元和378亿元。第四至第六依次为吉林省、广东省和安徽省,其消费总额在150～350亿元。其他省份消费总额均在150亿元以下。在位序上,相较2019年发生了较大变化,广东省、福建省、山东省、河南省和湖北省从2019年的第三、第五、第六、第七、第九降至2020年的第五、第八、第七、第九、第十一。北京市和安徽省则从第四、第八升至第三、第六。区域分析可以发现,长三角区域内省份(江苏、浙江和安徽)的消费总额均在前六位,共1 215亿元,消费占比达34%;北京市、广东省(含广州市、深圳市)消费总额均在前五位,消费占比达19%。其他区域消费占比总计为47%。

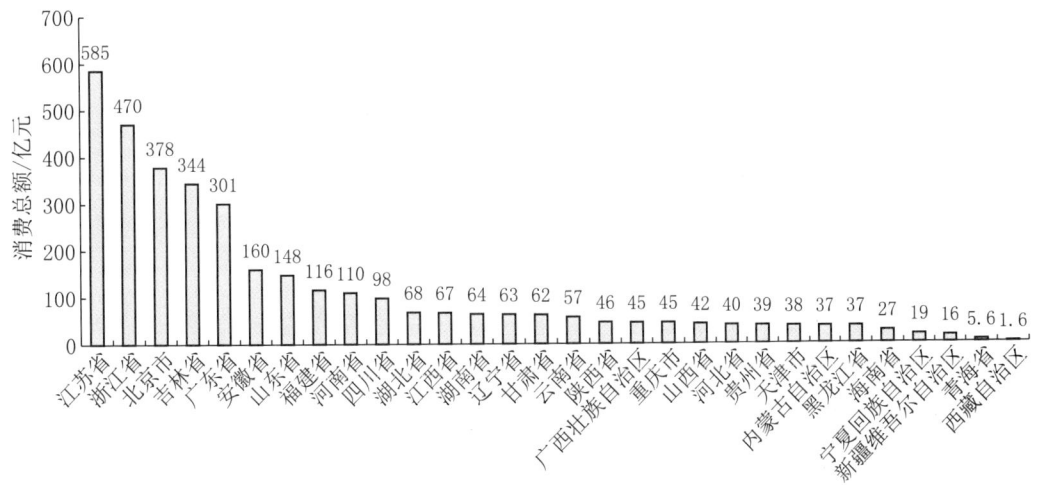

图2-3　2020年上海所有商圈整体消费总额分省份统计结果(港澳台除外)

从图2-4可以看出,2021年全国各个省份中,来沪消费总额最高的是江苏省,年消费金额达618亿元。浙江省和北京市紧随其后,年消费金额分别为400亿元和329亿元。第四至第七依次为广东省、安徽省、四川省和山东省,其消费总额在100～250亿元。其他省份消费总额均在100亿元以下。在位序上,吉林省从2020年的第四降至2021年的第二十五,其消费总额从344亿元跌至22亿元,跌幅近94%。广东省、安徽省和四川省从第五、第六、第十升至第四、第五、第六。区域分析可以发现,长三角区域内省份的消费总额均在前五位,共1 184亿元,消费占比达42%;北京市、广东省(含广州市、深圳市)消费总额均在前四位,消费占比达21%。其他区域消费占比总计为37%。

对比2019年、2020年和2021年发现,新冠疫情对外来消费产生了较大的影响。上海以外的省份,消费总额位于第一的江苏省,其消费总额从2019年的869亿元锐减到2020年的585亿元,2021年恢复至618亿元。2020年,大多数省份相较2019年

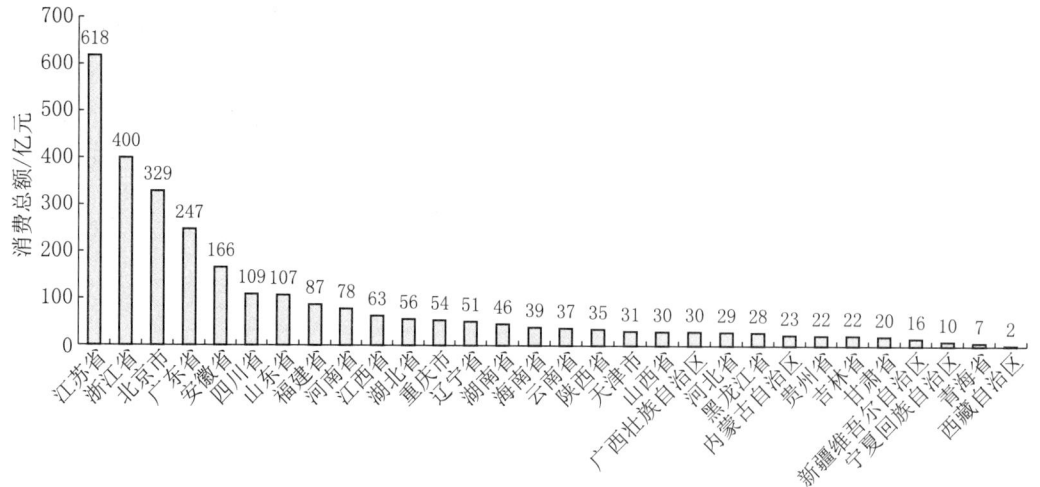

图 2-4　2021 年上海所有商圈整体消费总额分省份统计结果(港澳台除外)

跌幅高达 33%,2021 年所有省份均已恢复至疫情前 2019 年的三成以上,其中江苏省、浙江省、安徽省、北京市、青海省、甘肃省和西藏自治区均已恢复至 2019 年水平的 60% 以上。

在区域上,2019 年和 2020 年长三角区域内省份的消费占比均在 30% 左右,2021 年升至 42%。2019 年和 2020 年北京市、广东省(含广州市、深圳市)的消费占比在 19% 左右,2021 年升至 21%。其他区域消费占比从 2019 年和 2020 年的 47% 左右降至 2021 年的 37%。说明长三角区域内省份和北京市、广东省(含广州市、深圳市)的消费占比,在 2021 年社会面受新冠疫情影响逐渐好转后有所升高,相应地其他区域的消费占比下降。

在位序上,江苏省和浙江省排名相对稳定,广东省和北京市三年内均保持前五的位次。吉林省从 2019 年的第十四跃至 2020 年的第四,但 2021 年在大环境整体向好的情况下,吉林省未能延续 2020 年的靠前位次,2021 年位次跌至第二十五。整体而言,相比 2019 年,2020 年不同省份的消费总额差异逐渐加大,到 2021 年差异进一步加大。

(二) 分地市评价

如图 2-5、图 2-6 和图 2-7 所示分别为 2019 年、2020 年和 2021 年上海所有商圈整体消费总额处于前 30 的城市及对应的消费额(上海本地除外)。整体上,2019 年位序最高的北京市年消费金额达 385 亿元,2020 年锐减至 52 亿元,2021 年为 329 亿元,恢复至 2019 年的 85%。对于 2019—2021 年来沪消费额最低城市的消费额,从

2019年的49亿元降至2020年的8亿元,2021年恢复至23亿元。2021年恢复最快的前三城市为南京市、深圳市和合肥市,2021年消费总额相较2019年占比分别为106%、101%、98%。恢复最慢的三座城市为厦门市、福州市和青岛市,其2021年消费总额相较2019年占比分别为17%、18%和27%。区域分析可以发现,2021年长三角区域内地级市的消费占比达49%;其他一线城市北京市、广州市和深圳市消费占比达28%。其他区域消费占比总计为23%。

在位序上,从图2-5、图2-6和图2-7可以看出,三年排名前二位的均为北京市和苏州市。南京市和宁波市三年的位次也相较稳定,均位于前十。厦门市和福州市从2019年的前六位降至2020年和2021年的六名以外。成都市和杭州市从2019年的前十位跌落至2020年十名以外,2021年又升至前十位。广州市、南通市和无锡市则从2019和2020年的十名之外升至2021年的前十。2020年因受新冠疫情影响,不同城

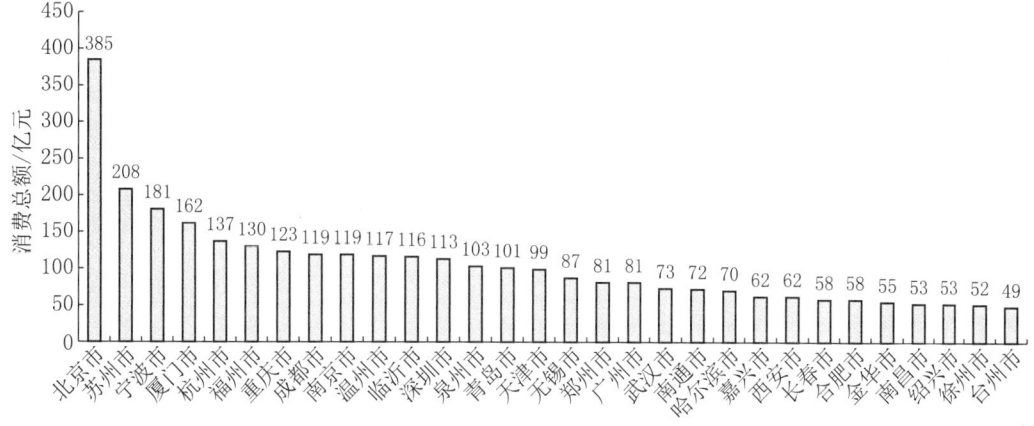

图2-5 2019年上海所有商圈整体消费总额分城市前30统计结果(港澳台除外)

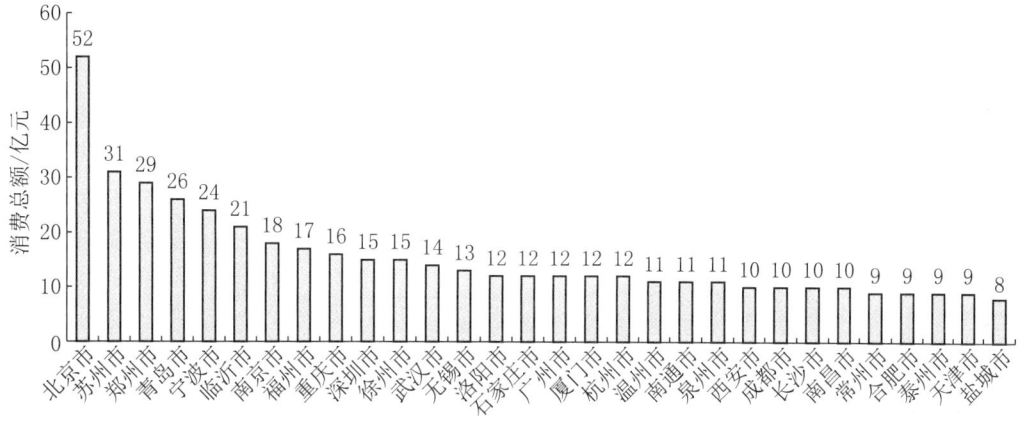

图2-6 2020年上海所有商圈整体消费总额分城市前30统计结果(港澳台除外)

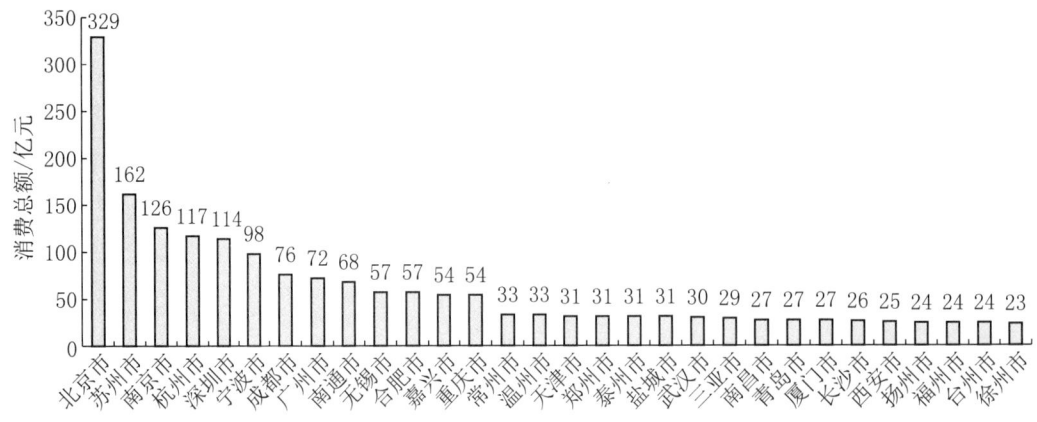

图 2-7 2021 年上海所有商圈整体消费总额分城市前 30 统计结果(港澳台除外)

市的消费总额梯队下降速度快于 2019 年,2021 年消费额的梯队下降速度则明显放缓。

四、上海商业网点消费画像分析

(一) 消费能力

上海市银联交易数据将消费者消费能力分为显著低、低、相当、高、显著高和高额消费六个类别。2019 年"消费能力相当"类别占比最高,其次是"消费能力高"和"消

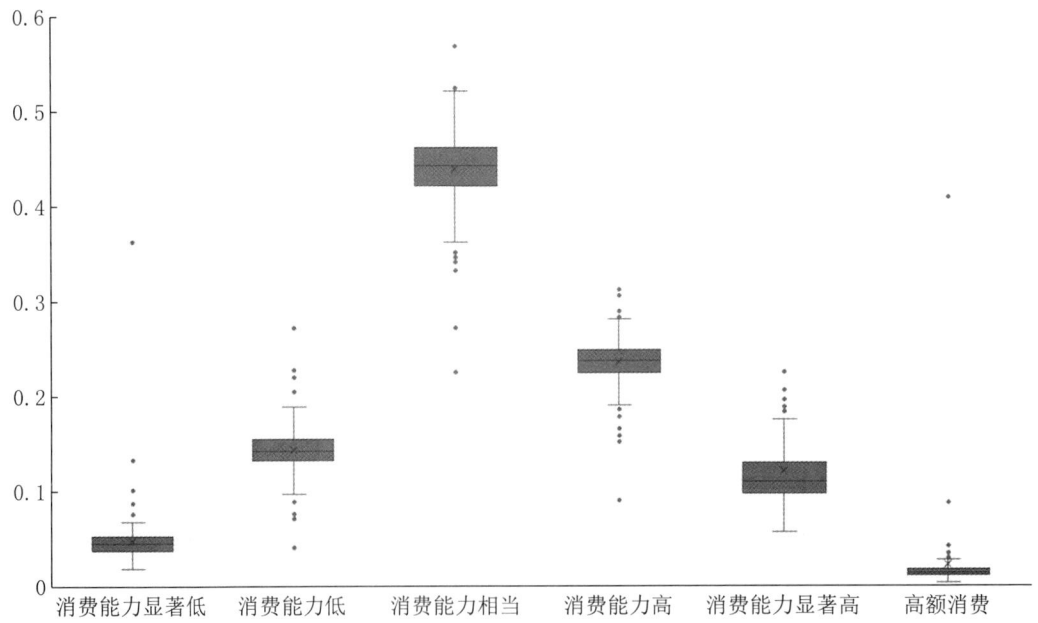

图 2-8 2019 年居民消费能力等级及占比箱线图

费能力低"类别,消费水平由低到高呈较为明显的单峰分布特征。

2020 年和 2019 年相似,占比最高的仍是"消费能力相当"类居民,占比近 50%,其次是"消费能力高"类居民,但两者落差较大。

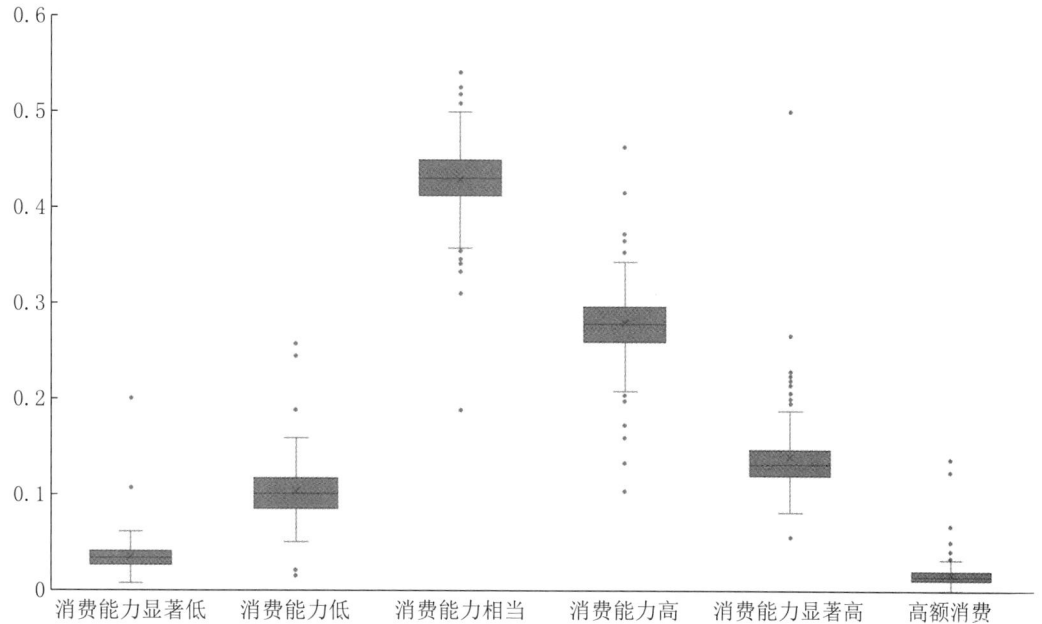

图 2-9　2020 年居民消费能力等级及占比箱线图

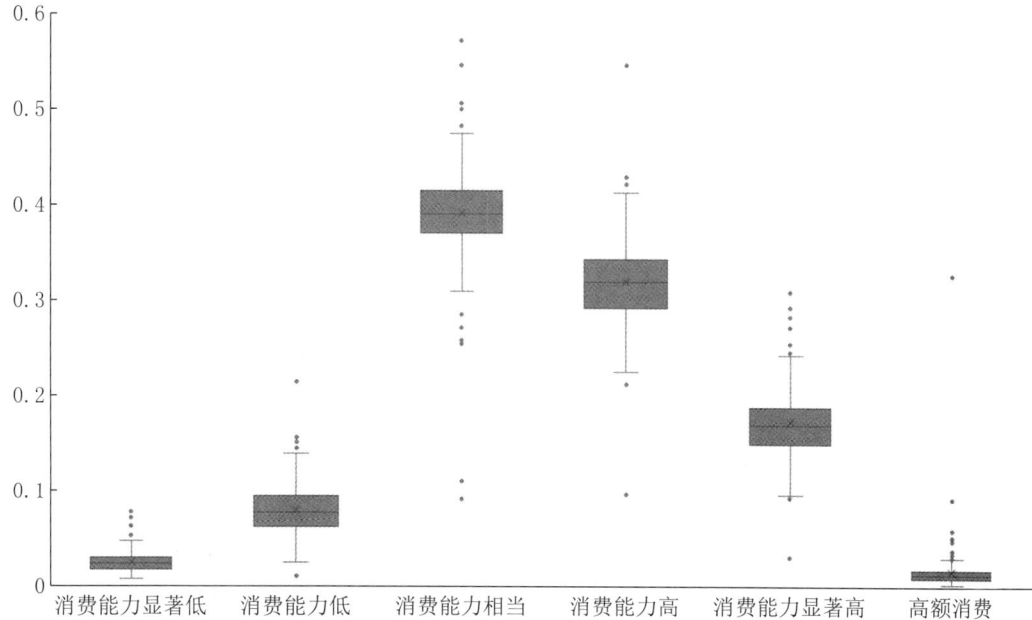

图 2-10　2021 年居民消费能力等级及占比箱线图

2021年,全部类别中"消费能力相当"的占比最高,"消费能力高"类别为其次,但两者占比相差不大,均在30%~40%。其他类别均在20%以下。

对比上述分析发现,新冠疫情发生后,2020年"消费能力高"和"消费能力低"类别占比略微上升,但2020年整体分布格局不变。2021年受新冠疫情影响好转后,"消费能力相当"和"消费能力低"类别占比有所下降,"消费能力高"和"消费能力显著高"类别占比上升。

(二)消费类型

上海市银联交易数据将居民主要消费类型分为"高端人群""文艺小资""白领人士""潜力客户""打拼生活""大宗交易""日常超市""小微批发""低频消费"共九类。[1] 从图2-11和图2-12可以看出,2019年和2020年,"白领人士""打拼生活"和"日常超市"是上海居民三大主力消费类型,其余6种消费类型的中位数占比均低于10%。

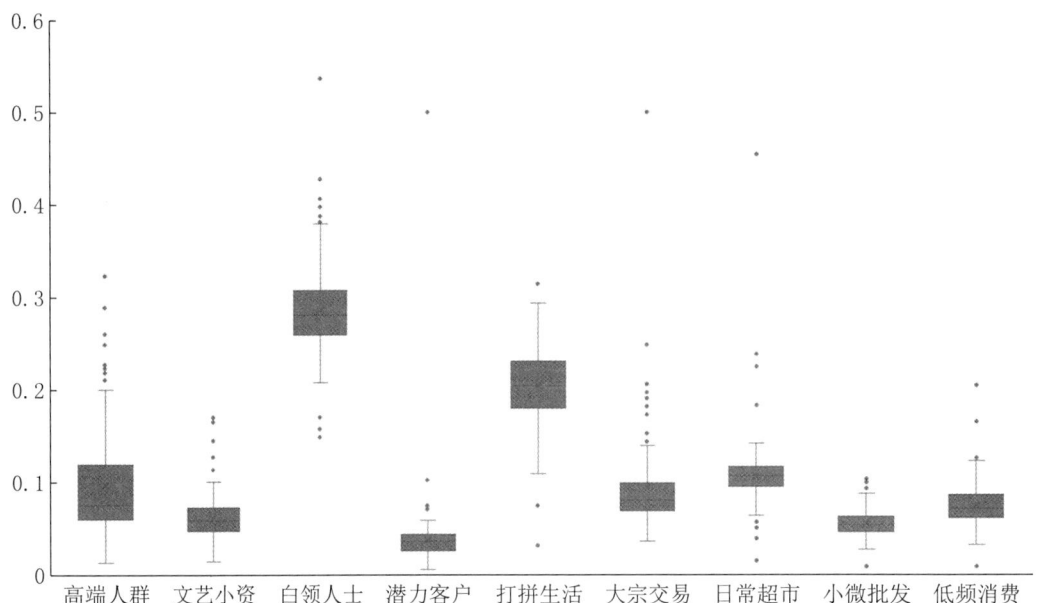

图2-11　2019年居民不同消费类型占比箱线图

---

[1] 银联基于持卡人近六月交易,综合交易品类、笔均和消费自由度等维度对持卡人进行分类。其中"高端人群"为"贡献佣金收入高,奢侈品消费金额、卡均金额最大,跨境消费倾向强"的消费群体;"文艺小资"为"追求生活情调,消费集中在百货服装"的消费群体;"白领人士"为"追求生活品质,消费集中在电子餐饮"的消费群体;"大宗交易"为"显著代表从商人群,贡献总交易金额最大,笔均金额最大"的消费群体;"潜力客户"为"注重生活,呈现显著的高水平消费倾向,但目前消费频率及金额总体较低"的消费群体;"打拼生活"为"目前消费水准较低但有提升空间"的消费群体;"小微批发"为"卡均交易金额仅次于商贾富豪,但交易类别以批发类为主"的消费群体;"日常超市"为"消费主要为发生在超市的日常类消费,资金较紧缺,取现概率高"的消费群体;"低频消费"为"趋于流失或渐入睡眠状态的客户,用卡次数最少"的消费群体。

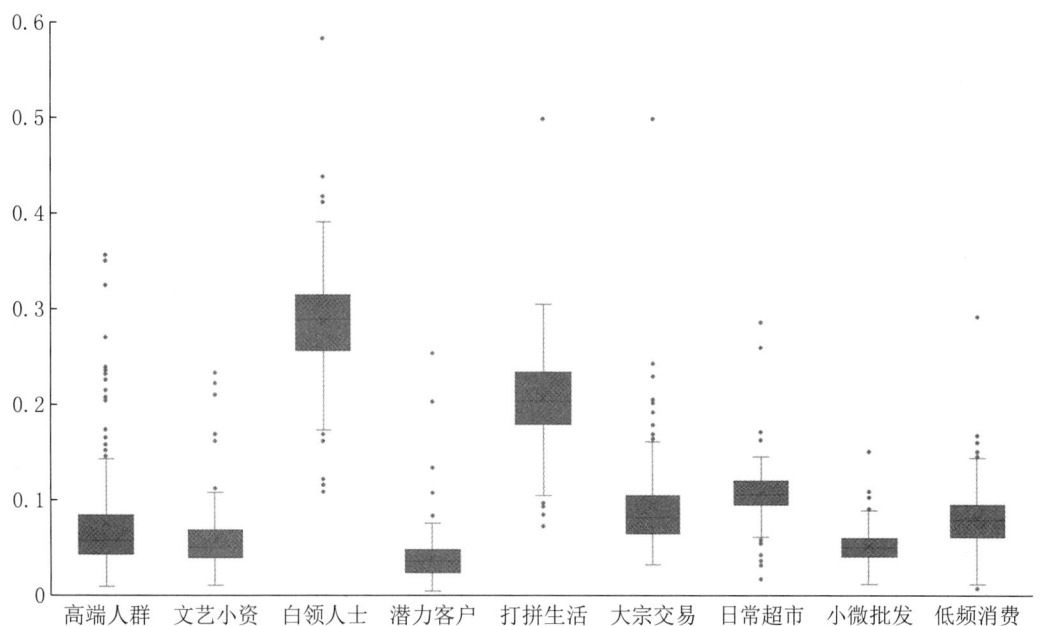

图 2-12 2020 年居民不同消费类型占比箱线图

2021年,"白领人士""打拼生活"和"日常超市"依然是排名前三位的消费人群,其中"白领人士"占比近30%,"打拼生活"消费类型占比高于20%,"日常超市"消费类型占比高于10%,此三类占比总和超50%,是上海居民三大主力消费类型(图2-13)。

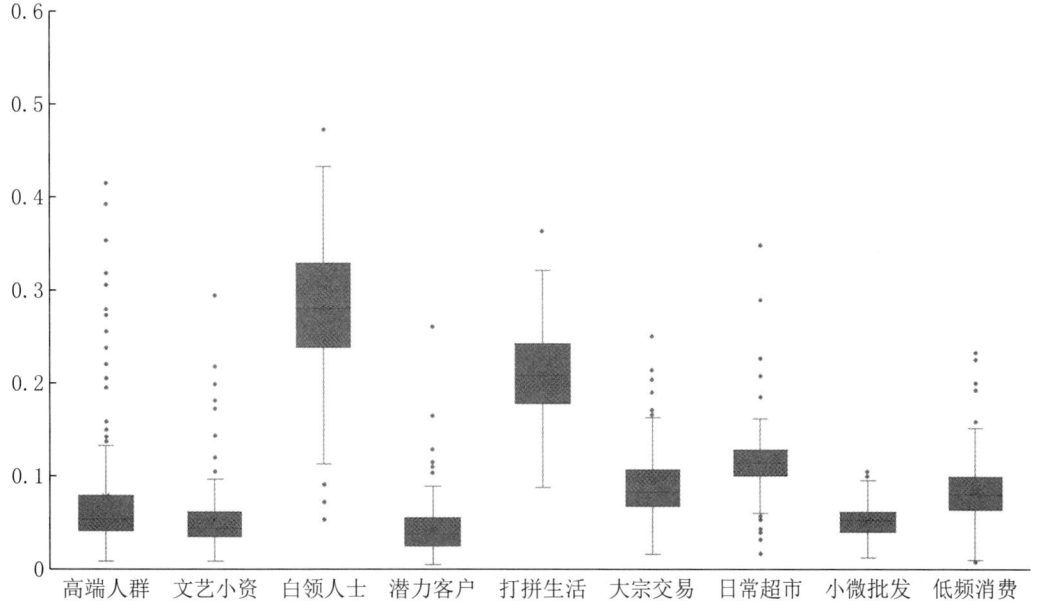

图 2-13 2021 年居民不同消费类型占比箱线图

对比上述分析发现,2019—2021年三年新冠疫情的前中后对上海市居民消费类型占比和分布格局影响不大。"白领人士""打拼生活"和"日常超市"始终是上海居民三大主力消费类型,其余消费类型占比及排位均未产生较大变化。

(三) 区域消费能力

对上海市各区域居民消费能力进行统计与分析。从各区域的总体态势上看,展现出与总体居民消费能力的高度相似性。在新冠疫情尚未暴发的2019年,崇明区、杨浦区和徐汇区"消费能力显著低"和"消费能力低"的人群占比最高,分别为23%、22%和21%,说明该区域内低端消费能力人群较为集中。上海市各区域"消费能力相当"类型的消费占比相对较高,达到45%左右,其中松江区、宝山区和青浦区"消费能力相当"人群占比均高于45%,说明该区域以中端消费能力人群为主。黄浦区、闵行区和静安区"消费能力高""消费能力显著高"和"高额消费"三类人群占比最高,说明该区域是高端消费的主要集中地(图2-14)。

2020年,上海所有区域"消费能力相当"类型的消费能力都是占比最高的部分,其占比多数都在40%以上,占比最低的黄浦区也达到了38%。

从各区域具体的消费能力来看,徐汇区和杨浦区"消费能力显著低"和"消费能力低"的人群在上海各区中占比最高,高达18%,说明该区域内低端消费能力人群较为集中。崇明区、嘉定区和松江区是上海消费能力中位水平(消费能力相当)人群占比最高的区域,占比均在45%。黄浦区和奉贤区"消费能力高""消费能力显著高"和"高额消费"三类人群占比最高,分别为50%和47%,说明该区域是高端消费的主要集中地。

2021年上海所有区域"消费能力相当"类型的消费能力均是占比最高的部分,基本均在40%左右。其次是"消费能力高"的人群,占比在35%左右。

从各区域具体的消费能力来看,"消费能力显著低"和"消费能力低"的人群占比最高的是长宁区,达15%。金山区、杨浦区、嘉定区和普陀区"消费能力相当"人群占比最高,超过40%。黄浦区、奉贤区和青浦区"消费能力高""消费能力显著高"和"高额消费"三类人群占比最高,分别为57%、57%和53%,说明该区域是高端消费的主要集中地(图2-16)。

通过上述分析发现,新冠疫情前后上海各区域消费能力分布格局未产生较大变化。2019—2021年上海市所有区域"消费能力相当"类型的消费能力都是占比最高的部分,其次是"消费能力高"的人群。

但上海各区域之间消费能力稍存差异。黄浦区作为上海最传统的中心区域,发

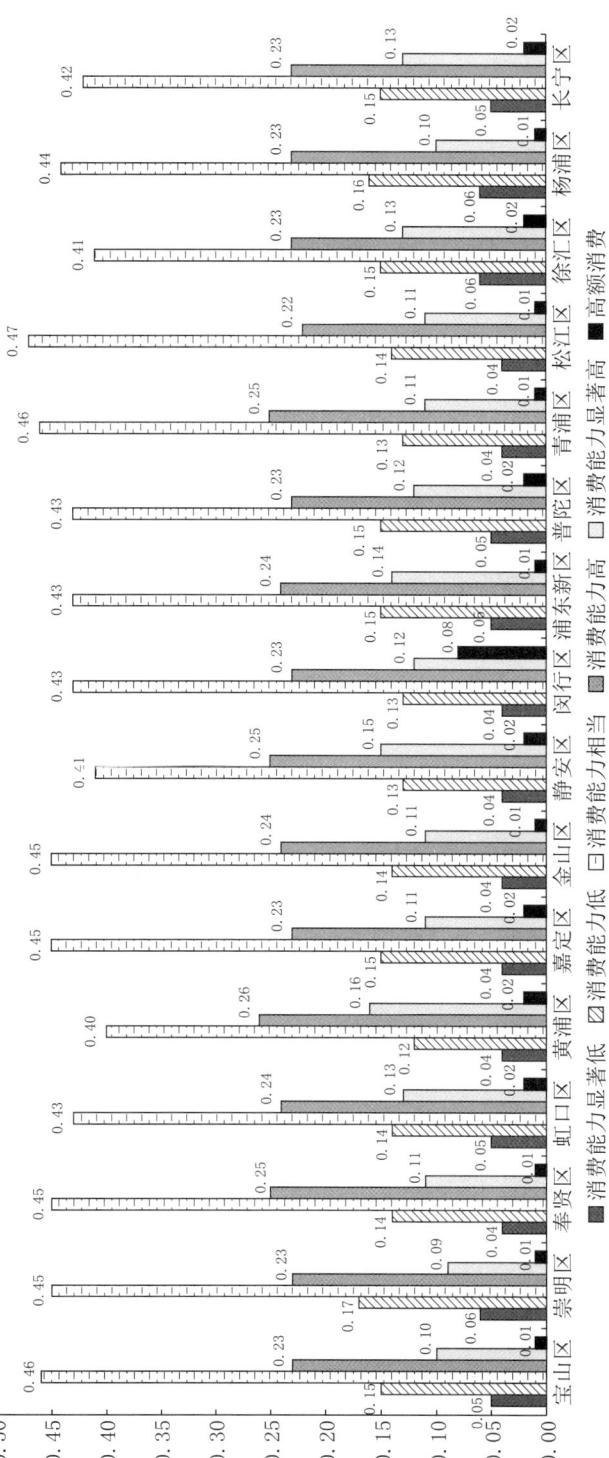

图 2-14 2019 年各区居民消费能力等级及占比

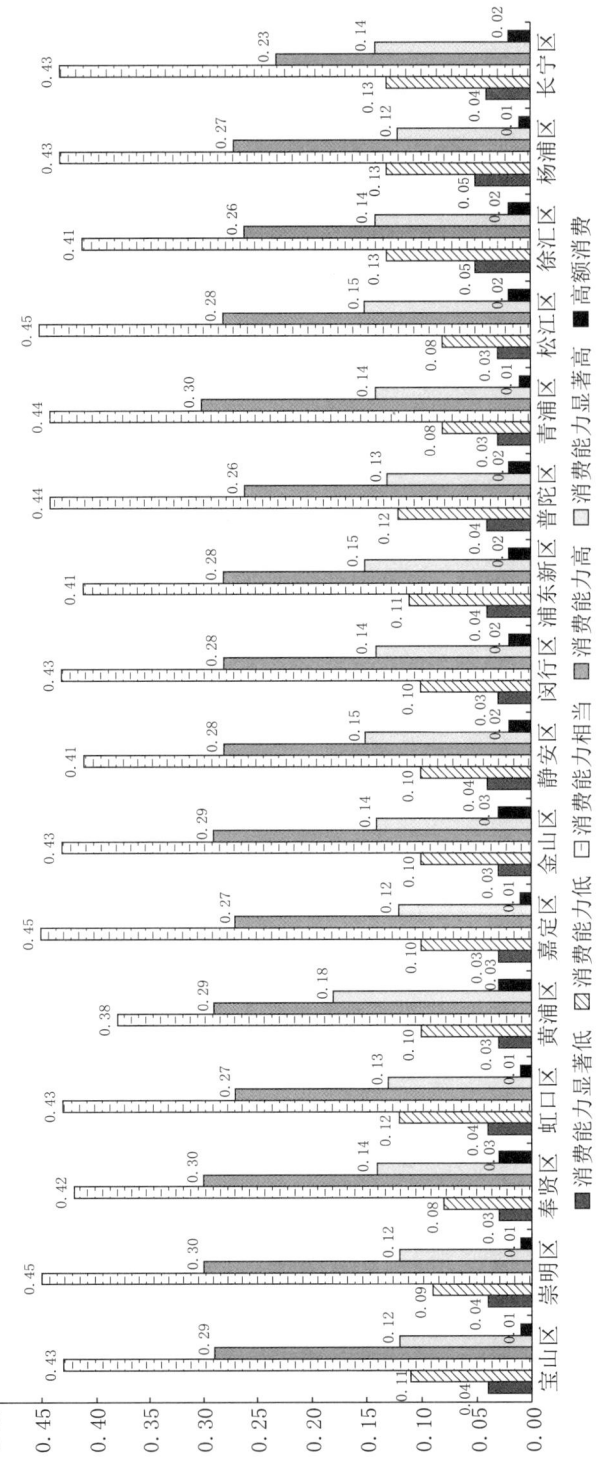

图 2-15 2020 年各区居民消费能力等级及占比

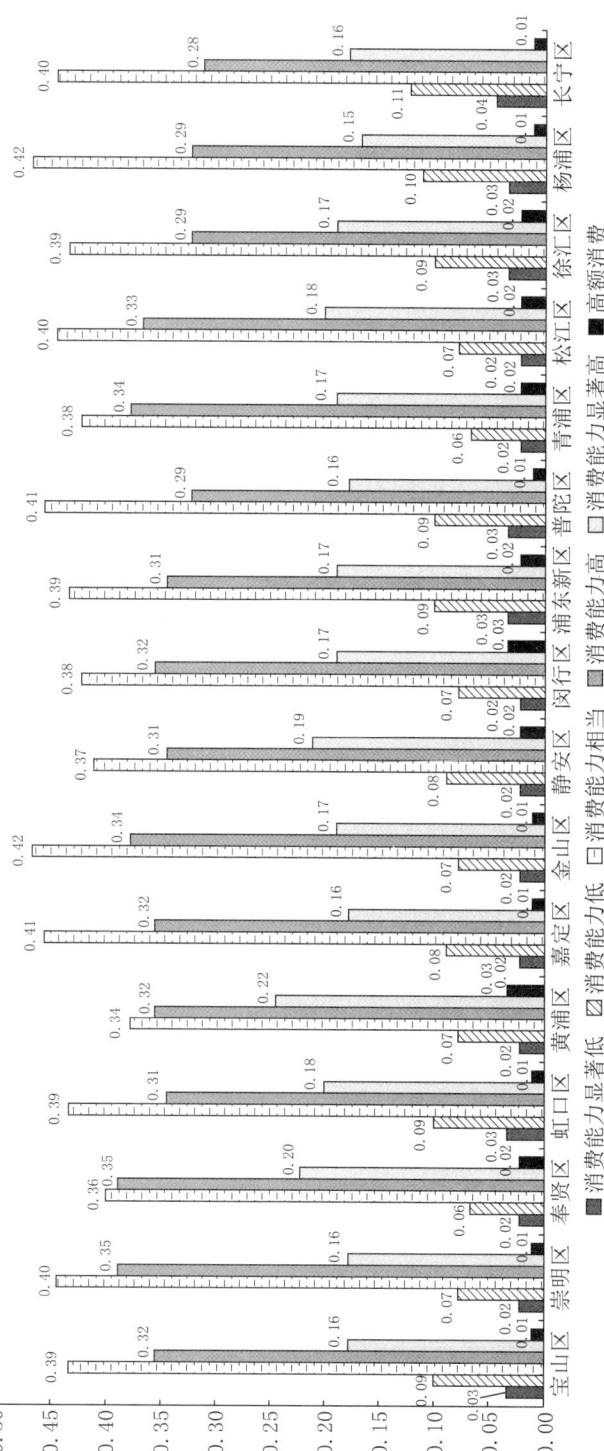

图 2-16 2021年各区居民消费能力等级及占比

展历史悠久且经济资源集中,2019—2021年三年高端消费人群的占比均位上海市前列。嘉定区和松江区由于是新城,多为新上海市民的居住地,消费者也多为消费能力适中的人员,因此相对其他区域其"消费能力相当"的人群占比较高。

(四)区域消费类型

根据上海银联交易数据,对上海各区域居民消费类型进行统计分析发现,2019年,上海市各区域"高端人群"占比最高的是静安区和黄浦区;"文艺小资"占比最高的是长宁;"白领人士"在上海各区域的分布相对均衡,维持在25%~33%;"潜力客户"在长宁区和闵行区有着明显的比例优势;松江区、青浦区、奉贤区和崇明区是上海"打拼生活"型消费的主阵地,其占比均为23%;"大宗交易"类型占比最高的是杨浦区和浦东新区,占比为11%;"日常超市"交易占比最高的是崇明区,达13%;"小微批发"在各个区域的占比均在5%~7%;杨浦区、徐汇区和崇明区的"低频消费"显著

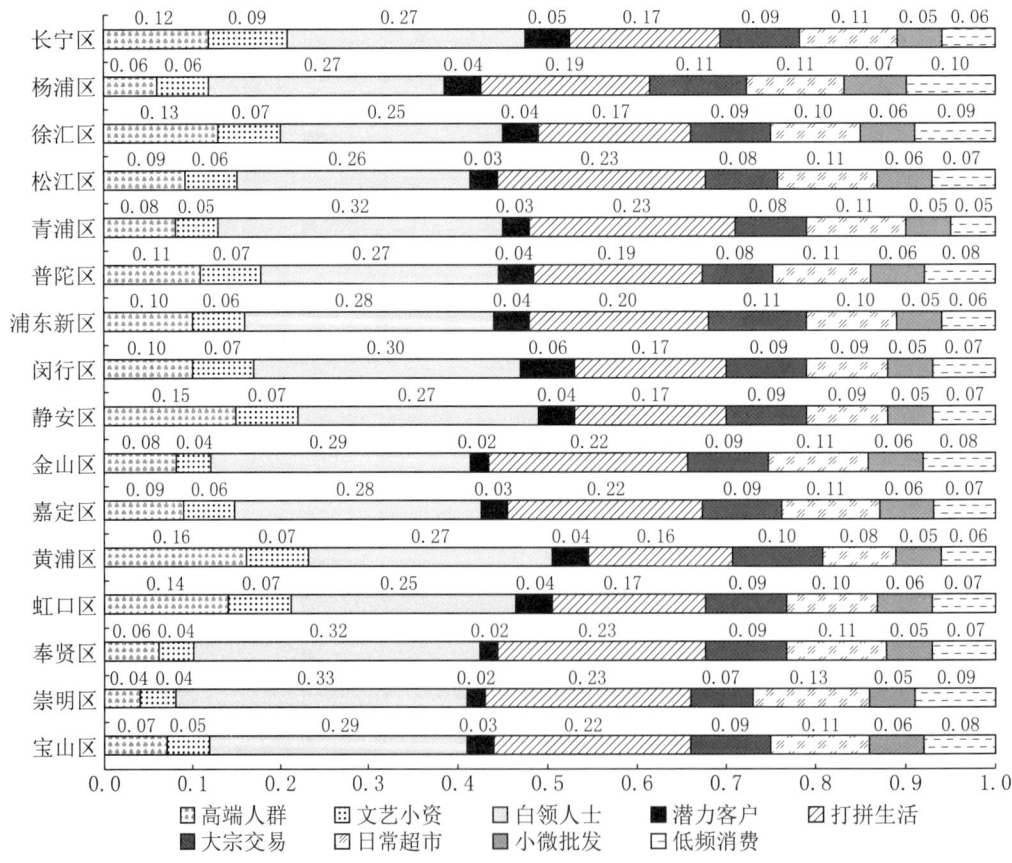

图 2-17 2019年各区居民消费类型及占比

高于其他区域。

2020年,上海市各区域中,"高端人群"占比最高的是静安区和黄浦区;"文艺小资"占比最高的是长宁区,其次是静安区和黄浦区;除长宁区外,"白领人士"在各个区域的分布相对均衡,维持在25%～33%;"潜力客户"在长宁区、杨浦区、普陀区和虹口区有着明显的比例优势;青浦区、嘉定区和崇明区则是"打拼生活"型消费的主阵地,其占比均为24%;"大宗交易"占比最高的是松江区、徐汇区和奉贤区,均高于11%;"日常超市"交易占比最高的是杨浦区和崇明区;"小微批发"在各区域的占比均在4%～7%;徐汇区的"低频消费"则显著高于其他区域。

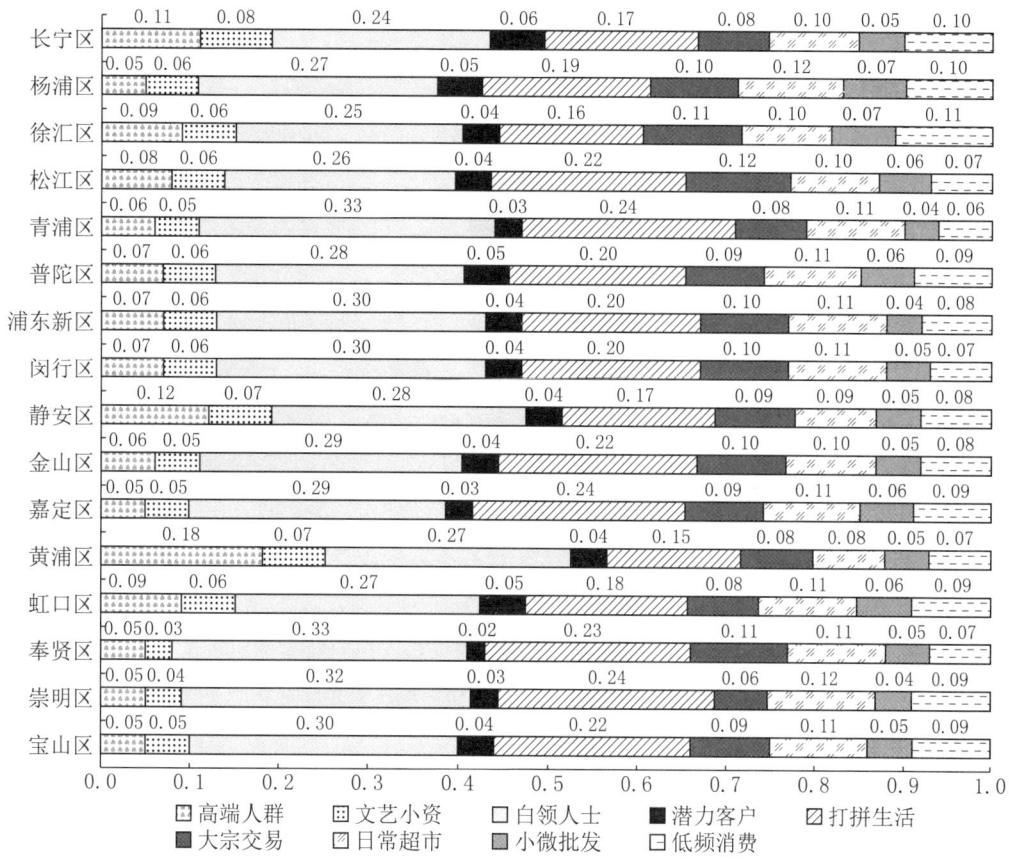

图 2-18 2020 年各区居民消费类型及占比

2021年,上海市各区域中,"高端人群"和"文艺小资"占比最高的是在静安区和黄浦区;"白领人士"在各个区域的分布较为均衡,占比大部分在25%～30%,其中奉贤区的"白领人士"占比最高,达35%;"潜力客户"在长宁区和宝山区具有较大比例优势,占比均为6%;青浦区相比上海其他各区,"打拼生活"的人群占比最高,达25%;

"大宗交易"类型占比最高的是长宁区、徐汇区和松江区,在11%~12%;"日常超市"交易占比最高的是长宁区、杨浦区、普陀区和浦东新区,占比达13%;"小微批发"在各区域的占比均在4%~7%;杨浦区和崇明区的"低频消费"交易类型明显高于上海其他区域。

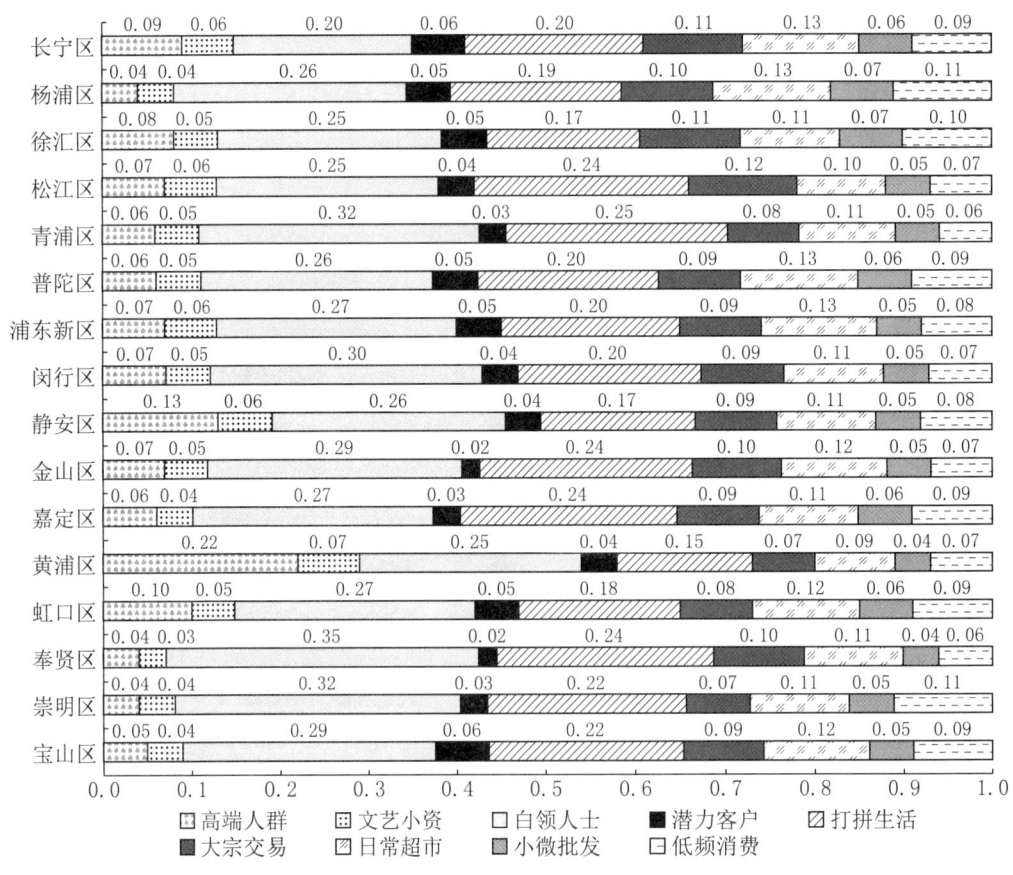

图2-19 2021年各区居民消费类型及占比

通过上述分析发现,2019—2021年三年上海各区域的人群消费类型总体格局变化不大,占比最高的一直是"白领人士"和"打拼生活"类人群,两者占比之和近50%。

新冠疫情影响,各个区域的"高端人群"比例均出现不同幅度的下降,但黄浦区的高端消费人群在2020年疫情防控期间却出现明显的上升。说明在各区域分布特点上,黄浦区消费群体的收入水平和消费水平都处于显著的高值,相对其他区域具有明显的优势,实现了高端消费在新冠疫情背景下的逆势上涨。其他大部分区域在新冠疫情影响下,"打拼生活"和"低频消费"人群的占比显著降低,但青浦区在2019—2021年三年中打拼生活人群占比不降反升。

2021年疫情好转后,2020年占比下降的"打拼生活"类人群占比明显有所回升,但高额消费人群比例相比2020年却有所下降。"大宗交易"类型占比最高的区域逐年变化,2020年"大宗交易"类型占比最高的是松江区、徐汇区和奉贤区,2021年则是长宁区、徐汇区和松江区。整体上,上海各区域的消费特点变化不大,但个别消费人群类型占比最高的区域有略微变化。

第二节 上海商业中心发展评估

一、上海商业中心发展评估概述

(一) 研究概述

本报告根据《上海市商业空间布局专项规划(2021—2035年)》草案公示稿,确定了18个大型的市级商业中心,并通过银联商圈数据进一步确定和绘制了每个商业中心的空间位置和空间范围。表2-1列出了上海18个市级商业中心及其所在区、从表中可以看出,浦东新区和黄浦区的市级商业中心数量最多,各有3个,约占总量的20%;长宁区、虹口区、静安区、普陀区和闵行区各有2个市级商业中心;徐汇区和普陀区各有1个市级商业中心。

表2-1 上海市18个市级商业中心及其所在区

编号	商业中心	所在区	编号	商业中心	所在区
1	中山公园市级商业中心	长宁区	10	虹桥国际商务区市级商业中心	闵行区
2	四川北路市级商业中心	虹口区	11	国际旅游度假区市级商业中心	浦东新区
3	南京东路市级商业中心	黄浦区	12	中环(真北)市级商业中心	普陀区
4	南京西路市级商业中心	静安区	13	虹桥—古北市级商业中心	长宁区
5	徐家汇市级商业中心	徐汇区	14	淮海中路市级商业中心	黄浦区
6	五角场市级商业中心	杨浦区	15	北外滩市级商业中心	虹口区
7	大宁市级商业中心	静安区	16	吴中路市级商业中心	闵行区
8	前滩市级商业中心	浦东新区	17	陆家嘴市级商业中心	浦东新区
9	豫园市级商业中心	黄浦区	18	真如市级商业中心	普陀区

首先,本报告从消费能力、消费水平、消费类型、消费业态四个维度入手,开展市级商业中心基底洞察。其次,对于市级商业中心引力评价,本报告从长三角各地市消费评价、各市级商业中心消费评价以及消费业态三个维度着眼做对比分析。再次,本报告考虑包括交通便利度、教育、医疗等配套设施以及商业中心常住人口和流动人口情况等因素,考量区位条件、商业配套、区域配套、商业结构特征以及人口分布,评估

市级商业中心区域禀赋。最后,结合市级商业中心的基底洞察、外来消费和区域禀赋开展上海商业中心发展综合评估。

(二)评价数据

本节基于银联消费大数据开展市级商业中心的本地消费基地洞察和外来消费引力评价。市级商业中心配套评估数据源包括两部分:采用基于手机信令的上海市商业中心人口数据,分析不同商业中心常住人口和流动人口数量及空间分布;基于高德开放平台的兴趣点大数据(Point of Interest,POI),开展市级商业中心评价。

其中,POI数据包含购物服务、餐饮服务、生活服务、休闲娱乐服务等诸多类别,本报告抽取在市级商业中心具有一定占比且能够表征其商业业态结构的子类做分析。在商业中心的交通便利度分析中,选用公交车站、地铁站、汽车站、火车站和机场等设施,分析市级商业中心的交通便利程度;统计购物中心、便利店以及超市的数量,表征商业配套;区域配套选取餐饮、教育、银行以及医院的数量等进行统计,详细数据清单见表2-2。

表2-2 商业中心区位配套数据清单

数据维度	数据名称
商圈业态	住宅小区数量
	小区总面积
	小区总户数
	小区平均建成时间
	小区均价(中位数)
	写字楼数量
	写字楼总面积
	写字楼总楼层
	写字楼平均建成时间
	写字楼租金(中位数)
商业配套	购物中心数量
	超市数量
	便利店数量
区域配套	餐饮数量
	医院数量
	教育数量
	银行数量

(续表)

数据维度	数据名称
固定人口	总人口
	居住人口
	工作人口
流动人口	天客流平均值

二、上海商业中心消费基底洞察

（一）消费能力

不同商业中心消费人群消费能力分析,指基于银联消费数据的消费能力级别,分商圈统计不同消费能力人群数量及占比,并通过统计图与地图相结合的方式,对统计分析结果进行可视化,可视化结果如图2-20所示。依据消费金额可将消费人群划分为消费能力显著低、消费能力低、消费能力相当、消费能力高、消费能力显著高和高额消费六类。

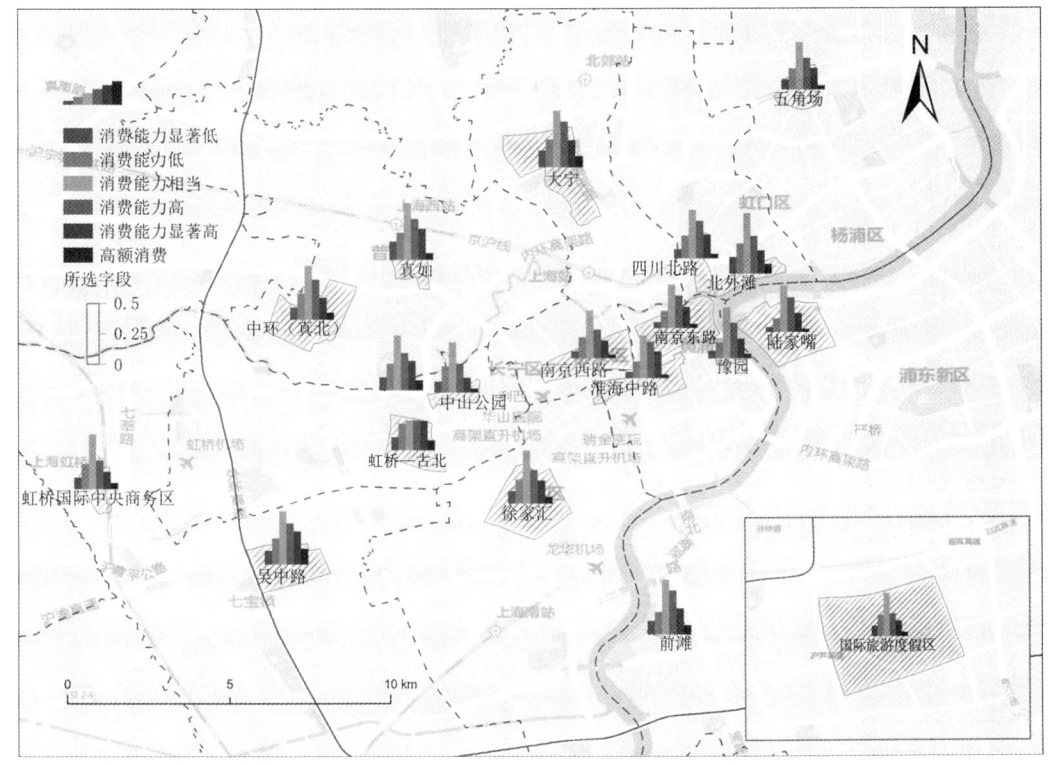

图2-20 2021年上海各市级商业中心消费能力空间分布

从图2-20可以看出,六类消费人群占比最高的是"消费能力相当"的消费人群,其次是"消费能力高"的人群,再次是"消费能力显著高"和"消费能力显著低"人群,占比最低的是"高额消费"消费人群。

从各市级商业中心具体消费能力来看,北外滩市级商业中心、大宁市级商业中心和真如市级商业中心的"消费能力显著低"和"消费能力低"类别人群占比较高,分别达39%、37%和37%。北外滩市级商业中心、大宁市级商业中心、虹桥国际中央商务区市级商业中心和真如市级商业中心的"消费能力相当"类别人群占比较高,分别为50%、47%、46%和46%。吴中路市级商业中心、大宁市级商业中心、前滩市级商业中心和真如市级商业中心的"消费能力高"、"消费能力显著高"和"高额消费"类别人群占比较高,分别为74%、69%、66%和65%。

整体而言,如果以"消费能力相当"为分界线,消费能力整体较高的市级商业中心有吴中路市级商业中心、大宁市级商业中心、前滩市级商业中心和真如市级商业中心,其占比分别为74%、69%、66%和65%。

(二)消费水平

消费金额反映了商业中心的消费水平,根据银联消费数据,将上海18个市级商业中心的消费水平分为五个梯队。[1]从图2-21可以看出,消费水平最高的第一梯队包括三个市级商业中心,分别为南京西路市级商业中心、南京东路市级商业中心和陆家嘴市级商业中心,其消费水平均在344亿元以上,地理位置上主要分布在上海商业经济发达的黄浦江沿岸。第二梯队是四川北路市级商业中心、淮海中路市级商业中心和豫园市级商业中心,其消费总额均超过117亿元,主要位于上海中心城区,且临近第一梯队的三个市级商业中心;第三梯队是徐家汇市级商业中心;第四梯队是虹桥—古北市级商业中心、中山公园市级商业中心、吴中路市级商业中心和五角场市级商业中心;而中环(真北)市级商业中心、大宁市级商业中心、前滩市级商业中心、真如市级商业中心、北外滩市级商业中心、虹桥国际中央商务区市级商业中心和国际旅游度假区市级商业中心则是18个市级商业中心中消费水平较低的。

整体而言,上海18个市级商业中心的消费水平与其区位条件有着较强的关联性。消费水平较高的市级商业中心大都分布在上海黄浦江沿岸,即上海最繁华的商业区,人流量大,这里无疑是上海市的消费力中心。其他市级商业中心在消费力中心

---

[1] 五个梯队:根据消费金额将上海市级商业中心消费水平分为五个梯队,第一梯队在344~511亿元;第二梯队在117~343亿元;第三梯队在51~116亿元;第四梯队在26~50亿元;第五梯队在5~25亿元。

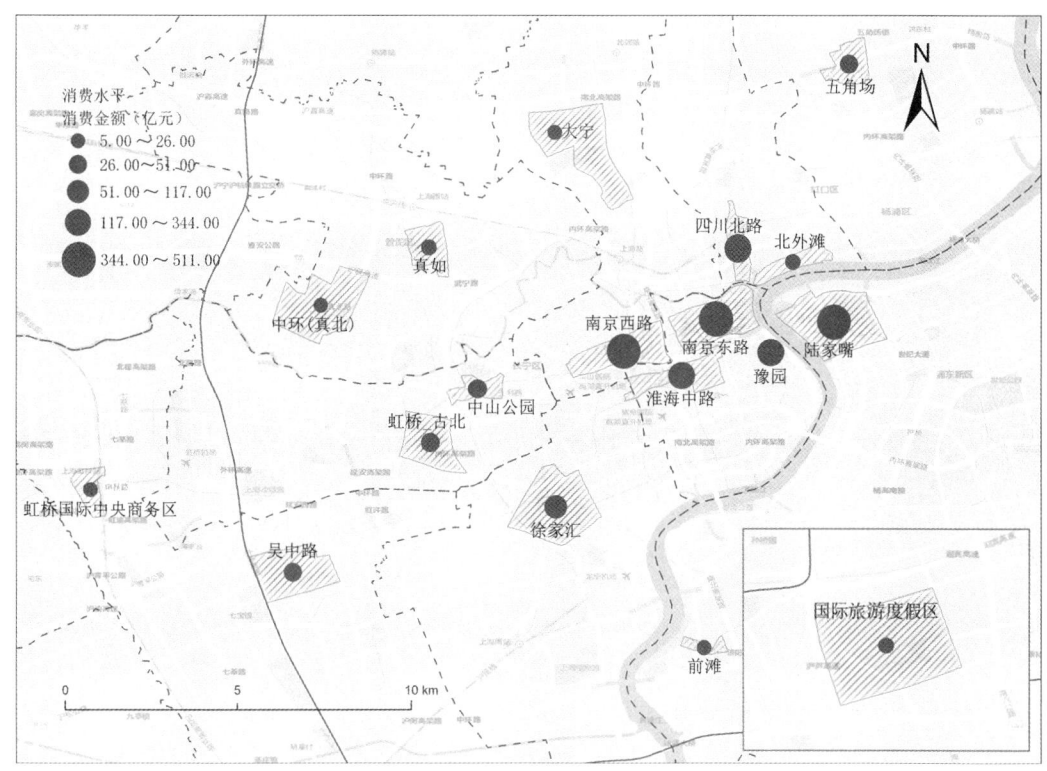

图 2-21　2021 年上海各市级商业中心消费水平空间分布

周围分散分布,且主要集中在浦西,形成距离黄浦江越近消费水平越高的格局。

(三) 消费类型

上海银联交易数据按照消费类型,将客群分为"高端人群""文艺小资""白领人士""潜力客户"和"打拼生活"五类画像,报告分析了上海 18 个市级商业中心消费类型的空间分布情况。

从图 2-22 可以看出,在各大市级商业中心消费类型中,"白领人士"和"打拼生活"类别的占比较高,说明上海市消费人群以"白领人士"和"打拼生活"为主。"高端人群"在各市级商业中心的分布比例起伏较大。"文艺小资"和"潜力客户"类型的消费在各市级商业中心的分布比例均较低,占比都在 15% 以下。

从单个市级商业中心消费类型来看,四川北路市级商业中心、前滩市级商业中心、南京西路市级商业中心和陆家嘴市级商业中心均呈"高端人群"和"白领人士"占比最高,"打拼生活"人群位列第三的消费类型分布特点,说明市级商业中心消费人群主要由富裕人群以及白领人士组成。真如市级商业中心、前滩市级商业中心、吴中路

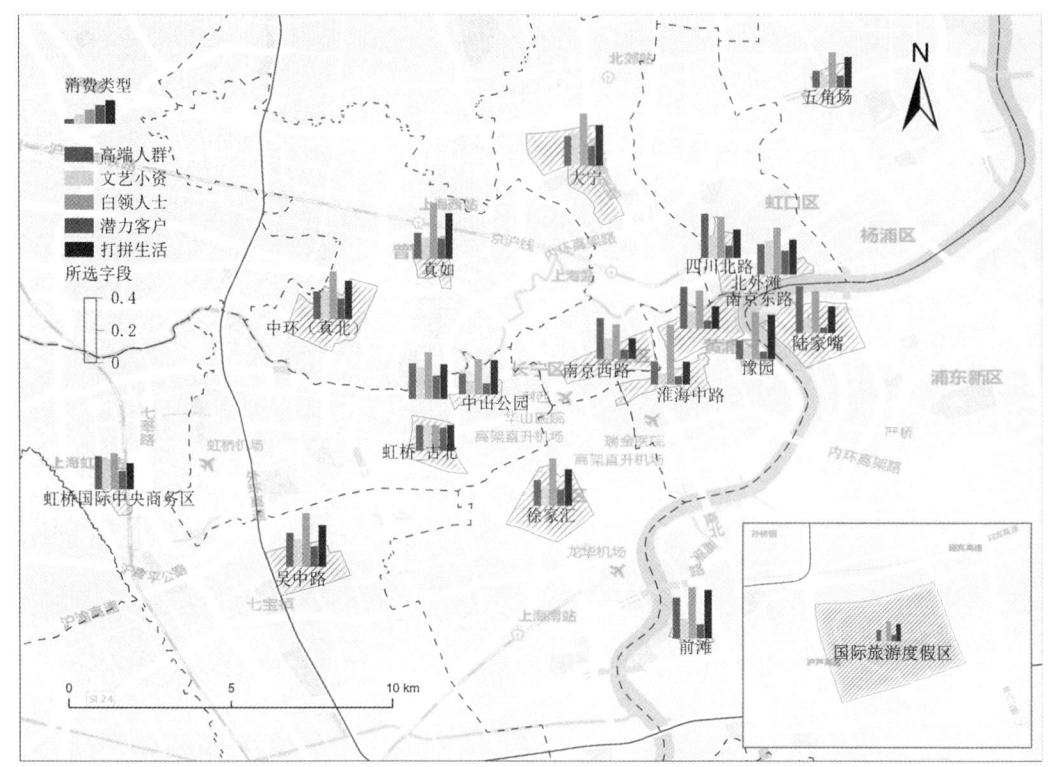

图 2-22 2021 年上海各市级商业中心消费类型空间分布

市级商业中心和淮海中路市级商业中心均具有"白领人士"占比最高,"打拼生活"其次的特点,这与上海市中心以高端消费为主的商业中心产生了鲜明的对比,反映这些地区的白领人士和工薪阶级分布较广的特点。黄浦江沿岸市级商业中心的"文艺小资"和"潜力客户"人群占比之和在 20% 左右,外围城区市级商业中心这两类客群占比在 30% 左右。

综合来看,上海市的"高端人群"消费主要分布于南京西路市级商业中心、陆家嘴市级商业中心等上海的核心区域,"白领人士"和"打拼生活"则围绕上海核心城区呈环状分布。"文艺小资"和"潜力客户"在上海分布普遍较低,且主要分布在中心城区外围区域。

图 2-23 展示了"大宗交易""日常超市""小微批发"和"低频消费"四种消费目的在上海的分布格局。总体上,"日常超市"在 18 个市级商业中心的占比均较高,"大宗交易"和"小微批发"在市级商业中心的分布起伏较大,"低频消费"的占比在各商业中心最低。

从单个市级商业中心的消费目的来看,"大宗交易"在五角场市级商业中心、大宁

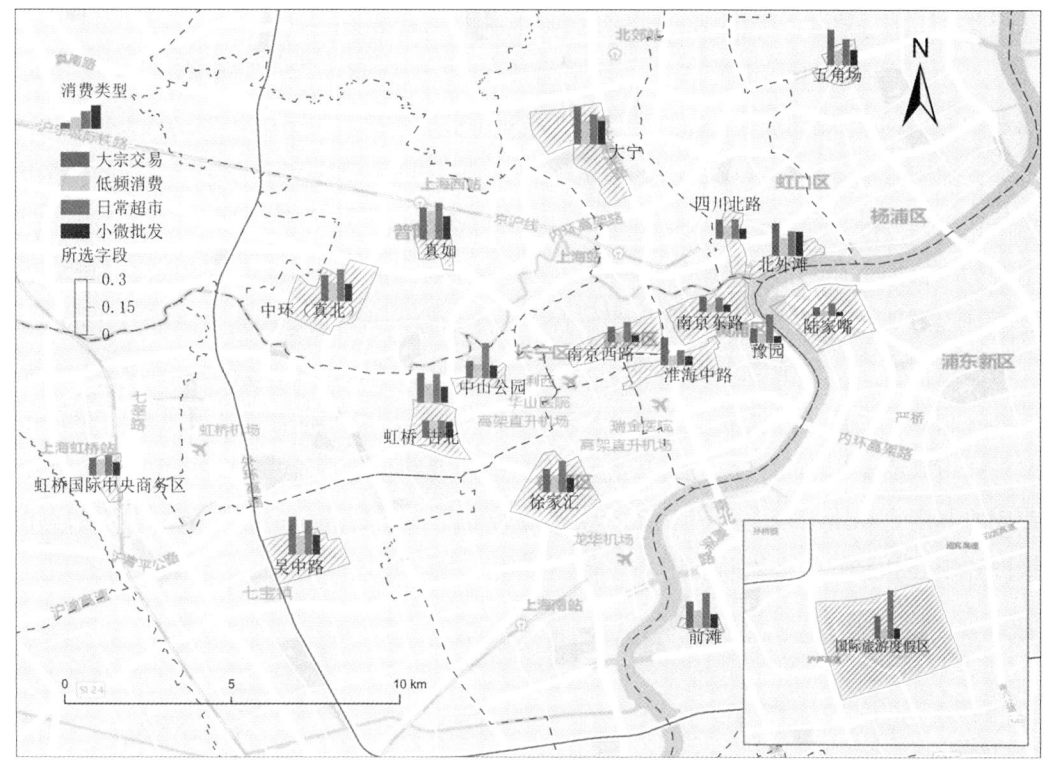

图 2-23　2021年上海各市级商业中心消费目的空间分布

市级商业中心、淮海中路市级商业中心和吴中路市级商业中心都是分布比例最高的消费目的类型。国际旅游度假区市级商业中心、真如市级商业中心、中环(真北)市级商业中心、虹桥国际中央商务区市级商业中心、四川北路市级商业中心、陆家嘴市级商业中心、中山公园市级商业中心、徐家汇市级商业中心和前滩市级商业中心的"大宗交易"占比排名第二,体现出"大宗交易"消费目的在上海市的普遍性。

国际旅游度假区市级商业中心、前滩市级商业中心、吴中路市级商业中心、真如市级商业中心和中山公园市级商业中心以"日常超市"为主要的消费目的,说明这些地区以居民的自发消费为主,居民消费能力较强。"小微批发"在大宁市级商业中心、北外滩市级商业中心和真如市级商业中心是占比最高的消费目的,且在上海黄浦江沿岸的市级商业中心"小微批发"消费目的占比普遍低于主城区外围的市级商业中心。

（四）消费业态

上海银联交易数据将消费业态分为零售、生活服务、餐饮、休闲娱乐、住宿和其他六个类别,研究分析了上海18个市级商业中心的消费业态占比。

从图2-24可以看出,零售业态在上海18个市级商业中心占比最高,除大宁市级商业中心、真如市级商业中心、北外滩市级商业中心和前滩市级商业中心外,其他14个市级商业中心的零售消费业态占比均超过50%,其中陆家嘴市级商业中心、南京东路市级商业中心、豫园市级商业中心、国际旅游度假区市级商业中心和中环(真北)市级商业中心的零售消费业态占比达60%以上,且主要集中在黄浦江西岸,充分体现出零售消费业态在上海居民消费比例中占据主要位置。大宁市级商业中心、真如市级商业中心、北外滩市级商业中心和前滩市级商业中心的生活服务消费业态占比较高。餐饮、休闲娱乐和住宿在上海各市级商业中心中占比均较低。其中国际旅游度假区市级商业中心和北外滩市级商业中心餐饮消费业态占比较高,四川北路市级商业中心、淮海中路市级商业中心和南京东路市级商业中心休闲娱乐消费业态占比较高,虹桥国际中央商务区市级商业中心和北外滩市级商业中心住宿消费业态占比最高。

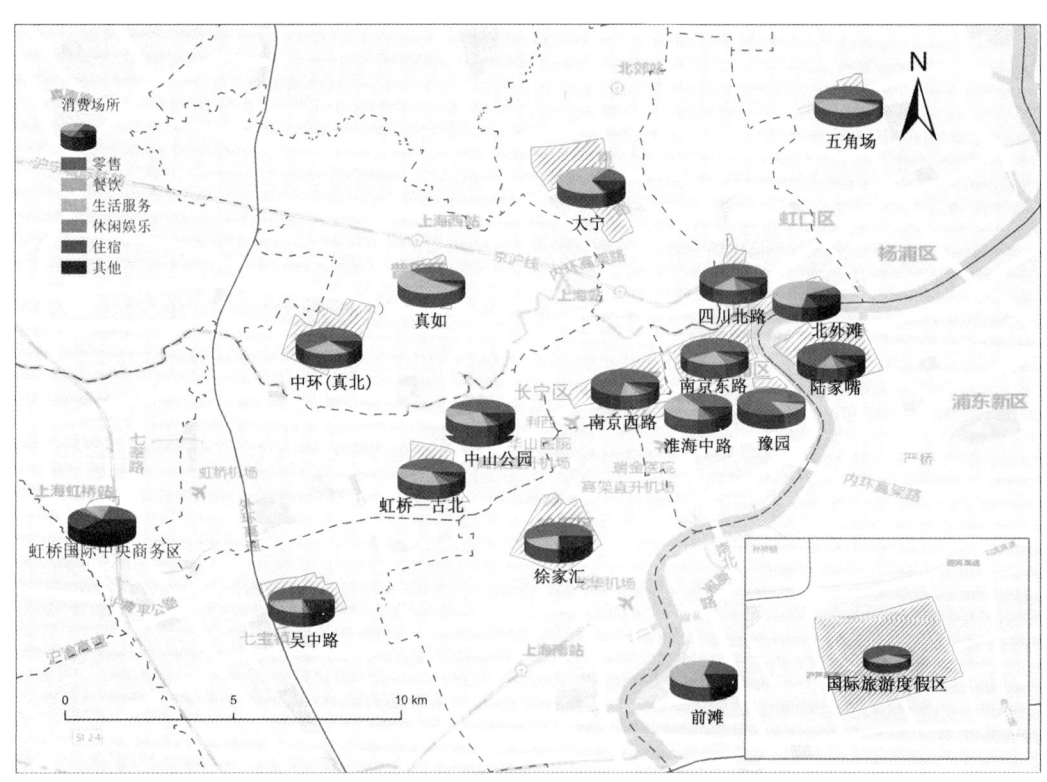

图2-24 2021年上海各市级商业中心消费场所空间分布

总体来说,零售为多数市级商业中心的主要消费业态,且其占比的多少与市级商业中心的消费力具有较强关联性,基本呈现越是中心城区且消费力越强的市级商业中心,其零售占比越高的态势。

三、 上海商业中心消费引力评价

(一) 地市消费

根据上海长三角地级市银联交易数据,筛选出长三角消费总额排名前十的地级市,并在上海194个商圈中筛出各地级市来沪消费排名前三的商圈,以分析上海商业中心外来消费情况。

从图2-25可以看出,长三角消费总额排名前十的城市,分别为南京、苏州、杭州、宁波、合肥、无锡、嘉兴、南通、连云港和泰州,其中有六个城市属于江苏省,占比达60%,有三个城市属于浙江省,还有一个城市属于安徽省。

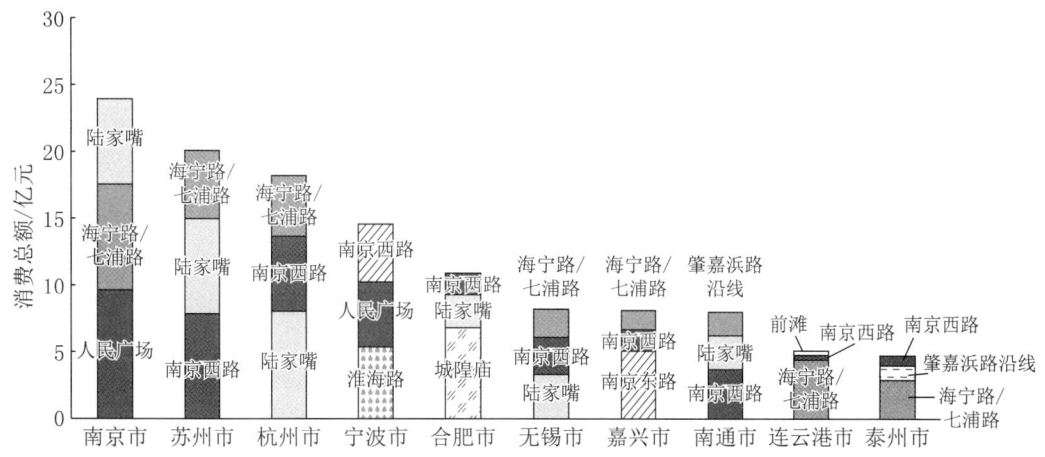

图2-25　2021年长三角消费额排名前十城市中前三消费商圈

从各市消费排名前三的消费商圈上看,消费总额前十城市中,排名前三的消费商圈集中在陆家嘴、海宁路/七浦路、南京西路、人民广场、肇嘉浜路沿线、淮海路、城隍庙和前滩八个商圈,其中出现频次最高的是陆家嘴、海宁路/七浦路和南京西路三个商圈,说明这三个商圈吸引外来消费的能力较强。

海宁路/七浦路商圈消费集中了江苏省和浙江省的城市;南京和宁波消费排名前三的商圈均有人民广场商圈;南通和泰州消费排名前三的商圈均有肇嘉浜路沿线商圈;宁波、合肥、嘉兴和连云港消费排名前三的商圈除出现频次较高的商圈外,各含有一个低频商圈,分别为淮海路、城隍庙、南京东路和前滩商圈。

总体来说,长三角消费总额排名前十城市中有六个城市属江苏省。消费总额前十城市中,排名前三的消费商圈主要是陆家嘴、海宁路/七浦路、南京西路三个商圈。

(二)消费来源

根据上海银联交易数据,筛选了上海18个市级商业中心排名前三的消费来源城市。从图2-26可以看出,在18个市级商业中心排名前三的城市消费总额上,南京西路市级商业中心、南京东路市级商业中心、四川北路市级商业中心、前滩市级商业中心、淮海中路市级商业中心、豫园市级商业中心和陆家嘴市级商业中心消费总额较高,明显高于大宁市级商业中心、真如市级商业中心、五角场市级商业中心等上海外围城区的市级商业中心。

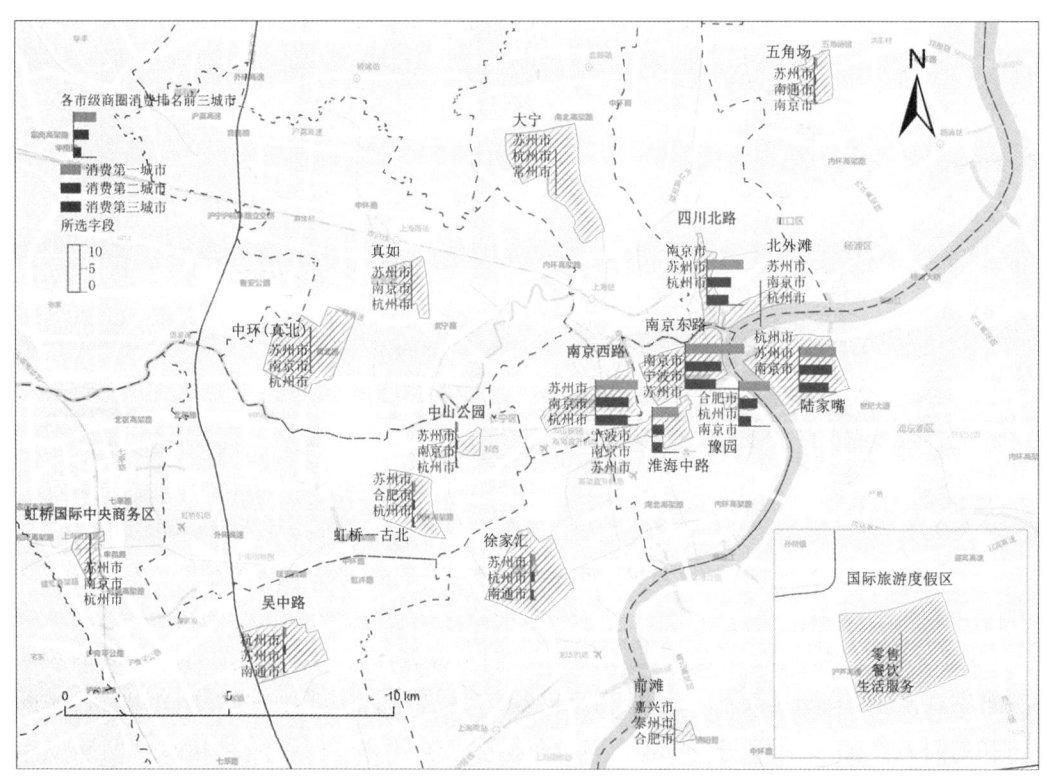

图2-26 2021年18个市级商业中心前三消费城市

从各市级商业中心排名前三的消费城市来看,18个市级商业中心消费排名前三的城市,集中在杭州、苏州、南京、南通、宁波、合肥、常州、嘉兴和泰州,出现频次最高的是杭州、苏州和南京。大多数市级商业中心消费排名前三的城市也是杭州、苏州和南京。

从消费总额看,苏州、南京和杭州在市级商业中心的消费最高,分别达35亿元、33亿元和27亿元。对比图2-26分析结果发现,18个市级商业中心消费最高频次出现的城市依然是南京、苏州和杭州三个城市。

总体来说,排名前三城市消费总额较高的市级商业中心集中于上海黄浦江沿岸的中心城区,消费总额呈由中心城区向外围城区逐渐递减的格局,且中心城区的市级商业中心与外围城区的消费总额差异较大。各市级商业中心消费排名前三的城市主要为杭州、苏州和南京三座城市,和其他市级商业中心不同,前滩市级商业中心消费排名前三的城市分别是嘉兴、泰州和合肥。

(三)消费业态

根据上海银联交易数据,筛选上海18个市级商业中心排名前三的消费业态。从图2-27可以看出,在18个市级商业中心排名前三的消费业态的消费总额上,南京西路市级商业中心、南京东路市级商业中心、四川北路市级商业中心、前滩市级商业中心、淮海中路市级商业中心、豫园市级商业中心和陆家嘴市级商业中心等7个市级

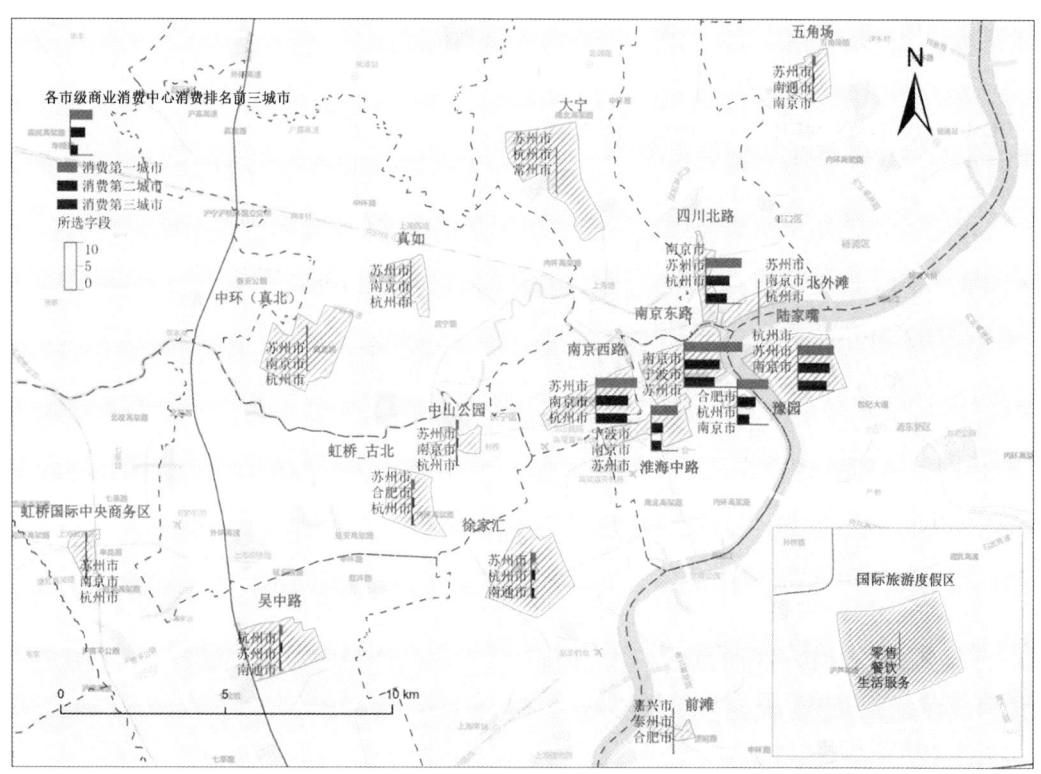

图2-27 2021年18个市级商业中心前三类消费业态

商业中心的消费总额较高,明显高于真如市级商业中心、徐家汇市级商业中心、虹桥国际中央商务区市级商业中心等外围城区的市级商业中心的消费总额。

从各市级商业中心排名前三的消费业态上看,上海18个市级商业中心消费排名前三的消费业态,集中于零售、生活服务、房地产服务、休闲娱乐、餐饮、保险金融服务和住宿七类消费业态,除国际旅游度假区市级商业中心和北外滩市级商业中心外,其余16个市级商业中心排名前二的消费业态均为零售和生活服务,说明零售和生活服务在上海各市级商圈中消费力较高。房地产服务的消费主要集中在前滩市级商业中心、中山公园市级商业中心、大宁市级商业中心和淮海中路市级商业中心。休闲娱乐的消费集中在四川北路市级商业中心、豫园市级商业中心和南京东路市级商业中心。餐饮的消费集中于国际旅游度假区市级商业中心、北外滩市级商业中心、虹桥—古北市级商业中心、五角场市级商业中心和南京西路市级商业中心。而住宿的消费集中于陆家嘴和北外滩市级商业中心。

总体来说,排名前三消费业态消费总额较高的市级商业中心主要集中于上海黄浦江沿岸的中心城区,消费业态的消费总额呈由中心城区向外围城区逐渐递减的格局,且中心城区的市级商业中心与外围城区的消费总额差异较大。18个市级商业中心有16个消费排名前二的消费业态均为零售和生活服务。

四、 上海商业中心消费区域禀赋

为了对上海市市级商业中心开展区域禀赋评价,本部分内容以上海市兴趣点大数据和上海市网络人口大数据为数据基础,从交通便利、人口流量、商业配套和区域配套等维度进行客观评价。

人口流量数据可以体现城市商圈的人口时空分布和迁徙情况,其高时间分辨率(1小时)和空间分辨率(50米)相较于传统统计年鉴数据有较大的优势,可以洞悉各商业中心空间范围内的常住人口和流动人口变化情况。人口流动数据还可以结合主成分分析、聚类分析模型算法辅助商业规划与选址决策,为商业发展提供助力。本报告采用的人口数据包括2021年常住人口(总人口、居住人口、工作人口)以及流动人口(月客流)共4类数据。按照市级商圈的边界围栏统计人口流量和兴趣点大数据,从而得到18个市级商圈的常住人口和流动人口的空间分布以及多维商业区域配套。

(一) 交通便利

每个商业中心的交通便利度是指商圈覆盖范围内公交车站、汽车站以及地铁站点的数量之和,指数越大,则说明该商业中心的交通区位优势越大。

对18个商业中心分别计算其交通区位指数并进行地图可视化后的结果如图2-28所示。从图中可以看出,南京东路市级商业中心、南京西路市级商业中心、徐家汇市级商业中心和陆家嘴市级商业中心具有最好的交通区位优势,交通站点数量在400个以上。具备较好交通区位优势的商业中心包括淮海中路、吴中路、虹桥—古北、五角场市级商业中心和大宁市级商业中心,其交通站点数量位于251～400个区间。再次是豫园、真如、中环(真北)和四川北路市级商业中心,交通站点数量位于50～250个区间。相比而言,迪士尼所在的市级商业中心交通区位最弱,交通站点数量不足50个。尽管在现实中几乎所有的大型商业中心都具备较好的交通条件,但将这些商业中心进行对比时,发现仍然存在较大的差异,18个市级商业中心交通区位优势的分析结果,正体现了这一客观事实。显然,南京西路、南京东路、徐家汇和陆家嘴市级商业中心比其他市级商业中心更具交通区位优势。从图2-28中可以看出,具有相似交通区位优势的市级商业中心存在集聚现象。

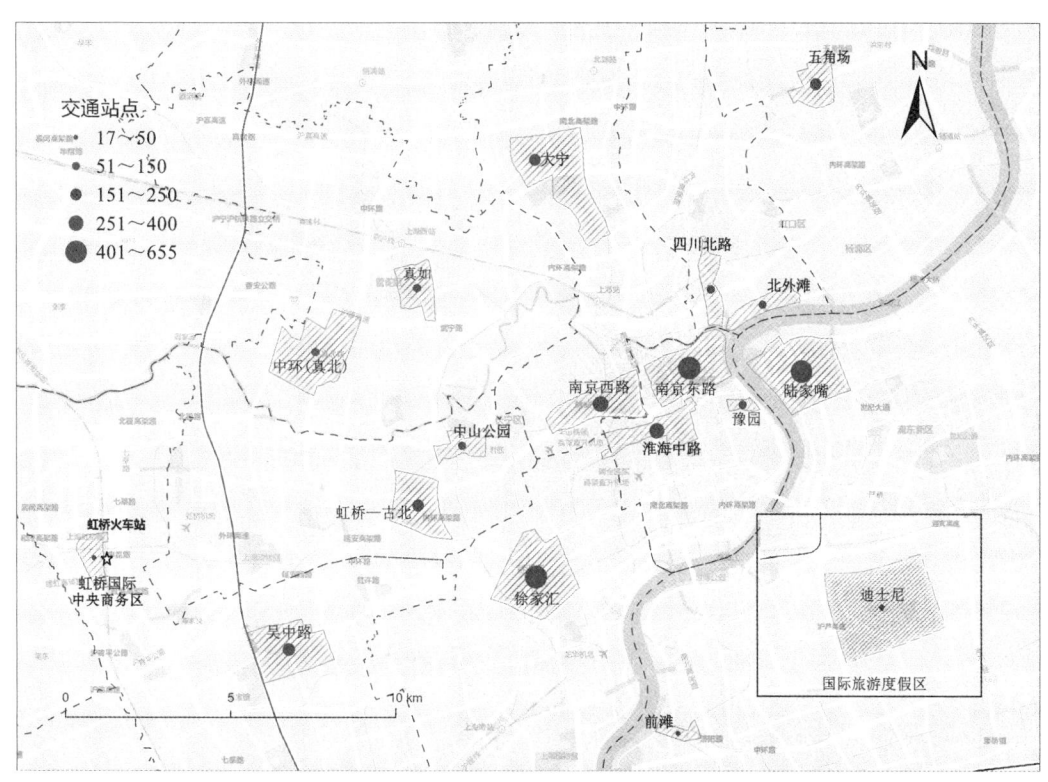

图2-28　2021年18个市级商业中心交通区位优势空间分布格局

（二）人口流量

商业中心的消费来源于本地商圈内的常住人口和流动人口的消费,本地人口和流动人口的数量关系到商圈消费能力。常住人口含工作人口和居住人口,反映了商圈内常住人口的数量及时间分布属性。工作人口通常为工作日白天的常住人口,居住人口通常为工作日夜晚和周末的常住人口,总人口数由二者叠加去重后计算所得。流动人口以小时为单位统计,平均人流量的大小反映了商圈人口的流量优势,流动人口多,则表明该商业中心的人口流量优势较大;流动人口少,则人口流量优势越小。月流动人口由平均日流动人口计算得来。如图 2-29 所示为所有市级商业中心的人口流量分布图。

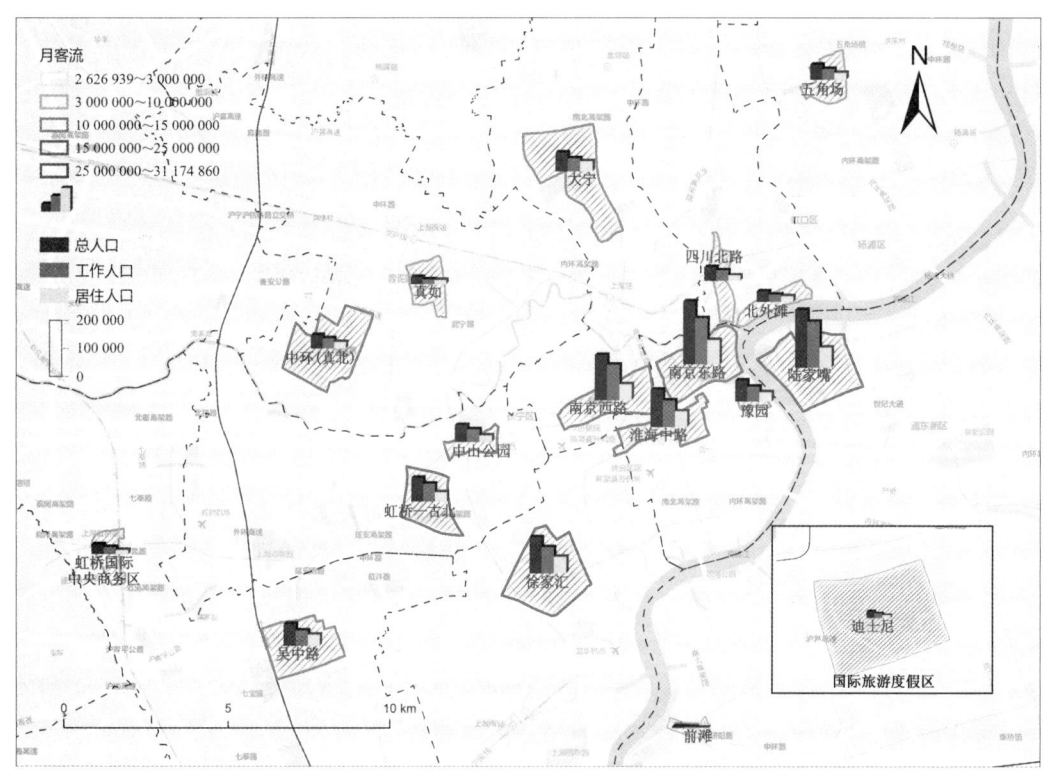

图 2-29　2021 年 18 个市级商业中心人口流量优势空间分布格局

以常住人口为例,南京东路市级商业中心和陆家嘴市级商业中心总人口数在 20 万人以上,具有显著的常住人口优势;其次为南京西路、淮海中路、徐家汇市级商业中心,总人口数为 10 万～20 万人;豫园、大宁、虹桥—古北、吴中路、中山公园、五角场以及四川北路市级商业中心总人口数为 5 万～10 万人;而其他市级商业中心人口数不足 5 万人。从常住人口结构来看,除了真如市级商业中心居住人口数大于工作人口数外,其他市级商业中心均表现出显著的工作人口数量大于居住人口数量的情况。

对于流动人口,陆家嘴和徐家汇市级商业中心月客流量在2 500万人以上,具有显著的流动人口优势,其次为南京西路、南京东路、淮海中路、虹桥—古北以及中山公园市级商业中心,流动人口数在1 500万~2 500万人;再次为大宁和吴中路市级商业中心,流动人口数在1 000万~1 500万人;其他市级商业中心月客流量小于1 000万人。

从人口的空间分布来看,无论是常住人口数还是流动人口数,均表现出中心城区的商业中心向外围商业中心依次递减的趋势。

(三) 商业配套

每个商业中心的商业配套指商圈覆盖范围内购物中心、便利店以及超市的数量之和,指数越大,则说明该商业中心的商业配套优势越大。

本报告分别对18个市级商业中心计算商业配套指数并进行地图可视化,结果如图2-30所示。从图中可以看出,南京东路、南京西路、徐家汇和陆家嘴市级商业中

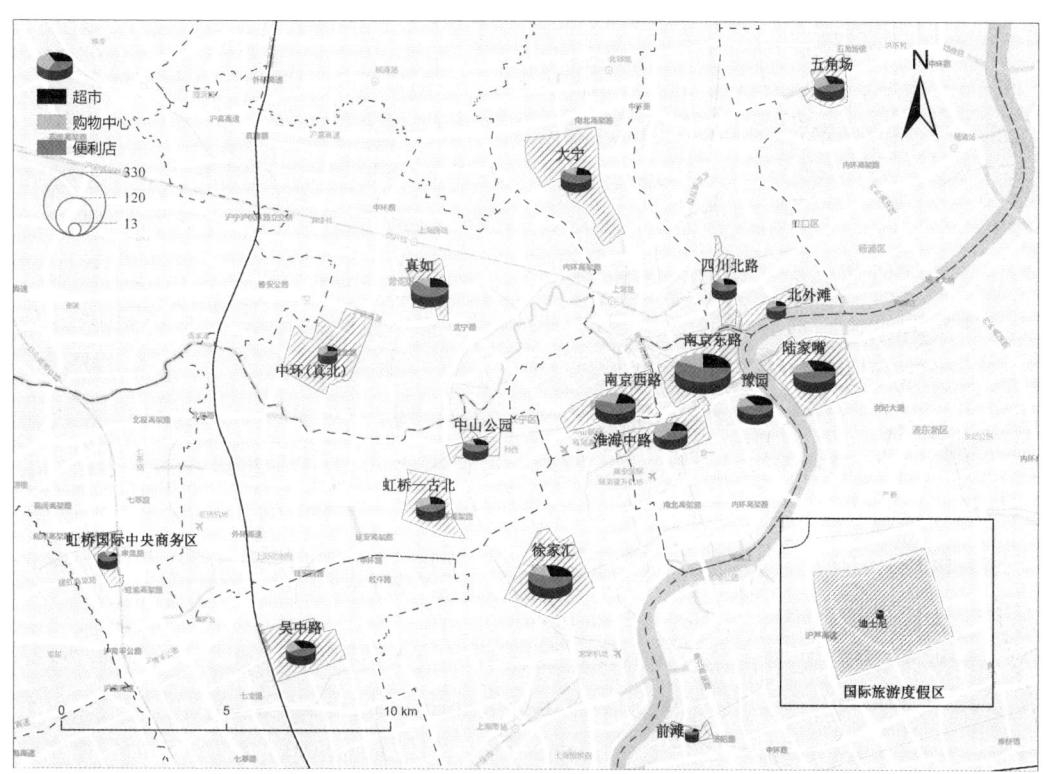

图2-30 2021年18个市级商业中心商业配套空间分布格局

心具有最好的商业配套优势,购物中心、便利店以及超市数量在 200 个以上。具备较好商业配套优势的商业中心包括淮海中路、豫园、虹桥—古北、真如、五角场和中山公园市级商业中心,其商业配套指数在 120～200 个。再次是大宁、北外滩、吴中路、中环(真北)、四川北路和虹桥国际商业中心,商业配套指数在 50～120 个。相比而言,前滩、国际旅游度假区市级商业中心配套最弱,数量不足 50 个。中心城区商圈如南京西路、南京东路、徐家汇和陆家嘴市级商业中心较其他市级商业中心具有明显的商业配套优势,空间上具有相似商业配套优势的市级商业中心存在集聚现象。

从商业配套的构成占比可以发现,便利店业态在市级商业中心的占比总体最高,其次是超市和购物中心。其中,真如市级商业中心便利店数为 73 家,占比达 60%,在所有商圈中占比最高;购物中心占比最低,为 15.6%。值得注意的是,淮海中路市级商业中心的业态构成与其他市级商业中心明显不同,其业态占比从大到小依次是购物中心、便利店和超市,其购物中心数量为 41 家,占比达 40%,反映了该市级商业中心较强的商业属性和聚客能力。

(四)区域配套

每个商业中心的区域配套指商圈覆盖范围内餐饮、教育、银行以及医院的数量之和,指数越大,则说明该商业中心的区域配套优势越大。

分别对 18 个市级商业中心计算区域配套指数并进行地图可视化,结果如图 2-31 所示。从图中可以看出,南京东路、陆家嘴、徐家汇和南京西路市级商业中心最具区域配套优势,餐饮、教育、银行以及医院的数量在 1 100 个以上。具备较好商业配套优势的商业中心包括淮海中路、五角场、虹桥—古北、吴中路和中山公园商业中心,其区域配套指数在 500～1 000 个。再次是豫园、大宁、中环(真北)、四川北路、北外滩、虹桥国际中央商务区和真如市级商业中心,区域配套指数在 200～500 个。相比而言,前滩、国际旅游度假区市级商业中心配套最弱,数量不足 200 个。中心城区商圈如南京西路、南京东路、徐家汇和陆家嘴市级商业中心比之其他市级商业中心具有明显的区域配套优势,空间上具有相似区位优势的市级商业中心存在集聚现象。

从区域配套的构成占比可以发现,餐饮业态在市级商业中心的占比总体最高,其次是银行、教育和医院。其中,南京东路市级商业中心餐饮店铺数高达 1 128 家,在所有商圈中数量最高,占比达 68.1%,仅次于吴中路市级商业中心餐饮店铺数量占比(68.9%);陆家嘴市级商业中心银行及网点数量为 631 家,占比高达 34.7%,在所有商

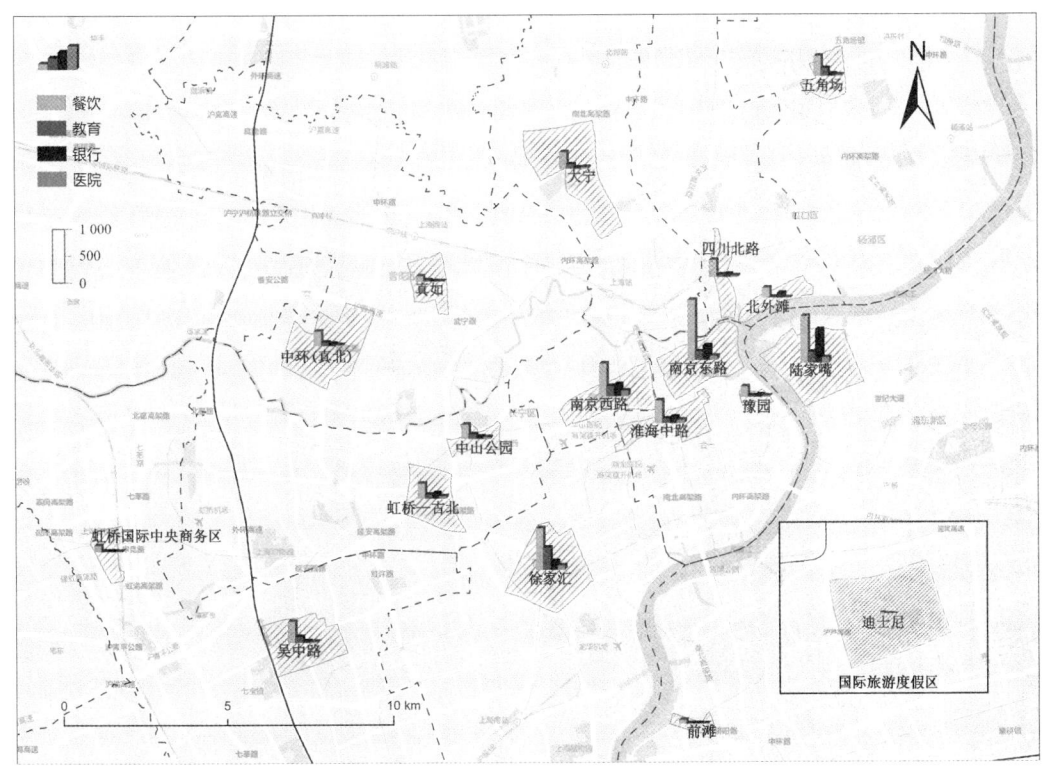

图 2-31　2021 年 18 个市级商业中心区域配套空间分布格局

圈中数量及占比均为最高;徐家汇市级商业中心学校及教育机构数量为 417 个,占比达 28.9%,所有商圈中数量及占比均为最高;南京西路市级商业中心医疗机构数量为 106 家,占比为 9.3%,所有商圈中数量及占比均为最高。不同市级商业中心优势业态类型较为不同,反映了各市级商业中心区域属性及资源供给能力。

五、上海商业中心综合评估

前述内容从本地消费基地洞察和外来消费引力评价两方面评估了上海市级商业中心消费能力,并从交通便利、人口流量、商业配套和区域配套量化评价了各市级商业中心区域禀赋。在此基础上,本报告综合商业中心多维评估数据,运用主成分分析和因子分析方法构建市级商业中心量化评估模型,探索关键影响因子;根据模型因子得分,对商业中心进行综合评价和排序;结合上海市级商业中心总消费力排序进行对比研判,以期为商业中心发展提供决策支撑。

(一) 因子分析

由于涉及的指标数量众多,本报告首先采用主成分分析法进行降维,然后利用因子分析法对商圈进行客观、量化评价,从而避免人为评价的主观性和不可量化的弊端。由于18个市级商业中心数量较少,本报告将《上海市商业空间布局专项规划(2021—2035年)》草案公示稿中的市级远期建设商业中心和地区级商业中心也纳入样本(33个),扩充样本并统一建模,分析对象仍聚焦18个市级商圈。

研究使用SPSS22.0软件,将原始数据进行标准化(Z-score)处理,将处理后数据进行KOM(Kaiser-Meyer-Olkin)检验和巴特利球体检验法进行因子分析的适用性检验。结果表明,KOM值等于0.835,说明指标间存在一定的相关性。巴特利球体检验结果为583.886,说明拒绝相关系数是单位阵,两项检验结果表明数据适用于因子分析方法。利用主成分分析法确定初始因子载荷,3个公因子的贡献率分别为66.362%、14.604%和4.869%,解释了全部方差的85.835%,即3个公因子比较充分的保留了14个指标的主要信息,具有较好的代表性。对初始因子载荷矩阵进行方差最大化正交旋转,建立市级商圈评价体系因子分析模型,旋转后的成分矩阵如表2-3所示。

表2-3 成分得分系数矩阵

指标维度	一类因子	二类因子	三类因子
小区总户数	−0.187	0.387	−0.144
小区均价	−0.238	0.121	0.5
写字楼总面积	−0.059	0.139	0.202
写字楼租金	0.058	−0.13	0.37
购物中心数量	0.4	−0.3	−0.054
便利店数量	0.391	−0.268	−0.121
餐饮	0.164	−0.021	−0.021
医院	0.21	−0.062	−0.071
教育	−0.172	0.352	−0.036
银行	−0.096	0.189	0.173
交通	−0.005	0.178	−0.026
居住人口	0.259	−0.104	−0.12
工作人口	0.17	−0.06	0.061
天客流平均值	−0.329	0.476	0.13

注:提取方法:主成分分析法;旋转方法:凯撒正态化最大方差法,a旋转在5次迭代后收敛。

因子分析表明,每个指标都有其对应载荷较高的某类因子,按照每类因子对应载荷较大的指标可将所有指标分为三类：购物中心数量、便利店数量、餐饮数量、医院数量、居住人口数、工作人口数在第一类因子上载荷较大；小区总户数、教育、银行、交通在第二类因子上载荷较大；小区均价、写字楼总面积、写字楼租金和天客流平均值在第三类因子上载荷较大。由贡献率可知，第一类因子是影响商业中心评价的重要指标；第二类因子次之；第三类指标对于商业中心评价影响较小。

（二）综合评价

根据表2-3的指标载荷，可计算得到三个因子方程，以因子方程和各因子方差贡献率占比（即权重）可计算得到因子综合得分，结果见表2-4。

表2-4 18个市级商业中心因子得分及消费总额排序对比

商业中心	因子综合得分	综合得分排序	消费总额排序	差值
南京东路	2.65	1	3	2
南京西路	1.70	2	1	1
陆家嘴	1.08	3	2	1
淮海中路	0.93	4	4	0
徐家汇	0.39	5	7	2
豫园	0.29	6	5	1
虹桥—古北	0.10	7	9	2
五角场	-0.02	8	12	4
吴中路	-0.08	9	10	1
真如	-0.11	10	15	5
大宁	-0.13	11	13	2
四川北路	-0.25	12	6	6
中山公园	-0.33	13	8	5
中环（真北）	-0.44	14	11	3
虹桥国际中央商务区	-0.45	15	14	1
北外滩	-0.47	16	17	1
国际旅游度假区	-0.77	17	18	1
前滩	-1.09	18	16	2

本报告对于市级商业中心的综合评分的结果为表2-4因子综合得分，按照得分升序排列即为商业中心的综合评价排名。结果可以发现，南京东路、南京西路、陆家嘴3个市级商圈因子得分最高，分别为综合排名前3位；淮海中路、徐家汇、豫园、虹桥—古北4个市级商圈因子得分大于0，位列4～7位；其余市级商圈得分小于0，位列8～18位。

根据上海银联消费大数据统计的18个市级商圈2021年消费总额，对消费总额进行排序并与综合评价的排序进行差异化对比。结果发现,两种排序的平均差异仅为2.2,即全部商圈的位序相差2位左右,表明市级商业中心的消费总额与商业中心综合评价有显著的相关性,商业综合评价信度较高。

综上可知,购物中心数量、便利店数量、居住人口数、医院数量、工作人口数以及餐饮数量(一类因子载荷降序排列)是评估模型的主要影响因子,市级商业中心评估排序与消费额排序相关度较高,因此,主要影响因子对于市级商业中心的消费繁荣度和未来发展潜力具有较大的影响作用。

第三节　上海社区商业发展分析

2021年7月,中华人民共和国商务部办公厅等11部门发布《城市一刻钟便民生活圈建设指南》,提出的建设目标是:到2025年,通过打造"百城千圈",建设一批布局合理、业态齐全、功能完善、智慧便捷、规范有序、服务优质、商居和谐的城市便民生活圈;使"试点区域居民满意度达到90%以上"。这促使各地政府从政策层面上将资源积极导入到社区层面,未来城市商业的增长点、机会点也将会更多聚焦在社区上,社区商业将迎来高速发展的机遇期。

本节以2021年度上海市社区商业发展的新变化为研究重点。首先,通过梳理上海市在助推社区商业发展方面的相关政策,提炼核心要点,总结政府层面对于目前社区商业发展的主要举措及发展方向。其次,按消费客群画像对上海社区商业中心进行分类,并对各类代表性商圈的商业业态构成做分析,总结上海市社区商业2021年度的需求及供应特征。然后,选取上海市优秀社区商业案例及2021年新开业的新兴社区商业案例进行深入研究,分析总结不同规模社区商业的创新发展特点。最后,综合2021年社区商业发展情况及市场环境,预测上海市社区商业未来的发展趋势。

一、上海社区商业发展相关政策分析

2021年,上海市制定发布了一系列助推社区商业发展的规范类及支持类政策,进一步规范社区商业发展标准、优化社区商业发展环境、提供社区商业发展保障,从而推动上海市社区商业健康发展。

(一)提升社区生活能级水平,形成全龄友好业态构成

《上海市建设国际消费中心城市实施方案》中,明确提出提升社区生活圈能级和水

平,打造类型全、能级高的公共服务设施集群,提升社区商业丰富度、便捷性和安全性,加快发展品牌连锁便利店。《"十四五"时期提升上海国际贸易中心能级规划》中,针对推动生活服务升级方向中特别提出要优化社区商业,完善十五分钟社区生活圈,支持社区商业中心向社区生活服务中心转变,加快发展品牌连锁便利店,提升社区商业丰富度、便捷性和安全性。《上海市商业空间布局专项规划(2021—2035年)》草案指出,城镇地区的社区商业设施可分为"社区级商业中心"和"邻里商业设施"两类。根据新一轮商业空间规划,上海市将持续提升社区级商业中心、邻里商业中心品质。其中特别提出鼓励引入游乐场、儿童工坊等适幼化业态,进一步形成全龄友好的业态构成。

(二)拓展便民服务中心模式,加强便民中心数字赋能

近年来,上海商务委员会持续积极推动居民生活服务业发展,引导"万有集市"等一批优质社区商业企业开展社区便民服务中心建设,涌现出"生鲜卖场+各类生活服务""便利超市+各类生活服务""早餐服务+各类生活服务""家政服务+各类生活服务"等新型社区服务融合发展模式,形成了高陵社区生活服务中心、长桥社区生活便民服务中心等一批先行示范点。2021年上海商务委员会继续跟进社区便民服务中心建设,增加社区层面的高品质生活服务供给,提升国际化服务水准,丰富从儿童到老人的全龄人群生活服务品类,为城市居民提供便利化、品质化的生活服务。指出社区便民服务中心建设的两大方向:一是拓展多种"社区便民服务中心"发展模式。及时总结先行示范点经验,以早餐、家政等服务为核心功能,拓展集聚各类便民生活服务,主动对标国际化水准,满足社区居民"家门口"的便利服务需求。二是推动数字化赋能"社区便民服务中心"。把握网络技术全面融入生活服务业的机遇,复制推广"互联网+生活性服务业"发展模式,继续以制度创新、业态创新、技术创新为引领,复制推广成功经验,打造一批优质平台,让各梯度的"互+生"企业落地生根,产生更强辐射力,助力提升社区层面高品质生活服务。

(三)推动标准菜场智慧转型,升级菜场经营管理水平

《"十四五"时期提升上海国际贸易中心能级规划》中提到要优化标准化菜市场规划布局,推动标准化菜市场向智慧菜市场转型,提升菜市场社区便民服务功能。支持主副食品新零售业态健康发展,丰富多元化供应网络。《上海市建设国际消费中心城市实施方案》中明确指出优化标准化菜市场规划布局,推动标准化菜市场向智慧菜市场转型。《关于加快建设上海国际消费中心城市 持续促进消费扩容提质的若干措施》中就"促进生活服务领域数字化"方面提到支持建设线上线下融合,集安全、便捷、

实惠、绿色于一体的智慧菜场。《全面推进上海数字商务高质量发展实施意见》就"打造示范性商业数字化场景"中明确提到要通过推进智慧早餐、智慧菜场建设,提升便民服务水平。《上海市推进商业数字化转型实施方案(2021—2023年)》中也就"建设智慧菜场"方面提到,要立足菜市场民生消费需求和主体实践,指导有条件的区域优先开展智慧菜场的试点工作,系统提升菜市场经营管理水平和保供能力,推进智慧菜场的建设工作。

(四) 构建智能末端配送体系,强化超大城市保供能力

《上海市建设国际消费中心城市实施方案》中指出要加快建立跨部门、跨地区、产业链各环节集聚的主副食品运行调控系统,进一步强化超大城市保供能力。《全力打响"上海购物"品牌 加快建设国际消费中心城市三年行动计划(2021—2023年)》就"商业数字化转型专项行动"中提出要推进消费领域新基建。优化城市物流配送网点的布局,推进物流仓储设施的智能升级建设。引导生鲜电商推进冷链物流体系建设,3年内新建改建300个左右生鲜前置仓和3个城市分选中心。构建覆盖"15分钟社区生活圈"和住宅小区的智能末端配送体系。合理规划和布设智能快件箱、智能取餐柜等智能末端配送设施。《上海市推进商业数字化转型实施方案(2021—2023年)》在"完善数字基础设施"中明确提出优化智能末端配送体系。《"十四五"时期提升上海国际贸易中心能级规划》中提出"超大城市保供优化行动"。以建立健全与超大城市安全运行和高质量发展相匹配的主副食品保供体系,切实保障人民群众"菜篮子"充足稳定为总体目标,推动农产品流通主渠道布局优化、功能提升,进一步打通主副食品产业链,构建大市场、大流通、大基地、大数据、大统筹的保供格局。

二、 上海社区商业发展现状分析

(一) 上海社区商业中心消费需求画像分类

消费客群画像受多方面因素影响,不同客群受消费心理及消费习惯的巨大差异驱使,往往会产生各种各样的消费行为,因而不同的人群面向社区商业的需求亦会存在较大差异。而消费心理和习惯的形成所受因素影响较多,很难以少数几个指标进行评价,其本身是各个因素相互作用的结果。对此,特基于不同特征消费者深访、行业从业人员访谈、相关专家访谈及社区商业市场发展经验总结,得出对于消费者消费心理及习惯形成会产生一定影响的因素指标,并在其中选取提炼出可研究性及影响性最大的四类影响因素,见表2-5。

表 2-5 客群画像特征影响因素指标选取

分 类		指 标
消费密度因素	X_1	常住人口数量/万人
	X_2	居住人群数量/万人
	X_3	办公人群数量/万人
	X_4	外籍人口数量/万人
消费客层因素	X_5	分年龄段人口占比/%
	X_6	幼儿园数量/个
	X_7	中小学数量/个
	X_8	大学数量/个
消费水平因素	X_9	月均收入水平/元/月
	X_{10}	新房平均售价/元/平方米
	X_{11}	二手房平均售价/元/平方米
	X_{12}	住宅平均租金/元/月
消费偏好因素	X_{13}	餐饮消费偏好占比/%
	X_{14}	购物消费偏好占比/%
	X_{15}	生活消费偏好占比/%
	X_{16}	亲子消费偏好占比/%
	X_{17}	娱乐消费偏好占比/%

通过对上海各大重要社区级商业中心周边1千米范围内各项影响指标数据进行对比分析,挖掘上海市各片区社区的核心客群画像特征,将社区商业中心聚类为"家庭生活型""商务精致型""国际高端型""老龄品质型""亲子学乐型"及"年轻社交型"六大类型,如表2-6所示。各类型消费客群虽交错分布,但各自有其自身较强的画像特征标签。

表 2-6 各类消费客群画像特征

客群画像分类	维 度	特 征
家庭生活型	消费密度	人口密集,以居住人群为主
	消费客层	年龄分布相对均衡,不具备明显差异特征
	消费水平	收入水平及房屋价格不具备明显差异特征
	消费偏好	对生活消费需求显著高于其他类型
商务精致型	消费密度	商务人群分布密集,且高于居住人群数量
	消费客层	以中青年为主,其他各年龄段占比相对均衡
	消费水平	收入水平不具备明显差异特征
	消费偏好	对餐饮、配套型消费需求较高

(续表)

客群画像分类	维度	特征
国际高端型	消费密度	外籍人口密集
	消费客层	以中青年为主,其他各年龄段占比相对均衡
	消费水平	收入水平及房屋价格均高于其他类型
	消费偏好	购物及娱乐消费需求显著高于其他类型
老龄品质型	消费密度	以居住人群为主
	消费客层	老龄人口分布密集,占比远高于其他类型
	消费水平	收入水平较低,房屋价格不具备明显差异特征
	消费偏好	对生活消费需求显著高于其他类型
亲子学乐型	消费密度	以居住人群为主
	消费客层	低年龄消费客群密集,中小幼学校分布较多
	消费水平	收入水平及房屋价格不具备明显差异特征
	消费偏好	对亲子类消费需求显著高于其他类型
年轻社交型	消费密度	不具备明显特征
	消费客层	青少年人群密集,中学大学分布较多
	消费水平	收入水平较低,房屋价格不具备明显差异特征
	消费偏好	对娱乐消费需求显著高于其他类型

(二)各类消费需求画像下代表性商圈特征分析

由于不同画像特征的消费客群必然表现出不同的消费需求,为更好地实现上海市社区商业的供需匹配,特选取符合各类消费特征集聚的代表性社区商业中心,如表2-7所示,并通过对其代表性社区商业项目的深入研究,分析其业态构成形式及商业内容的针对性供给,以总结如何面向不同消费需求给出合理供应。

表2-7 聚焦各类消费客群的代表性社区级购物中心

片区类型	代表片区	社区级购物中心代表项目
家庭生活型	嘉定区南翔生活社区中心	嘉定区华润五彩城
商务精致型	徐汇区漕河泾商务社区中心	徐汇区漕河泾印象城
国际高端型	浦东新区碧云国际社区中心	浦东新区碧云红枫商业街
老龄品质型	杨浦区勤海社区中心	杨浦区国和1000
亲子学乐型	宝山区大华社区商业中心	宝山区乐坊大华生活广场
年轻社交型	杨浦区五角场大学区社区中心	杨浦区大学路商业街

1. 家庭生活型案例名称:"华润五彩城"

基本情况:华润五彩城位于上海市嘉定区南翔镇宝翔路801号,商业建筑面积约4万平方米,共四层(B1—3F),于2014年10月开业,是华润置地在上海操盘的首个社区型购物中心。项目周边1千米范围内约有3.34万人,分布有大量居住片区,住宅小区高达38个,居住人数达2.7万人,日夜人口比约0.67,低于所在区域平均日夜人口比,为居住高度密集区,周边消费客群满足家庭生活型消费画像特征。面对高密度家庭客群对生活品质提升的需要,该项目特别定位于打造以"时尚+生活"为主题的辐射型社区商业,立足于满足品质家庭式消费,对品牌性、丰富度要求较高,开业至今经营良好,片区认可度较高。

业态构成:华润五彩城共拥有91家商户,其中购物26家、餐饮32家、生活服务11家、休闲娱乐14家、儿童亲子8家。生活服务配套占比高达12%,涵盖精品超市、造型沙龙、美甲美睫、美容SPA、调理中心、摄影摄像、维修服务及金融银行等多家服务类主力业态,满足周边大量家庭客群品质生活的消费需求。其中,在生活超市方面特别引入了华润旗下的blt(Better Life Together)精品超市,极大程度地提升了周边家庭消费客群的生活品质,深受周边社区家庭喜爱。

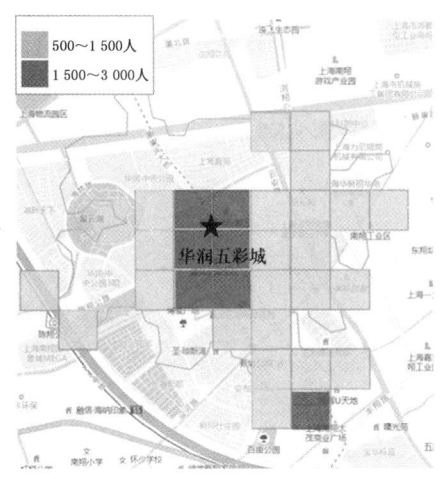
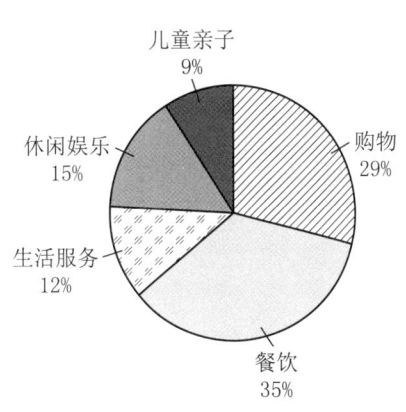

图2-32 周边15分钟生活圈内居住人口分布[1]　　图2-33 华润五彩城商业业态占比[2]

2. 商务精致型案例名称:"漕河泾印象城"

基本情况:漕河泾印象城地处上海市徐汇区漕宝路虹梅路,是地铁轨道12号线

---

[1] 数据来源:脉策科技(www.maicedata.com)。
[2] 数据来源:数位观察(www.swguancha.com);大众点评(www.dianping.com)。

虹梅路站的地铁上盖项目。商业建筑面积约 5.6 万平方米,共五层(B1—4F),于 2021 年 5 月开业,隶属临港集团,委托印力集团运营管理。项目背靠多个大型办公园区,周边 1 千米范围内约有 11.33 万人,其中 15 分钟步行范围内约有写字楼 61 个及产业园区 32 个,日夜人口比高达 1.97,为高度工作密集区。区域内超过 40%的消费人群为 25~35 岁的年轻人,平均薪资达 1.6 万元/月,涵盖了具有高学历及中高收入水平的园区白领与年轻家庭,周边消费客群满足商务精致型消费画像特征。该项目载着园区的商业创新及服务功能,在区域内原创 MOJITOWN、深街酒巷、无限聚场等多个沉浸式主题空间,充分满足大量园区白领客群的商务消费及社交需要。

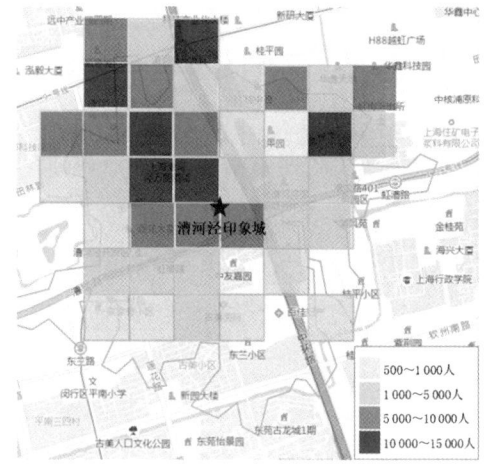

图 2-34 周边 15 分钟生活圈内工作人口分布[1]

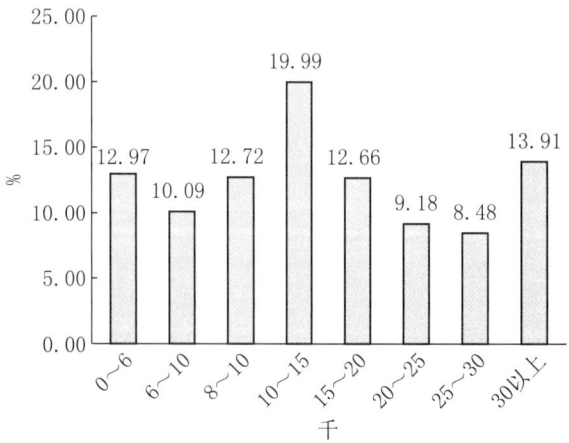

图 2-35 周边工作人口薪资段人数分布[2]

---

[1] 数据来源:脉策科技(www.maicedata.com)。
[2] 同上。

业态构成：漕河泾印象城共拥有153家商户，其中购物48家、餐饮79家、生活服务8家、休闲娱乐15家、儿童亲子3家。该项目聚焦所在片区大量科技产业园区的白领客群，特以"上海潮玩生活基地"为定位，引入华为、i.Dea苹果授权店、小米之家、Nintendo Switch、威马汽车等潮流科技品牌矩阵，聚力打造科技体验生态，实现科技产业与智慧商业结合。项目将"潮流"同"科技、跨界、文化"等元素相融合，打造了独特的潮流艺术体验和数字化社交生活空间。面对商务客群潮汐性强的弱点，漕河泾印象城特别打造深街酒巷和无限聚场两个社交主题空间，引入琥家居酒屋、泷川的深夜食堂、拳击猫酒馆、星聚会KTV等夜经济消费品牌，加上周边原有大量夜间消费网点，漕河泾印象城成为年轻都市白领工作之余一个解乏聚会的好去处，打造全新的社交生活空间和潮流艺术体验。

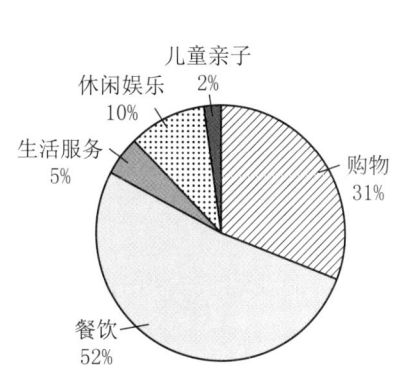

图2-36 漕河泾印象城商业业态占比[1]

图2-37 周边夜经济消费网点分布[2]

3. 国际高端型案例名称："碧云红枫商业街"

基本情况：碧云红枫商业街位处素有"小联合国"之称的碧云国际社区内，项目周边集聚了超千余户外籍人士家庭，外籍客群占比高达90%，且居住人群多为金融公司或外企高管，消费能力较高，满足国际高端型消费画像特征。碧云国际社区聚焦外向型、多功能、现代化的国际区定位进行打造，商业亦充分考虑外籍消费者喜好，按国际标准打造，形成了一个新型国际社区。

业态构成：碧云红枫商业街以西式餐饮业态为主，由5栋具备餐饮条件的1—

---

[1] 数据来源：数位观察(www.swguancha.com)；大众点评(www.dianping.com)。
[2] 数据来源：大众点评(www.dianping.com)。

2层独栋组成。碧云红枫商业街针对众多外籍消费人群,布局大量咖啡轻食、西餐厅、异国料理、酒吧、休闲业态等异域风情商户,此外,项目周边还分布有精品超市、进口食品超市、德国OBI(欧倍德)建材超市、金桥休闲体育中心等多样化配套,凭借强外交属性、异域休闲氛围及高商户品质,吸引外籍人士前往,聚合成碧云国际社区的整体氛围。

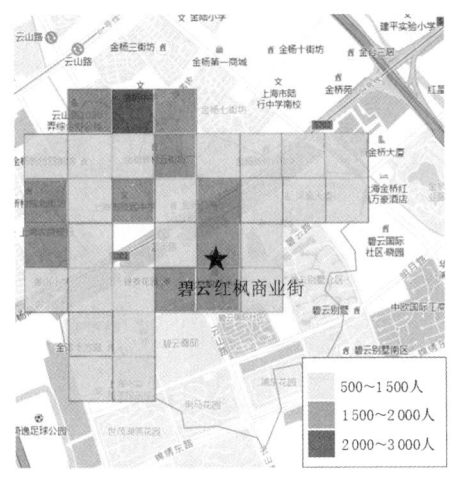
图2-38 周边15分钟生活圈内居住人口分布[1]

图2-39 周边咖啡店网点分布[2]

4. 老龄品质型案例名称:"国和1000"

基本情况: 国和1000位于杨浦区国和路1000号,商业建筑面积约1.3万平方米,共五层(B1—4F),原是华联吉买盛大卖场,后于2016年6月开始改造,2018年5月重新开业。项目周边1千米范围内居住总人口约15.14万人,覆盖住宅小区高达53个,分布有大量三四十年前的多层居住区,以中老年为主力消费群体,老龄人口近2.5万人,多为生活在此地多年的原住民,片区老龄人口居多,周边消费客群满足老龄品质型消费画像特征。国和1000为满足周边大量原住居住客群品质生活消费的需求,定位"家的延伸",打造了一个有温度的社区邻里中心,赢得周边居民社区的广泛喜爱,成为城市更新类社区商业中心的经典案例。

业态构成: 国和1000共拥有47家商户,其中购物5家、餐饮27家、生活服务6家、休闲娱乐2家、儿童亲子7家。项目将回馈社区居民放在物业经营的首位,以"匠心工坊+小邻通+法律咨询"的业态形式提供家政维修、修剪回收、公益法律服务

---

[1] 数据来源:脉策科技(www.maicedata.com)。
[2] 数据来源:大众点评(www.dianping.com)。

等社区增值服务;以共享厨房、共享中庭、共享工位提供聚会、会客、工作等社区交流空间;在互联网家提供自助拍照、自助售药、自助打印等社区自助服务;在公益馆为老年人提供社交、学习、咨询等社区养老服务。

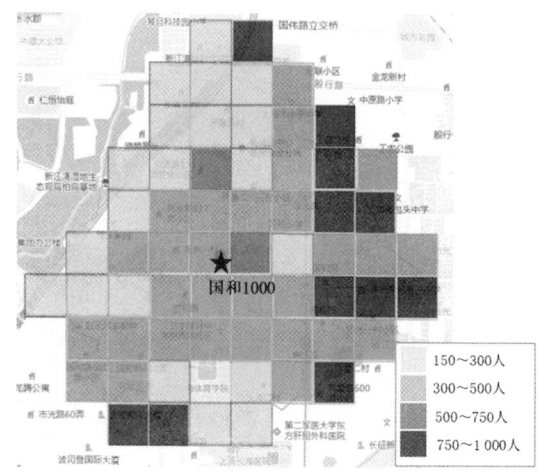

图 2-40　周边 15 分钟生活圈内老龄人口分布[1]　　图 2-41　国和 1000 商业业态占比[2]

5. 亲子学乐型案例名称:"乐坊大华生活广场"

基本情况:乐坊大华生活广场位于上海市宝山区真北路 4288 号华和路口,商业建筑面积约 1 万平方米,共四层(1F—4F),于 2016 年 6 月开业,为瑞商联城打造的精致型社区商业产品。项目周边 1 千米范围内住宅小区约 23 个,日夜人口比约 0.68,低于所在区域平均日夜人口比,为居住高度密集区,居住人流聚集。且周边分布有大量小学、幼儿园,多家庭亲子客群分布,其中学龄前人口超 2 000 人,学龄人口突破 1 万人,周边消费客群满足亲子学乐型消费画像特征。因此项目特将客群聚焦在周边社区家庭及亲子客群,围绕家庭亲子消费展开,打造集吃喝玩乐于一体的社区邻里中心。

业态构成:乐坊大华生活广场共拥有 45 家商户,其中购物 4 家、餐饮 18 家、生活服务 3 家、休闲娱乐 3 家、儿童亲子 17 家。项目业态丰富,满足家庭一站式消费需求,其中儿童亲子客群占比近 50%,儿童消费供应占比高达 38%,2—4 楼均分布有教育业态,且以才艺类培训类业态为主,涵盖舞蹈、音乐、主持人、国学、篮球、乒乓球、轮滑及跆拳道等多元化教育细分品类,满足不同家庭的亲子儿童类消费需求。在空

---

[1] 数据来源:脉策科技(www.maicedata.com)。
[2] 数据来源:数位观察(www.swguancha.com);大众点评(www.dianping.com)。

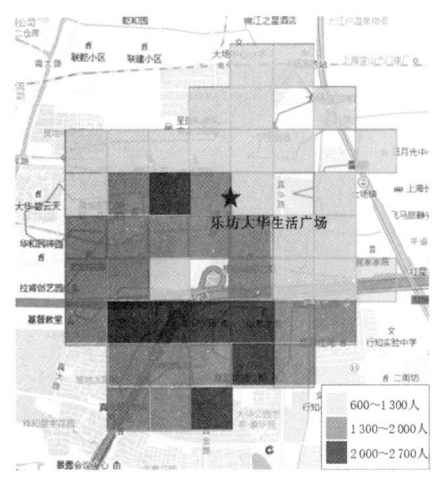
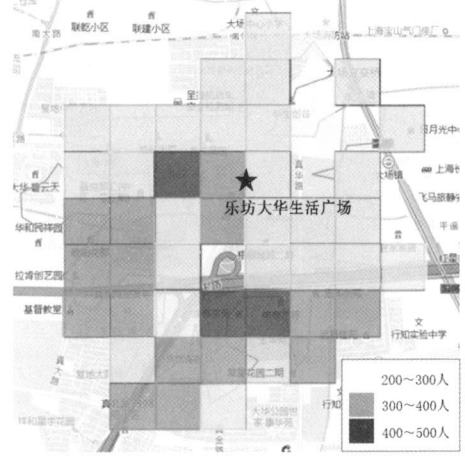

图 2-42 周边 15 分钟生活圈内居住人口分布[1]　　图 2-43 周边学龄人口分布[2]

间场景营造上,针对亲子儿童消费特征,打造特定的儿童服务及儿童游乐空间,既可通过儿童化空间的打造强化主题,又可通过该细节化的服务和设计为项目导入更多客流。

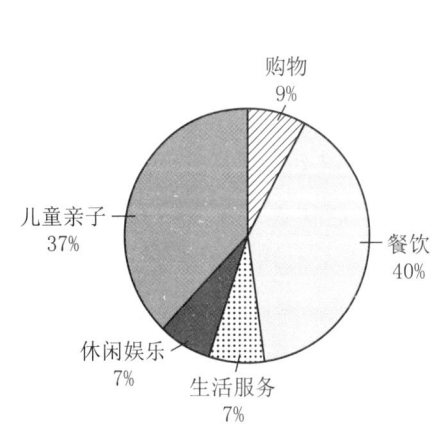

图 2-44 乐坊大华生活广场商业业态占比[3]　　图 2-45 周边亲子类消费网点分布[4]

6. 年轻社交型案例名称:"大学路商业街"

基本情况:大学路商业街位于上海市杨浦区大学城,整条街东起智星路,西止锦

---

[1] 数据来源:脉策科技(www.maicedata.com)。
[2] 同上。
[3] 数据来源:数位观察(www.swguancha.com);大众点评(www.dianping.com)。
[4] 数据来源:大众点评(www.dianping.com)。

建路,街道长度约500米。项目周边1千米范围内多高校聚集,年轻消费客群居多,对潮流消费及年轻社交需求旺盛,周边消费客群满足年轻社交型消费画像特征。为满足区域大量年轻客群消费需求,大学路沿街两侧开设了多家特色社交餐饮、文创小店及休闲娱乐业态,为周边年轻白领及青年学生群体提供了便利的休闲社交场所。

业态构成: 大学路商业街直面大学生年轻消费群体的消费需求,针对大学生对新鲜事物的高度热情,导入大量前沿的品牌及网红商户,吸引年轻消费客群前往打卡,为青年客群提供社交资本。为满足年轻客群娱乐休闲需求,大学路商业街导入酒吧、密室、剧本杀、游戏室、电玩、VR、私人影院、滑板等丰富多样的娱乐业态。为契合大学生生活的高自由度,特别引入大量餐吧、茶饮、咖啡、甜点、酒吧等休闲社交属性的餐饮业态,且所有餐饮业态都设置外摆,营造轻松休闲的消费氛围,打造"白昼不冷清,越夜越精彩"的年轻休闲社交的主场。

图 2-46 项目周边大学分布[1]

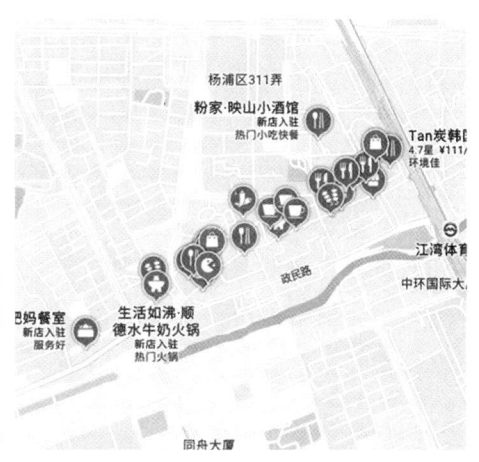

图 2-47 周边商业网点分布[2]

三、 上海社区商业优秀案例研究

随着社区商业发展加速,2021年上海市也出现了较多优秀的社区商业案例。如正值十周年庆的浦东嘉里城,凭借其精准定位及持续紧跟市场、不断更新的能力,十年来一直在上海社区商业项目中保持高热度及高关注度,堪称国际社区商业标杆,直至当下,依旧有较多成功经验值得其他社商项目借鉴。此外,2021年新开业的⅝莘

---

[1] 数据来源:脉策科技(www.maicedata.com)。
[2] 数据来源:大众点评(www.dianping.com)。

荟、康五集市、武夷Mix320、一见碧云馆和社趣好市等,进一步为社区类商业项目发展提出了新方向、新亮点。

(一) 大型社区商业中心案例

案例名称:"浦东嘉里城"

基本情况:浦东嘉里城位于上海市浦东新区花木路1378号,属于内环内花木联洋板块,毗邻上海新国际博览中心(SNIEC)及上海世纪公园,且为地铁7号线花木站上盖物业,区位条件较好。项目集五星级酒店、甲级写字楼、服务式公寓和购物中心于一身,总建筑面积33万平方米,是嘉里集团在上海落地的第五个项目。其中购物中心总建筑面积约4.5万平方米,共三层(B1—2F),于2011年10月29日开业,聚焦周边国际化社区消费人群需求,以"中高端家庭体验中心"为定位,凭借其出色的建筑规划设计、舒适的商业空间及合理的消费内容供应,成了标杆型社区购物中心项目。至2021年,已运营十年的浦东嘉里城依旧备受社区商业市场关注,是可持续关注并进行深入研究国际化社区商业体的优秀案例。

消费面向:周边1千米核心消费区共覆盖16个居住小区,居住总人口数约3.5万人,写字楼数量约7个,商务办公总人口数约1.4万人,有1个轨交站点,有地铁线路7号线通过。整体以25~44岁的中青年为主力消费群体,拥有一定数量的中高端国际消费群体。拥有1所中学、1所小学、5所幼儿园,新房平均房价约115 137元/平方米,处于上海房价高位,因而周边整体消费力较高。[1]项目位于以"陆家嘴后花园"著称的浦东花木国际社区,周边分布有碧云、联洋等多个国际社区,且毗邻陆家嘴、张江

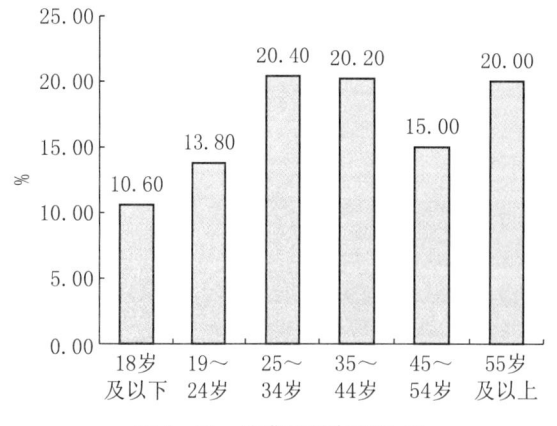

图2-48 消费客群年龄比例

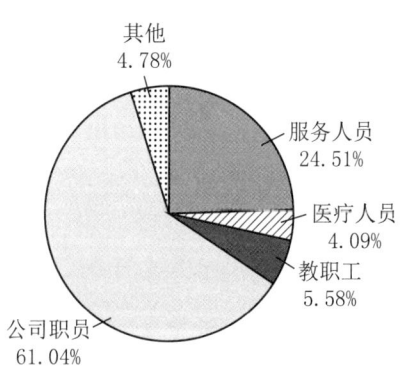

图2-49 消费客群职业分布

---

[1] 数据来源:边界猎手App;数位观察(www.swguancha.com)。

高科等高新高科商务办公区,片区内高端消费客群及外籍人群聚集,整体消费能力较强,对社区商业的品质感追求较高。

业态构成:商业广场共拥有162家商户,其中购物65家、餐饮49家、生活服务15家、休闲娱乐22家、儿童亲子11家。包含ole'精品超市、星巴克、lululemon、kidsland儿童乐园等多家主力店。[1]

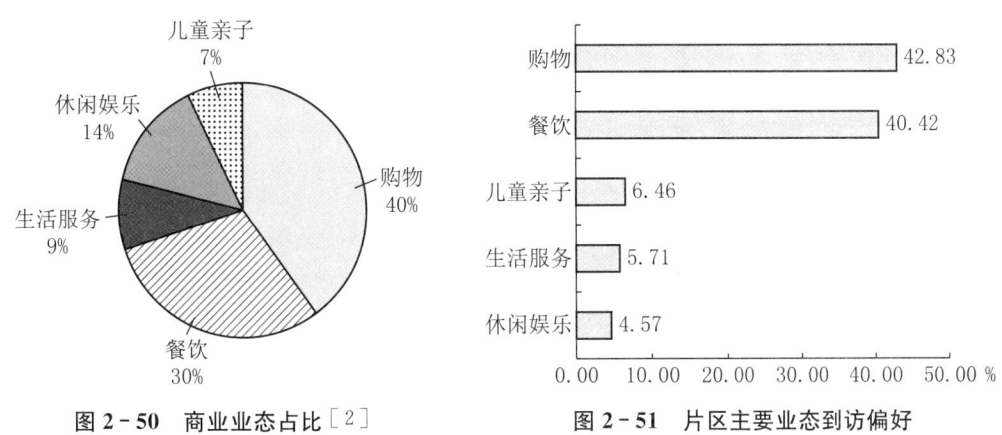

图2-50　商业业态占比[2]　　　　图2-51　片区主要业态到访偏好

建设经验:①发挥交通优势,放大区位价值。浦东嘉里城充分发挥其地铁上盖的交通优势,将7号线1号口与商业B1层直通,5号口与地上次入口相连,便于项目客流导入,为项目带来了大量客流支撑。除此之外,项目地处国际社区,紧邻世纪公园及世界级博览馆新国际博览中心,来往人流密集,项目除面向周边云集的高端社区居住人员外,还聚焦地铁人流、世纪公园休闲人群与会展人群,真正实现交通及区位优势价值的最大化利用。②设计扬长避短,增强项目昭示。浦东嘉里城商业购物休闲空间由伍兹贝格设计,外立面以通透的玻璃幕墙设计,不规则的直线条商业体外形,更显灵动,建筑昭示性较强。内部通过环形平面结构、围合式内广场、多个大小中庭、绿色生态空间、亲子游乐空间及家庭式公区设计,既解决了商业进深厚度过宽、采光不足的问题,又以围合型中庭开敞式空间为项目构建了多个用于聚集人气的活动空间及休闲放松的商业氛围。③面向全龄客层,提供人性关怀。浦东嘉里城面向周边国际社区居住家庭客群、商务园区精英白领客群、新国博会展客群,聚焦中高端消费人群及国际化外籍消费人群消费需求,在商业内容导入中包含了购物采买、环球美食、儿童亲子、休闲运动、目的型服务配套等多样化内容,为全年龄多层次的客群提供

---

[1] 数据来源:数位观察(www.swguancha.com);大众点评App。
[2] 数据来源:数位观察(www.swguancha.com);大众点评(www.dianping.com)。

全方位购物体验。项目内还配置了休息座椅、充电空间、婴儿车租借、寄存柜、邮政快递服务、母婴室、第三洗手间等多处人性化设施,为消费者提供人性化关怀。④主打生活方式,丰富健康消费。浦东嘉里城主打健康生活方式,在西线运动方面,积极导入如 Kingsport(金仕堡)、Particle Fever(粒子狂热)、On(昂跑)、lululemon(露露乐蒙)等运动休闲品牌,并涉足跑步、骑行、登山、露营、瑜伽等多样化健康生活消费空间。此外,项目通过餐饮、零售、亲子、娱乐类业态的穿插布局,导入数码影音、精品零售、生活杂物、茶具厨具、摄影摄像、美容 SPA、绘画体验和绿植花艺等生活方式类消费业态,融入如野兽派、Coco-mat、Tao(泰易)、Harbor House 等家居生活品牌,围绕生活方式概念构建品质生活消费空间。⑤顺应消费市场,持续更新升级。自 2011 年开业至 2021 年,十年的运营时间里,浦东嘉里城持续紧跟其目标客群的喜好变化及市场新兴消费的发展,在铺位划分、区域规划、业态布局及品牌落位上持续调整更新,及时地做出相应的调整,更加强化项目的户外运动细分领域,构建起健康活力的社区商业中心。

(二)中型社区商业中心案例

案例名称:"‰荟荟"

基本情况:‰荟荟位于上海市静安区北宝兴路 624 号,位于静安区环大宁板块,为原上海联华生鲜食品加工配送中心所在厂房更新改造项目,后由百联资控倾力打造,于 2021 年全新开业,更新为全新活力社区型购物中心,命名为‰荟荟,商业面积约 3 万平方米,其中商业部分共 4 层(1F—4F),集生活集市、餐饮、休闲娱乐、儿童亲子、健身医美、运动休闲等为一体,为周边社区提供一站式生活全需求,实现了从"老工厂"到"生活场"的成功蜕变,是存量改造更新为社区商业的典型案例。

消费面向:周边 1 千米核心消费区共覆盖 94 个居住小区,居住总人口数约 7.77 万人,写字楼数量约 30 个,商务办公总人口数约 3.74 万人,有 2 个轨交站点,有地铁线路 1 号线通过。新房平均房价约 102 179 元/平方米。拥有 4 所大学或职校、3 所中学、4 所小学、13 所幼儿园,教育资源丰富。整体以 25~44 岁的中青年为主力消费群体,距离上海大学延长路校区较近,年轻新生代消费客群较多,因而新兴的年轻活力运动消费需求旺盛。[1]

业态构成:商业广场目前入驻商户共 17 家,其中购物 1 家、餐饮 7 家、生活服务 4 家、休闲娱乐 1 家、儿童亲子 4 家,拥有联华超市、小小特工运动馆、7 + XFitness 健

---

[1] 数据来源:边界猎手 App;数位观察(www.swguancha.com)。

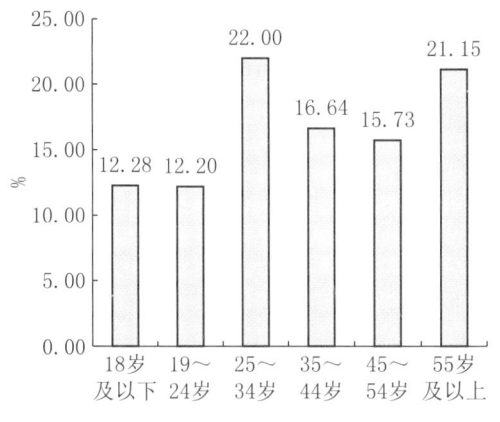

图2-52 消费客群年龄比例

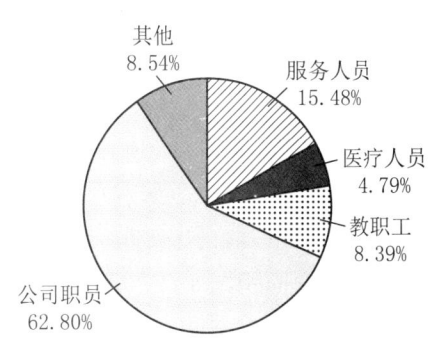

图2-53 消费客群职业分布

身空间、葡萄云美术教育等主力店。[1]

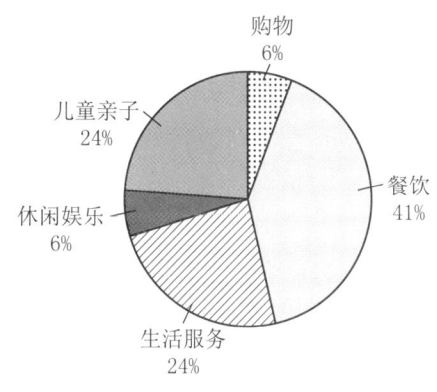

图2-54 商业业态构成

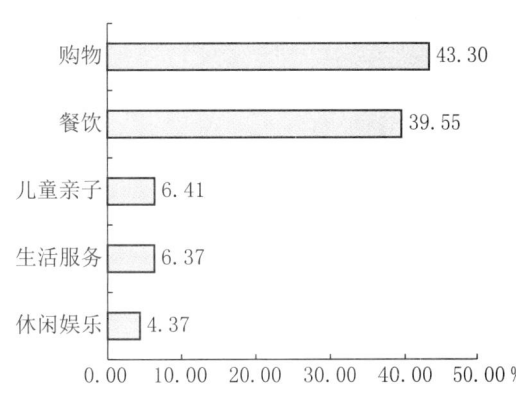

图2-55 片区主要业态到访偏好

建设经验：①厂房存量更新，焕新生活空间。%莘荟原为联华生鲜配送加工厂房，存在与周边居民区通过围墙分隔的问题，园区原有界面封闭，对于客群导入存在一定困难。百联集团通过对该存量项目进行更新升级，将原有割裂的社区环境进一步地开放，优化城市界面，并融入新零售超市、时令美食、共享医疗、美丽生活、休闲养生及社群服务商业内容，打造成了全新活力社区型购物中心，为周边居民提供更多的活动空间，享受体验式邻里中心带来的新型社交体验。②宠物友好街区，优化情景消费。项目保留了街道空间及广场空地，打通一层商业，布置开放集市，设计阶梯式采光中庭，加强了城市引流及同所在街道的联系，并增强了商业同自身公寓及办公片区的联

---

[1] 数据来源：数位观察（www.swguancha.com）；大众点评App。

通。通过尺度宜人、生态舒适的宠物友好型立体街区空间打造,集生活集市、餐饮娱乐、儿童亲子、健身医美、运动休闲、社区服务等多元业态于一体,构建精品生活空间,塑造一个链接着人与人的交流社区空间,实现情景式消费的出圈。③丰富运动空间,打造童乐天地。项目聚焦周边分布的广大年轻消费客群及年轻家庭客群,商业内容整体偏年轻化,其中五层空间特别打造了运动公园,为周边年轻消费客群提供休闲运动的放松空间。此外,二层及三层商业空间聚焦儿童亲子客群,打造学智天地及潮童趣玩空间。其中,值得关注的是超大独栋青少儿运动中心小小特工(静安旗舰店)的引入。该品牌面积约1500平方米,定位一站式青少儿运动中心,其中涵盖滑雪体验区、游泳空间、射击空间、超酷体适能空间、篮球空间等运动体验项目,通过体能运动培养孩子的专注力。搭配葡萄云艺术、昂立慧动等儿童培训类品牌,共同构筑儿童乐学天地。④线上线下互联,构建智慧社区。%荟荟打造首个百联智慧化数字化社区商业,通过线上线下一体化数智运营形成智慧社区生活圈。该项目接入百联集团全渠道通用智慧会员体系(CRM体系),拥有庞大的活跃会员基数。打造了商业一体化3D数据展现平台(PMS系统),连接招商、营运、物业、销售、会员、客流、停车等子系统。联合i百联打造了多入口线上云店,为消费者提供全时段服务,并通过官方微信服务号提供丰富的会员服务。在活动运营上,通过社群运营与周边目标消费群体建立紧密连接,打造高黏度、高频次消费的社交空间。

(三)菜场核心社区商业中心案例

案例名称:"康五集市"

基本情况:康五集市位于上海市徐汇区桂林西街151弄,原为徐汇"康五菜场",后经数字化改造升级后,于2021年12月12日以"康五集市"重新开业,为周边居民带来更具体验感与综合性的菜场立体空间,并且其凭借着外形美、数字化以及年轻态还吸引了部分远端消费客群前往消费打卡。除此之外,通过在线新经济平台赋能,康五集市成为沪上首家"15分钟便民生活"的数字化社区商圈试点菜市场,对传统菜场的智慧化升级及传统商圈的数字化建设有极大参考意义。

消费面向:周边1千米核心消费区共覆盖81个居住小区,居住总人口数约5.13万人,写字楼数量约5个,商务办公总人口数约1.69万人,有1个轨交站点,共有地铁线路1号线、2号线和15号线3条轨交线路通过。拥有4所大学或职校、3所中学、7所小学、16所幼儿园。新房平均房价约99 800元/平方米。项目1千米范围内住宅分布密集,对于生活型基础消费需求较大。[1]

---

[1] 数据来源:边界猎手App;数位观察(www.swguancha.com)。

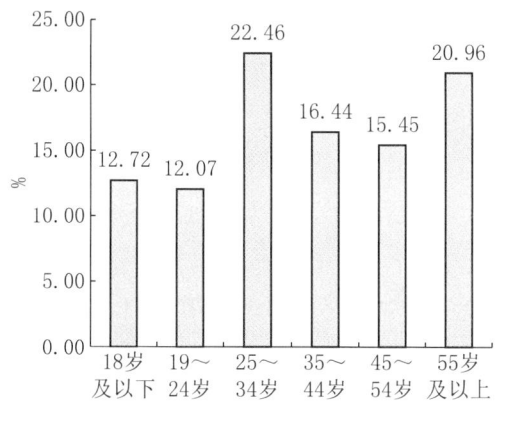

图 2-56 消费客群年龄比例

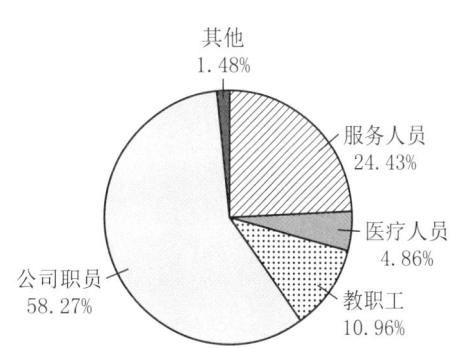

图 2-57 消费客群职业分布

业态构成：菜场使用面积将近 1 500 平方米，包含蔬菜摊、瓜果摊、海鲜摊、家禽摊、熟食店、酱菜摊、南北干货、面食摊等多样化铺位。此外，市场内还保留了洗衣店、理发店、裁缝店、家电维修店等便民化服务配套，新增了许多如"猫爪渔社""叶子与茶""韩国炸鸡"等潮流餐饮，"烧烤、海鲜、大排档"等市民喜闻乐见的美味小吃也在陆续开业中，这也吸引了许多年轻人走进菜场。[1]

建设经验：①江南韵味装点，艺术场景升级。升级后的康五集市实现了从外到内的场景焕新。外部进行了整体翻新，以新苏式风尚设计展现江南桃源感，以淡雅的风格凸显海派气息，使康五集市从原本传统老旧的菜市场空间升级为江南水乡韵味的小型商业体，墙面水墨山水的设计为项目增添了一份艺术气质，让人眼前一亮，改变了人们对菜市场的固有印象。②餐饮加烟火气，配套增人情味。康五集市内部空间充满了烟火气息，保留了外围原有的小吃店，还新开了几家早餐店、熟食店、大排档和火锅店等，新引入了部分潮流餐饮和市民喜闻乐见的美味小吃，全新导入"七宝汤圆""佬街佬味"等品牌餐饮，最大限度地保留康五的烟火气。除此之外，洗衣店、理发店、裁缝店、家电维修店等配套设施一应俱全，并新增了数字化社区便民服务平台——"小邻通"，借平台实现维修、保洁等一站式便民服务，使得邻里间人情味更加浓厚。③导入潮流品牌，留住年轻客群。面对原康五菜市场年轻消费客群流失严重的问题，康五集市特别导入了许多年轻化的品牌，如"猫爪渔社""叶子与茶""韩国炸鸡"等潮流餐饮以及"烧烤海鲜大排档"等市民喜闻乐见的美味小吃，吸引了许多年轻人走进菜场。此外，集市还积极推出"双十二"优惠、网订店取、外卖配送等营销运营方式，深得周边年轻消费客群喜爱。④食品安全溯源，市场监管透明。康五集市在入口处设

---

[1] 数据来源：大众点评 App。

置智慧大屏幕,消费者可以通过大屏了解到每个摊位的菜价走势、销量情况等信息,利用数据可视化手段让集市货品信息一目了然。摊位上使用的电子秤,能自动识别菜品并计价,大大提升了摊主的工作效率。集市还全面使用了智慧终端及食品安全追溯系统,利用互联网、云计算、大数据等人工智能技术手段,建立食品溯源体系和供应商认证机制,所有食品检测信息一律公示,并有信用评价体系。在食品安全方面实现了"爱沪餐—食安封签"全覆盖。做到了货源和商品匹配,通过数字化管理后台,大数据进行智能分析,使市场监管透明化。⑤联合电商平台,构建数字商圈。康五集市由万有集市领导改造升级,万有集市与阿里巴巴本地生活达成全方位合作,对集市进行数字化的升级赋能,通过在线新经济平台赋能,在便民、利民、惠民方面推出各种数字化新应用、新福利。万有集市将阿里本地生活旗下客如云通过"数字商家大脑"提供标准化、高质量运营服务,让店主快速掌握客户画像、在线结算、全套账目。饿了么、口碑提供外卖到家、扫码点餐、新零售、一站式蜂鸟跑腿等服务,年轻白领们可以手机点餐买菜,享受一站式到家服务。康五集市的成功升级是电商平台联合线下企业开展社区数字商圈建设的有益探索。

(四) 小型社区生活美学空间案例

1. 案例名称:"武夷 Mix320"

基本情况: 武夷 Mix320 位于上海市长宁区武夷路 320 号 a 区,是长宁区武夷路上城市更新的重点项目,原为上海第一泵厂,后在保留原有民生功能的基础上,通过选择独特的空间设计、丰富的业态规划及优质的品牌导入,成功打造成为以"融合之地、潮乐坐标"为主题的小而精的特色社区商业中心,并于 2021 年 10 月 22 日试营业。

消费面向: 周边 1 千米核心消费区共覆盖 234 个居住小区,居住总人口数约 11.31 万人,写字楼数量约 127 个,商务办公总人口数约 11.37 万人,项目 1 千米范围内住宅分布密集,对于生活型基础消费需求较大。有 2 个轨交站点,共有地铁线路 2 号线、3 号线和 4 号线 3 条轨交线路通过。拥有 12 所大学或职校、3 所中学、4 所小学、12 所幼儿园。新房平均房价约 99 545 元/平方米。[1]

业态构成: 武夷 Mix320 建筑面积约 6 900 平方米,由原美加乐农贸市场地块(武夷路 304 号)和原江苏路街道社区卫生中心(武夷路 320 弄)地块共同构成。经过改造后,将项目原有的江苏路街道卫生服务中心迁出,菜场部分继续保留,并在原功能上进行优化升级,整体项目布局呈"T"字形延伸,街区两侧导入了诸多小酒馆、咖啡

---

[1] 数据来源:边界猎手 App;数位观察(www.swguancha.com)。

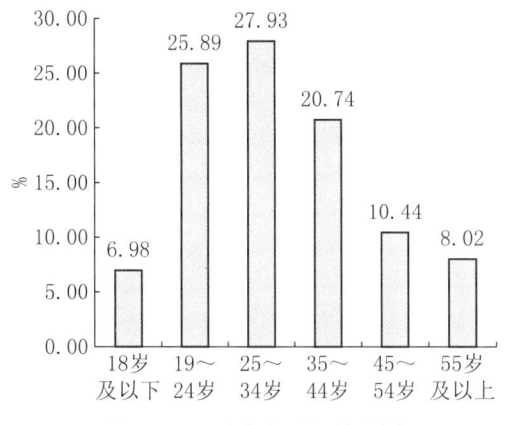

图2-58 消费客群年龄比例

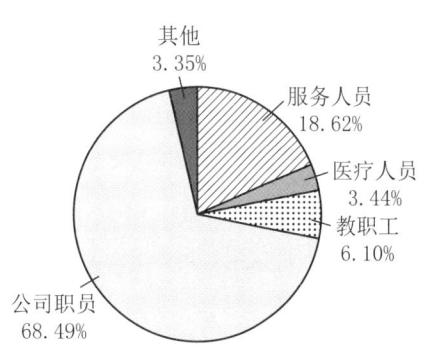

图2-59 消费客群职业分布

店、买手店及环球美食店等创新业态,深受年轻消费客群喜爱。[1]

建设经验:①历史风貌叠合,建筑空间创新。武夷Mix320为存量更新项目,原地块空间封闭,进入性差,内部包含多个不同时期、不同类型的洋房、工厂、农贸市场、卫生服务中心等建筑,物业杂乱,可视性及可识别性差。于是该项目通过重建、修缮、再生性改造与既有建筑更新的思路将该项目进行更新。项目更新过程中,尽可能地保留了街区肌理,对建筑单体进行适度合理改造,将整体空间进行个性化设计,存旧续新的巧思使其成功实现了"老"与"新"的巧妙结合,营造了面貌全新但似曾相识的空间体验。并凭借极简工业风、异域情调的餐厅、绝美纯白露台、巨型白色充气人偶加强项目的空间标识性,吸引了较多热爱打卡拍照、喜爱小资生活的白领人群及附近居民前来消费体验。②菜场更新升级,数字智慧赋能。"我家菜场"位于武夷路304号,原为美加乐农贸市场。更新后占地约800平方米,容纳近50个摊位。菜场入口安装智慧数字大屏,每个摊位均安装智能电子秤,实现了智慧菜场的升级。在保留原址社区菜场民生功能的基础上,还设置了裁缝铺、锁匠店等便民服务设施,为市民带来更为便利和数字化的购物体验。并在空间设计中融入老上海竹编元素,致力于打造集高颜值、烟火气、便利度、数字化等于一体的民生服务站,从原本的普通菜场成功变身为Mix320街区的"潮流打卡地"。③新锐品牌多元,小资情调引流。武夷Mix320内涵盖异域料理、主题餐吧、品质咖啡、设计师品牌、美业综合馆、电竞社交中心和酒吧微醺经济等多元业态,其中多为小众且有格调的新锐品牌,拥有近90%为首店品牌。如洞穴生态餐吧BARBARIAN别墅首店、网红墨西哥融合菜SOLANA长宁首店、黑珍珠餐厅"seul & SEUL"旗下品牌"南法面包馆FOURNIL"上海首店、网红咖啡

---

[1] 数据来源:大众点评App。

EAU CAFE长宁首店、设计师品牌 ATE SIMO 上海首店、潮流美业综合馆 Z-ZEST 长宁首店等。每家店铺都以其独具个性的主题定位和装修风格而立足,营造了小资、潮流、时尚的社交氛围,快速成了各大互联网社交平台高热度、高话题量的打卡圣地,吸引了大量年轻消费客群前往。

2. 案例名称:"一见碧云馆"

基本情况:一见碧云馆位于上海市浦东新区金桥开发区碧云路 633 号 1D2,整体面积约 800 平方米,于 2021 年 11 月入驻金桥开发区碧云国际社区。该项目定位为会员制社区型图书馆,以图书为核心,构建融合"阅读、生活、互动"的社区公共空间。

消费面向:周边 1 千米核心消费区共覆盖 38 个居住小区,居住总人口数约 3.45 万人,写字楼数量约 11 个,商务办公总人口数约 1.38 万人,有 1 个轨交站点,共有地铁线路 9 号线和 14 号线 2 条轨交线路通过。拥有 5 所中学、3 所小学、11 所幼儿园。新房平均房价约 111 983 元/平方米。[1]项目地处碧云社区,周边高端国际社区集聚,多高端消费人群及外籍人群,对于品质生活及文化消费有较高需求。

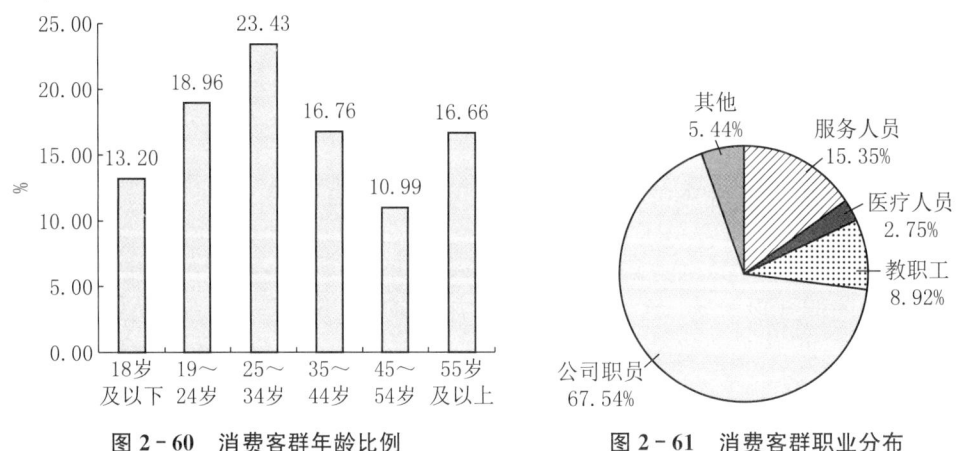

图 2-60 消费客群年龄比例　　图 2-61 消费客群职业分布

业态构成:一见碧云馆为图书馆迭代升级的产物,以图书阅读为核心业态,集合阅读区、会员借阅区、自习区及沙龙教室于一体,融入多元品质生活空间,将阅读空间向文化活动中心转变,是商业在文化社区中心尝试的优秀案例。

建设经验:①综合文化消费,构建文化平台。一见碧云馆定位会员制社区图书馆,是家门口的文化合集。不同于功能单一的传统图书馆,它是以文化输出为主要内容,包括但不限于阅读、讲座、课程、培训、活动及工作坊等,打造一个服务社区人群、

---

[1] 数据来源:边界猎手 App;数位观察(www.swguancha.com)。

以内容促进社交、成长的综合文化消费平台。②空间分时租赁,稳定运营收入。一见碧云馆将整体空间进行巧妙设计及合理分割,并将大小不一的活动空间根据品牌调性及空间使用需求承接各类内容。内容方则根据实际使用时间,按小时单价支付相应的空间使用费用。通过分时租赁和多样化空间使用稳定项目的收入保障。③多元活动引流,促进邻里社交。一见碧云馆会不定时举办各类线下活动,如讲座、沙龙、培训、工作坊等线下体验式活动,每家每月约举办20场以上多样化的活动,推动目标客群实现线下到馆体验,实现实体空间的引流导流效果,进一步促进了社区及邻里间的交流与沟通,增进邻里社交关系。④定制会员服务,实现多方联动。一见碧云馆非常重视对会员的持续性、个性化、人性化及定制化的服务,并设置有会员服务团队,与会员及所在社区产生密切依赖关系,并通过对会员的深入了解、开展会员关怀等手段实现会员价值的不断变现,以定制化服务及社区多方参与者联动实现可持续的消费增收。

3. 案例名称:"社趣好市"

基本情况:社趣好市为仁恒物业在社商服务变革中的新尝试,是目前上海领先的中高端小区内社区超市。目前已在仁恒上海的3个小区会所里开出的独特的新型超市业态,标准店铺面积约300平方米。不同于传统超市的是,社趣好市定位是为社区提供买手引领式的商品组合与温馨生活的空间氛围。2021年在原有会所内超市空间升级面市后,广受业内关注,各大社区物业纷纷研究学习,体现了社区配套服务商业的不断发展及创新探索。

消费面向:以社趣好市浦东仁恒公园世纪店为例,该项目位于上海市浦东新区银融路88弄仁恒公园世纪小区内,核心为服务小区内部居住人群。该小区内约700户,有2 000人左右居住人群,二手房平均房价约64 786元/平方米。[1]根据项目所在小区居住人群画像研究发现,该居住区年轻消费客群及18岁以下学生消费客群占比较高,对于品质生活、带娃遛娃、社交消费需求较高。[2]

业态构成:社趣好市除超市中常规配置的陈列区、柜台区和仓库外,还配备有烹饪区、开放式厨房及就餐区,打破了对于社区内便利店商业空间的定义,将超市商业货品更新为好物集合店,公共厨房的设计更是为这个小空间增添了一份温暖和烟火气,丰富了社区功能性,为社区居民提供便利的同时还进一步拉近了邻里距离,是小型邻里配套升级的典型案例。

---

[1] 数据来源:边界猎手App;数位观察(www.swguancha.com)。
[2] 同上。

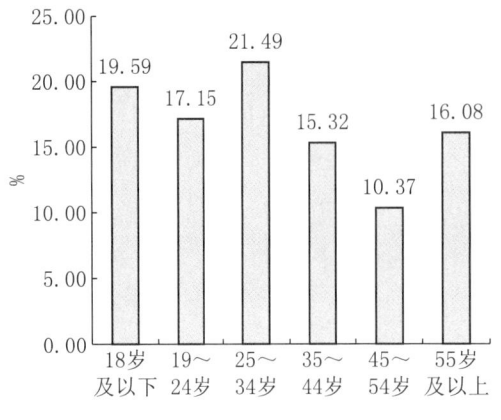

图 2-62 消费客群年龄比例

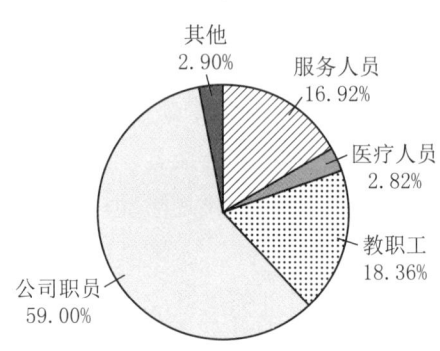

图 2-63 消费客群职业分布

建设经验:①买手引领消费,创新社区商业。社趣好市聚焦打造中高端住宅小区内的新式社区超市,为小区业主提供买手引领式的商品组合与温馨生活的空间氛围,一般除超市零售业态外,还在超市内配备专业厨房与厨师,为小区业主提供定制化菜肴。②加强私域运营,强化社区连接。社趣好市拥有较强的社区责任感和担当,日常中,在社区中是提供"便利生活+社区个性需求+温暖社区共建"的角色。提供各类定制化、多元化的社区生活服务内容,真正融入社区居民生活中,强化同社区的情感连接。特别在新冠疫情特殊时期时,社趣好市则充分发挥零距离优势,聚焦业主消费需求,积极通过私域运营处理社区舆情,担任起"基础物资保供核心主力+社区秩序维护员"的角色。③突破单一内容,扩大运营边界。相比社区超市,社趣好市更是社区生活顾问。其除经营传统小型超市擅长的品类外,还积极引进更多合作伙伴及多元品类,为社区业主提供丰富选择。如同米其林星级工作室、金山民宿、横秋岛农旅等第三方达成合作,突破传统超市纯零售的单一内容,提供多类定制化生活服务,有效扩大运营边界,构建可持续的社区商业空间。

四、上海社区商业发展趋势分析

(一)政府规划力度加强,强化同社区间连接

社区是群众生活的美好家园和超大城市治理的稳固底盘,而社区商业作为城市各生活社区片区的基础生活消费中心,正是面向群众、连接社区的重要组成部分。自2016年上海市出台《上海市15分钟社区生活圈规划导则(试行)》以来,各市级及区级相关部门发布多项政策对社区商业的建设指引提出规范、支持及指引,积极建立覆盖面广、主体多元、便捷高效、创新特色的社区服务体系,推动15分钟

社区生活圈的加速建设,加强社区商业同社区群众的紧密连接。除政策、规划支持引导外,上海市还从特色活动中扩大对城市社区商业建设工作成效的宣传,2021年9月第四届上海城市空间艺术季还以"15分钟社区生活圈——人民城市"为主题,于上海开幕,特别将各个展场布局在了上海市的多个生活社区片区中,向人们全面地呈现了上海市近几年间在构建"15分钟生活圈"指导下的社区建设成果,进一步推动城市社区商业的健康良好发展。未来,在各项政策规划的引导下,社区商业必将会走上统一规划、合理布局、精准定位、系统招商、多元运营及高效管理的道路。

(二)着重强调社交属性,丰富充盈生活美学

随着人们生活水平的不断提高,以及Z世代年轻消费客群逐渐占据消费市场主力,人们对于商业的追求,不再仅仅满足于基本生活需求,而是开始越来越追求兴趣消费、情感消费及精神消费。社区商业作为最贴近社区居民生活的商业空间,代表着所在片区社区居民对生活方式的向往、渴望及表达,这使得社区商业的业态功能开始向复合化发展,在基本便捷生活消费的基础上丰富社交及体验空间,开始向更加精致、更加品质、更加多元的美学生活空间发展。未来,社区商业将通过社交消费、共享空间及社群活动等方面强调商业空间的社交属性,加强人与人之间的联系,成为连接各社区的重要空间。未来也将集品质咖啡、绿植花店、香薰香氛、宠物生活、运动休闲、精美手作及特色市集等多样化商业消费空间于一体,丰富充盈周边居住客群休闲娱乐生活,构建生活美学空间。

(三)加强组织资源调控,多措并举实现保供

2019年末,突如其来的新冠疫情冲击,使得人们的消费心理、消费行为均发生了巨大的变化。在多数地区面临新冠疫情封控影响下,聚焦"最后一公里经济"及"家门口商业"的社区商业,扛起了防疫保供重担,成了保障民生商品供应的中坚力量。在新冠疫情日趋常态化防控的市场环境下,各有关部门加强组织资源调控,坚持常态化精准防控,落实多处应急保障,多举措确保物资保供工作。社区商业则在后疫情时代中表现出快速的应变及存活能力。在此背景下,各社区商业项目主体也开始了主动承载起社会功能。未来,社区商业将进一步延展社区商业的公共服务职能,通过科学组织同保供类物资供应商和物流企业的对接,整合各方资源,确保基础保供类物资有效供应,全力做好各项基础保供工作,壮大市场保供力量。

（四）社区团购竞争加剧，社商线上化成主流

2016年社区团购模式最早于湖南长沙起源，早期代表企业有"你我您"及"兴盛优选"等，更聚焦于生鲜电商的单一赛道上。后经过市场的不断扩张发展，开始出现了如"同程生活""十荟团"等规模型平台积极加入该赛道，行业竞争加剧。2020年后，在新冠疫情倒逼下，社区团购迎来了爆发式增长，滴滴的"橙心优选"、美团的"美团优选"、拼多多的"多多买菜"、阿里的"淘菜菜"、京东的"京喜拼拼"接连涌现，互联网巨头纷纷加码社区团购赛道的布局，进一步提升行业竞争的激烈程度。线上化社区团购的发展，对实体社区商业既是挑战也是机遇。未来，社区实体商业务也将拓展社区团购业务，通过团购形式加强社区商业同社区消费者的紧密联系，利用线上线下一体化发展，积极拥抱互联网，助推社区商业持续便利化发展，构建社区商业智慧化应用生态圈。

（五）管理更加系统专业，运营更加精细多元

相比早期社区商业粗放式的管理，如今越来越多的社区商业倾向于定位先行并通过统一运营管理把控商业项目品质。项目建设前通过充分的市场环境分析及夯实的目标客群调研，进行精准定位，为社区商业项目建设指明方向，实现差异化竞争。配备专业的招商团队，加强对优质品牌及连锁品牌的导入，并重视对部分潜力品牌的扶持与孵化。运营中重视规范化管理及人性化服务，紧跟市场环境变化、紧抓目标客群需求，积极尝试数字化智慧运营手段，便于根据项目运营情况及时做出高效且有效的调整及升级。除此之外，通过多样化的社区社群活动及不定时主题活动的运营管理，丰富社区居民生活休闲体验。未来社区商业管理还将更加系统专业，运营更加精细多元，社区商业市场也将更趋有序健康发展。

第四节 上海商业街区发展分析

一、上海商业街区发展的方位和类型

（一）上海商业街区发展的新方位

《上海市商业空间布局专项规划（2021—2035年）》（以下简称"专项规划"）提出，基于城市总体发展目标和国际消费中心城市的建设目标，"十四五"期间，将在全市构建"4＋X＋2"的商业空间体系，具体包括由"国际级消费集聚区、市级商业中心、地区

级商业中心、社区级商业"构成的4级商业中心体系,"特色商业街区、首发经济示范区、夜间经济集聚区、农产品批发市场"等构成的X个特色商业功能区,以及以"商贸物流体系、商业数字化体系"为主的两个配套支撑体系。基本构建层次清晰、布局协调、功能完善、品质精良的国际消费中心城市商业空间体系,旨在将上海打造成全球消费展示窗、消费市场制高点、消费潮流风向标和消费体验示范地。[1]

"4+X+2"的商业空间体系为上海商业街区设定了新的发展方位。首先,从空间布局来看,上海商业街区犹如"4+X+2"的商业空间体系的经脉,在支撑4级商业中心体系的同时,辐射和联动着消费端的"最后一公里"。其次,从功能定位来看,上海商业街区犹如市场消费的"晴雨表",在满足市场消费需求的同时,基于市场的消费反馈可以及时捕捉市场的消费动态和趋势,为街区业态更新,甚至商业中心的调整起到监测作用。最后,从品牌建设来看,商业街区承载着激发消费创新活力、展示城市民俗风情的功能。关键在于如何深度挖掘资源优势,彰显特色,形成"一街区一主题",打造成为城市标志性名片,推动国际消费中心城市建设。

(二) 上海商业街区发展的新类型

随着商业环境的完善和消费需求的多元,上海商业街区的发展与时俱进,在功能上不断精准,在种类上不断创新,目前至少包括特色商业街区、旅游休闲街区、首发经济示范区、夜间文化和旅游消费集聚区等类型。

1. 特色商业街区

《上海市商业网点布局规划(2013—2020)》中的概念为特色商业街,是指一般位于各类商业中心、商务区、旅游景区等周边交通便利处,以带状街道建筑形态为主,长度一般以300～800米为宜,主营行业特色店数量占街区内店铺总数的70%以上,主营行业销售收入占商业街销售总收入的70%以上。突出商旅文结合,以体现特色商品的专业店、专卖店或特色餐饮服务、文化休闲服务业为主,适度设置相关配套服务设施。[2]《上海市商业空间布局专项规划(2021—2035年)》中将概念调整为特色商业街区,是指满足人们个性化、差异化、专业性等特色消费需求,由某一特色吸引力衍生出众多规模不一、特色鲜明的商业及服务设施,以带状街道形态为主线,呈网状辐射,依托主街、支马路形成连绵的商业功能片区,统一管理并具有一定规模的区域性商业集群。从"特色商业街"到"特色商业街区",字面上虽只有一字之差,但其内涵得

---

[1] 吴卫群.上海构建四级商业空间体系[N].解放日报,2022-02-09(02)。
[2] 《上海市商业网点布局规划(2013—2020)》。

以进一步丰富,功能得以进一步提升,特色商业街区更加强调街区的区域性和规模性特征,以及街区对所在区域乃至全市层面的辐射带动作用。"十四五"期间将结合现状发展基础与历史风貌、环境景观、文化旅游等资源优势,规划一批特色商业街区。[1]

2. 旅游休闲街区

旅游休闲街区是指具有鲜明的文化主题和地域特色,具备旅游休闲、文化体验和公共服务等功能,融合观光、餐饮、娱乐、购物、住宿、休闲等业态,能够满足游客和本地居民游览、休闲等需求的城镇内街区。[2]

按照等级划分,旅游休闲街区可分为国家级旅游休闲街区和省(市)级旅游休闲街区。目前,上海市级旅游休闲街区有4条,包括武康路—安福路街区、思南公馆街区、愚园艺术生活街区和多伦路文化名人街;其中思南公馆街区、武康路—安福路街区已入选国家级旅游休闲街区。

3. 首发经济示范区

首发经济示范区是指品牌集聚度高、时尚消费引领性强、首发平台影响力大、首发活动密集且稳定持续的特色功能片区。

根据"十四五"规划,新天地、西岸艺术中心、豫园、1862船厂、上生新所、上海港国际客运中心、民生艺术码头等区域将优先打造全球新品首发地标。[3]

4. 夜间文化和旅游消费集聚区

夜间经济集聚区是指在晚7时至次日6时的时间段内,依托公共空间或街道,在零售、餐饮、休闲娱乐等各类夜间经营活动领域具有一定活跃度的特色功能片区。[4]

根据文化和旅游部公布的两批国家级夜间文化和旅游消费集聚区名单,上海的外滩风景区、新天地—思南公馆地区、南京西路商圈、安福路文艺街区等12家集聚区入选。"十四五"期间,上海还将打造"1+15+X"的夜间经济空间布局体系。其中包含1个世界级水岸夜生活体验区,依托"一江一河"和浦东新区、黄浦区、静安区、虹口区部分重点区域,分别打造滨水夜经济活力带和都市夜生活核心活力圈,集中承载全球24小时城市金融、文化、创新、游憩等核心功能,展现全球城市夜间特色与魅力。积极打造15个具有标志性、体验丰富、包容多元、与时俱进的地标性夜生活集聚区。在各区培育打造X个主题化、特色化、差异化的标志性夜市和具有吸引力的夜间经济

---

[1]《上海市商业空间布局专项规划(2021—2035年)》。
[2]《旅游休闲街区等级划分》(LB/T082-2021)。
[3]《上海市商业空间布局专项规划(2021—2035年)》。
[4] 同上。

特色示范项目。[1]

二、 上海商业街区发展的政策和机遇

(一) 上海商业街区发展的政策

上海历来重视商业发展环境的营造和政策的支持,特别是"十三五"以来,市区两级政府层面的一系列政策出台,为包括商业街区在内的上海商业发展提供了强有力的制度保障。

1. 市级层面的政策引领

2018年,上海市明确提出"四大品牌"行动方案,旨在进一步提高"上海服务"辐射度,彰显"上海制造"美誉度,增强"上海购物"体验度,展现"上海文化"标识度。"四大品牌"的提出为上海商业发展制定了科学的顶层设计。其中,"上海服务"提出要持续扩大服务范围,金融、广告、法律等生产性服务业和教育、医疗、旅游等生活性服务业,要努力走出上海、走向全国、走向世界;博览会、交易会、论坛等平台载体,要突出重点,提升国际化水平,努力办出特色,形成更多实质性成果。"上海购物"提出消费品牌要更具丰富度、吸引力,抓住举办中国国际进口博览会契机,加快引进更多全球优质商品、服务和有实力的零售商、采购商,推进更多国际国内知名品牌在上海首发全球新品。购物软硬件环境要综合改造、整体提升、全面优化,推进新零售加快发展。大力减少中间环节,减低流通费用,提高商品和服务性价比。[2]《全力打响"上海购物"品牌 加快建设国际消费中心城市三年行动计划(2021—2023年)》围绕更好满足需求、创造需求、引领需求,着力提升消费贡献度、消费创新度、品牌集聚度、时尚引领度、消费便利度,提出要全力推进新消费引领、商业地标重塑、老字号重振、消费品牌集聚、消费名片擦亮、会商旅文体联动、消费总动员、消费环境优化等八大工程,把上海打造成为面向全球、繁荣繁华的消费市场,形成与卓越的全球城市定位相匹配的商业文明,基本建成具有全球影响力的国际消费城市。[3]《上海市商业网点布局规划(2013—2020)》明确将特色商业街纳入规划对象,指出要立足于塑造城市特色形象和功能,充分利用城市文化、历史建筑、旅游资源,传承城市发展脉络,建设商旅文融合

---

[1]《上海市商业空间布局专项规划(2021—2035年)》。
[2] 定了!上海明确"四大品牌"行动方案,李强在全市大会上逐一详解[EB/OL].上观官网(https://www.jfdaily.com/staticsg/res/html/web/newsDetail.html?id=87241&sid=67)。
[3] 吴卫群.全力打响"上海购物"品牌[N].解放日报,2018-03-08(4)。

发展的特色商业网点和特色街区。[1]2021年发布的《上海市建设国际消费中心城市实施方案》提出要培育特色商业街区。[2]《上海市商业空间布局专项规划(2021—2035年)》将特色商业街区、首发经济示范区、夜间经济集聚区等特色商业功能区纳入"4+X+2"的商业空间体系。[3]

从市级层面的政策来看,目标引领、一以贯之和协同推进是最显著的特征。首先,从单个政策来看,每一个政策的出台均充分考虑了上海商业街区发展的基础,基于城市总体发展目标和资源禀赋,确定了科学且明确的发展目标,在引领发展目标的同时,注重分阶段实施的一般规律,有序推进。其次,从政策的时序性来看,后一个政策的出台整体上延续了前一个政策的目标和思路,同时又注重举措的进一步细化,一以贯之的做法对长远目标的实现起到了很好的保障作用。最后,政策出台的同时,强调了市商务委牵头,市经济信息化委、市发展改革委、市国资委、市市场监管局、市知识产权局、市地方金融监管局和各区政府共同参与的协同推进机制,为政策的按时有序、保质保量落地明确责任,细化分工。

2. 区级层面的政策保障

在市级层面政策引领下,各区积极响应,陆续出台了区级层面的政策举措,为商业街区建设发展的"最后一公里"起到了很好的举措呼应和保障作用。比如,静安区政府2017年出台的《南京西路两侧高端商务商业集聚带"十三五"规划》中提出,要继续巩固华山路—万航渡路历史文化风貌区、愚园路美食休闲街、吴江路休闲街、威海路新闻传媒街、"梅泰恒"后街等支马路的发展优势,建设江宁路文化街、陕西北路历史文化名街等特色街区,并明确了具体举措。2020年,徐汇区商务委等八部门《关于支持徐汇衡复历史文化风貌区海派特色小店发展的实施意见》提出,要鼓励特色主题街区举办各类集市活动,营造街区节庆氛围,激发街区活力。指导特色主题街区管理主体与集市举办方加强自律管理。对确需备案的活动,由区商务委、区市场监管局、区公安分局、街道等部门建立信息共享机制,提升集市活动备案效率。2022年1月,松江区政府发布了《松江区特色商业街区创建工作方案》,提出要按照"存量提升、示范引领"的原则,合理规划全区特色商业街区创建工作目标。聚焦重点,先行打造1~2条重点商业街区。后期通过经验推广,在"十四五"期间进行合理规划布局,因地制宜建设一批特色商业街区。

---

[1]《上海市商业网点布局规划(2013—2020)》。
[2]《上海市建设国际消费中心城市实施方案》。
[3]《上海市商业空间布局专项规划(2021—2035年)》。

(二) 上海商业街区发展的机遇

在"人民城市人民建、人民城市为人民"重要理念的指引下,从国家相关部委到上海市政府,再到区级政府,一系列政策的扶持为上海商业街区发展创造了前所未有的机遇。

1. 城市商业网点规划绘就商街建设新目标

《上海市商业空间布局专项规划(2021—2035年)》明确提出,在全市构建"4+X+2"的商业空间体系,其中X是指由"特色商业街区、首发经济示范区、夜间经济集聚区、农产品批发市场"等构成的特色商业功能区。可见,商业街区既是四级商业空间体系的基本框架,又是特色商业功能区的重要构成,在全市商业空间布局中处于关键节点。专项规划同时强调鼓励各类特色商业街区深度挖掘资源优势,彰显特色,推动形成"一街区一主题",打造成为激发消费创新活力、展示城市民俗风情的标志性名片。专项规划系统绘就了上海商业街区发展的新目标。

2. 国际消费中心城市引领商街建设新高度

2021年8月份发布的《上海市建设国际消费中心城市实施方案》提出,培育形成一批集成展示、弘扬推广中国制造、中国服务的国潮品牌特色街。打造一批集聚全球优质进口商品、融合国别特色文化活动、服务模式灵活便利的国别商品特色街区。提升分时步行特色街区品质,引入特色化周末集市和街头艺人表演,拓展商品和服务种类,打造特色化活力街区,支持有条件的区域新建分时步行街区。打造一批历史有根、文化有脉、商业有魂、经营有道、品牌有名的海派特色商业街区。全球吸引力消费环境下的国际化、品牌化、潮流化、特色化,共同引领着"十四五"乃至更长一段时期上海商业街区发展的新高度。

3. 文旅消费需求激增赋予商街建设新使命

在体验经济时代,商旅文融合创新发展为商业街区发展提供了更多的路径选择可能性,旅游休闲街区就是商旅文融合催生的时代产物。根据《旅游休闲街区等级划分》(LB/T 082-2021),文化和旅游部办公厅和国家发展改革委办公厅于2021年11月份开始组织开展国家级旅游休闲街区认定,并于2022年1月份发布了首批国家级旅游休闲街区名单,具体包括上海思南公馆街区和武康路—安福路街区在内的全国54个街区。此前,上海市文化和旅游局已将武康路—安福路街区、思南公馆街区、愚园艺术生活街区、多伦路文化名人街认定为上海市级旅游休闲街区。对比"旅游休闲街区"和"特色商业街区"的内涵可以发现,旅游休闲街区往往都是特色商业街区,在满足人们的日常休闲消费的同时,越来越倾向于考虑青年消费群体对潮文化的追求,并正在激发夜间消费的蓬勃活力。日益激增的多元化文旅休闲消费需求正在赋予上海商业街区新使命。

三、上海商业街区发展的挑战和创新路径

(一) 上海商业街区发展的挑战

1. 商业街区发展数量上的挑战

对标世界著名旅游城市和国际消费中心城市建设目标,上海具有国家级影响力的商业街区发展数量还存在明显的不足。比如,在首批54家国家级旅游休闲街区名单中,上海仅2家,占比3.70%,落后于江苏省、浙江省、重庆市、福建省和四川省(表2-8);在公布的两批243个国家级夜间文化和旅游消费集聚区名单中,上海12家,占比4.94%,与江苏省、浙江省、山东省和重庆市并列第二位,落后于四川省(表2-9)。

表 2-8 首批国家级旅游休闲街区分布

名 称	数量/个	占比/%
北京市	2	3.70
天津市	1	1.85
河北省	2	3.70
山西省	1	1.85
内蒙古自治区	1	1.85
辽宁省	1	1.85
吉林省	1	1.85
黑龙江省	1	1.85
上海市	2	3.70
江苏省	3	5.57
浙江省	3	5.57
安徽省	2	3.70
福建省	3	5.57
江西省	1	1.85
山东省	2	3.70
河南省	2	3.70
湖北省	1	1.85
湖南省	2	3.70
广东省	2	3.70
广西壮族自治区	2	3.70
海南省	1	1.85
重庆市	3	5.57

(续表)

名　称	数量/个	占比/%
四川省	3	5.57
贵州省	1	1.85
云南省	2	3.70
西藏自治区	2	3.70
陕西省	1	1.85
甘肃省	1	1.85
青海省	1	1.85
宁夏回族自治区	1	1.85
新疆维吾尔自治区	2	3.70
新疆生产建设兵团	1	1.85
合计	54	100.00

资料来源：根据文化和旅游部、国家发展改革委《关于国家级旅游休闲街区名单的公告》（文旅资源发〔2022〕18号）整理。

表 2-9　国家级夜间文化和旅游消费集聚区分布

名　称	第一批数量/个	第二批数量/个	小计/个	小计占比/%
北京市	6	5	11	4.53
天津市	2	2	4	1.65
河北省	6	2	8	3.29
山西省	1	4	5	2.06
内蒙古自治区	3	1	4	1.65
辽宁省	3	2	5	2.06
吉林省	3	1	4	1.65
黑龙江省	1	1	2	0.81
上海市	6	6	12	4.94
江苏省	6	6	12	4.94
浙江省	6	6	12	4.94
安徽省	2	6	8	3.29
福建省	5	6	11	4.53
江西省	5	6	11	4.53
山东省	6	6	12	4.94
河南省	5	4	9	3.70
湖北省	4	3	7	2.88
湖南省	4	6	10	4.12
广东省	5	6	11	4.53
广西壮族自治区	6	5	11	4.53
海南省	1	2	3	1.23
重庆市	6	6	12	4.94

(续表)

名　称	第一批数量/个	第二批数量/个	小计/个	小计占比/%
四川省	6	7	13	5.35
贵州省	4	4	8	3.29
云南省	5	5	10	4.12
西藏自治区	1	2	3	1.23
陕西省	4	4	8	3.29
甘肃省	3	2	5	2.06
青海省	1	1	2	0.81
宁夏回族自治区	1	3	4	1.65
新疆维吾尔自治区	2	2	4	1.65
新疆生产建设兵团	1	1	2	0.81
合计	120	123	243	100.00

资料来源:根据文化和旅游部《关于公布第一批国家级夜间文化和旅游消费集聚区名单的通知》(文旅产业发〔2021〕112号)和《关于公布第二批国家级夜间文化和旅游消费集聚区名单的通知》(文旅产业发〔2022〕85号)整理。

2. 商业街区发展质量上的挑战

上海商业街区发展除了数量上的不足,在特色不显著、烟火气不足和消费黏性弱等质量上尚有提升的空间。

首先,定位不准致使特色不显著带来的挑战。专项规划强调的"一街区一主题",就是要深度挖掘资源优势,彰显特色。这恰恰是所有商业街区面临的共同挑战。正所谓"形式易仿,内容难做;口号易起,街魂难塑",反映的正是街区特色不显著的客观现状。究其深层次原因可以发现,定位不准首当其冲。具体则表现为街区主题类型接近,相同类型街区的业态高度雷同。笔者近两年通过POI(Point of Interest的缩写,信息点)数据对特色商街的业态进行跟踪发现,相同类型商街的业态雷同度高达80%以上。同时,针对国际化市场、青年人市场等细分人群的特色街区数量明显不足,占比不到10%。从顶层设计的角度来看,定位不准致使特色不显著可能源自三个方面:一是对街区自身的资源家底排摸不清,对资源优势和潜力的研判不够;二是对街区客源群体的现实需求调查不实,对他们的潜在需求缺乏动态跟踪和有效引领;三是街区缺乏与周边商业、文化、旅游、娱乐、休闲等资源的联动。

其次,盲目跟风致使烟火气不足带来的挑战。从街区功能的角度来看,商业街区的基本功能或者首要功能就是商业消费,商业消费活动发生的前提是人,人有效活动的前提离不开"烟火气",无非"烟火气"的类型有差异。在全球吸引力消费环境下的国际化、品牌化、潮流化等趋势引领下,商业街区发展很容易盲目跟风,一味追求高大上,或者大而全,结果就是"烟火气"不足,甚至全无。特别是"网红"业态蜂拥而至的当下,街区在引入这些业态时更加要引起注意,避免盲目认为"网红"的才是最好的。实则既没有赢得流量和口碑,又丢掉了"烟火气"。因此,"网红"业态挤压下的特色商街会不会造成"烟火气"不足,缺乏人气的商业街区又如何赚得财气,值得深思。

3. 运营不力致使消费黏性弱带来的挑战

从消费的角度来看,成功的商业街区不仅要能够吸引消费者来,还应该能够留住他们停下来消费,而且还要有魅力吸引他们经常来。现实情况往往是,要么人气不足,要么人均消费乏力,要么回头客占比很低。消费黏性弱成为商业街区必须面对且需要化解的重大挑战。除了前期选址、建设和配套设施等因素外,造成消费黏性弱的关键在于运营不力。无数的案例证明,商业街区的发展普遍重建设轻运营,容易形成虎头蛇尾的"烂尾工程"。具体而言,运营不力至少表现在三个方面:一是对街区运营的重视程度不够,比如街区管理运营方多数不专业,尤其缺乏专业人才支撑;二是随着新生代崛起,面对个性化、圈层化、多元化消费需求迭代更新的趋势,管理运营模式更新升级速度明显滞后;三是街区相关利益方的价值共创机制不够完善,街区命运共同体亟待构建。

(二)上海商业街区发展的创新案例

国家级旅游休闲街区、历史风貌旅游街、网红消费打卡地、话剧文艺中心,多种标签集于一身的安福路,是上海商业街区中一个特别的存在。之所以特别,因为它身上的很多标签虽不能算是独有,但周边与之相似的街区,多数并没有如它一般收获线上与线下流量的双赢,成为"爆火"现象的代名词。通过小红书搜索"安福路街道"和"安福路老建筑"话题,发现点赞和收藏最多的笔记与建筑可阅读、全民游、上海旅游攻略有关,这恰好证明了安福路街区能够依托其自身的建筑历史和特色成为旅游景点的存在。在这条街区上,独有的街道气质、相对统一的运营管理,奠定了安福路上的商业发展更加特色化的基础。在此后不断更迭的商户中,几乎都离不开这样的气质基调。

在商街竞争愈演愈烈的当下,安福路"逆袭出道"纵然多少有其偶然性,但更多的是其必然,这必然的背后为上海商业街区的发展路径创新提供了很多值得思考的视角。[1]

1. 安福路的人文特质和街道美学

安福路作为一条"浓缩了上海近代百年历史"的老街,凭借其优越的地理位置、独

---

[1] 资料来源:根据"mall先生"公众号整理。

特的地域文化、细腻的街道肌理、多样的建筑风貌和浓郁的人文氛围,很是值得走近和品味。

(1) 地理位置优越,商圈成熟

安福路位于徐汇区东北部,街区由内向外延伸,东起常熟路,西至武康路,并紧贴武康路和乌鲁木齐中路。在这条街道周围3千米范围内,共有21个公共交通站点,最近的常熟路地铁站就在安福路东侧,距离地铁站仅167米,交通便利。除此之外,安福路位于徐家汇商圈和静安寺商圈的中心区位,距离两个商圈的直线距离均在1千米左右,因此可与两个商圈共享客流。

区域内的客流主要来源于周边住宅区和办公楼宇,安福路两边分布着众多花园住宅和新式里弄等住宅区,同时位于安福路和常熟路交界处的世纪商贸广场也聚集着多家优质企业。根据中商数据显示,安福路周边1千米内常住人口有1万多人,房产均价在13万每平方米左右,足以证明安福路附近的人口基数与较高的消费水平。

(2) 地域文化独特,气质凸显

2003年1月,上海市政府批准在上海市中心划定12个历史文化风貌区,安福路所在的衡复风貌区是几个风貌区中规模最大、特色最为鲜明的风貌区,被誉为上海城市文脉发源地和承载区。衡复风貌区内云集着950幢优秀历史建筑、1 774幢保留历史建筑和2 559幢一般历史建筑。根据上海市风貌区的划定规则,风貌区是具有某一时期地域文化特点,形成独特的城市历史文化意向的区域,代表着城市的名片。安福路在上海城市发展中的重要地位不言而喻。

2004年,《上海市衡山路—复兴路历史文化风貌区保护规划》获正式批准。该规划由上海市城市规划管理局组织专家团队成立课题组深入研究,从城市空间功能、社会生活、历史文化、技术法规等四个方面进行制定。该规划属于控制性详细规划,且比一般控制性规划深度更深,"不仅要能够对区域内构成风貌的各要素切实保护,还要在城市更新过程中延续该地区的历史文化环境,强化历史风貌特色,提升整体品质"。安福路作为衡复风貌区内的重要道区,汇聚了衡复风貌区众多优质建筑、历史、人文资源,被誉为"万国居住建筑博览街区",集中体现了上海近现代居住和公共活动场所的风貌特征,是传承弘扬衡复风貌区乃至上海精神品格和城市历史文化的重要区域。

2022年1月10日,武康路—安福路街区正式入选为首批国家级旅游休闲街区,标志着其作为气质独特且稀缺的商旅文目的地被进一步认可。

(3) 街道肌理细腻,步行友好

安福路街道大多呈现直线式布局。直线街道轴线居中严谨,两侧建筑通过贴线退让营造不同的空间体验。通过测量,安福路街道整体路宽为 11~13 米。其中车行道较窄,为 7~8 米,为单行道,更便于人们步行至马路对面且不会过于危险。不过这样的马路宽度在一开始并非为人们方便而设计,是因为在当初规划时,马车还是租界内主要的代步工具,除个别主要道路外,法租界内马路大多宽为 42 英尺(1 英尺约为 0.3 米)。

进入 20 世纪后,有轨电车成了主要公共交通工具,小汽车也逐渐开始普及,此后扩展的租界区道路采用更宽的 40~70 英尺作为规划宽度,市中心区小尺度的马路逐渐绝版。除车行道外,单边的人行道也较窄,平均只有约 2.6 米宽,行道树为常见的法国梧桐。因被大树树池挤占空间,剩下行人的宽度只有约 0.6 米,而通常一个正常身材的人行走所需的横向空间大概为 0.8 米,因此,在安福路上要想两个人并排走,时不时会有些困难,但也正因如此,人们会不自觉地减慢步行速度,无形中延长了人们在安福路的停留时间。

同样引人注意的是,安福路上遮天蔽日的梧桐树赋予安福路良好的遮阴条件和绿色自然的环境,形成一个惬意、私密的小空间。夏天,烈日炎炎,路旁的梧桐树枝繁叶茂,给行人送去阵阵清凉;冬天,万物凋零,梧桐树却依旧能给行人传达慵懒肆意的感觉。不论是夏季还是冬季的梧桐树,无不构成了安福路的美好风光,也给人们带来了舒适宜人的步行空间。

建筑也是构成安福路街面独特氛围的重要因素,在当时的规划要求下,建筑的高度被限制在街道宽度的 1.5 倍之内,均为介于 2~4 层的低矮楼房,高度为 12~15 米。这样的限高所营造的舒适空间氛围曾被细致研究且有实际验证。著名建筑师芦原义信在《外部空间设计》理论中关于舒适的街道尺度是用宽与高之比(D/H)来描述的,这里的 D 指街道的宽度,H 为建筑外墙的高度。当 D/H>1 时,随着比值的增大会逐渐产生远离之感;当 D/H<1 时,随着比值的减少会产生接近之感;当 D/H=1 时,高度与宽度之间存在着一种匀称之感,而安福路的 D/H 比值刚好在 1~1.3 之间,这种恰好符合最优的比例和尺度,因此街道显得宜人且步行友好。

(4) 建筑风貌各异,类型多样

安福路街区存在着一种匀称之感,除了拥有"细腻的城市肌理"外,还有大量风格各异、环境优美的花园住宅,见表 2-10。

从现场调研和资料收集来看,安福路上被上海市政府收录的优秀历史建筑总共有 14 座。这些建筑汇集欧美各国住宅、别墅、官邸建筑的特征与艺术手法,富含大量装饰艺术派等西方建筑风格,加上中国传统建筑影响,呈现出中西合璧的特征,赋予街道多种多样的建筑界面。

表2-10 安福路花园住宅一览

建筑名称	地址	建成时间	建筑风格	建筑介绍	现状
巨波来斯公寓	安福路233号	1918年	简化古典式	该建筑为四层砖混结构，建筑体型简洁，具有中西合璧建筑特点。三层附有半地下室，内部木楼梯扶手精美。	安福路第二幼儿园
249弄3号花园住宅	安福路249弄3号	1920年	西班牙式花园住宅	该建筑为二层砖木结构，平缓坡顶，上覆红色素筒瓦，主立面设置三联式钢窗，窗间为卷绳纹壁柱，底层建有三联券柱廊。	民居
吴国桢旧居	安福路201号	1922年	花园住宅	该建筑高二层，底层墙面为清水红砖，二层外墙为卵石，园内还有中国园林小品，景致优美。	商用
罗伯昭旧居	安福路7号	1922年	独立式花园	该建筑为假三层砖混结构，带半地下室，入口上方有拱顶门厦，以雀替形支架承托。方形门窗，灰瓦四坡屋顶。	民居
上海电影（集团）有限公司	安福路322弄1号楼	1928年	西班牙式花园住宅	该建筑为三层砖木结构，红色筒瓦坡顶屋面平缓，檐下有券齿线脚。建筑东北部建有八角形塔楼，底层设计为基座层，南部有宽大的室外楼梯通往二层，半筒瓦处设有露天大平台。	民居
255号住宅	安福路255号	1930年	独立式花园住宅	该建筑为假四层砖木结构，平面方形，南侧有花园，机平瓦风屋顶。建筑四角内角的扶壁柱和三联券窗源于中世纪的罗马风建筑，高耸陡峭的屋顶和倾斜的窗棂侧保留了北欧民居的做法。	民居
花园住宅	安福路228弄11号	1930年	独立式花园住宅	该建筑为三层砖木结构，红瓦坡顶，水泥砂浆外墙，立面简洁，部分窗套以红砖勾缝装饰。	民居
贺绿汀旧居	安福路191弄15号	1932年	新式石库门里弄住宅	该弄前后三排建筑，每一排有七到八个单元，各单元前后底层皆有天井，北侧顶层设有晒台。	民居
米斯别业	安福路139弄1—4号	1934年	现代式住宅	弄内共有混合结构三层花园住宅4幢，每栋花园住宅均为三层混合结构建筑。建筑面积2 092平方米，占地面积1 947平方米。二层外挑阳台，二层为局部凹入式阳台。	民居
菲律宾驻沪领事馆办公旧址（王宠惠故居）	安福路284号	1937年	英国乡村式花园住宅	该建筑为三层砖木结构，采用英国典型样式的跌檐式双坡顶，红瓦折坡屋面有老虎窗，半圆形券和扁尖券并用，浅出檐。	上海话剧艺术中心
安福新村	安福路275弄2号	1938年	新式里弄住宅	建筑为三层砖混结构，小坡顶周圈设置女儿墙，外观黄相间，立面分别采用清水红砖和水泥拉毛墙面，色彩对比醒目。	民居

资料来源：本研究整理所得。

正是如此多样的建筑界面,赋予了安福路街道本身作为景点存在的独特优势。从建筑风格来看,不仅有保留完好的西班牙建筑风格建筑,还有英式建筑风格建筑。如建造于1920年,位于安福路249弄3号的花园住宅,占地面积为380平方米,249弄内共有7幢花园住宅。建筑为二层砖木结构,主立面设置三联式钢窗,主入口为简洁的弧券式门洞。属于西班牙建筑风格,现在为民居。又如,建造于1937年,位于安福路284号的花园住宅,占地面积约为320平方米,建筑面积约为800平方米。建筑为三层砖木结构,采用英国典型式样的跌檐式双坡顶。属于英国乡村式花园住宅建筑,最早是国民党官员王宠惠的住宅,新中国成立后曾为菲律宾驻沪领事馆,现由上海话剧艺术中心使用。再如,建造于1934年,位于安福路189弄的来斯别业,建筑面积2 092平方米。建筑为混合三层结构,弄内有混合结构三层花园住宅4幢,属于花园里弄式样。

(5) 名人故居众多,文脉深远

除了拥有不同建筑样式的花园住宅外,安福路上还分布着多处名人故居,增添了历史建筑的人文内涵,也散发着安福路上浓郁的人文气息。如建造于1932年,位于安福路191弄15号的建筑,是著名音乐教育家贺绿汀的旧居,占地面积52平方米,建筑面积为171平方米。在20世纪30年代,贺绿汀和妻子姜瑞芝初到上海,在这里开始了艰难的教书、求学生涯。现为民居。又如,建造于1922年,位于安福路201号的建筑,是国民政府末代上海市市长吴国桢的故居,建筑带花园总占地面积约4 688平方米。昔日吴式官邸,现已成为上海戏剧艺术中心所在地,但基本面貌依旧,花园也较好地保存着。再如,建造于1922年,位于安福路7号的建筑,是著名钱币收藏家罗伯昭的故居,面积为400多平方米,花园面积为500多平方米。1940年罗伯昭在这里入住,直至去世。现在是一家二手奢侈品专卖店。

2. 安福路的商业变迁

从上海话剧艺术中心的文化启蒙到世纪商贸广场高端消费群体的集聚,再到网红店铺的线下聚集,可见安福路商业变迁的一斑。

(1) 上海话剧艺术中心的文化启蒙

1995年1月23日,始创于1950年的上海人民艺术剧院和始创于1957年的上海青年话剧团合并,组建为上海唯一的国有话剧院团——上海话剧艺术中心,简称话剧中心。在此后20多年的时间里,上海话剧中心从名不见经传,到逐渐成为上海人心目中文化消遣的重要精神阵地,这其中不仅和城市整体经济社会发展的大环境相关,还和话剧中心工作人员推广话剧的努力息息相关。2000年,话剧中心的人气逐渐上升。"到安福路看话剧"成了当时上海"四大时尚"之一,从那个时期开始,话剧中心为安福路在未来成为"网红打卡圣地"打下了坚实的基础。2005年,因为来安福路看话剧的人越来越多,周边的店铺热度随之上升,咖啡馆"马里昂巴"、小食店"家家旺"以及蜀地辣子鱼都是当时话剧迷们在散场后的聚餐圣地。这些店铺和话剧中心也进行了合作,双方均为消费者提供了打折福利。这样的联动消费让安福路以话剧中心为主焦点的商业时代逐渐打出了名号。

2017年,话剧中心迎来了400天的闭关大修,也就是在这个时期,看话剧的观众与逛马路的消费者形成了明显的界限。周边的商业业态逐渐变得多元化,Sunflour、MBD等面包烘焙店红极一时,越来越多的设计师品牌店和小众品牌店入驻。2019年,话剧中心重新开张,从这个时期开始,话剧中心的剧目风格变得更为年轻、大胆、国际化。更多人从一开始的"好奇路人"转变为了"忠实粉丝","看话剧来安福路"也变成了理所当然的事情。声名鹊起也吸引了更多元化的观众,其中包括了许多热爱话剧的外国人。从那个时期开始,因为话剧中心的文化启蒙为安福路带来了流量,安福路仿佛变成了"只有拿护照才能来"的地方。

(2)高端客群的消费基底

世纪商贸广场位于常熟路与安福路的交叉入口处,2005年竣工。据统计,现在共有84家企业入驻其中,其中拥有外资背景的企业共计31家,占比37%,而港澳台独资企业共计21家,占比25%,它们的员工拥有较高的消费水平,为安福路商业发展奠定了高端消费基础。世纪商贸广场入驻企业统计如图2-64所示。

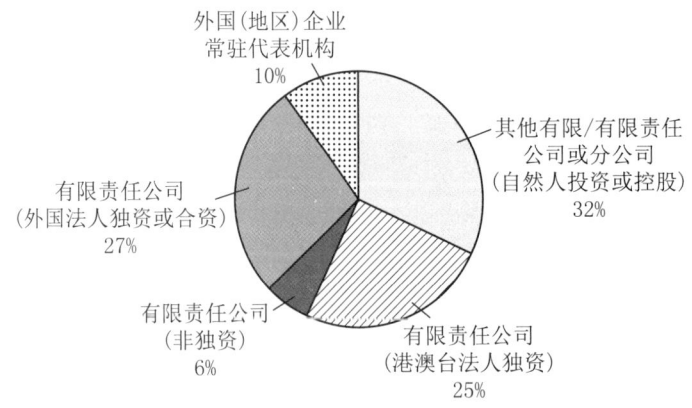

图2-64 世纪商贸广场入驻企业占比

资料来源:根据企查查数据整理。

世纪商贸广场中的外资企业和拥有国际化水平的企业是安福路商业逐渐向高消费、高质量以及高艺术感方向发展的消费基底。这些企业为安福路提供了消费水平较高以及对于艺术感知力较高的高端客群,其中包括了外籍客群、留学归来的客群以及对于国际文化具有浓厚兴趣的客群。安福路的国际化以及艺术氛围浓郁的商业是企业选址的原因之一,同时安福路的商业也因为世纪商贸广场国际化企业而变得更为多姿多彩。

(3) 网红店铺的线下聚集

上海话剧艺术中心和世纪商贸广场为安福路带来了国际化的高端客群,安福路上的消费水平逐渐升高,与周边的商业街区形成了一定的价格壁垒。从2019年起,许多自带流量的线上品牌开始入驻安福路,安福路上业态构成发生了变化。网红店铺的线下聚集使安福路的消费水平增加更多层级,也为安福路打开了更多的客群种类和流量。

3. 安福路的商业构成及特征

(1) 复合多元成就"大满足"

据统计,安福路上总计104家店铺,按照功能进行分类,主要包括:购物场所、餐饮空间、生活服务以及文化场所,如图2-65所示。

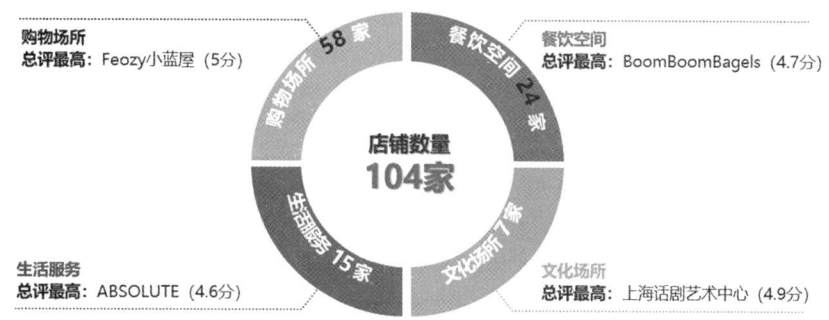

图2-65 安福路店铺结构及评分

资料来源:根据大众点评网和实地调查数据整理。

其中店铺数量最多的是购物场所,总计58家。Feozy小蓝屋是一家西装定制店,它在购物场所类中总评最高。店铺数量位列第二的是餐饮空间,总计24家。Boom Boom Bagels是一家贝果店,它在餐饮空间类中总评最高。店铺数量位列第三的是生活服务,总计15家。ABSOLUTE是一家精品花店,它在生活服务类中总评最高。店铺数量最末却如珍珠般稀有的是文化场所,总计7家。其中上海话剧艺术中心是话剧人心中的"白月光",它在文化场所类中总评最高。

拥有丰富业态的安福路是消费者在生活与工作中间的调节剂,形成了完美的第三空间,它用多样的店铺为消费者提供了富有层次的消费体验,满足了消费者多元的消费需求。同样,安福路上餐饮的客单价也遵从了这一点,其中客单价在99元以下的餐饮空间多为咖啡厅,而客单价在200元以上的餐饮空间多为西餐厅和特色餐厅,拥有不同价位客单价的餐厅为拥有不同消费水平的消费者提供了种类和档次齐全的就餐场所,如图2-66所示。

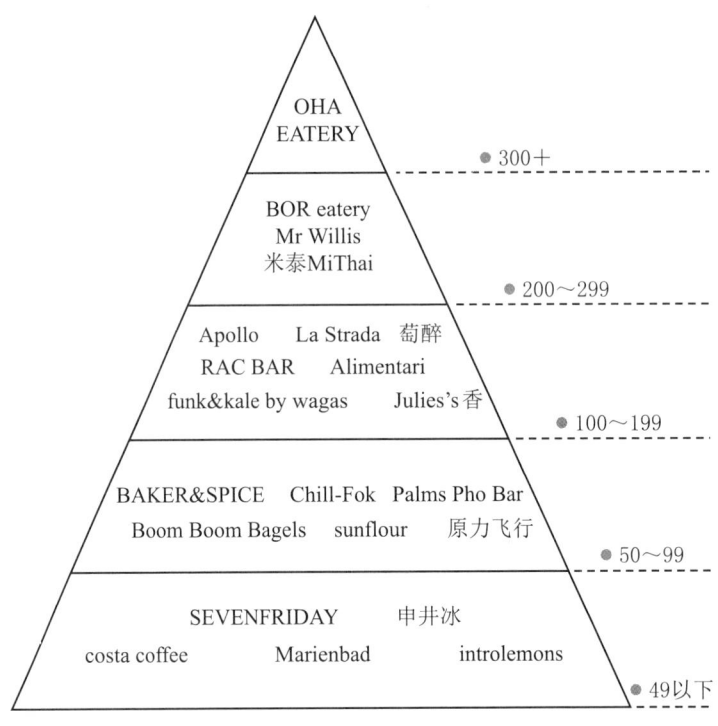

图2-66 安福路餐饮客单价

资料来源:根据大众点评网和实地调研数据整理。

(2) 首店聚集塑造"最独特"

安福路商业的独特性和多元性吸引了许多品牌将它的首店开在了安福路上。按照开业时间进行整理后可以发现,安福路上的首店和独家门店的时间线跨越了15年。

由图2-67可见,开店数量呈逐年上升趋势,越来越多的品牌看到了安福路上的商业机遇,选择将其首家门店或独家门店开在安福路上,而首店和独家门店林立也塑造了安福路独特的商业形象。

(3) 新品牌成就"新潮流"

之所以被定义为新消费品牌,主要是因为它们踩中了三个机会:新渠道、新人群、新模式。安福路上有许多这样的新消费品牌,他们选择将自己的线下首店或者线下概念店开设在这里,见表2-11。

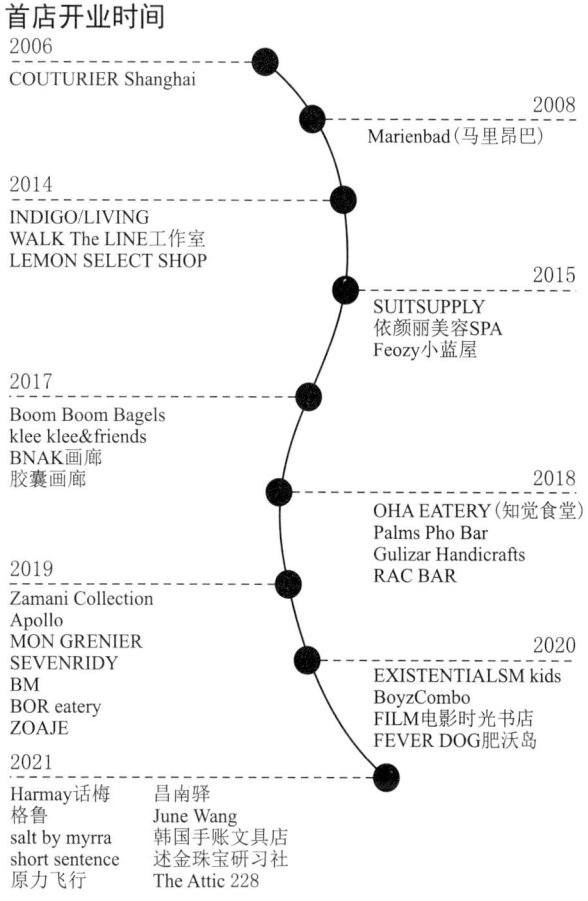

图 2-67 安福路首店开业时间轴

资料来源:根据大众点评网和实地调研数据整理。

表 2-11 安福路新消费品牌一览

品牌名称	产品内容
HARMAY 话梅	化妆品
Baker&Spice	西餐
野兽派	家居
Short Sentence	服饰
三顿半	咖啡店
Bad Market	零售
LOOKNOW	服饰
Alimentari	西餐
多抓鱼循环书店	书店

(续表)

品牌名称	产品内容
Klee Klee&friends	服饰
An Ko Rau	服饰
RAC BAR	西餐
In the PARK	服饰
Brandy Melville	服饰
Cabana	家居
Funk&Kale	西餐
BOR Eatery	西餐

资料来源:根据实地调研数据整理。

首先,新渠道为线上品牌另辟蹊径。线上品牌需要根据品牌本身设计源源不断的意义来让消费者理解并消费。当品牌放入一个社区之中时,社区本身的调性会赋予品牌很多不一样的意义。比如,三顿半在安福路上开设了它第一家线下概念店,安福路本身具有独特、个性的艺术色彩,而在这样有艺术调性的社区开设概念店,无疑为三顿半的品牌意义上画上了更丰富的色彩,为其全渠道运营另辟蹊径。

其次,新人群成品牌追逐目标客群。对于新消费品牌而言,刚开始进入30岁,购买力旺盛的90后,以及越来越拥有话语权的95、00后等"后浪"们便是新消费品牌的新人群。他们正渴望出现更多的产品和品牌,来满足自己和上一代人完全不同的需求,他们需要借助一些外在的产品或品牌,来表达自己的精神、审美或主张。这一需求,给一批在外包装与产品理念中做革新的新品牌有了诞生的机会。例如在安福路开出上海第一家门店的意大利时尚品牌Brandy Melville,其标志性的尺码设计(所有产品几乎只提供一个尺码,接近于中国的S码和XS码,使得穿上BM成了女孩标榜身材纤细的特点)使得其开业后始终人气旺盛。

而安福路的主要客群正满足了新消费品牌新人群的定义。根据安福路的月客流年龄分布图可以发现,安福路主要客群年龄段为26~35岁,占比为37%;其次是36~45岁和19~25岁人群,两者占比相近,如图2-68所示。

最后,新模式替品牌讲好文化故事。安福路上新消费品牌店面中的购物空间较少,更多的空间留给了品牌讲述它的文化故事。例如,三顿半的线下店铺中一半的空间是给消费者享受咖啡的,而另一半空间则是用来讲述"原力飞行"的品牌概念。Klee Klee & friends也用了很多空间来讲述品牌手工制作的文化背景。

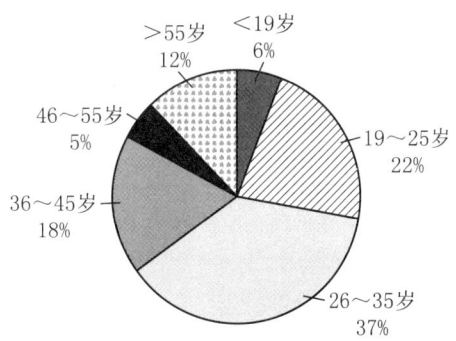

图 2-68 安福路月客流年龄分布

资料来源：根据智库数据整理。

四、上海商业街区发展的趋势和对策

（一）上海商业街区发展的趋势

在5G、互联网、大数据、云计算、人工智能等技术的应用日趋成熟和元宇宙概念的引领等背景下，作为激发消费创新活力和展示城市民俗风情窗口的商业街区，未来需要全方位深度融合，创设无界化的消费场景，提供情景化的消费体验，引领低碳化的消费理念。

1. 无界化发展趋势

物联网、云计算、大数据和人工智能等新技术已经并且正在持续影响着生产生活方式和消费模式的变革。作为城市商业空间的重要肌理，上海商业街区正在突破物理空间上的"藩篱"，在功能和形式上以720°对外扩展，呈现出无界化的发展趋势。首先，从功能角度来看，上海商业街区既服务于本地居民的日常购物、餐饮、娱乐等需求，又兼顾外来游客的旅游消费需求，还承担着城市文脉延续和展示等使命，商文旅融合就成为必然。其次，从空间形态来看，上海商业街区既自成体系，又与周边生活区、商业区、公园、绿地等互联互通、浑然一体。可以预见，未来"商业街区+"和"+商业街区"的城市空间形态将愈发普遍，使消费者可以畅游其间。最后，从运营模式来看，传统的线下运营显然已无法满足上海商业街区发展的需要，线上线下融合运营不仅是电商时代的必然，也是应对"新冠疫情"等特殊社会公共事件的有效举措。

2. 情景化发展趋势

体验经济理论告诉我们，电商无法取代实体商业；同时也启迪我们，提供情景化的消费体验是商业街区提升竞争力的必由之路。首先，从功能性视角来看，商业街区除了实体门店可以满足消费者购物、餐饮、娱乐等物质性需求之外，还提供着满足消费者精神需求的多元化场景。比如街区本身可以是景区,提供美丽的风景,比如南京路步行街和外滩;可以是海派文化的调性,比如武康路;还可以是夜上海的质感,比如徐汇区衡复音乐街区,等等。其次,从技术性视角来看,上海数字化转型将为商业街区情景化打造提供全方位的技术支持。2021年发布的《关于全面推进上海城市数字化转型的意见》提出,到2025年,上海全面推进城市数字化转型将取得显著成效,国际数字之都建设形成基本框架;到2035年,上海将建成具有世界影响力的国际数字之都。届时,要以经济数字化形成新供给,生活数字化满足新需求,治理数字化优化新环境,打造"物联、数联、智联"的城市数字底座,通过数字化转型激发城市生命体"细胞"的活力。[1] 鉴于此,上海商业街区未来可进一步提高情景化体验水平,线上线下双轮驱动引流。

3. 低碳化发展趋势

按照低碳化的内涵和应用领域,上海商业街区至少可以在以下方面率先引领,为长三角乃至全国商业街区发展提供低碳化样板。首先,商业街区建筑低碳化。根据测算,目前世界各国建筑能耗中排放的CO_2占全球排放总量的30%~40%。建筑低碳化是指,在建筑规划、设计、建造和使用过程中,通过可再生能源的应用、自然通风采光的设计、新型建筑保温材料的使用、智能控制等降低建筑能源消耗。比如可采用太阳能建筑,利用太阳能代替常规能源,通过太阳能提供采暖、热水、空调、照明、通风、动力等一系列动能。其次,商业街区服务低碳化。服务低碳化是指,商业街区及其商家在经营管理中应充分考虑自然环境的保护和人类的身心健康,从服务流程设计、服务耗材、服务产品、服务营销、服务消费等各个环节着手节约资源和能源、防污、降排和减污。比如通过绿色积分的形式引导消费者理性消费,避免浪费等。最后,商业街区消费低碳化。消费低碳化是指,以适度节制消费,避免或减少对环境的破坏,崇尚自然和保护生态等为特征的新型消费行为和过程。比如可以从绿色消费、绿色包装、回收再利用等三个方面进行消费引导,倡导一种新型时尚的生活消费方式,实现消费的低碳化目标。

(二)上海商业街区发展的对策

基于上海商业街区发展的新目标、新高度和新使命,客观分析在特色不显著、烟火气不足和消费黏性弱等方面的挑战和不足,结合上海商业街区的发展趋势,以"人民城市人民建、人民城市为人民"重要理念为指引,从精准定位、以人为本和智慧引领

---

[1] 沈则瑾.上海加快建设国际数字之都[N].经济日报,2021-01-11(01)。

等视角为上海商业街区发展提出对策建议。

1. 精准定位,形成鲜明的主题

精准定位首先要坚信,任何一条商业街区都会有自己的市场服务客群。基于市场服务客群的准确画像,形成鲜明的主题至少还要从以下方面努力:一是探索形成自己独特的购物叙事方式,打造自身专属的街区 IP;二是要着力营造与街区产品特色和购物叙事方式相适应的独特的、全方位的、沉浸式体验消费环境;三是要立足所在区域,差异化竞争,并注重与周边文旅资源的有效联动,不断赋予街区主题新的内涵,永续激发消费创新活力。以上海五大新城为例,在建设商业街区时要坚持功能为王,服务为要,结合所在区域的历史文化街区、城市生态景观、特色文化旅游休闲资源和特色产业等,商旅文体娱养结合,形成与"一城一名园"相匹配的"一城一街区""一街区一主题"。比如嘉定新城可以考虑汽车特色类商街,青浦新城可以考虑数字特色类商街,松江新城可以考虑科创特色类商街,奉贤新城可以考虑美妆特色类商街,南汇新城可以考虑智能特色类商街,等等。

2. 以人为本,传承街区的活态

强调街区活态的传承不单指历史文化类特色商街,对所有类型的商街都适用。街区活态的传承既要依靠建筑、小品、设施设备等"一砖一瓦"等有形的硬件,更要依赖街区文化、生产生活方式等无形的软件,软硬件的结合才能比较完整地传承街区的"生命力"。对街区活态最好的传承就是本地居民和外来游客对这种生命力的高度认可、深度体验和真实评价,因此,做好街区活态的传承必须以人为本。首先,城市管理部门和建设经营者要充分认识到街区活态传承的多重价值,包括对区域文化传承的价值、原住居民对街区依恋的价值、对市场顾客群体的消费黏性价值等;其次,要顶层设计和打造街区的多重功能,包括彰显街区特色的生产生活功能,宣传街区文化底蕴的展示功能,市场顾客群体通过体验消费与店铺共创价值的交互功能,通过社交空间、社交业态和社交活动提供街区的社交功能等;最后,要引入专业化的运营团队,通过专业化的人才对街区资源整合式盘活、解锁信息消费时代街区发展的流量密码,主动对接夜间消费,强化夜间经济对商街消费的拉动作用,着力发挥线上消费等新业态的促销引流功能,激活街区人气、财气和名气同频共振。

3. 智慧引领,创新商业新模式

智慧引领旨在基于5G、互联网、大数据、云计算、人工智能等技术的智慧应用平台,使商户能够迅速准确地察觉到顾客的需求,使消费者享受无边界的购物体验,全面提升街区管理与服务的能级,对接商业数字化转型和激发信息消费活力,创新街区商业新业态和新模式。一是加强消费需求预测,通过大数据刻画市场群体的消费需求趋向,为街区业态调整、产品和服务策划提供依据。二是强化消费便捷支撑,借助智能技术为消费者营造智慧化的消费体验场景,比如智慧停车、智慧比选商品、智慧取货等。三是跟进消费新品推送,在需求有效预测的基础上,将街区新品和服务通过智慧管理平台及时推送给市场群体,引导潜在消费。四是充分运用小红书、抖音等自媒体平台,加强街区的宣传力度,提高街区的知名度和美誉度,通过线上"种草"+线下"拔草","到店"+"到家"融合为商街带来流量。比如,2021年小红书用户评价武康路蝴蝶结阳台和奶奶,引起网友的围观。一条拍摄到"武康路的蝴蝶结阳台,奶奶今天出来了,好慈祥"的视频刷爆抖音,点赞6.4万个,评论近万条。五是借助智慧管理平台,引导和规范街区经营者诚信自律,护航诚信商业街区建设。在"种草消费"成为一种新的消费形式,"种草经济"成为一种生活新潮流的情况下,各类平台更加要加强监管,完善相应奖惩制度,引导商家诚信经营,共同维护商街形象,共同打造商街金字招牌。

第三章　上海商业品牌研究

第一节　信息消费品牌概述

当前,面对百年未有之变局和世纪疫情相互叠加的复杂局面,在以习近平同志为核心的党中央的坚强领导下,我国经济运行总体平稳,已经由高速增长阶段迈入高质量发展阶段。在拉动经济增长的"三驾马车"中,最终消费的贡献日益凸显,消费需求持续释放,消费提质升级趋势明显。其中,信息消费作为新兴的消费领域,表现出强劲的发展态势,已成为当前创新最活跃、增长最迅猛、辐射最广泛的经济领域之一,对拉动内需、促进就业和引领产业升级发挥着重要的作用。[1]党中央、国务院高度重视信息消费的发展,同时也特别强调品牌在经济发展中的引领作用。品牌作为供给端和消费端的"支点",发挥着杠杆的撬动作用,在信息科技创新的带动下,正在成为经济发展的"核心驱动器"。那么,在新发展格局下发力信息消费领域的品牌建设,对于推动中国经济迈向可持续性的高质量发展具有重要的意义。

一、信息消费品牌的概念内涵

(一)信息消费的内涵

一般认为,信息消费是一种直接或间接以信息产品和信息服务为消费对象的经济活动。[2]从信息消费主体来看,可以是个人、家庭,也可以是企业、政府等组织,还可以

---

[1] 中华人民共和国中央人民政府.国务院关于进一步扩大和升级信息消费持续释放内需潜力的指导意见[EB/OL].(2017-08-24)[2022-11-01]. http://www.gov.cn/zhengce/content/2017/08/24/content_5220091.htm.
[2] 沙勇忠,高海洋.关于信息消费的几个理论问题[J].图书情报工作,2001(5):28-31,79.

是城市、国家(地区)。对终端消费者来说,信息消费能够满足其工作学习、社交娱乐、生活服务等多方位的需求;对企业来说,信息化建设能够提升生产和运营效率,降低成本,提高收益;对于国家而言,在信息基础设施、信息产业方面的投入可以带动经济增长。

从信息消费客体来看,分为信息产品和信息服务两大类。[1]第一类是信息产品,指在新技术驱动下,快速迭代的各类产品。目前正在从计算机、平板电脑、智能手机、数字电视向数字家庭、可穿戴设备、AR(增强现实)/VR(虚拟现实)设备、智能网联汽车以及智能服务机器人等产品延伸,创新性产品不断涌现。实质上这些产品都是智能终端设备,通常在居民消费中占较大比重,同时它们也是信息消费载体,在信息传播中成为传播媒介,面向消费主体传播各种信息内容,达到刺激信息消费的目的。

第二类是信息服务,涵盖信息通信、信息平台和信息内容三个组成部分。随着互联网技术的发展,信息基础设施建设持续升级,电话及网络等信息通信技术发展日新月异。从原来的ISDN(综合业务数字网)、ADSL(非对称数字用户线路)等接入方式发展到如今光纤宽带、无线网络等互联网接入方式,信息通信方面的消费品已成为现代生活中的必需品。同时,互联网技术的进步和网络信息的爆炸催生出以BAT(百度、阿里、腾讯)大平台为代表的各类功能性信息平台,以促成供需双方达成交易。结合目前我国信息平台发展现状,根据平台的连接属性和主要功能,可以划分为以下七大类别(表3-1)。

表3-1 信息平台分类

	平台类别	连接属性	主要功能
1	网络销售类平台	连接人与商品	交易功能
2	生活服务类平台	连接人与生活服务	生活服务功能
3	公共服务类平台	连接人与公共服务	公共服务功能
4	社交娱乐类平台	连接人与人	社交娱乐功能
5	信息资讯类平台	连接人与信息	信息咨询功能
6	金融服务类平台	连接人与资金	融资功能
7	计算应用类平台	连接人与计算能力	网络计算功能

资料来源:《互联网平台分类分级指南(征求意见稿)》,国家市场监督管理总局,2021年10月。

一目了然,信息平台具有交易、社交、娱乐、资讯、计算等多种功能,不但能够多方位满足消费者的日常工作与生活需求,促进平台消费的增长,而且在新技术赋能下,从平台功能出发,近期信息内容的发展势头也很迅猛。特别是在数字技术的加持下,

---

[1] 徐春燕.信息消费的理论、测度及对经济增长的促进作用研究[D].武汉:华中师范大学,2015。

数字内容的消费呈现出百花齐发的态势。数字内容主要是指将图像、文字、影像、语音等数据,运用信息技术加以数字化并整合应用的产品或服务,整体上可以归纳为七类,包括:(1)数字出版;(2)数字影音;(3)数字游戏;(4)数字知识与教育;(5)数字艺术与设计;(6)数字健康与医疗;(7)软件服务等(表3-2)。

表3-2 信息内容分类——以数字内容为主流

	内容类别	具体说明
1	数字出版	电子书、报纸、期刊、有声出版物等
2	数字影音	网络电影、电视剧、动漫、音乐、文学、有声读物等
3	数字游戏	网页端游戏、客户端游戏、主机游戏、手持移动端游戏等
4	数字知识与教育	数字图书馆、数据库、在线课程、音频课程、咨询服务、中介服务等
5	数字艺术与设计	摄影、绘画、书法、卡通、设计图等
6	数字健康与医疗	健身休闲、在线医疗、在线旅游等
7	软件服务	效率管理、媒体播放等各类应用软件、通信软件、系统及工具软件等

资料来源:根据"中国音像与数字出版协会关于对《数字内容资源分类与代码》(征求意见稿)团体标准征求意见的通知",2020年12月;百度百科、MBA智库等发布的相关信息整理。

(二)信息消费品牌的内涵

由上述可知,信息产品和信息服务(信息通信、信息平台、信息内容)是信息消费的两大客体,这些产品和服务也是品牌的载体和根基,因为品牌必须依附于产品和服务,所以信息消费品牌也可对应划分为两大类:信息产品品牌和信息服务品牌。其中,信息服务品牌又包括:信息通信品牌,信息平台品牌,信息内容品牌(简称:通信品牌、平台品牌、内容品牌)。具体分类,详见表3-3。

表3-3 信息消费品牌分类

品牌类别	主要产品领域的代表品牌(列举)
信息产品品牌	电脑:戴尔、联想、惠普、华为、Mac(苹果电脑)、ThinkPad(思考本)、Acer(宏基)、华硕等 智能手机:苹果、华为、OPPO(欧珀)、vivo(维沃)、小米、三星、荣耀等 智能家居:米家、海尔智家、华为全屋智能、天猫精灵、小度等 人工智能:谷歌、微软、IBM(国际商业机器公司)、Amazon(亚马逊)、百度AI、华为等 虚拟现实:VIVE、Valve Index、SONY(索尼)、PICO、3Glasses(深圳市虚拟现实技术有限公司)等 智能机器人:优必选、能力风暴、阿尔法蛋、爱乐优等 智能网联汽车:特斯拉、宝马、比亚迪、蔚来、吉利、小鹏等 自动驾驶:百度Apollo(阿波罗)、Pony.ai(小马智行)、华为、滴滴自动驾驶等

（续表）

品牌类别		主要产品领域的代表品牌（列举）
信息服务品牌	通信品牌	通信服务：中国电信、中国移动、中国联通、华为、中兴等 云通信服务：腾讯云、阿里云、极光、网易云信、融云、声网等
	平台品牌	网络销售：淘宝、天猫、京东、拼多多、唯品会、亚马逊等 生活服务：美团、饿了么、BOSS直聘、58同城、高德打车等 公共服务：国家政务服务平台、全国12315平台等 社交娱乐：微博、微信、QQ、抖音、哔哩哔哩、小红书、知乎等 信息资讯：人民日报、今日头条、澎湃新闻、腾讯新闻等 金融服务：京东金融、天天基金网、度小满、蚂蚁聚宝等 计算机应用：Windows、Linux、苹果、百度、360搜索、谷歌等
	内容品牌	数字出版：名刊会、博看书苑、商业周刊、番茄免费小说等 数字影音：爱奇艺、优酷、芒果TV、QQ音乐、网易云音乐等 数字游戏：王者荣耀、和平精英、穿越火线、迷你世界等 数字知识与教育：学而思、作业帮、喜马拉雅、学习强国等 数字艺术与设计：美图秀秀、Canva（可画）、醒图、海报工厂等 数字健康与医疗：Keep、咕咚、平安好医生、丁香医生等 软件服务：钉钉、飞书、企业微信、讯飞语记、全能扫描王等

资料来源：根据网上调研的信息整理归纳。

通常认为，品牌是用于识别一个或一群产品或服务的名称、术语、标识、符号或设计及上述元素的组合，并使之与其他竞争对手的产品与服务区别开来。简单地说，品牌是一个差异化的品牌符号，承载着消费者对某个或某类产品或服务的认可，是一种无形资产。那么，在数字化时代下，可以认为信息消费品牌是用以辨别信息产品或信息服务的独特的品牌符号，并获得用户认可，具有经济价值的无形资产。

二、信息消费品牌的品牌价值

学界"品牌资产的鼻祖"、美国加州大学伯克利分校的教授戴维·阿克认为，品牌资产是一组与一个品牌的名称及符号相关的资产和负债，它能够增加或减少某产品或服务所带给企业的或顾客的价值。在此，"带给企业的价值"是指财务收益，而"带给顾客的价值"是指顾客利益，即从企业和顾客角度来看，品牌资产具有双重价值。[1]另一位战略品牌管理研究的国际先驱者凯文·莱恩·凯勒教授立足于消费者的视角，指出品牌资产是通过品牌营销而使消费者在品牌知识上产生的差异化效应。

---

[1] 戴维·阿克.管理品牌资产[M].吴进操,常小虹,译.北京:机械工业出版社,2012.

其中,品牌知识包括品牌知名度(Brand Awareness)和品牌联想(Brand Association)。[1]

全球知名的品牌数据与分析公司凯度集团认为,品牌资产是企业在过往所有的营销活动中所积累的、能够影响消费者购买决策,且能推动企业长期业务增长的要素,包括且不限于品牌形象、品牌知名度、体验、有意义的差异化等。该集团每年发布凯度BrandZ最具价值全球品牌排行榜,其独创的BrandZ品牌价值评估方法如下:

FV(财务价值,美元)×BC(品牌贡献,%)＝BV(品牌价值,美元)

从上述公式可见,BrandZ品牌价值评估主要依据两大因素——财务价值和品牌贡献。其中,财务价值是指计算品牌创造的财务收入,主要是在考虑当前及预期业绩的情况下,母公司总价值中待估值品牌贡献的价值。品牌贡献是指品牌力溢价和销售增量。这一部分是直接由品牌资产驱动的财务价值占比,即消费者纯粹基于品牌感知而倾向于选择本品牌,或消费者愿意为品牌产品支付更高价格而向公司贡献价值的能力。[2]总之,品牌价值评估的体系是以该品牌相关的财务数据和消费者(用户)数据为核心的。

2022年6月15日,有着全球品牌界"奥斯卡"之称的凯度BrandZ最具价值全球品牌排行榜正式发布。最新榜单显示,在过去一年里,凯度BrandZ最具价值全球百强品牌的总价值增长了23%,达8.7万亿美元。其中,全球十强品牌中,以苹果、谷歌为首的信息消费品牌价值贡献占比42%,为3.65万亿美元(表3-4)。由此可见,信息消费品牌表现出强大的品牌实力。苹果品牌价值同比增长55%,达9470.62亿美元,取代亚马逊重回榜首,且有望成为第一个突破万亿美元大关的品牌;谷歌的品牌价值上涨79%,达8195.73亿美元,紧随其后成为2021年排名上升最快的品牌之一。值得一提的是,在全球疫情尚未结束、外部环境严峻复杂的大背景下,中国品牌仍在榜单100强中占据了14个席位,其中10个席位被信息消费品牌占据(表3-5)。腾讯和阿里再度闯入全球前十,分别位列第五名和第九名;海尔连续四年以唯一物联网生态品牌登榜,品牌价值实现了33%的增长;快手则首次闯入榜单。[3]

从上榜的品牌类型来看,相较于产品品牌,以平台品牌为主的信息消费服务品牌发展势头更为强劲。在全球品牌十强榜单中,平台品牌与产品品牌,两者所占席位比例为5∶2,两者品牌价值贡献比例为7∶5。而从上榜的中国品牌来看,这种趋势更加明显,两者所占席位比例为6∶3,品牌价值贡献比例为6∶1。从整体看,美国和中

---

[1] 凯文·莱恩·凯勒.战略品牌管理[M].2版.吴水龙,何云,译.北京:中国人民大学出版社,2006。
[2] 王幸,谭北平.弱品牌 强品牌:数字时代增长知与行[M].北京:人民邮电出版社,2022。
[3] 美通社.凯度集团最新发布2022年度凯度BrandZ最具价值全球品牌排行榜[EB/OL].(2022-06-15)[2022-11-01].https://baijiahao.baidu.com/s?id=1735702070201261884&wfr=spider&for=pc。

表 3-4 2022 年凯度 BrandZ 最具价值全球品牌 10 强

2022年排名	排名变化	品牌名称	品牌发源地	信息消费品牌类型	品牌价值/亿美元	品牌价值同比变化（与2021年相比）
1	1 ↑	苹果	美国	产品品牌	9 470.62	55%
2	1 ↓	谷歌	美国	平台品牌	8 195.73	79%
3	2 ↓	亚马逊	美国	平台品牌	7 065.46	3%
4	0	微软	美国	产品品牌	6 114.60	49%
5	0	腾讯	中国	平台品牌	2 140.23	-11%
6	3 ↑	麦当劳	美国	—	1 965.26	27%
7	1 ↑	Visa(维萨)	美国	—	1 910.32	0%
8	2 ↓	Facebook(脸书)	美国	平台品牌	1 864.21	-18%
9	2 ↓	阿里巴巴	中国	平台品牌	1 699.66	-14%
10	11 ↑	路易威登	法国	—	1 242.73	64%

资料来源：全球品牌数据与分析公司凯度集团。

表 3-5 2022 年凯度 BrandZ 最具价值全球品牌排行榜上榜的中国企业

序号	2022年排名	品牌名称	信息消费品牌类型	主要品类	品牌价值/亿美元
1	5	腾讯	平台品牌	社交媒体和娱乐	2 140.23
2	9	阿里巴巴	平台品牌	网络销售	1 699.66
3	14	茅台	—	酒类	1 033.80
4	51	美团	平台品牌	生活服务	450.51
5	53	抖音	平台品牌	社交媒体和娱乐	434.83
6	60	京东	平台品牌	网络销售	368.12
7	62	中国工商银行	—	银行	353.15
8	63	海尔	产品品牌	物联网生态	351.52
9	67	华为	产品品牌	消费科技	326.72
10	77	平安	—	保险	274.38
11	82	快手	平台品牌	社交媒体和娱乐	265.35
12	88	中国移动	通信品牌	电信服务	238.13
13	94	友邦保险	—	保险	227.33
14	97	小米	产品品牌	消费科技	216.53

资料来源：全球品牌数据与分析公司凯度集团。

国是世界上平台品牌发展最好的国家。中国平台品牌多元，模式多样。在电子商务、社交娱乐领域产生了如阿里、腾讯这样的有世界级影响力的头部品牌。目前，腾讯品牌价值达到 2 140.23 亿美元，在所有中国品牌中排第一名，但和顶级平台品牌谷歌相比，仅为其品牌价值的四分之一，这说明其还有巨大的发展空间。

从品类来看，美国的平台品牌独领风骚，各具特色。谷歌被公认为全球最大的搜索引擎平台,亚马逊是全球跨境电商的引领者,脸书则是全球最大、最活跃的社交平台。相比之下,在中国的平台品牌中,社交媒体和娱乐领域的数量最多,共有腾讯、抖音、快手三个品牌。其次是网络销售,主要有阿里、京东两个品牌。美团是唯一上榜的生活服务类平台品牌。

凯度 BrandZ 的报告重点指出,在全球疫情持续、通胀压力加剧等多重因素的影响下,消费者的购买行为更加慎重,希望把钱花在刀刃上,同时他们也更乐于选择那些与自身生活调性相适应的品牌,并从中获得治愈、兴奋和满足。因此,品牌最重要的工作是打造"有意义的差异化",也就是打造品牌的"价值感"。根据凯度 BrandZ 调查分析,在过去的两年中"有意义的差异化"给品牌带来的价值不断增加,约占品牌力的86%。而品牌的"突出性",即当消费者产生需求时,品牌作为首选目标自然浮现于消费者脑海中的程度,仅占品牌力的14%。[1]这说明当前品牌不仅要主打差异化,还要对消费者具有实际意义,特别是在产品和服务功能、情感沟通以及品牌价值观等三个层面构建有益的差异化尤为重要。

三、 信息消费品牌的发展特征

(一) 平台品牌引领信息消费发展

如前所述,平台品牌发展态势强劲,是信息消费发展的主流形式。当前基于互联网的平台品牌已经突破了传统品牌的边界,具有了全新的内涵。国家品牌战略中心主任、华东师范大学教授何佳讯指出,平台品牌就好像一个资源连接器,是以互联网技术为基础,连接产品(服务)交易或信息交互的双方或多方,并整合各方资源,为其提供直接交易、信息互动的服务中介。[2]从整体上看,平台品牌具有四大特征和优势。第一,生态性。平台吸引多方参与,支持大规模协作形成,促进企业间充分竞争。第二,开放性。平台为众多参与者提供用户和资源,进而整合行业优势,促成"共享经济"的实现。第三,创新性。平台不断提升用户体验,加强生产者和消费者互动,实现价值共创,创新无限。第四,经济性。平台提供广泛、精准且低成本的信息匹配机制,从而大幅降低成本,提高收益,促成多方共赢。

近年来,互联网技术的升级、网络红利增长趋缓,平台品牌市场细分加剧,呈现出垂直化、多样化、动态化的发展特点。以国内平台经济发展最为繁荣的电商平台为

---

[1] 品玩.凯度 BrandZ 中国全球化品牌50强出炉,垂类品牌的春天到了[EB/OL].(2022-07-27)[2022-11-01].https://baijiahao.baidu.com/s?id=1739512706620128168&wfr=spider&for=pc.
[2] 何佳讯.品牌的逻辑[M].北京:机械工业出版社,2017.

例,原先发展迅猛的"大而全"的综合类电商平台,即传统电商平台,如天猫、京东等,已经不能完全满足用户在购物场景中的个性化需求,反而越来越多"小而美"的垂直电商平台通过精准的定位和优质的内容,更能俘获用户的芳心。简单地说,就是从原先的"物以类聚"过渡到"人以群分"。

如表3-6所示,垂直类电商平台品牌种类繁多、特色各异,这说明电商市场竞争日趋激烈,正在逐步从"蓝海"转变为"红海"。据《电商报》报道,相关机构披露2021年中国电商平台市场份额前五名分别是:淘宝51%、京东20%、拼多多15%、抖音电商5%、快手电商4%,剩下5%的市场份额由苏宁易购、唯品会、得物等平台瓜分(图3-1)。这意味着中国电商市场形成以淘宝为引领,京东和拼多多追随的竞争格局,即三足鼎立的局面基本形成。从平台类型看,近期拼购类社交电商拼多多异军突起,对淘宝系、京东等传统电商造成了很大的威胁。同时,直播电商抖音和快手,作为新生代生力军,在短视频和直播的助推下,发展实力也不容小觑。中国电商市场淘宝系一家独大的局面正在被改变,但目前的竞争格局尚处在不断变化之中。

表3-6 主要电商平台品牌的发展特征

平台类别	主要平台品牌	平台的主要特征
传统电商平台	淘宝、天猫、京东、苏宁易购、当当等	大多数属于综合类电商平台,通过邀请商家入驻,依靠平台自身的运营能力和流量,实现线上商品交易。目前由于流量减少,纷纷入局直播电商。
跨境电商平台	亚马逊、eBay(易贝)、速卖通、考拉海购等	通过平台促成交易,运用电子支付结算,并采用跨境电商物流送货上门。目前,我国通过建立全球供应链体系,提供优质的跨境商品和服务,以满足消费升级的需求。
社交电商平台	拼多多、微店、环球捕手等	通过社交媒体工具,打造用户社交关系链接的销售模式。主要以粉丝为基础,以互动为核心,通过内容分享、传播裂变等,形成多维度流量聚合,实现商品销售。
品质电商平台	网易严选、小米有品、京东京造等	平台企业渗透到上游制造与供应链,缩短商品流通环节,以自有品牌为制造厂商背书,主打"精选""严选"的平台选品模式,以促进消费升级。近期,由于直播电商、潮流电商的崛起,竞争加剧,发展势头减弱。
内容电商平台	小红书、豆瓣、淘宝系(淘宝社区、淘宝头条等)、各类直播等	通过优质的内容传播,引发购买兴趣,达成商品交易。主要手段为图片、文字、短视频、直播等。内容平台做电商具有天然优势,因为内容聚合了对某一类商品需求的用户,所以当平台顺势推出商品售卖服务时,用户接受度比较高。
直播电商平台	淘宝直播/点淘、抖音电商、快手电商等	同属于内容电商平台。以直播为渠道达成营销目的的新型电商形态。与传统电商相比,其优势是可以实时互动、运用富媒体进行商品展示,为用户带来更直观的购物体验,从而实现高转化率。目前,直播电商正处于风口,成为最重要的商业变现模式之一。

(续表)

平台类别	主要平台品牌	平台的主要特征
潮流电商平台	得物、识货、nice、抖音盒子等	平台聚焦Z世代,以潮流内容和生活社区为主要业务,与用户分享潮流文化,提供多样化的品质潮流商品售卖服务。平台定位精准,通过内容激发年轻用户对新潮好货的关注,快速将潮流风潮转化为销量,成为发展的"蓝海"。
外卖电商平台	美团外卖、饿了么等	平台为消费者免费提供商家及产品信息,促成点餐交易,并收取即时配送服务费;同时,为商家提供产品展示、获取用户、完成交易和订单配送等有偿服务。目前外卖市场规模持续扩大,发展稳健。
生鲜电商平台	盒马、京东到家、叮咚买菜、美团买菜、淘菜菜、多多买菜等	平台提供生鲜果蔬、超市便利等商品的售卖和即时配送服务,主要模式有:新零售(如盒马鲜生)、前置仓(如叮咚买菜)、半预购(如美团买菜)、社区团购(如多多买菜)等。目前,受疫情影响,线上生鲜消费需求增长,用户信任度增加,发展状况较之前有所好转。
旅游电商平台	携程、同程、飞猪、马蜂窝、途牛、去哪儿、美团点评等	平台提供住宿、机票等各种旅游产品的预订、销售及旅游信息服务。主要模式有:传统OTA(在线旅行代理,如携程)、OTM(在线旅游生态,如飞猪)、O2O(全渠道,如美团点评)、UGC(用户生成内容,如马蜂窝)。目前已形成以携程系(携程、去哪儿、同程等)、阿里系(飞猪)、新美大(美团、大众点评)三大体系的竞争格局。但受疫情影响,在线旅游平台发展面临前所未有的压力。
医疗电商平台	1药网、康爱多、京东健康、阿里健康、叮当快药等	平台提供即时、便捷的医药、医疗、健康管理等方面的专业服务。主要模式有:自营B2C(如1药网)、平台B2C(如阿里健康)、医药O2O(如叮当快药)。目前处于起步阶段,以年轻用户居多,在线医疗消费习惯需培养,发展前景较好。

资料来源:根据网上调研的信息整理归纳。

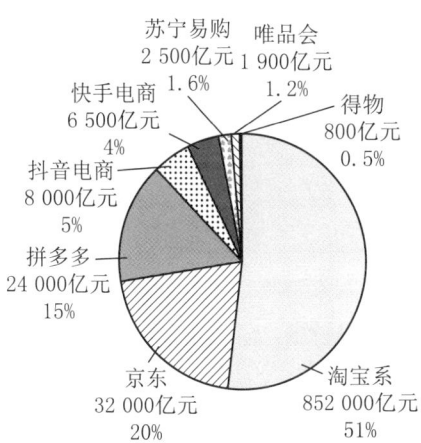

图 3-1　2021年中国电商平台的销售额及市场份额

资料来源:电商报.App越做越像! 京东、阿里、拼多多,哄抢短视频[EB/OL].(2022-03-24)[2022-11-01]. https://www.dsb.cn/180759.html.

(二) 品牌生态圈开启品牌新范式

当前物联网、云计算、AI、大数据等新一代技术产生深度交叉融合,新一轮技术革命正在加速以信息消费品牌为主导的品牌生态圈的形成。品牌生态圈是以开放型平台品牌为基础,大量超越产业边界的商业组织与资源联结在一起,共同进行价值创造,并基于用户数据分析技术,彼此形成相互依赖、相互协调和互惠循环的结构化社区关系以及网络效应品牌生态圈会不断演化出新的能力,最终实现多方共赢的生态集合价值。[1]其运营的核心是通过提供服务、工具和技术支持等,对平台实施管理,从而促进生态圈的成员利用该平台提升自身的绩效。目前,在信息消费领域,无论是以阿里、腾讯为首的实力雄厚的互联网平台品牌,还是以海尔、小米为引领的智能产品品牌都在按照品牌生态圈的逻辑,不断扩张自己品牌帝国的版图。

腾讯作为全球知名的平台品牌,以微信、QQ两大社交平台为核心,通过社交的开放、平台的开放、安全的开放,构建了一个覆盖娱乐、金融、咨讯、平台、工具、人工智能等多个领域的品牌生态圈(图3-2),运用通信和社交服务成功连接了全球逾10亿

图3-2 腾讯以微信、QQ两大社交平台为核心构建的品牌生态圈

资料来源:根据公司官网、兴业证券经济与金融研究院整理。

---

[1] 何佳讯.品牌的逻辑[M].北京:机械工业出版社,2017。

人,帮助他们与亲友联系,畅享便捷的出行、支付和娱乐活动。同时,腾讯还发行了多款风靡全球的电子游戏及其他优质的数字内容,为全球用户创造了丰富的互动娱乐体验。此外,腾讯还提供云计算、广告和金融科技等企业服务,支持其生态圈合作伙伴实现数字化转型,共同促进业务发展。

与此同时,海尔携众多合作伙伴构建了庞大的物联网生态圈,完成了从传统家电品牌向物联网生态品牌的华丽转变。海尔通过打造衣联网、食联网、卡奥斯、三翼鸟等平台,以消费者为中心,建成"一体化"的物联网品牌生态圈,向顾客提供一整套"因需而变"的智慧服务方案。如通过专注于智慧阳台场景的三翼鸟平台的建设,根据消费者的需求提供定制化的场景,比如有健身阳台、休闲阳台、萌宠阳台等九大类的1 450多个场景方,成功吸引了懒猫、箭牌、晾霸等行业头部品牌进入海尔生态。通过这种半开放的方式,海尔引入一大批优质电器品牌加入,为它们提供统一的技术服务,提供品牌曝光渠道,提供海尔生态品牌的"背书",共同打造"一体化"的智联生态体验。2021年9月,由海尔联合品牌战略咨询机构凯度和牛津大学赛德商学院共同发布的《物联网生态品牌白皮书》,对生态品牌做了明确的定义:生态品牌是通过与用户、合作伙伴联合共创,不断提供无界且持续迭代的整体价值体验,最终实现终身用户及生态各方共赢共生,为社会创造价值循环的新品牌范式。由海尔引领的生态品牌新范式为信息消费品牌提供了新的战略指引。[1]

(三)与用户共创品牌价值

互联网时代下品牌管理范式正在发生颠覆式变化。核心竞争力理论创始人之一、美国公司战略管理专家普拉哈拉德在其与凡凯特·拉莫斯沃米合著的《未来竞争》一书中指出,互联网让消费者得以创造和参与商业交易。价值不再由产品(服务)的供给方单独提供,而是必须与需求方的消费者共同创造,通过消费者的亲身体验来实现。[2]因此,互联网下的品牌价值不再是企业单向创造的,而是经过和消费者的互动与沟通,与消费者共创的,是一个双向互动的过程。与用户共创品牌价值意味着,用户真正地参与到从品牌定位、产品设计到品牌活动再到品牌利益共享的全价值链中,通过塑造全新的用户关系模式,实现用户与企业共创品牌、共伴成长、共享利益。

那么,如何与用户共创品牌价值呢? 主要方法和手段有三个。第一,要在挖掘用

---

[1] 凯度.凯度×牛津大学赛德商学院×海尔集团发布《物联网生态品牌白皮书》[EB/OL].(2020-09-22)[2022-11-01].https://baijiahao.baidu.com/s?id=1678409503401277399&wfr=spider&for=pc.

[2] MBA智库·百科.https://wiki.mbalib.com/wiki.

户痛点的基础上,重新定义品牌。第二,要及时捕捉消费趋势,善于倾听用户的需求及反馈意见,并不断改进产品和服务。第三,要致力于品牌社区建设,通过数字化运营,与用户建立紧密的合作关系。大家比较熟悉的,智能科技品牌小米就是与用户共创品牌价值的典范。小米从创立之初,就紧密围绕"为发烧而生"的产品理念,将"用户为中心"的思想贯穿始终,邀请用户全程参与,不论是产品设计、产品众筹还是品牌推广都力求符合用户主张,让品牌、产品与用户相互成就,从而形成独特的粉丝文化,这也是小米成功的基石。

如今,新的信息消费品牌越来越重视用户共创,希望借助共创邀请用户参与到品牌建设中,打造极致的用户体验,进而获得品牌共鸣。在造车新势力来袭的热潮中,智能电动汽车品牌——蔚来通过NIO App中的"品牌社区+线下直营店"打造出"全天候营销"模式,打造以用户为中心、无时限的客户服务体验,在提升用户黏性的同时,为车主或意向车主提供周全的服务。此外,蔚来还在与用户深度交流的基础上,通过车以外的场景延伸品牌触点,重新定义用户体验,跨界推出了原创生活方式品牌——NIO Life。目前,NIO Life在全球范围内拥有500余名设计师,开发出上千款产品,横跨食品、服饰、家居用品、电子产品等8个品类。蔚来用有态度、有故事、有设计的精品,为用户创造愉悦的生活方式,进一步增强了用户对于品牌的认知度和认同感。

(四)以内容驱动品牌成长

在消费者主权时代,消费者拥有了比以往任何时代都要强大的话语权和选择权。互联网上品牌要想获得更多的流量分配,就必须遵从全新的品牌增长逻辑——以内容创新驱动品牌成长。也就是说,利用有价值的内容,吸引消费者的关注,进而增进其对品牌的了解,培养好感,最终诱发购买。如今,越来越多的品牌意识到内容的重要性。SocialBeta《2019品牌与消费者沟通全景报告》中强调,有价值的沟通成为品牌为消费者提供的除产品、服务之外的"第三种产物"。品牌只有提升品牌内容能力,才能获得品牌增量空间。

那么,互联网背景下有价值的内容是什么?这些内容可以是文字、图片、信息图、视频及直播等各种形式,主要来源于用户创作和专业媒体等。互联网技术的进步,为有价值的内容创造不断提供创新的环境。Web2.0兴起后,诞生了UGC(用户生产内容)模式,即用户将其原创内容在互联网平台上进行展示与分享。在UGC模式下,网友参与内容创作的积极性大幅提高,因为他们不再只是观众,而是成了品牌内容的生产者和提供者,用户体验得以深化。目前,UGC模式又衍生出PGC(专业生产内容)模式和PUGC("专业+用户"生产内容)模式,三种模式优势各异,为平台核心竞争力的形成、内容创作质量的提升和品牌创新提供了无限可能(表3-7)。

表3-7 内容生产模式的分类及特征

类型	UGC(User Generated Content,用户生产内容)模式	PGC(Professionally Generated Content,专业生产内容)模式	PUGC(Professional User Generated Content,"专业+用户"生产内容)模式
模式内涵	以普通用户生成内容为主,以用户需求为起点,人人都可以在平台中发布内容,系统或人工审核通过后,可以在平台中让更多人看到,所谓的"人人都是自媒体"。	由专家或专业机构进行内容生产,以保证内容的专业性。由平台审核把关,然后上传。一般为原创内容,更注重版权与内容的稀缺性,保证内容价值与竞争力。	以专业用户为内容起点,是用户和内容生产者的结合,也就是将UGC与PGC相结合,能够保障更多的个性化需求,用户的创作需求得到满足。
产品形式	社区、问答、圈子、话题、短视频/音频创作平台等。	音视频课程、专业网站的新闻内容、在线教育平台授课等。	社区、问答等平台分享,如我是医生普及急救常识,我是HR分享面试心得等,用户在某些领域更具专业性。
平台举例	知乎的问答社区、豆瓣、小红书、头条、微博、微信的朋友圈、抖音短视频等。	知乎live,得到,逻辑思维,商业周刊,果壳,吴晓波频道等。	喜马拉雅,在行一点,蜻蜓FM以及专业的KOL,如小红书平台中美妆博主、明星等知名人士的分享等。
优势	人人都可以发布,创作门槛低,内容更加个性化,可以满足大众需求,有庞大的、可持续输出的内容基础。	对于内容质量要求更高,往往是针对某些领域专业的内容,内容真实可靠,满足用户更明确的求知需求;一般由专家或者专业的机构和团队输出,内容更容易变现。	结合了UGC的广度和PGC的深度,能够满足更多的个性化需求,且提供更多有参考价值的内容;为很多专业用户提供变现可能;打通KOL与粉丝之间的关系,更容易拉近距离产生互动。
劣势	内容质量参差不齐,因为内容主要由普通用户生产,所以大量用户才能成就UGC的内容形式;粉丝容易集中在头部用户,导致普通用户创作驱动力变弱、用户黏性差;所以用户的活跃度和生产能力就显得尤为重要。	专业内容创作门槛较高,所以平台采购成本高,会有相应的收费;针对付费内容,盗版猖獗,影响付费转化;平台需要一套严格的审核标准来保证内容质量,并且要持续性生产优质内容;另外,课程类内容社交属性较弱,缺乏及时的互动。	同样也要确保内容质量和优质内容的持续输出;平台一般需要对于用户资质进行审核认证,需要建立个人影响力。

资料来源:根据网上调研的信息整理归纳。

例如,豆瓣网是典型的UGC模式网站。该网站以图书和影音起家,提供关于书籍、电影、音乐等作品的信息,无论是介绍还是评论都由用户原创提供,形成了集品味系统(读书、电影、音乐)、表达系统(我读、我看、我听)和交流系统(同城、小组、友邻)于一体的创新网络服务,成了"文艺小清新"的网络聚集地,平台品牌风格独树一帜。与豆瓣网定位相区别,知乎则运用 UGC 与 PGC 相结合的模式,致力于打造高质量的问答社区和创作者聚焦的原创内容平台。知乎凭借专业的社区氛围、独特的产品机制和优质的内容,聚集了互联网科技、商业、影视、时尚、文化领域中最具创造力的人群,目前已建成以社区驱动的内容变现商业模式,深受用户信任。另外,抖音、快手、西瓜视频等短视频平台运用 UGC、PGC、PUGC 三种不同的模式,生成各具特色的短视频内容,在一定程度上形成了错位竞争(图 3-3)。

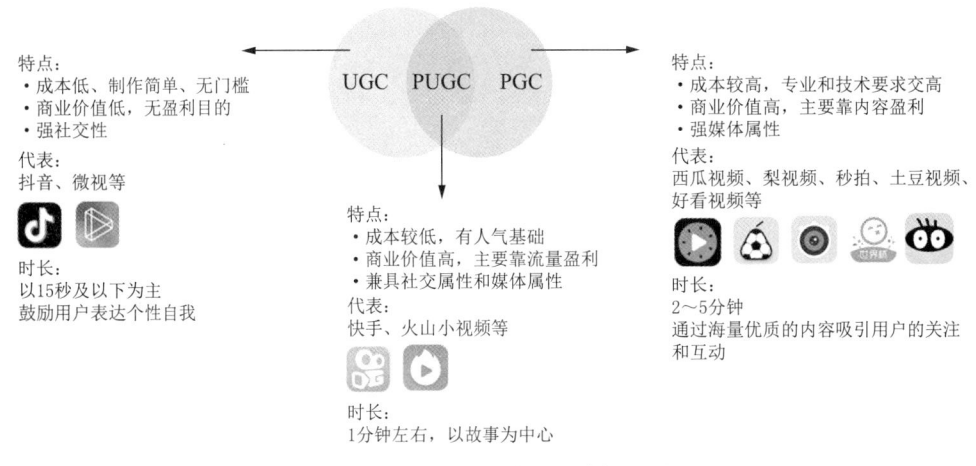

图 3-3 短视频平台内容生产模式对比

资料来源:《中国短视频行业年度盘点 2018》,艾瑞咨询《中国短视频行业研究报告 2017》。

依托内容生产模式的创新,优质的内容应运而生,成为品牌重要的载体。优质的内容要围绕品牌定位,传递品牌的核心信息,要丰富具体,要与场景相匹配,要通过广泛的立体式传播,将品牌价值观准确传达给消费者。同时还必须保持品牌调性的一致,从而在消费者心智中形成差异化的记忆点。在互联网美妆行业,以李佳琦为代表的美妆 KOL 运用妆容教学、产品开箱、好物分享、明星仿妆等短视频内容,通过花式种草成功激活了年轻群体的购买欲。在智能手机市场,小米、OPPO、vivo 等产品品牌不断推陈出新,有的追求性能卓越,有的追求极致拍照,有的追求时尚外观,各自拥有了更为精准的定位,同时内容营销的"卖点"多种多样,吸睛无数。以 OPPO Reno 为例,通过艺术插画、质感广告、创意潮品、音乐节等多样的形式,努力打造消费者心目中的"明星机",希望运用"心机营销"的多元化内容唤起消费者的关注。[1]正如"定

---

[1] Social Beta. 2019 品牌与消费者沟通全景报告[R/OL].[2019-10-30][2022-11-01]. https://socialbeta.com/t/report-SocialBeta-panoramic-review-2019。

位之父"杰克·特劳特(Jack Trout)指出的,要使公司强大的不是规模,而是品牌在消费者心智中的地位。因此,在快速迭代的信息消费世界中,品牌更应该通过内容击中消费者的内心,进而驱动品牌成长。

第二节 信息消费品牌发展现状

一、信息消费品牌总体发展现状

(一)强势头

1. 信息消费规模逐年递增,增速明显高于最终消费支出

近年来,信息通信技术(Information and Communications Technology, ICT)在国民经济各领域的渗透和应用日益广泛,产业创新不断加快,新产品、新服务、新业态大量涌现,使得满足信息消费升级需求的有效供给增加,激发了人们的消费欲望,信息消费成了全新消费热点与亮点,呈现出快速发展的态势。

2016—2020年,信息消费规模从3.9万亿元增长到5.8万亿元,平均每年增长11.3%,最终消费支出从41.1万亿元增长到55.7万亿元,平均每年增长8.5%,信息消费规模的增速是最终消费支出增速的1.3倍,如图3-4所示。强劲的发展势头,为各信息消费品牌提供了巨大的发展空间。

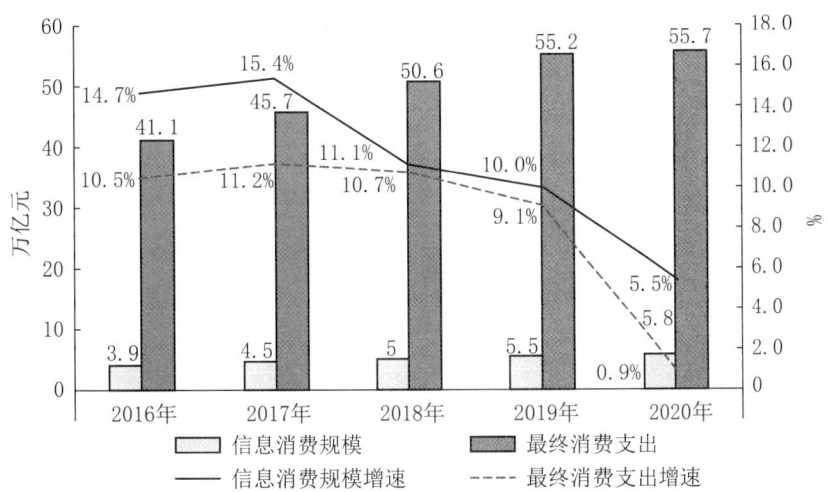

图3-4 2016—2020年信息消费规模与最终消费支出及同比增速

资料来源:国家统计局,2017—2021年《中国统计年鉴》;中国信息通信研究院,2019—2022年《中国信息消费发展态势报告》;中国信息通信研究院,《融合·创新·引领——促进信息消费升级》,人民邮电出版社,2019。

2. 全国网上零售额快速增长,网络购物成为消费者主要消费方式

2003年淘宝网成立后,网络购物进入了高速发展阶段。网络购物的价格优势和便捷性吸引消费者从传统的线下消费逐渐转向线上消费,网络购物的用户规模不断增长,市场持续扩张。

2016—2020年,全国网上零售额从5.2万亿元增长到11.8万亿元,平均每年增长21.9%,全国社会消费品零售总额从33.2万亿元增长到39.2万亿元,平均每年增长5.6%,网上零售额的增速是社会消费品零售总额增速的3.9倍,如图3-5所示。

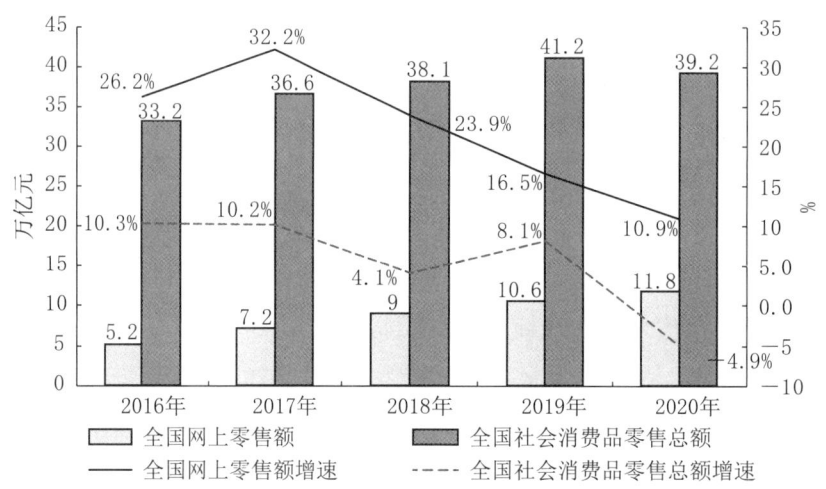

图3-5 2016—2020年全国网上零售额与全国社会消费品零售总额及同比增速

资料来源:国家统计局,2016—2021年《中国统计年鉴》。

从全国网上零售额占社会消费品零售总额的比例来看,近五年来,占比从15.7%增长到30.1%,增长近2倍,网络零售市场交易规模稳步上升,如图3-6所示。这说明,网络购物已成为消费者的主要消费方式,并将倒逼着线下传统零售企业进行数字化转型,同时促进线上新零售企业创新发展,这为信息消费品牌提供了良好的发展环境。

(二)深融合

强劲的信息消费发展势头和良好的信息消费发展环境,推动着信息通信技术在全产业链、各领域深度融合,但不再是单一方向的渗透性融合,而是呈现出线上互联网企业和线下传统行业双向深度融合发展的态势,信息消费已经迈入了"线上与线下、信息与消费"双向融合渗透的3.0发展阶段。

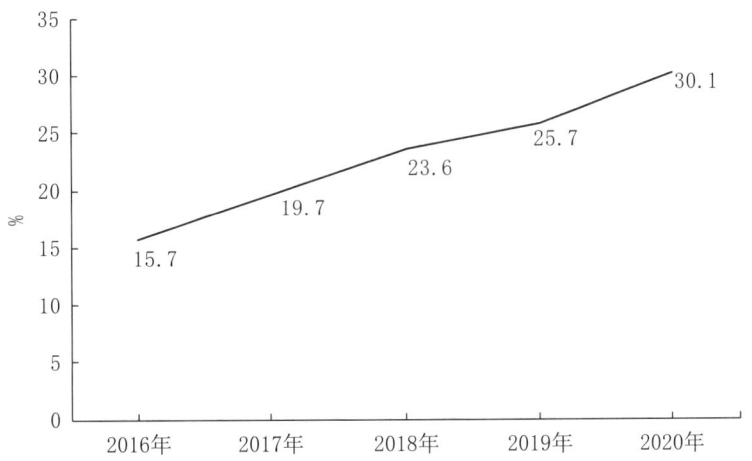

图 3-6　2016—2020 年全国网上零售额占全国社会消费品零售总额比例

资料来源：国家统计局，2016—2021 年《中国统计年鉴》。

1. 线上互联网企业持续拓展，向线下深耕

随着移动互联网的兴起，以淘宝网、京东等电商平台代表的互联网平台，充分发挥其技术、平台和数据优势，以互联网平台为核心，通过并购、战略投资或自建等方式打造全链条生态圈，对生产、流通、营销等过程进行全面升级，加速产业链上下游企业数字化改造和转型升级，重塑业态结构，建立了线上服务、线下体验以及物流配送深度融合的新零售模式。

例如，淘宝网整合了"菜鸟网络"数字化配送体系，积极调动制造商资源，建立了"淘宝心选"自有品牌，还拓展了"淘鲜达"这一O2O业务，通过提供线上线下融合的产品解决方案来服务传统零售行业。京东建立了"京东物流"自有配送体系，开设了"京东便利店"线下实体门店，积极调动制造商资源，建立了"京东京造"自有品牌，"京东新百货"线上服务也将在全国重点城市布局精选集合店。

2. 传统线下行业积极开展数字化转型，向线上融合

2020年，突如其来的疫情给传统线下行业带来了巨大的危机，倒逼传统企业主动应用信息通信技术，加快数字化转型升级。在此背景下，实体零售、餐饮、酒店、旅游、文化娱乐等传统服务业，以及家居、汽车、家电等传统制造业，快速重构数字化产业体系，实现了突破式创新，衍生出全产业链、全渠道融合渗透的信息消费新模式。

例如，旅游、健身、办公、教育、医疗等主要依赖于线下服务的行业纷纷转战线上，通过自建小程序、App客户端等信息软件由线下向线上迁移，通过创新发展信息消费

来寻求新的发展机会,衍生出了众多信息消费品牌。家居、汽车、家电等传统制造业,也深度融合信息通信技术,生产智能家居、自动驾驶汽车等信息消费产品。

(三) 多业态

5G、人工智能、物联网等新一代信息技术加速普及推广,带来传输、连接、计算、存储等综合能力的飞跃式提升,信息通信技术与休闲娱乐、文化旅游、教育培训、医疗健康等各领域的融合更加深入,云游戏、云旅游、云展览、无人零售等新业态在疫情催化下加速培育。VR、AR 在智能制造、工业和建筑设计等领域不断拓展,5G 手机、无人机、智能家居、智能穿戴、自动驾驶、智能机器人、智能网联汽车、4K 超高清电视机等黑科技产品不断涌现且性能显著提升。以"线上与线下、信息与消费"为特征的融合消费开启了全场景的深度拓展,消费模式持续衍生发展,既有现有业态的优化升级,也有全新业态的诞生,覆盖了网络销售、生活服务、社交娱乐、信息资讯、金融服务、计算机应用、公共服务等各类网络平台,以及智能终端产品等各领域。

1. 网络销售领域的信息消费品牌业态

在网络销售领域,信息消费品牌覆盖综合电商、垂直电商、商超团购电商等各类别,经过多年的持续演进,已衍生出众多业态。包括但不限于:淘宝、京东、拼多多等综合电商平台;点淘、京东直播、多多直播等由综合电商平台孵化而来的直播电商平台;网易严选、小米有品等品质电商平台;抖音、快手等社交电商平台;蘑菇街、小红书等内容电商平台;得物、识货等潮流电商平台;洋码头、考拉海购等海淘电商平台;唯品会、聚美优品等特卖电商平台等。

2. 生活服务领域的信息消费品牌业态

在生活服务领域,信息消费品牌覆盖出行、旅游、即时配送、教育、医疗、家政、房屋经纪等各行业,衍生出了众多全新业态。包括但不限于:滴滴出行、神州专车等网约车平台;百度地图、高德地图等地图导航平台;携程旅行、去哪旅行等旅行服务平台;叮咚、每日优鲜、美团买菜、盒马鲜生等生鲜配送平台;大众点评、口碑等本地搜索平台;美团、饿了么等外卖配送平台;慕课、腾讯课堂、新东方在线等在线教育平台;平安健康、好大夫在线、春雨医生等在线医疗平台;天鹅到家、58 到家、58 同城等家庭服务平台;贝壳找房、安居客、链家等居住服务平台等。

3. 社交娱乐领域的信息消费品牌业态

在社交娱乐领域,信息消费品牌覆盖即时通信、游戏休闲、视听服务、直播视频、短视频、网络文学等各行业,各类新兴业态占据了信息消费品牌的半壁江山。包括但不限于:微信、QQ 等社交媒体平台;钉钉、飞书等办公通信平台;腾讯先锋、网易云游戏、咪咕快游等云游戏平台；爱奇艺、腾讯视频、哔哩哔哩等在线视频平台；喜马拉雅、懒人听书等在线听书平台；虎牙直播、斗鱼等互动直播平台；抖音、快手等短视频平台；起点中文网、创世中文网等网络文学平台等。

4. 信息资讯领域的信息消费品牌业态

在信息资讯领域，信息消费品牌覆盖新闻门户、搜索引擎、用户内容生成、新闻机构等各行业，多为在传统业态基础上优化而来的成熟业态。包括但不限于：今日头条、腾讯新闻、网易新闻等新闻资讯平台；百度、搜狗、360搜索等搜索平台；微博、豆瓣、知乎等用户内容生成平台；微信公众号、头条号、百家号等自媒体平台；《人民日报》、央视新闻等新闻机构平台等。

5. 金融服务领域的信息消费品牌业态

在金融服务领域，信息消费品牌覆盖综合金融服务、支付结算、消费金融、金融资讯、证券投资等各领域，衍生出了一系列专业化程度较高的业态。包括但不限于：支付宝、微信支付等支付结算平台；花呗、京东白条等消费金融平台；中新经纬、第一财经、经济观察网等财经资讯平台；腾讯理财通、陆金所等理财投资平台等。

6. 计算机应用领域的信息消费品牌业态

在计算应用领域，信息消费品牌覆盖手机软件应用（App）商店、信息管理、云计算、网络服务、工业互联网等各领域，为满足不同需求而衍生出了五花八门的全新业态。包括但不限于：应用宝、华为应用市场等手机软件应用商店；OA、ERP、CRM等信息管理软件；珍岛智能云平台、用友YonSuite等SaaS直播软件服务商云平台；海尔卡奥斯COSMOPlat、用友精制等工业互联网平台等。

7. 公共服务领域的信息消费品牌业态

在公共服务领域，国家、各省市地方政府等各部门，依据其政务办公需求和公民服务需求，积极推广和开发各类公共服务平台，开启互联网政务新业态。包括但不限于：国家政务服务平台、国家社会保险公共服务平台等国家级平台；随申办市民云App、上海市人力资源和社会保障局公共服务平台等省市级平台；等等。

8. 智能终端产品领域的信息消费品牌业态

在智能终端产品领域，基于5G、VR/AR等虚拟现实技术的智能终端类信息消费产品快速升级迭代，激发出了一系列线上线下融合的创新业态。包括但不限于：华为的智能手机、笔记本、电脑等电子设备；蔚来的NOMI等车载智能终端；比亚迪的Di-Link等智能网联系统；小米手环、华为具有NFC（近场通信）功能的智能戒指等移动穿戴设备；360智能摄像机、小米智能开关、华为智能门锁等智能家居产品；百度Apollo（阿波罗）、AUTO X（安途）、滴滴自动驾驶等自动驾驶汽车；等等。

（四）新场景

在 PC 互联网时代,信息消费主要依赖于桌面互联网,信息消费品牌集中在网络购物、在线游戏、在线音视频、在线通信、在线搜索等场景。随着移动互联网的兴起,无处不在的移动宽带网络、广泛普及的智能终端和方便快捷的移动支付飞速发展,推动信息消费品牌不断创新,满足了一系列全新信息消费场景的需求。

1. 信息消费服务新场景

在信息消费服务方面,直播电商、在线办公、在线教育、在线医疗等新场景繁荣发展。据 CNNIC(中国互联网络信息中心)数据显示,截至 2021 年 6 月,直播电商相关平台使用率为 38%,用户规模达 3.84 亿户;在线办公相关平台的网民使用率为 37.7%,用户规模达 3.8 亿;在线教育相关平台网民使用率为 32.1%,用户规模达 3.2 亿户;在线医疗相关平台网民使用率为 23.7%,用户规模达 2.4 亿户。此外,云健身、云旅游、云 K 歌等新兴在线娱乐场景也在疫情防控期间受到众多网民的喜爱,信息消费服务新场景发展迅速,满足了互联网用户的多方面需求。

(1) 直播电商场景中的信息消费服务品牌发展

由于直播具有社交性和互动性,受到消费者的广泛关注与喜爱,直播电商成了连接人、货、场的新方式。点淘、京东直播、多多直播等由淘宝、京东、拼多多等传统电商孵化而来的电商直播场景中的信息消费品牌,在疫情的催化下迅速崛起,抖音、快手、蘑菇街、小红书等全新信息消费品牌也加大了对直播电商业务的投入力度,发展势头迅猛。

在发展的过程中,直播电商场景中的信息消费品牌不断创新,取得了较多的突破。从日常商品直播,到助农直播,再到售楼直播、线下实体店优惠券直播,直播电商的边界不断扩大;从真人直播到虚拟人物直播,直播形式不断演变;从市内布景直播到室外自然环境直播,直播场地不断变换;从网红、商业名人、政府官员到央视主持人,主播群体不断壮大。在不断的变革中,频频创造销售新纪录。

(2) 在线办公场景中的信息消费服务品牌发展

随着企业数字化转型不断推进,在线视频会议、在线文档编辑等信息消费服务持续创新发展,响应速度、存储能力、功能适用性不断提升。钉钉、飞书等在线办公场景中的信息消费品牌,在即时通信的基础上,通过开放 API(应用程序界面)集成具备不同功能的应用,建立功能完备的生态体系,提供高效且专业的服务。腾讯会议、百度智能云等信息消费品牌通过语音识别、自然语言处理等技术,将会议过程中的语音转写成文字,实现会议纪要的智能记录,提高办公效率。

（3）在线教育场景中的信息消费服务品牌发展

2021年上半年，国家相关部门密集出台对中小学基础教育的监管政策，整顿校外培训班，深化校外教育培训改革。受政策影响，学而思网校、新东方在线、猿辅导、高途等在线教育场景中的信息消费品牌通过深挖素质教育、成人教育等细分领域新机会，在探索中加速转型，为中小学生创新提供人文美育、科学创想、编程与机器人等素质教育服务，助力成年人进行专业知识迭代和职业价值提升，或转向学校，为学校提供技术解决方案，满足了在线教育场景下的新需求。

（4）在线医疗场景中的信息消费服务品牌发展

受政策利好、科技进步以及疫情等因素的影响，在线医疗迎来了健康发展的新阶段。平安健康、春雨医生、好大夫在线、京东健康、百度医生等在线医疗场景中的信息消费品牌，开始从线上互联网医疗平台向线下权威公立医院、养老服务机构延伸，利用自身优势，以数智化技术赋能康养机构和线下医院。服务范围从挂号问诊、医药电商等基础医疗服务，向远程会诊、智能导诊、健康科普、健康管理等更加智能和多元化的方向发展，实现了线上线下一体化、全场景的医疗和康养服务。

2. 信息消费产品新场景

在信息消费产品方面，不断推出适合家居、个人穿戴、汽车出行、养老等场景的全新产品，产品性能不断提升。据CNNIC数据显示，截至2021年6月，智能家居、个人穿戴设备、汽车联网设备的使用率分别为19.8%、13.3%、12.3%，均属于成长型产品，潜在消费规模大，发展前景广阔。

（1）家居场景中的信息消费产品品牌发展

在家居领域，单品智能逐渐向泛在智能升级。5G、人工智能、物联网，以及AIoT（AI+IoT，人工智能物联网）等融合技术的普及，加快了智能家居产业从以产品为中心的单点智能向以场景为中心的全屋智能演化升级，以入口为中心的互联互通场景生态成为主流。如，百度使用智能音箱的语音交互功能和小度智能中控屏控制智能家居产品，同时先后推出了智能照明控制、智能安防监测、智能环境调节、智能网速分配等智能家居服务。

（2）个人穿戴场景中的信息消费产品品牌发展

在个人穿戴场景中，健康类智能穿戴硬件设备受到了较多关注，发展最为迅速。在华为、小米等智能穿戴信息消费品牌的带动下，智能耳机、智能手环、智能手表等新型信息消费产品赢得了年轻人的喜爱，成了时尚必需品。华为的智能手表、手环等产品早已成为全球受众最多的运动健康产品之一。数据显示，截至2022年5月底，华为智能穿戴设备全球累计发货量已超过1亿，在运动健康领域，华为全球累计服务用户总量超过3.5亿。[1]

(3) 汽车出行场景中的信息消费产品品牌发展

国家政策的高度支持,以及5G网络时代高传输、低时延、高稳定的特性,推动车联网、自动驾驶等智能汽车产品不断迭代升级。5G车联网是实现自动驾驶的基础,可以真正实现车与人、车、路、服务平台之间的全方位网络连接,从而提升自动驾驶能力。据中信证券预测,到2040年,无人驾驶出租车的潜在市场空间约为3.2万亿元,商用车自动驾驶市场空间合计约为3万亿元。其中,城市专用车自动驾驶市场空间约为1.9万亿元、高速场景自动驾驶市场空间约为9 000亿元。[2]自动驾驶的广阔市场吸引着不少企业纷纷入局。

2022年8月11日,小米公布造车新进展,其自动驾驶技术已进入测试阶段,第一期将上线140辆自动驾驶汽车,在全国范围进行测试。2022年8月15日,百度旗下自动驾驶出行服务平台"萝卜快跑"在合肥市开启商业化试点,提供自动驾驶付费出行服务。但是,目前能被称作"自动驾驶"的汽车,只能在示范区里测试,而市场上可以销售的智能汽车,自动化程度较低,仅能实现导航辅助驾驶。这说明,自动驾驶还有很长的路要走。

(4) 养老场景中的信息消费产品品牌发展

在养老场景中,智能化养老不断发展,智能设备成为该领域发展新的突破口。京东健康联合京东智联云推出"家医守护星"系列智能健康设备,"家医守护星"以智能屏音箱为基础,搭载京东家医服务,接入健康监测设备数据,围绕用户健康管理多场景需求打造智能健康硬件产品,针对居家老人进行智能化健康监测和管理,提供24小时全天候在线咨询服务,一对一实时响应。居家老人可通过语音操控,直接电话或视频呼叫家庭医生,在线问诊或预约线下面诊,获取更加简单便捷的医疗健康服务。

二、 上海信息消费品牌发展现状

上海高度重视信息消费的发展,积极创建国家信息消费示范城市,不断激发需求潜力、增强供给能力、完善基础条件、改善发展环境,努力打造信息消费新模式、提升

---

[1] 中国新闻周刊.智能穿戴产品正在引领全民健身的新风尚[EB/OL].(2022-08-09)[2022-11-01].http://news.10jqka.com.cn/20220809/c640995562.shtml.

[2] 经观汽车.科技部力推新一代人工智能五大自动驾驶场景入列[EB/OL].(2022-08-16)[2022-11-01].https://new.qq.com/rain/a/20220816A09KTG00.

信息消费互动新体验、推广信息消费新产品、激起信息消费新浪潮,以优秀信息消费品牌带动全产业链信息消费发展。

（一）上海信息服务品牌发展概况

在政策引领、科技创新、信息通信技术的加速推广和普及等因素的影响下,拼多多、哔哩哔哩、携程、阅文集团、陆金所、小红书、饿了么、东方财富网、喜马拉雅和哈啰,已发展成为上海互联网公司十大品牌,排名顺序如图3-7所示。十大品牌囊括了网络购物、休闲娱乐(阅读、音频、视频)、生活服务(餐饮、移动出行、旅行)、互联网金融(财富管理、财经资讯)等与人们日常生活息息相关的方方面面,提供了丰富的信息服务。

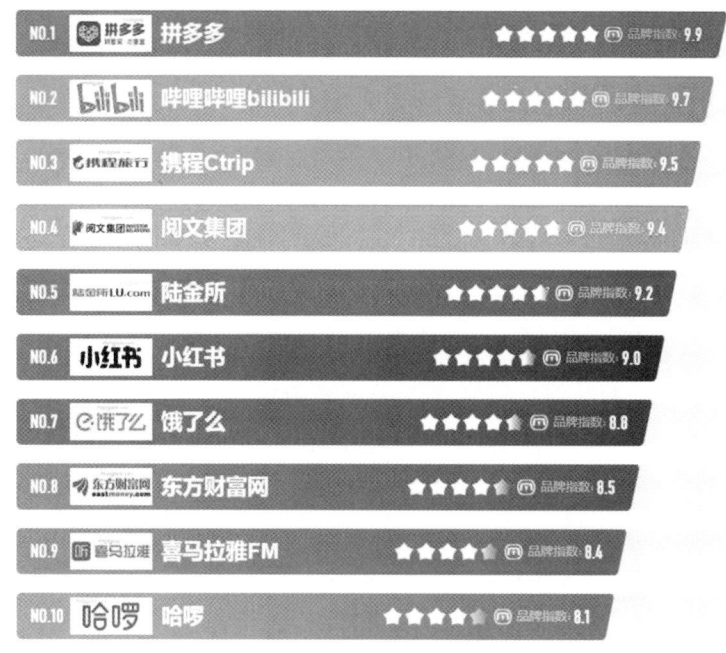

图3-7 上海互联网公司十大品牌

资料来源:Maigoo(买购网),《2022十大上海互联网公司排行榜》。

在网络购物方面,拼多多是中国新电商的开创者。拼多多以"拼着买,才便宜"的社交拼团为核心,以"好货不贵"为运营理念,为消费者提供补贴折扣品牌商品、原产地农产品、工厂产品等。此外,拼多多还与扶贫紧密结合,为推动农产品大规模上行提供了有效途径。

在休闲娱乐方面,哔哩哔哩和小红书是年轻世代高度聚集的分享平台,平台拥有众多专业创作者。目前,哔哩哔哩90%的视频播放量都来自专业用户创作视频,小红书社区每天产生超过70亿次笔记曝光,其中95%以上为UGC内容。阅文集团是一家以数字阅读为基础,以培育与开发IP为核心的综合性文化产业集团,旗下有QQ阅读、起点中文网、新丽传媒等知名品牌,覆盖文学、动漫、影视、游戏等多样化数字娱乐形态,拥有强大的原创作者阵营,向用户输出丰富的精神文化产品。喜马拉雅是中国知名在线移动音频分享平台。喜马拉雅首创PUGC内容生态,通过PGC、PUGC、UGC三种模式构建稳定的金字塔结构模型,持续供给高质量内容,引领音频行业创新。

在生活服务方面,携程和哈啰是两大旅行和出行服务平台。携程是全球领先的一站式旅行平台,向超过3亿会员提供酒店预订、机票预订、旅游度假等旅行服务。哈啰是中国专业的本地出行及生活服务平台,提供便捷的共享出行服务以及换电、租车等新兴本地服务。截至2021年底,哈啰拥有注册用户5.3亿户,业务触达国内400多座不同规模的城市。[1] 此外,饿了么是餐饮场景中专注于到家生活服务的平台,提供在线预定即时配送和餐饮供应链等服务,加速推动了中国餐饮业的数字化转型,将外卖做成了中国人的第三种常规就餐方式。2022年8月19日,饿了么与抖音达成合作,开启"刷视频点外卖"新业态。

在互联网金融方面,陆金所和东方财富网是理财投资场景中的两大平台。陆金所是全球领先的在线财富管理平台,为中小企业及个人客户提供专业的投融资服务,以及综合性金融资产交易信息和资讯服务。东方财富网是中国知名财经门户网站,旗下拥有证券、基金销售、金融数据等业务板块,向用户提供金融交易、行情查询、资讯浏览、社区交流、数据支持等一站式的金融服务。

除以上规模和影响力较大的信息服务品牌外,上海还拥有众多服务于各场景的中小规模信息服务品牌,这些品牌创新发展服务模式,在激烈的竞争中脱颖而出,并随着消费者需求的变化不断变革,满足消费者在衣、食、住、行、社交、文化、旅游、交友、阅读、购物、保险、信贷、就业、学习提升、信息资讯等各方面的需求。在网络购物方面,有潮流电商得物,导购电商返利网,跨境电商洋码头,钢铁产业链电商找钢网等;在休闲娱乐方面,有资讯平台趣头条、虎扑、即刻,心灵社交平台Soul,音频平台蜻蜓FM,在线阅读平台樊登读书等;在生活服务方面,有旅行平台驴妈妈,招聘平台前程无忧,相亲交友平台世纪佳缘,票务交易平台格瓦拉生活网,汽车养护平台途虎养

---

[1] 哈啰.哈啰2021年可持续发展报告[R/OL].(2022-06-06)[2022-11-01]. https://www.helloinc.com/detail.html?guid=49395423b0f64455b4ac83cda1b6e041&type=duty&types=2.

车,信息分类平台百姓网,在线教育平台沪江英语、英语流利说、掌门1对1等;在互联网金融方面,还有保险平台众安在线、信贷平台360数科等。

(二) 上海信息产品品牌发展概况

1. 上海人工智能领域信息产品品牌发展

上海强力推动人工智能产业发展,孵化出了一批高端人工智能企业。这些人工智能企业专注于人工智能算法开发、原创技术研发,申请了系列专利原创,建立了核心技术体系。同时,还积极探索专利技术应用,自主研发创新人工智能产品,相关产品广泛应用于教育、医疗、驾驶、城市管理等各行业。据统计,上海注册资本在2 000万元以上的人工智能企业共有21家,如表3-8所示。

表3-8 上海人工智能企业品牌实力排行榜

序号	品牌	注册资本/企业规模	企业名称
1	商汤(Sense Time)	1 325 000.00万元	上海商汤智能科技有限公司
2	来也	85 000.00万元	北京来也网络科技有限公司
3	哈工智能(HGZN)	76 093.76万元	江苏哈工智能机器人股份有限公司
4	博康智能(BOCOM)	50 000.00万元	新智认知数据服务有限公司
5	联影	30 000.00万元	上海联影智能医疗科技有限公司
6	汇纳科技	12 191.24万元	汇纳科技股份有限公司
7	翼方健数(BaseBit.ai)	9 804.30万元	翼健(上海)信息科技有限公司
8	森亿智能	8 800.45万元	上海森亿医疗科技有限公司
9	贝尔赛克(BIOSEC)	8 191.13万元	上海图正信息科技股份有限公司
10	悠络客	7 946.00万元	上海悠络客电子科技股份有限公司
11	彪特人工智能	5 000.00万元	上海彪特人工智能有限公司
12	纳尔(WINNER)	5 000.00万元	上海纳儿电子科技有限公司
13	依图(YITU)	4 669.89万元	上海依图网络科技有限公司
14	晏鼠	3 450.00万元	上海晏鼠计算机技术股份有限公司
15	径卫视觉(ROADEFEND)	3 000.00万元	径卫视觉科技上海有限公司
16	熠知(ThinkForce)	3 000.00万元	上海熠知电子科技有限公司
17	上海高通(GOTOP)	3 000.00万元	上海高通半导体有限公司
18	达观数据	3 000.00万元	达而观信息科技(上海)有限公司
19	欧普泰(OPT)	2 757.59万元	上海欧普泰科技创业股份有限公司
20	鲸鱼机器人(WhalesBot)	2 756.83万元	上海鲸鱼机器人科技有限公司
21	嘀拍科技(DEEPANO)	2 000.00万元	嘀拍信息科技南通有限公司

资料来源:买购网.上海人工智能企业注册资本——品牌实力[EB/OL].(2022-07-14)[2022-11-01]. https://www.maigoo.com/news/634485.html。

商汤、依图是两大AI企业,与旷视、云从并称"AI四小龙",致力于人工智能算法、技术的研发,并将其与行业应用相结合,相关核心技术已广泛应用于各行业。值得一提的是,商汤和依图曾在2020年凭借AI测温和肺炎CT影像辅助诊断产品,在科技抗疫中有突出的表现。2022年8月9日,商汤推出其首个家庭消费级人工智能产品——"元萝卜",这是一款AI下棋机器人,该产品融合了传统象棋文化和人工智能技术,能够真正"思考"和"行动",与孩子进行真实互动,陪伴儿童成长。

智能医疗是人工智能重点应用领域,联影智能是全球少数能够提供贯穿成像、筛查、随访、诊断、治疗、评估全流程,覆盖全病种,全栈全谱智能解决方案的医疗AI企业,致力于打造全智能化医疗健康生态,自主研发全线医学影像与放疗产品、生命科学仪器、医疗机器人、智能可穿戴设备及医疗芯片,并提供医疗数字化、医疗AI、数字骨科等一系列解决方案及第三方精准医学影像诊断中心服务。

智能驾驶虽然还未真正完全实现,但因其潜在的巨大市场价值,吸引着一批人工智能企业纷纷加入。径卫视觉是业界领先的数据驱动型智能驾驶科技公司,在较早时期便将人工智能技术应用于智能驾驶领域,致力于从环境及驾驶员状态感知、智能座舱、高精度地图更新三方面布局自动驾驶之路,带领行业迈进智能化新时代。径卫视觉曾发布智能座舱、智能一体机AI5E等智能驾驶产品,在充分保障驾驶安全的同时还能够提升驾驶体验。

作为人工智能企业,算法开发、技术研发是其核心竞争力。目前,上海人工智能企业在核心技术方面,已取得阶段性的成果。2021年7月26日,国际权威研究机构高德纳(Gartner)发布年度报告《机器人流程自动化魔力象限》(Magic Quadrant for Robotic Process Automation),来也科技代表中国机器人流程自动化(RPA)厂商首次进入魔力象限,与UiPath、Automation Anywhere、BluePrism等老牌厂商共同被重点推荐。高德纳认为来也科技将改变亚太RPA市场,高度认可其创新、市场理解、合作伙伴与开发者双生态。在核心技术的推动下,上海的人工智能企业将在应用领域不断崭露头角,带来更多创新产品,进一步打响信息消费产品品牌。

2. 上海元宇宙领域信息产品品牌发展

2022年以来,作为"元宇宙"入口的VR设备市场发展提速,上海迅速抓住先机,在2022年全国信息消费城市行(上海站)暨上海信息消费节上,在会场外设置了元宇宙展区,展示了上海元宇宙代表企业的产品方案,相关产品一经亮相即成为焦点。大朋VR、小派科技、亮风台、瑞欧威尔、鱼微阿(YVR)等上海头显品牌齐现身。

据买购网统计,发源于上海的大鹏VR、小派科技、百度VR分别位列《2022年VR虚拟现实十大品牌榜》第6名、第7名和第10名。这表明,在政策的大力支持与引导下,上海VR品牌已在行业中占据一席之地。目前,VR产业仍处于快速迭代、提升性能的阶段,主要应用于观影、游戏等休闲娱乐场景。但随着性能的提升,应用场景也在不断扩展。

其中,大鹏 VR 是中国代表性的软硬件一体化全栈 XR(扩展现实)技术与产品公司,致力于建设元宇宙的基础设施,拥有大朋 VR 头盔、大朋 VR 一体机、智慧党建学习机等系列产品,广泛应用于休闲娱乐、教育培训、房产装修、医疗、媒体会议、党建学习等场景;小派科技是全球知名的头显提供商,在 2022 XR 产业年会(XRIC)暨第五届"金 V 奖"评选中,小派凭借 Reality 12K QLED VR 头显斩获"年度优秀 VR 硬件奖"。在多年的打磨中,现已拥有 8k、5k、Artisan 等系列头显产品;百度 VR 是中国领先的一站式 VR 方案解决机构,百度 VR 一体机、VR 播控系统等终端设备广泛应用于教育、党建、营销、云展会、实训等场景。

第三节　上海信息消费品牌典型案例

一、潮流网购社区——得物

(一) 平台介绍

得物(POIZON)2015 年诞生于上海,是上海识装信息科技公司旗下的新一代潮流网购社区,其品牌口号是"鉴别服务开创者,力保全新正品",目前品牌估值超过 100 亿美元,已步入未上市独角兽企业行列,成为中国潮流电商市场的领导者。得物 App 平台核心业务主要分为正品潮流电商和潮流生活社区两大模块。其电商平台以销售各类新、潮、酷、炫商品为主,涵盖潮鞋、潮服、潮玩、潮搭及 3C 数码、家居家电等,如今更是成为众多一线大牌和潮流品牌发售和运营的首选平台。同时,作为年轻人的潮流生活社区,得物 App 聚集了一批时尚球鞋、潮品穿搭和潮流文化的爱好者,通过持续沉淀潮流话题内容,正在成为中国潮流文化发展的沃土。[1]

得物 App 平台运营的特色,是在传统电商模式的基础上增加了鉴别真假与查验瑕疵的服务,首创"先鉴别,后发货"的购物流程,以"强中心化"的平台定位深入把控全过程管理:严格明确商品上架标准,实行更公平的竞价交易机制,统一履约商品交付及高效的客服沟通等服务体验。基于此,通过对商品全面的查验鉴别,为用户提供"多重鉴别,正品保障"的全新网购体验,激发用户的购物兴趣。[2]

---

[1] 得物公司官网.https://www.dewu.com/.
[2] 百度百科.https://baike.baidu.com/.

(二) 发展现状

1. Z世代崛起催生潮流电商的兴起

近年来,随着消费升级趋势加剧,潮流市场发展迅猛。据电通中国创意服务线最新发布的《2022 解码 Z 世代:史上最分裂的一代》报告显示,Z 世代正在成为一股不可忽视的经济促进力量和消费力量,他们追求性价比的同时,更注重取悦自己。特别是,Z 时代在时尚领域的消费金额贡献逐年增大,90 后、95 后、00 后潮流市场的消费规模占比达到八成。2021 年,在去中心化的中国市场,近 3 亿 Z 世代人群撬动消费支出预计达 5 万亿元。[1]但另一方面,由于国外潮牌进入中国市场的条件和数量有限,国内品牌孵化周期又较长,所以市场上潮牌产品的供给相对较少。早期的潮牌商品因为本身的稀缺性和流通渠道的限制,主要采用二手倒卖的交易方式,消费者倾向于采用加价的方式购买,但由于二手交易市场缺乏监管,难以保证产品的真伪,于是催生出一批潮流电商交易平台,得物、识货、nice 等潮流电商相继登场。

2. 得物从纯粹的潮流交流社区升级为新一代的潮流网购社区

得物初创时的品牌原名是"毒"。2015 年 7 月,虎扑孵化的"毒"App 上线,主要功能是信息交流和球鞋鉴定;2016 年 9 月,"毒"App 上线直播功能,正式开启直播 KOL 社区;2017 年 8 月,"毒"App 商城上线,在潮流社区平台基础上增加了权威正品电商交易平台,率先以"C2B2C"(消费者到企业,再到消费者)的业务模式出圈,开创了"先鉴别,后发货"的全新交易模式,至此得物快速发展;2018 年起,在资本的加持下,正式脱离虎扑独立运营,"毒"App1.1.0 正式上线。2019 年,"毒"App 获得 DST Global 的融资,投后估值超 10 亿美元,进入未上市独角兽企业行列;2020 年,"毒"App 正式更名为"得物"App,升级为潮流全品类电商,由单一的球鞋电商升级为新一代的潮流网购社区,成功吸引了一大批追求潮流文化的年轻用户(图 3-8)。

3. 得物在中国潮流电商市场中一枝独秀

与得物同时期发展起来的垂直类潮流电商平台还有识货、nice、get 等,创立初期,这些平台都是从线上潮流分享社区或运动装备社区起步,后来随着社区用户的激增,单纯进行潮流分享已经无法满足年轻用户的需求。于是,各个平台陆续转变为"潮人社区+球鞋二手交易服务",从此开启球鞋售卖之路。随着各平台不断发展,得物的前身"毒"App 逐渐脱颖而出,成为潮流球鞋的最大平台,并改名为"得物"App,产品扩充到全品类。其他平台也跟进,相继完成了多元化的转型。目前,各大平台之

---

[1] 电通中国.https://www.dentsu.com/cn/zh/our-latest-thinking。

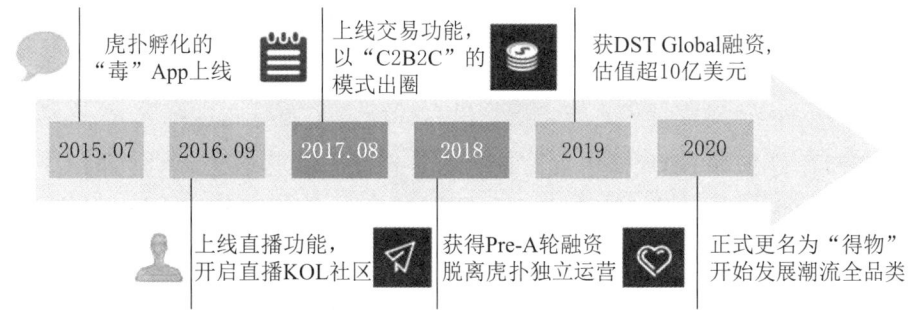

图 3－8 得物的发展历程

资料来源：运营喵．得物能一直领跑电商市场吗？［EB/OL］．(2021-12-06)［2022-11-01］．https://www.yymiao.cn/yunying/pm/82137.html。

间仍存在激烈的竞争。

据专业移动数据分析平台——点点数据统计的免费 App 榜单显示，得物在体育类 App 榜单中位列第 1，处于霸主地位；在综合类 App 榜单中位列第 22，大幅领先于其他潮流电商；综合评价 4.7 分，仅比识货 4.8 分低 0.1 分，位列第 2(图 3－9)。从 2021 年国内电商平台销售额和市场份额来看，得物市场表现突飞猛进，作为唯一的潮流电商首次闯入榜单，销售额实现 800 亿元，市场份额达到 0.5%，位列第 8，在潮流电商中一枝独秀。即使在国内电商市场中，与淘宝系、京东等综合类传统电商相比，也可谓异军突起，独树一帜(图 3－1)。由此，得物出色的市场表现引起了业界的广泛关注。

免费榜 iPhone_中国_08月28日 18:58

#	应用	总榜	应用/游戏榜	分类排名	关键词覆盖	综合评分
1	霸榜395天 得物-有毒的运动×潮流×… Shanghai Shi Zhuang Information Techn…	22 总榜	20 ▲2 应用	1 体育	20020	4.7
2	识货-运动潮流的好物和好价 Shanghai Shizhi Information Technology…	152 总榜	132 ▲2 应用	2 体育	22507	4.8
3	95分-正品潮奢闲置交易平台 Shanghai Zhichao Technology Co., Ltd.	- 总榜	351 应用	3 体育	7851	4.1
4	莆田好鞋-自主品牌购物商城×潮流… Putian deo Technology Co., Ltd	- 总榜	- 应用	4 体育	29044	4.5
5	nice-潮流玩艺 北京极赞科技有限公司	- 总榜	- 应用	5 体育	17707	3

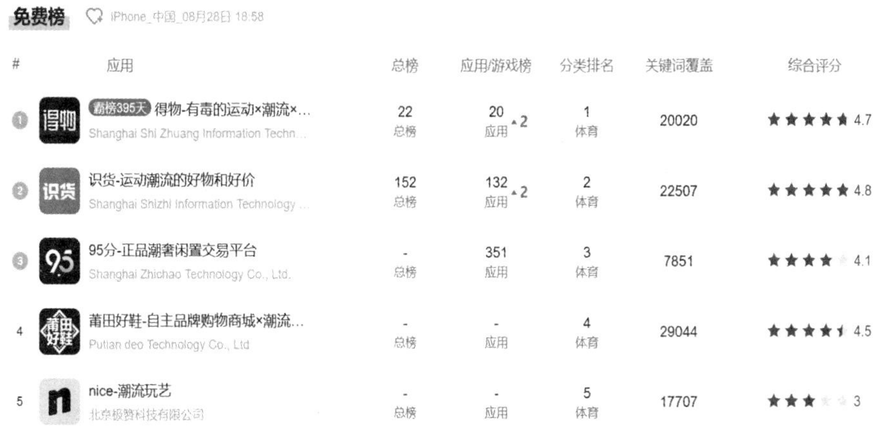

图 3－9 潮流电商 APP 相关情况排名

资料来源：点点数据(https://app.diandian.com/)。

4. 得物成为目前中国市场上触达高价值年轻用户的最佳渠道

得物App定位于潮流生活方式平台,以"有毒的运动×潮流×好物"为平台品牌口号,占据中国年轻消费者的心智。得物的目标用户主要分布在高收入、高消费的超一线、一线及二线城市,用户年轻化特色鲜明。根据百度指数搜索,30岁以下用户占比,得物为44.99%,比天猫47.75%稍低,然而其中19岁以下用户占比,得物为13.31,是天猫3.27%的4倍之多(图3-10)。这说明相比于传统电商覆盖的客群,得物瞄准电商市场增长力最快的Z世代人群,追求差异化的细分市场。据艾瑞数据可知,得物30岁以下的用户画像主要分为四类。(1)篮球爱好者:喜欢打篮球、讨论篮球及周边、爱穿球衣球鞋;(2)学生:没有经济压力、追求时尚、喜欢社交;(3)社区白领:工作稳定、拥有兴趣爱好、追求生活品质;(4)穿搭博主:喜欢在网络社区中展示自我,并获得认可。

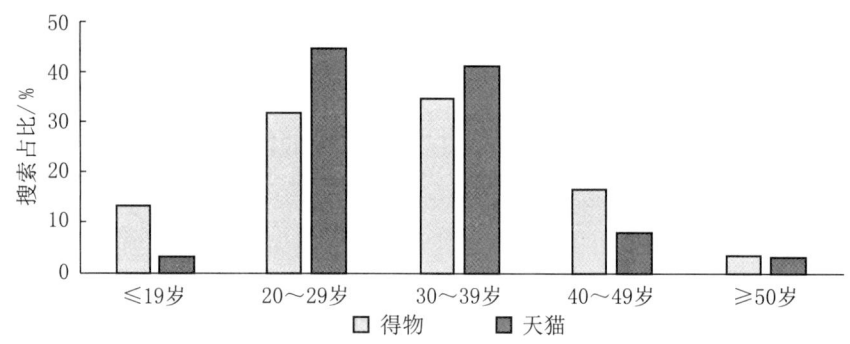

图3-10　得物与天猫的用户年龄分布对比

资料来源:百度指数。

从性别来看,得物App的男性用户占比54.4%,女性用户占比45.6%,前者高于后者8.8%,这主要是平台初期聚拢了一批忠实的男性篮球爱好者的缘故。但同时也发现女性用户占比,得物比天猫高21.28%(图3-11),近期得物女性用户增速较快,这是因为最近国际大牌纷纷进驻得物,并瞄准年轻女性用户,首发推出定制新品,从而俘获大量女性用户的芳心。得物从初期男性用户为主,转变为男性与女性用户并重。特别是,近期得物开始借助国际大牌的吸引力,深耕年轻女性市场。这主要是年轻女性在时尚潮流消费方面,具有四大优势:一是对最新时尚潮流敏感,注重穿搭细节;二是比男性用户有更强的购买意愿;三是消费决策时,对品牌尤为关注;四是关注悦己、自我表达和生活体验,对契合精神、文化价值的品牌,更愿意分享。概括而言,目前得物90后、00后用户占比高达80%以上,用户整体呈现出高知(视野)、高智(更高学历)、高质(追求更高品质)的"三高"特征。因此,可以说得物App是目前中国市场上触达高价值年轻用户的最佳渠道之一。

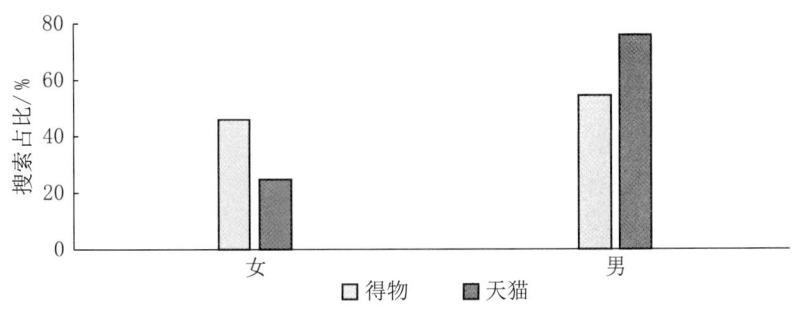

图3-11 得物与天猫的用户性别分布对比

资料来源:百度指数。

(三) 主要信息服务

1. 潮流电商:得物App汇聚全球正品潮流好物,激发年轻用户购物热情

为了满足Z世代追求潮流时尚又秉承特立独行的品牌观,得物App商城的产品定位于潮牌商品,从初期以潮鞋、潮服为主,扩展到如今包括数码、手表、箱包、美妆、汽车等在内的全品类产品。目前,商城中网罗了当前潮品、新锐设计、国际奢侈品、明星主理品牌等,成了引领潮流新消费发展的网上购物圣地。许多潮品的首发单品第一时间都能在得物商城中找到,还有不少新锐小众设计也能随时带给用户惊喜,甚至经典款、限量款的国际大牌奢侈品近期也出现在商城中,其中也不乏明星同款和超级新品。这些潮流好物以醒目的单品图片方式展示在主页中,琳琅满目,令人耳目一新,大大地激发了新生代用户的消费欲望,掀起了潮流消费的热潮。

得物潮牌商品的供货渠道主要有三个途径:(1)企业商家,即官方品牌入驻。目前得物已经成为众多一线大牌和潮流品牌运营发售的首选平台,如寇驰(COACH)、New Balance(新百伦)、Champion(冠军)、戴森等国际一线品牌均官方授权入驻,并将得物App作为新品发售的首选阵地。(2)明星主理品牌入驻也成为主流趋势。张艺兴、华晨宇、韩庚、林允等众多明星主理的潮牌均先后官方入驻,并取得不俗的销售业绩。如2020年9月,华晨宇主理潮玩品牌BORN TO LOVE在得物App首发,商品上架后1秒内售罄。可见,利用明星潮流影响力破圈效果显著。总之,平台目前已吸引5 000多个品牌入驻,多数为中高端品牌或潮牌。(3)个体卖家入驻。得物通过对卖家资质的认证以及分类、分级的严格管控,以保障正品货源质量。具体认证流程包括:实名认证—人脸识别—地址备案—协议签署—缴纳保证金—平台审核等六大步骤。目前,得物已拥有庞大的个体卖家,这是保证其货源充足的基础,也是源源不断为用户提供个性化潮牌的活水。

2. 核心服务：基于C2B2C交易模式，得物首创"先鉴别，后发货"服务流程

不同于传统电商平台C2C或B2C交易模式，得物采用C2B2C交易模式，搭建了独特的查验鉴别体系，以"先鉴别，后发货"的创新服务流程为其正品的承诺提供保障。C2B2C交易模式是一种互联网新型商业模式，是指消费者到企业，再到消费者的交易过程。其改变了传统模式下企业与消费者的关系，不仅是企业向消费者提供商品，同时消费者个体也进行价值贡献。其交易环节可拆分为：C2B和B2C两部分。其中，C2B是指消费者个体卖家向企业提供相关产品信息，企业根据信息对产品进行鉴定，鉴定无误后则由平台收购。B2C则是平台收购产品后，再经过平台复查、包装等各个环节，进行质检与担保，认定符合顾客需求后，面向买家发货，同时监督交易过程，确保交易顺利完成。由此，可见C2B2C平台更适用于需要品质担保的商品，平台扮演了"中间商"和"鉴定者"的双重角色，突破了传统电商平台的局限。

依托C2B2C交易模式，得物App平台首创"先鉴别，后发货"的服务流程。也就是说，卖家需要先把商品发给得物，由得物进行质量查验和真伪鉴别之后出具鉴别证书，再配合得物具有自主知识产权的防伪包装发货给消费者，确保消费者买到真货，买到好货，这样不仅重塑了商品交付流程，也增强了消费者对在线消费的信任。据悉，得物对每件商品都要经过"收货—全面质检—拍照—鉴别—防伪—复查"等六大环节的鉴别查验工序，在此期间商品会由多个专业鉴别师交叉鉴别，有些还会送往实验室进行成分分析，多重鉴别无误后才会出具鉴别证书，并配上防伪"四件套"（含鉴别证书、专属防盗扣、专属纸箱和胶带）再允许发货。得物就是每天经过这样重复数十万次的质检流程，为用户提供品质担保，从而建立起年轻用户对得物App的"正品"信任。

此外，为了确保鉴别工作顺利实施，得物还配套建设了全世界首个商品研究和鉴别查验团队，建立了数字化鉴别体系，并为在售的每一件潮流商品建立了详细的鉴别档案。同时，将计算机识别、AI辅助等新技术应用于鉴别领域，不断升级鉴别技术，保证鉴别的准确性和全面性。

3. 潮流社区：得物打造多元向上的潮流社区，成为年轻人潮流生活的主场

除了潮流电商这一核心业务外，潮流生活社区也撑起了得物的半壁江山。2015年得物初创时，从潮流资讯和潮流社区起家，如今得物社区已成为孕育潮流文化的沃土，也成为年轻用户精神交流的家园。在得物App生活社区板块中，集合了当下年轻人最热爱的生活方式，有年轻人分享的穿搭、潮鞋、潮玩、理容、美妆，还有年

轻人热衷的运动娱乐,如篮球、滑板、说唱、街舞等。众多年轻潮流爱好者聚集在得物,每天通过创作、分享知识经验,不断产出丰富多元的内容,其中"热爱""坚持"成了年轻人创作的高频词汇,传递着浓郁的积极向上的潮流社区氛围,成为年轻人潮流生活的主场。[1]

在UGC模式驱动下,得物鼓励年轻用户将他们真实生动的生活体验通过内容创造在平台上进行分享、讨论和互动,从而为品牌推广提供广阔的场景,同时也催生出各种"潮流文化圈子",在年轻用户间建立起情感连接,以提高用户黏性,进而打造从内容种草到电商变现的平台生态闭环。目前,得物社区的运营体系日渐完善,特别是平台系统会引导用户进行优质的内容种草。例如,当用户在平台发布动态,平台会给出"优质攻略"提示,指导用户如何发布一篇优质的动态。再比如,用户在收到货完成交易后,平台会通过设置奖励鼓励高质量的"晒单"。通过这样优质的种草,引发口碑传播效应,进而实现更大规模的引流、拉新、互动和转化。同时,将品牌植入其中,在内容营销和场景营销赋能下精准触达用户心智,加强品牌认知,提升品牌偏好,以构建强品牌关系。

(四)信息服务成效

得物诞生于国际时尚之都——上海,得物的成功"出圈"见证了自古以来就有"东方巴黎"美誉之称的上海的不断成长,也见证了Z世代消费力量的快速崛起。得物以"潮流电商+潮流社区"的双业务模式为基础,以"先鉴定,后发货"的服务为特色,不断通过模式创新、服务创新,利用内容驱动成长,一路乘风破浪,取得了令人瞩目的成绩。从2015年创立发展至2022年已有七个年头,得物的用户规模达到3亿户,交易规模在2千亿元左右,订单量接近2亿单,已成为中国电商市场中的后起之秀。2018年得物一跃登上App Store体育榜榜首;2021年获得互联网百强评选第40名,从2020年的第91名快速上升了51位;同年,成为上海首家获得工信部优秀企业社会责任报告A级的互联网企业。[2]作为顶尖的潮流信息服务品牌,得物取得的成效不仅停留在业绩榜单之上,它还在用实际行动支持和推动着文化复兴、城市升级、行业发展与社会进步。

1. 弘扬国潮文化,提升上海城市软实力

近年来国潮文化盛行,Z世代表现出强烈的文化自信和对国风的追捧热情。得

---

[1] 凤凰网宁波.得物打造多元、向上的潮流社区生态,成年轻人潮流生活主场[EB/OL].(2022-01-16)[2022-11-01].http://nb.ifeng.com/c/8CnTtiBYLSr。
[2] 丁文雄.得物:帮助用户得到美好事物[J].上海质量,2022(1):24-25。

物紧跟国潮经济趋势,为国潮品牌方和优秀设计者提供孵化平台,助其提升原创设计创新能力,同时利用平台大数据和资源赋能老字号品牌创新。例如,海鸥手表、凤凰自行车、六神花露水等这些上海老字号品牌,通过与平台上Z世代的交流碰撞,共创推出了符合潮流趋势的原创新款、定制款、限量款等,一改原来刻板的老字号品牌印象,"老牌换新颜"重新焕发出品牌活力。至今,基于国潮品牌孵化新模式,得物已孵化出数十个销售规模过亿元的国潮品牌。而且,从2020年起,得物助力上海"五五购物节"连续举办国潮设计大赛,继而又在平台上开设"国货之光"专区,以此推动上海信息消费发展,并帮助年轻一代树立"国货当自强"的文化自信,让国潮文化更加深入人心。与此同时,依托上海城市形象资源共享平台——IP Shanghai,得物与上海报业集团等多家企业共同开展IP Shanghai项目,向全世界展现上海的经济活力、创新创意、动感科技等,助力上海城市软实力的提升。

2. 树立潮品质量标杆,推动潮流经济高质量发展

得物作为鉴别服务开创者,首创"先鉴别,后发货"服务流程,并持续予以完善,形成了独特的SQC(Supplier Quality Customer)质量管理模式。该模式搭建了人员和数字化并重的鉴别体系,通过严格的选品标准、新潮的体验设计、专业的查验鉴别、规范的履约交付,持续稳定地为用户提供高品质的商品。得物也因此荣获上海市"质量标杆"荣誉称号。在SQC模式实施的过程中,得物还牵手"鉴定国家队",与中检集团奢侈品鉴定中心等机构共同研制潮品鉴别标准与规范,与中国质量检验协会联合发布国内首个鞋类鉴别团体标准、化妆品鉴别指南等,为数字经济、互联网电商等服务标准化建设提供了有益的参考,多方携手共创良性的潮流消费环境,推动潮流经济向着高质量发展迈进。

3. 履行企业社会责任,满足国民对美好事物的向往

得物在成长壮大的过程中,坚持开展公益活动,履行企业社会责任,不断回馈社会。2020年疫情暴发初期,得物向湖北及时伸出援手,捐资捐物;2021年山西遭遇暴雨灾害,得物专门设立了专项补贴用于救灾工作;此外,还不遗余力地扶持云南、江西、井冈山等地的乡村振兴。与此同时,在企业内部,得物也将履行企业社会责任作为经营管理的重要一环,就环保、公益、知识产权等议题定期展开讨论,致力于塑造有责任、有担当的企业文化,向社会传递正能量。得物创立的初心是"得到美好事物",与习近平总书记提出的"十四五"规划建设目标——"以满足人民日益增长的美好生活需要为根本目的"相契合,得物正在用实际行动践行并促进着品牌创新、信息消费的发展、人民生活品质的提高和社会进步,以满足国民对美好事物的向往。

二、一站式在线旅游服务平台——携程网

(一) 平台介绍

1999年10月28日,携程网正式在上海成立。携程网是全球领先的一站式在线旅行平台,致力于为世界各地的消费者提供完备的旅行产品和服务以及具备差异性的旅行内容。截至目前,消费者可在携程网获取的全球性住宿服务类型超过120多万种,航空服务相关提供商数量超过480多家;此外,为了满足消费者不断迭代升级的旅行需求,携程网不断开拓与超3万家合作伙伴的合作空间。对于世界各地的游客而言,可以通过携程的平台进行任何类型的旅行预订,包括目的地内活动、短途旅行、跨境旅游和商务旅游等。携程多样化的产品及服务组合涵盖经济、高端、定制化、精品等选择,吸引了国内以及全球日益增长的用户群体。携程作为中国最早建立在互联网平台上的旅游产品和信息综合服务商,被誉为互联网和传统旅游无缝结合的典范。

从人群属性(百度指数2022年7月)来看,携程的主要用户群体是20～49岁的青年群体。其中30～49岁用户的比例在过去5年中稳定保持在70%左右,这个年龄层的消费者收入比较稳定,对价格的敏感度不高,消费水平高,多属于中高端的商务用户,主要的使用场景是商务旅行;20～29岁的年轻用户群体占比不断攀升,这个年龄阶段的用户以学生或者刚参加工作的职场新人为主,对价格敏感,消费能力相对较弱,这部分用户的使用场景多为经济型出行服务或产品的预定。据极数(Fastdata)统计,2021年中国OTA(在线旅游)市场中,携程旅行的市场份额位居榜首,市场占比达36.3%。[1]

(二) 发展现状

1. 疫情背景下构建"双螺旋"式复苏模式,实现逆风增长

近年来携程一直将眼光瞄准全球,并在新一轮的经济周期中,通过国内、海外双线布局的方式,形成"螺旋式"结构,并行发展两条业务主链:其一是国内的携程(Ctrip)平台,其二是海外的http://Trip.com平台,形成覆盖全球市场,从短途到长途、从人工到智能、从内容到交易的多重闭环,而且这两条主链之间,可以在场景、功能、服务等方面形成完美互补,甚至成为全球旅游市场复苏背后,不可忽视的一股强

---

[1] 市界观察.同程旅行上半年营收30亿,争夺下沉市场,OTA紧抓周边游[EB/OL].(2022-08-25)[2022-11-01].https://baijiahao.baidu.com/s?id=1742129575188389054&wfr=spider&for=pc.

大的驱动力量。在亚洲市场,2021年,携程在海外市场中的本国/本地区酒店预订量较2019年增长超过30%。其中,在中国香港、新加坡和韩国市场约有三位数增长。而欧洲市场的机票预订量在第四季度进一步恢复,并延续至2022年初。2022年前两个月,携程海外品牌的机票预订量同比增幅超过200%,其中欧洲地区增长更快。2021年,携程平台上海外目的地玩乐产品的订单量较2019年增长超30%。携程海外市场的玩乐产品总量同比增长3倍,在线商品数量超过20万款,覆盖超过2000个目的地。[1]2021年全年携程集团营业收入为200亿元,同比增长9%,恢复至2019年的56%,全年净利润达14亿元;酒店预订量比2019年同期增长近3位数,会员规模方面同比增长超过20%,其中高级会员有两位数增长。[2]在疫情常态化的压力下,2021年携程凭借其构建的复苏模式,实现了海外市场和国内市场双丰收的局面。

2. 不断创新产品和更新服务体系,提升用户体验

在产品创新方面,携程坚持与供应链成员合作创新,不断推陈出新。以住宿业为例,2021年携程通过开发酒店套餐,与7000家高星酒店合作,为参与酒店引流了超过40%的订单,并通过发起促销活动,帮助20万商家拉升酒店业绩超过60%;与此同时,携程网打造的酒店套餐促进相关合作商的非房收入实现了近10倍的增长;此外,携程开发的智能客票综合解决方案,通过产品共创等方式扶持了本地及周边游玩产品等。冰雪游、研学游、温泉游等特色旅游产品,均较上年同期增长两位数。

在服务体系优化等方面,不断升级突破。2021年4月和7月,携程两度升级等级会员权益,增加机场休息室、酒店/度假无忧退订等10余项权益,从住到行覆盖多旅游场景,为会员出行体验提供安心保障,提升会员旅途含金量;得益于携程会员服务体系的全面升级,以及携程会员高质量增值服务的丰富与完善,其会员规模也保持着高速增长,2021年携程会员规模同比增长超过20%,其中高级会员有两位数增长;携程的服务体系迭代,也源于其不断借助智能服务,降本增效的同时,提升服务体验,截至2021年年底,携程海外客服中心AI Chatbot的自动化解决率接近80%。

3. 借力内容营销,重构旅游交易的人、场、货

随着"交易平台内容化"趋势的日益发展及其在旅游市场中的蔓延,在线旅游平台的营销模式也在不断迎合消费者需求的变化,摒弃了初期各大平台纷纷通过烧钱营销抢占市场份额的营销策略,通过旅游平台的内容化转型,一改"让消费者来找平

---

[1] 于斌.2021年业绩恢复至疫情前56%,携程旅行带领行业走向春天[EB/OL].(2022-03-29)[2022-11-01]. https://www.sohu.com/a/533633819_115386。

[2] 第一财经.携程2021年全年净营收200亿元,同比增长9%[EB/OL].(2022-03-24)[2022-11-01]. https://baijiahao.baidu.com/s?id=1728138886695296853&wfr=spider&for=pc。

台"的传统营销模式,形成了"让内容找消费者"的新型模式,旅游交易的人、货、场格局被内容营销重构。[1]在携程的界面上,以前霸占首屏位置的酒店预订、机票购买、旅游服务预订等入口被压缩,直播、口碑榜和"星球号"旗舰店等内容逐渐在首屏中占据更多的空间。携程的内容营销,不是简单地去向消费者传递内容进而与消费者进行互动,更关键的在于其与用户在内容上的共创合作,进而促进了内容的迭代,依托内容刺激消费者的旅行需求。

4. 持续进行高水平研发投入,打磨未来竞争优势

据2021年携程年度财报显示,2018—2021年携程在产品研发方面的投入累计达369亿元;其中,2021年,携程产品研发费用达90亿元,同比增长17%,占经营业收入的比重达到45%。[2]关于技术研发等的投入比例,甚至比一些互联网巨头都要高。截至2022年底,技术在携程各类业务上的应用已经非常普遍,包括自研的人工智能、数据分析及云技术使携程能够将海量交易及行业认知,转换并应用到商业及经营决策中去,进而不断提高产品服务质量以及运营效率。高强度且持续的研发费用投入,正是携程持续投资于未来的重要体现。疫情常态化背景下,携程对于技术的长期投入迸发出新的动能,并通过服务提升与产业赋能双轮驱动,助力旅游业实现高质量复苏。一个具体的效果案例是,在技术的加持下,对比2021年暑期疫情和2020年初疫情,携程机票在2022年3月份处置的退改订单处理效率已经提升78.4%,机票退改自助提交比已近95%。[3]其次在交通赋能方面,携程的技术优势表现得格外明显。2021年携程开发的智能客票综合解决方案,累计帮助31个机场提升客运中转效能,24个机场客运吞吐量同比增长两位数;在与携程开展空空联运合作后,部分合作机场的航段量比2019年同期增长近40%。

(三) 主要信息服务

携程网为消费者提供的产品和服务模块主要有酒店预订、交通出行票务购买、旅游度假预定、旅行金融服务、企业商旅服务、旅游资讯服务和"星球号"整合服务平台等七个方面。

1. 酒店预订

携程网酒店业务模块提供的服务主要包括酒店预订、实时酒店价格查询以及住

---

[1] 道总有理.内容营销,携程重构旅游交易的人、货、场[EB/OL].(2021-12-15)[2022-11-01].https://baijiahao.baidu.com/s?id=1719197072350621604&wfr=spider&for=pc.
[2] 中国网科技.携程:一家社会型企业的探索与实践[EB/OL].(2022-04-14)[2022-11-01].https://baijiahao.baidu.com/s?id=1730051986441478659&wfr=spider&for=pc.
[3] 面包财经.携程2021年报:坚守行业基本盘,继续投注资源为商家纾困[EB/OL].(2022-03-26)[2022-11-01].https://baijiahao.baidu.com/s?id=1728279151400919349&wfr=spider&for=pc.

宿推荐服务等。截至2022年,携程酒店官网能够提供全球200多个国家和地区、9万多个城市的酒店预订及价格查询服务,覆盖酒店数超过170万家。提供各种住宿类型,包括:酒店、宾馆、旅社、客栈、民宿、经济连锁、酒店公寓、青年旅舍、农家乐、别墅和特色住宿等。同时提供酒店图片、房间照片、酒店电话、酒店地址以及真实用户的酒店点评等各类信息,方便用户选择。

2. 交通出行票务购买

携程网交通出行票务购买服务方面主要包括机票购买和高铁动车票购买两个方面。其中机票购买业务模块的服务主要包括机票查询和预定以及相关促销信息查询服务;同时动态提供航班查询、时刻表查询、机票查询时刻表票价、实时起降查询服务、机场攻略和定制包机服务。目前,绝大多数航空公司提供的服务都可以在携程网实现票务的预订等,在全国60多个城市内,相关票务的预定和取送服务等都不受时空限制。高铁动车票预订模块提供的服务包括各类高铁动车票查询、预定和退票改签、实时查询高铁动车班次和时刻表、车票免费配送等服务。此外,在客户出行前,携程还会提供24小时订单提醒和专业客服咨询服务,在火车票预订页面,携程还会推荐主要城市(例如上海、北京、杭州、成都、广州等)的优惠酒店信息、热门的火车旅游线路以及热门火车路线的实时价格,全方位保障用户的火车出行需求。

3. 旅游度假预定

携程网旅游度假预定业务模块提供的服务主要包括国内旅游、出境旅游、门票预订、游学服务、签证办理、用车服务、邮轮旅游服务和定制旅游等。为消费者提供全球旅游、自助游、周边游、定制游、鸿鹄逸游、游学、景点大全、租车、欧铁预订、价格查询以及签证办理服务。截至目前,携程网能够为消费者提供覆盖200个国家、上千个景区的旅游服务预订及旅游资讯服务,提供140余个国家/地区全方位的签证/注资讯和代办服务。通过折扣、抢购和团购等多种营销策略,辅助以邮轮、独家欧铁、租车与订车等各种新式旅游手段,为消费者创造兼具品质和性价比的旅游度假体验。

4. 旅行金融服务

携程网旅行金融服务主要包括信贷理财、礼品卡和全球购这几个方面。其中信贷理财方面通过携程金融平台提供分期商城、信用贷、拿去花、联名信用卡、闪游卡和理财服务等。礼品卡服务是携程旅行网独家发行的预付费类旅游礼品卡,同时也是为数不多的全国通用的预付费卡,并无跨地域使用限制;如今携程礼品卡已被广泛用于商务馈赠、节日送礼、员工福利、活动奖品等。全球购通过到店购和在线购两种业务模式涵盖了行前、行中、行后的旅游和日常生活购物场景,向有购物需求的用户提供实在的回馈,包括购物信息提供、到店指引并返现、海外支付、结汇乃至退税等方面的服务。

5. 企业商旅服务

企业商旅服务模块的主要服务对象是全球范围内的企业,而不是个体消费者。携程网在与旅行服务相关合作商(包括住宿服务提供商和出行服务提供商等)进行合力的基础上,通过应用互联网新技术,为企业客户提供兼具多样性和可靠性的旅游资源选择。携程商旅成立十多年来,已经为300多家世界500强企业、13 000多家大型企业、65万多家中小型企业和3 200多万企业员工提供差旅管理服务,为企业降本增效贡献了力量。

6. 旅游资讯服务

旅游资讯是为会员提供的附加服务,由线上社区网站信息与线下旅行丛书、杂志形成立体式资讯组合。携程攻略社区是中国最早的互联网旅游社区之一,并在几年之内迅速成长为国内领先的旅游社区。社区内,汇聚了数十万乐于分享的旅游达人,积累了全球7万个旅游目的地包括2万条国内外景点的详细介绍及旅游攻略信息等。如今携程网还提出推广旅游类书刊,例如"携程走中国"丛书、"携程自由行PASS"丛书、《私游天下》等书籍,通过大量的旅游资讯、旅游图片和精美的信息文字、多角度的感官体验等,可以为消费者提供更为体贴周到的出行服务,打造出更加具有个性的旅游方案。

7. "星球号"整合服务平台

作为社区运营的一项重要举措,携程集团推出了"星球号",为全网旅业生态角色打造私域运营空间,服务于旅业KA(关键客户)品牌商家、旅业生态从业者、旅行内容创作者、消费者等不同角色。个人或品牌均可借势携程平台的产品供给能力,整合吃、住、行、游、购所有产品,结合携程平台中个人用户旅拍、游记和攻略等内容,打造专属于商家或个人的内容和营销阵地,进行定制化私域运营和变现。在内容创作者角度,"星球号"不仅可以发布官方图文/短视频、话题互动和挑战活动,还可以利用携程直播平台,通过自开播形式和达人带货能力让消费者快速种草。在消费者角度,可以通过各"星球号"旗舰店有针对性地获取资源,从携程网平台上开设的旗舰店,了解想要的品牌和相关旅游资源,并根据自己需求选择购买相关产品或服务。

(四)信息服务成效

1. 宏观经济层面:依托战略更新,共驱"乡村振兴"和"区域联动发展"

自2021年3月,携程集团发布"乡村旅游振兴"战略和"旅游营销枢纽"战略。目前,携程集团在践行社会责任、激活目的地旅游经济等方面成效颇丰。在国家乡村振兴战略的推动下,携程不断推出创新型产品,促进乡村旅游发展。例如,2021年落地的8座携程度假农庄,也成了"乡村旅游振兴"的样板工程,并呈现出了显著的"乘数效应"。此外,在"旅游营销枢纽"战略的推动下,通过携程直播和"星球号"等服务平台的上线,实现多要素组合和跨区域联动;以携程直播为例,每一场直播都会联动多个目的地集中展示优质旅游资源,为不同区域之间进行联动营销创造了机会;在"星球号"平台上,各目的地可以通过开设自己的"星球号"旗舰店介绍旅游产品,融合内容创造、商品呈现等多种方式,激发消费者的旅游欲望,为驱动目的地经济高质量发展做出了巨大贡献。

2. 供应链层面:携手产业链上下游共克时艰,赋能生态伙伴

作为全球领先的一站式旅行平台,携程义不容辞地承担起助力产业链上下游降低疫情冲击的责任。疫情防控期间携程在为商家纾困减负方面做出了诸多努力并取得了一定成效。疫情发生以来,携程全力以赴,为旅行社、机票代理商、酒店等行业商家排忧解难,2020—2021年,携程累计投入的金额达到了整个集团净利润的2.5倍,共计向中小微企业主发放了超过300亿元的贷款,是其2021年营收的1.5倍;因为疫情主动退改的订单金额近1 000亿元,约为其2021年平台全年交易额的20%,大大缓解了平台商家和用户的压力,形成正向循环。[1]

3. 消费者层面:以全方位服务满足用户高品质、多样化出行需求

携程网作为行业领先的"一站式"综合出行服务平台,通过网站和App为消费者提供了不断完善的全方位旅游出行服务。目前,携程网已经兼具全产品线、领先的技术等。通过对丰富的产品品类的组合,并伴随着大数据、云计算和AI技术的持续演进和广泛应用,携程网在各类需求满足方面,都高质量地创造了积极的消费体验。[2]在售前的整合式资讯提供、售中的导航式引导、售后的全方位保障,针对个人和团体的普适化或定制化方案提供,整体过程中产生的金融服务需求满足,依托整合式平台打造进而构建全网旅业新生态等方面,都有着优异表现,成为消费者旅游出行的首选平台品牌。

三、动漫娱乐平台——哔哩哔哩

(一) 平台介绍

哔哩哔哩简称B站,创建于2009年6月,隶属于上海幻电信息科技有限公司。B

---

[1] 电商报."三大效应"推动增长势能,携程迈向"社会型企业"![EB/OL].(2022-03-24)[2022-11-01]. https://www.dsb.cn/180892.html.
[2] 中国信息通信研究院.融合 创新 引领 促进信息消费升级[M].北京:人民邮电出版社,2019.

站早期是一个ACG（动画、漫画、游戏）内容创作与分享视频网站，经过10余年的发展，已成长为中国知名的视频弹幕网站，也是中国年轻世代高度聚集的综合性视频社区。B站以"二次元"为核心，聚集了大批优秀的专业创作者，围绕用户、创作者和内容，构建了一个源源不断产生优质内容的生态系统，涵盖7000多个核心文化圈层，覆盖番剧、电影、动画、音乐、舞蹈、游戏、科技、生活、鬼畜、时尚、娱乐、影视等多个内容板块。B站以专业用户创作视频（Professional User Generated Video, PUGV）为中心，辅以直播、专业机构生成视频（OGV）等。目前，B站94%的视频播放量来自PUGV。在此基础之上，B站提供了移动游戏、直播、视频、漫画及有声音频、电商、社区、广告、付费内容等商业化服务内容，同时也在布局电竞、虚拟偶像等领域。

图3-12 哔哩哔哩内容板块

资料来源：哔哩哔哩官网（https://www.bilibili.com/）。

B站的核心用户为Z世代，"Z世代"也是B站兴起的新词汇，是指出生于1990年至2009年的一代人。Z世代成长于物质条件优渥的年代，接受过高水平教育，对科技和文化有强烈的兴趣，自我表达欲望强烈。B站提供的创作平台和内容服务瞄准Z世代的兴趣和需求，Z世代也对自己作为B站用户的身份高度认可。据艾瑞咨询报告显示，2020年B站35岁及以下用户占比超86%，截至2021年底，月均活跃用户达2.72亿户。

（二）发展现状

1. 服务结构多元化，增值服务成为主要收入来源

B站主要的营收服务分为四大板块，分别为：移动游戏、增值服务、广告、电子商务及其他。移动游戏收入主要来自二次元游戏的独家代理和联运；增值服务收入主要来自优质会员订阅和付费，以及娱乐、游戏、二次元手游、绘画等直播服务；广告收入主要来自节目内置广告及展示广告；电子商务及其他收入主要来自电子商务平台产品销售，包括二次元周边和票务等。

2021年，B站总净收入193.7亿元，比2020年增长62%。四大板块中，移动游戏的净收入占比有所下降，而增值服务占比却显著提升，首次超过游戏成为主要收入来源，广告、电子商务和其他服务的净收入也有较大幅度增长，B站收入结构更加多元化和合理化。具体如表3-9所示。

表3-9 2020—2021年B站主要营收状况

主要营收服务	2020年		2021年	
	净收入/亿元	净收入占比/%	净收入/亿元	净收入占比/%
移动游戏	48.0	40.00	50.9	26.28
增值服务	38.5	32.08	69.3	35.78
广告	18.4	15.33	45.2	23.34
电子商务及其他	15.1	12.58	28.3	14.61
总计	120.0	100.00	193.7	100.00

资料来源：哔哩哔哩财报（https://ir.bilibili.com/financial-information/annual-reports）。

2. 中国最大的PUGC（专业用户创作内容）分享平台，内容优势明显

B站以二次元、Z世代为核心，通过搭建健康的内容创作机制，获得粉丝的强烈的认同感，聚集了一批年轻、有才华、有创意、正能量的优质UP主（视频创作者）。UP主是B站创作生态中最为重要的部分，这些UP主并不是所谓的明星或网红，最开始都是有着自己兴趣爱好的普通人，出于认同感而发布视频，同时在创作中不断提升视频制作技术、积攒粉丝、获得人气。这种特征也使B站UP主的粉丝数量趋于平滑，位于前列的UP之间粉丝数量相差较小，具有去中心化的特点。在B站的"创作者支持计划"等机制的鼓励和支持下，活跃的UP主数量持续增长。

优质UP主持续输出高质量的视频内容，吸附专业的粉丝主动进驻，这些粉丝具有高鉴别度和明显的兴趣偏好，在与UP主的互动过程中产生强烈的归属感，从而产生主动式的用户黏性，形成良性循环。这种健康的基本内容模型既满足了UP

主分享的基本诉求,又满足了粉丝获取知识内容的渴望,用户也可以在UP主和粉丝的角色间相互切换,既可以主动创造,又可以从中获取,最终使得用户黏性不断增强。

3. 用户群体不断扩大,破圈Z世代和二次元

Z世代、二次元一直是B站的核心,也是其发展的根基,但随着更年轻的用户不断进驻,用户兴趣和需求也会发生变化。在B站的PUGC鼓励机制中,分区不是提前指定,而是按照UP主的视频和用户反馈来划分,比如美妆视频增多,用户观看和反馈比较多,B站就会开设美妆分区,以此来达到自动选择用户感兴趣的内容和趋势的目的,并能够实时反映用户的兴趣变化。随着新的分区变化,不断吸引新的UP主自动补充进来,从而保持社区的年轻化。如今,B站已经不再是单纯的二次元社区、Z世代社区,而是具有强大自我迭代、革新能力的泛兴趣社区。

4. 探索新型服务模式,不断提高用户体验

在游戏、直播、视频等主要服务的基础上,B站也在不断探索新型服务模式,不断提高用户体验。在视频播放方面,除传统横屏视频外,B站新增竖屏瀑布流"看视频""听视频"功能,增加云视听小电视功能,可将视频投屏至电视大屏,为用户提供多元化视频观看体验。在视频片源方面,B站近年来加大片源引进,先后引进了《老友记》《孤独的美食家》等剧集和国内外大量优秀电影,在引进海外动漫的同时还加大了国产动漫推广及B站综艺和纪录片的投资,先后产出《屋檐之下》《守护解放西》《众神之地》等优秀作品。在社会公益方面,上线了B站公益平台,其中的哔哩哔哩小学为更多乡村学生提供了学习渠道,公益平台也为更多困难人士提供求助渠道,同时为残障人士在"英雄联盟"全球总决赛上提供手语翻译,帮助特殊人群用户拥有更好的体验。

(三)主要信息服务

当前,B站有移动游戏、增值服务、广告、电子商务及其他四大营收来源,结合UP主和粉丝的兴趣偏好,根据信息服务的类型,可从移动游戏、直播、视频、电商、社区五个方面分析B站提供的主要信息服务。

1. 移动游戏

移动游戏是B站最核心服务之一,也是B站的主要内容模块。用户可以在游戏中心预约、下载游戏,进行游戏打分、在游戏论坛中与其他玩家分享经验、交流感受,还可以发布游戏过程视频,提供了良好的用户游戏体验环境。在运营模式上,B站主要采用游戏代理模式同游戏制作公司合作,游戏制作公司提供前期游戏制作,B站负

责戏宣传和渠道发行。基于良好的社区内容生态与强大的代理宣传能力,B站成为众多二次元游戏在公测发行时的首选平台,如《碧蓝航线》《原神》,这些游戏也成为B站的主要收入来源。2022年第一季度,B站的移动游戏业务收入13.58亿元,占总净收入的26.87%。

2. 直播

直播是交互性、实时性较强的娱乐服务,B站早在2014年8月就上线了直播服务,早期的直播主要由游戏UP主主导,吸引了一批游戏爱好者,通过观看直播实况同UP主互动聊天。2020年,B站直播爆发性增长,主因是B站以8亿元买下"英雄联盟"全球总决赛的三年独播权,在游戏及直播圈内引起不小的轰动。加之新冠疫情的影响,用户居家时间明显增加,B站直播平台涌入大量用户,更多的生活类直播开始进入视野,涵盖了萌宠、美食、生活分享等模块。B站还对原有直播版面进行了重新改版,对粉丝勋章、大航海等付费等级项目以及直播观看界面进行了升级,优化用户体验。近年来,虚拟科技开始在生活娱乐中普及应用,B站基于其成熟的ACG文化,吸引了大量虚拟主播入驻。2022年,虚拟主播Vox在YouTube上爆火后,在B站邀请下首次在国内开播,超5万人进行实时互动,实现111万元的营收。当前,虚拟主播账号Vox_EN_Official在B站粉丝量已超135万人。

B站直播打赏采用"电池"作为虚拟货币,在直播中主要有三类信息消费场景,即礼物投送、醒目留言和大航海主播会员。首先是礼物投送,用户在观看直播时可投送礼物作为支持,礼物价格在1至2.233万电池不等,观看时长、累计发言以及礼物投送等直接影响粉丝勋章等级,粉丝勋章等级越高可解锁更多直播特权,如特权礼物、粉丝装扮特权等。其次是醒目留言,在直播互动时由于弹幕较多,主播可能无法及时看到信息,B站直播由此开设了醒目留言,用户可选择用电池购买不同悬挂时长,使主播可以及时阅读到留言。最后是大航海主播会员,用户可加入主播的大航海,即类似于成为主播的会员观众,其分为舰长、提督、总督三类,价格也分为198元/月、1998元/月和19998元/月。大航海享有身份、礼物、弹幕及装扮四大项特权,地位越高的会员特权数量与等级也越高。

在直播收入分成上,抽成比为税前5∶5,即B站在每位主播收益中抽50%的税前收益作为佣金,主播拥有剩余50%税前收益。随着头部主播的增长,B站直播收益也有所突破,这已成为增值服务收入的主要来源之一。

3. 视频

B站一经建立,就因其友好的社区环境和弹幕互动交互,吸引了许多优秀UP主入驻。在早期,B站以动漫视频为主,UP主对动漫进行解说与二创。之后越来越多的UP主在B站发布游戏解说和游戏实况,游戏视频也逐渐成为B站早期受欢迎的视频之一。现如今,B站共有28类视频分区,涵盖了用户娱乐、生活、学习等方方面面。

在视频创作中,B站为UP主提供了良好的创作环境,UP主可参与有奖活动及打卡挑战,增加用户创作积极性。在视频发布后,用户可在评论区就视频做出评价,还可进行一键三连,即用点赞、投币、收藏来对优秀视频进行赞赏和推荐。针对优秀UP主,B站开启充电计划,UP主开启视频充电后,观看用户可针对视频进行充电赞赏,赞赏金额以7∶3分成,B站仅收取UP主充电总收入的30%。

随着B站内容为王的认知逐渐加强,UP主制作视频的成本和时长不断增加,使得其收入和回报不成正比,这些问题推动了B站视频的商业化运作。2022年,B站上线付费观看UP主视频服务,用户在观看付费视频时需要运用B站虚拟货币"B币"进行购买。其中,UP主"勾手老大爷邓肯"在6月发布了《世界十大未解之谜》系列,成为B站第一个付费视频合集,截至8月初,共有170万余次观看,1.6万余人评论。

近年来,B站知识类用户逐渐崛起,越来越多的知识类视频在B站受到欢迎。在2022年6月26日,B站的13周年庆中,B站副董事长兼首席运营官李旎透露,2021—2022年泛知识内容占总播放量的44%,有1.98亿用户在B站学习,如罗翔老师的刑法视频、戴建业老师的诗词文学等。与此同时,大众知识付费意识逐渐增强,2019年10月,B站顺此大势开设课堂专区,在其中设有通识科普、考试考证、职场提升等九大类课程。B站邀请业内专家讲师进行授课,用户可根据自身兴趣和需求购买课程。但B站付费课程上线较晚,且课程普遍收费较高,具体信息消费成效还未可知。

4. 电商

2017年8月,B站上线"会员购"服务,作为B站主要的电子商务平台,主要负责发售B站周边、ACG文化周边及代理漫展门票等。"会员购"主要面向B站各社区内用户,社区的高ACG文化与电商相结合,为用户提供了购买手办、动漫周边、服饰等ACG衍生品的机会。用户在B站"会员购"中可根据自身喜好购买产品,同其他电商平台一样在购物后进行评价。除此之外,B站新增了娱乐性较强的"魔力赏"活动,用户可在其中根据展品参与付费"魔晶"抽奖活动,这项服务增强了用户购物的参与感。近年来,B站还积极推动手办原型创作大赛,为用户提供喜爱角色的创作机会,不仅增强了用户在ACG文化中的参与感,更为IP(知识产权)方提供了新的周边创作灵感。一直以来,B站"会员购"的净收入在稳步增长,但由于受到疫情影响,2022年上半年的营收能力有所减弱。

5. 社区

相较于其他同类视频网站而言,B站最大的竞争优势之一是具有良好的社区氛围。依靠良好的社区氛围,B站积累了较大规模的用户群体,且用户均具有较高的黏性和忠诚度。在账户注册环节,B站就通过会员答题机制筛选目标人群,强化针对二次元、Z世代的社区认同感,为平台的内容创作输入新鲜血液。具有强烈社区认同感的用户在B站的良好氛围中得到浸染,快速成长甚至转化为新一代UP主。同时,丰富多元的社区内容激发用户通过弹幕进行二次创作,提升参与感,引发其他用户共鸣。UP主、用户、内容之间形成了有效的正反馈效应,社区氛围进一步得到强化。在此机制下,B站打造出了具备自我迭代且兴趣分散的社区文化。

B站"大会员"是社区内的增值付费服务。在"大会员"的增值服务中,用户最常用的功能是动漫番剧的点播权,这主要是因为B站番剧片源数量多且长期引进新番剧。此外,B站重视发展自制综艺和纪录片,同时引进热播影视剧,因而越来越多的用户充值"大会员"来观看影视综艺。除此之外,"大会员"还享有成长等级、会员标识和站内装扮等多项附加权益。据B站13周年统计数据显示,社区会员12个月留存人数达80%以上,是B站稳定的年增值消费用户,"大会员"也成了B站增值服务的收入主要来源之一。

(四)信息服务成效

1. 激发用户创作,提供高质量视频内容

健康的内容创作机制、良好的社区氛围、自我迭代且兴趣分散的社区文化,以及UP主、用户、内容之间的正反馈效应,使得B站能够激发用户创作,持续输出高质量的视频。在此基础上,B站持续在内容生产、传播曝光、商业变现等多个环节为UP主提供服务与支持,构建可持续、具备成长性的创作者生态,围绕内容类别多样性、题材丰富度、创作活跃度等探索更多可能。例如,为提高UP主变现能力,B站创建了UP主与品牌主的官方合作平台——花火;为助力UP主成长,B站开发了基于B站内容生态的创作工具——必剪,覆盖900余万创作者,其中100万创作者通过必剪首次成为B站创作者;为支持UP主原创内容,B站推出了UP主版权保护计划,覆盖3.6万名UP,已为4万条稿件成功维权。[1]

2. 开发原创游戏,盘活二次元游戏玩家

B站主要采用独家代理、联运和自主研发等方式运作游戏板块。在独家代理方

---

[1] 哔哩哔哩创作中心.2021B站创作者生态报告[R/OL].(2021-12-09)[2022-11-01].https://www.bilibili.com/read/cv14332832。

面,由于游戏板块的突出表现,以及B站能够运作游戏的全产业链,可以全权负责游戏的推广、发行、服务器托管、促销和客服运营,B站已成为各大游戏公司的优选代理方。在此模式下,游戏开发商也能够专注于制作更高质量的原创游戏,形成良性循环。在联运方面,B站作为发行渠道,为游戏开发商提供游戏发布平台;在自主研发方面,B站意识到原创游戏能力提升的重要性以及渠道地位下降的趋势,于2019年提出要自主研发游戏,并于两年后首次发布了6款自主研发游戏。在大趋势下,B站更加重视游戏制作能力。

此外,B站拥有集中的二次元群体,这为游戏公司带来数量可观的玩家,也正因为此,二次元游戏在B站最受欢迎且付费意愿最高。B站用户在平台发布游玩视频后,游戏公司可根据大量玩家的评价反馈对游戏进行改进,从而打造出高质量原创游戏,进而带来更多的二次元游戏玩家。

3. 加强用户版权意识,探索文化版权保护新路径

近年来,文化侵权事件成为社会各界热议话题。为保护平台中的原创内容版权,B站加强了视频内容及影视节目的版权管理,在用户发布视频时增加自制与转载选项,加强用户版权意识,同时下架一系列非站内版权影视作品,为B站创造良好的文化保护环境。

此外,针对数字版权盗用、侵权等问题,B站积极探索数字版权保护模式。2022年初B站开设了数字藏品服务,吸引大量用户前来体验。为保护藏品权益,将藏品建立于B站特有高能链之上,具有不可篡改性,有效打击了未授权的盗用,又可以通过开放衍生品制作和二创权益为创作者赋能,在版权保护上探索新路径。

4. 催生新兴职业,开辟就业新"风口"

互联网推动着传统行业的变革,信息消费的热潮也带动了B站出现更多的新职业。近年来,全职UP主数量在B站越来越多,许多UP主由最开始的兴趣投稿逐渐转向专业领域媒体人,众多全职UP主聚集后产生MCN机构。专业代理机构的出现带来众多新兴职业,如短视频剪辑、后期制作师等,全职媒体人产业愈发完善。此外,B站在众多领域也出现新职业,如绘画UP主发布绘画视频吸引观众,进而承接定制画稿,商用画手成为新兴职业。

第四节 上海市居民信息消费行为调研

为了了解上海市居民的信息消费行为,从信息消费类型/能力及意愿、信息消费终端及品牌选择、信息服务付费意愿、新型信息消费场景参与和智能化集成化信息产

品消费意愿等方面对上海市居民展开了调研。本次调研时间为2022年6月至7月,问卷发放平台是"问卷星"(https://www.wjx.cn/),发放方式为滚雪球的方式。初始共回收问卷1165份,通过问卷结果数据检验及填写时间控制,删除无效问卷107份,得到有效问卷1058份,问卷有效率达91%。

本次调研中1058名被调研对象覆盖了全上海16个行政区划,每个行政区划样本占比如图3-13所示,其中浦东新区占比19%,闵行区占比12%,金山区占比8%,青浦区和静安区占比7%,宝山区、黄浦区和松江区占比6%,嘉定区、普陀区和徐汇区占比5%,杨浦区占比4%,虹口区和奉贤区占比3%,长宁区占比2%,崇明区占比0.38%。下图中深色数字表示上海市第七次人口普查显示的各区划人口占比,通过对比可知,本次调研样本在各行政区划的占比与各区人口占上海市人口总数的占比上一致性程度较高,说明本次调研样本在区域分布上较为合理。具体情况如图3-13所示。

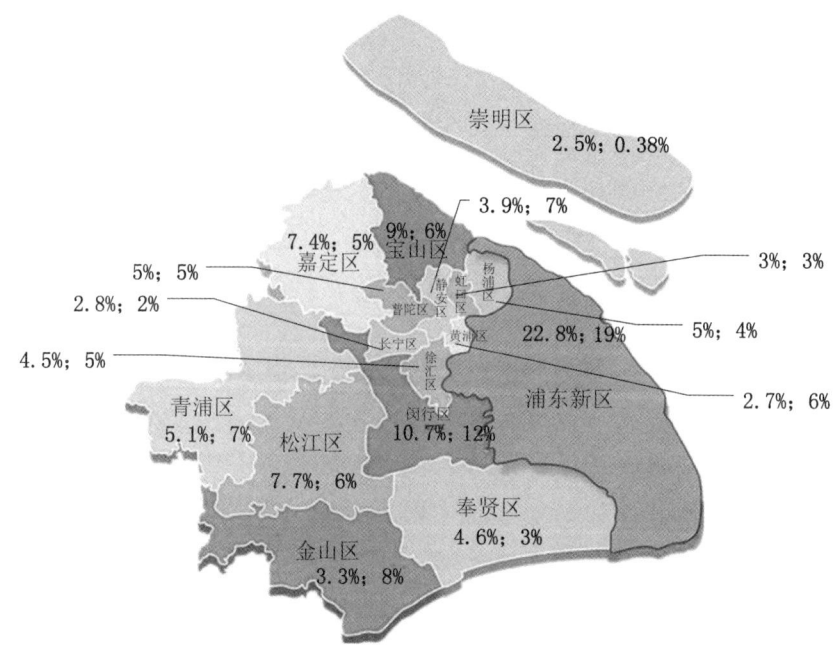

图3-13 样本对象区域分布[1]

资料来源:本次调研数据整理。

被调研的1058位对象中,如图3-14所示,从性别来看,女性546位,占比52%;男性512位,占比48%。从年龄来看,30岁及以下343位,占比32%;31~40岁

---

[1] 每个区标注的数字,前一个为每个行政区划样本,后一个数字为上海各区划人口占比。

381位,占比36%;41~50岁274位,占比26%;51~60岁53位,占比5%;61岁及以上7位,占比1%。从职业来看,企业职工531位,占比50%;全日制学生371位,占比35%;机关及事业单位人员28位,占比3%;其他包括自由职业及个体户和无业及离退休人员128位,占比12%。具体情况如图3-14所示。本次调研的样本在性别分布上较为均匀,在年龄分布上符合信息消费主力军的基本特征,职业分布上也覆盖各类人群,样本具有充分代表性。

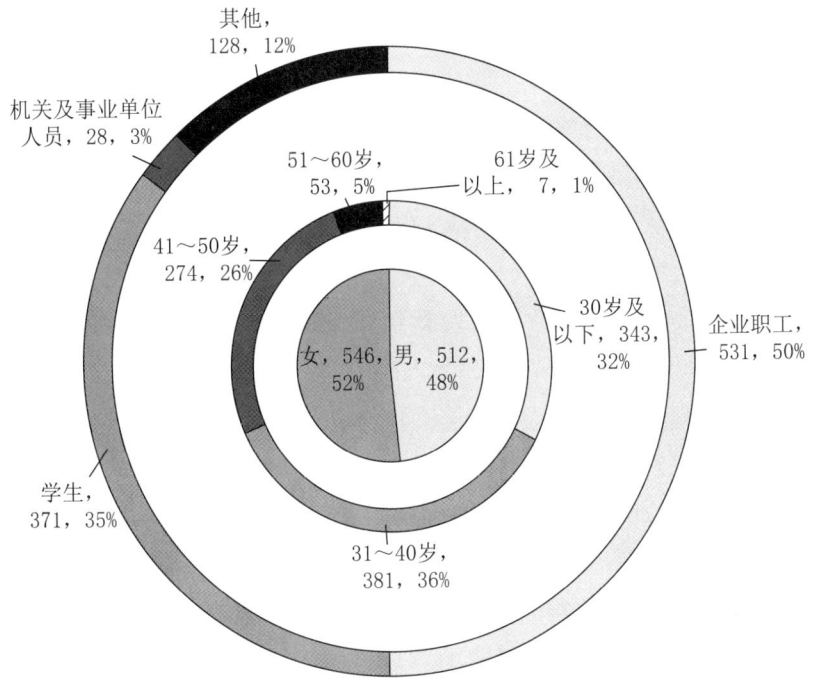

图3-14 样本性别、年龄及职业分布

资料来源:本次调研数据整理。

一、上海市居民的信息消费类型、能力和意愿

(一)上海市居民的信息消费类型

上海市居民的信息消费类型呈现"重网购和通信服务等基础型信息消费,轻娱乐型和发展型信息消费"的特征;男性比女性对信息消费更感兴趣,年轻人比年长者对信息消费更感兴趣;且在"动漫网络游戏娱乐等"信息消费上,性别和年龄差异尤其明显。

总体情况。当上海市居民被问到"您平时进行的信息消费(并不一定花钱)类型有哪些?(多选)"时,有819位(占比77%)居民选择了"网购消费(网络购物)";

607位(占比57%)居民选择了"手机通信(通话、短信等)";有超三成的居民选择了"在线影音娱乐等"(399位,占比38%)和"其他网络消费(使用搜索引擎、内容付费、知识付费等行为)"(367位,占比35%);"电子刊物、电子书等"(305位,占比29%)和"动漫网络游戏娱乐等"(290位,占比27%)这两类信息消费都有超20%的居民选择;关于"电子设备等信息产品"的消费仅有179位(占比17%)消费者选择。由此可见,对于上海市居民而言,"网络购物"和"手机通信"等基础型信息消费是主流选择,娱乐相关的信息消费主要是在线影音娱乐信息消费,"动漫网络游戏等"信息消费被选择的相对较少;知识和内容相关的发展型信息消费更是不被青睐;电子设备等信息产品由于并不是高频消费品类,所以在"平时进行的信息消费"中被选择的频数较低。

性别差异。从性别上来看,"网购消费(网络购物)"(男性406人/79%,女性413人/76%)、"手机通信(通话、短信等)"(男性311人/61%,女性296人/54%)、"在线影音娱乐等"(男性222人/43%,女性177人/32%)和"其他网络消费(使用搜索引擎、内容付费、知识付费等行为)"(男性204人/40%,女性163人/30%)。这四个类别是男性和女性都较为青睐的信息消费类型。除此之外,男性平时进行的信息消费主要集中于"动漫网络游戏娱乐等"(202人/39%)和"电子刊物、电子书等"(174人/34%);女性的信息消费主要集中于"电子刊物、电子书等"(131人/24%)和"其他"(119人/22%)。除了在"其他"这一个信息消费类型上,女性选择的占比比男性选择的占比高以外,其他类别的信息消费方面男性的选择占比都要超过女性;尤其是在"动漫网络游戏娱乐等"上,男性有39%的人选择,女性中只有16%的人选择。由此可见,男性对各种类型信息消费的兴趣比女性更高,尤其是在动漫网络游戏方面。

年龄差异。从年龄上来看,"网购消费(网络购物)"(30岁及以下302人/88%,31~50岁483人/74%,51岁及以上34人/57%)和"手机通信(通话、短信等)"(30岁及以下191人/56%,31~50岁383人/58%,51岁及以上33人/55%)是所有年龄段居民都经常进行的信息消费类型;除此之外,30岁及以下居民平时的信息消费主要集中于"在线影音娱乐等"(190人/55%)、"其他网络消费(使用搜索引擎、内容付费、知识付费等行为)"(166人/48%)和"动漫网络游戏娱乐等"(165人/48%);31~50岁居民更青睐"在线影音娱乐等"(198人/30%)、"其他网络消费(使用搜索引擎、内容付费、知识付费等行为)"(192人/29%)和"电子刊物、电子书等"(170人/26%);51岁以上的居民对"其他"类的信息消费更感兴趣(17人/28%),此外相对更感兴趣的是"在线影音娱乐等"(11人/18%)。除了在"手机通信(通话、短信等)"和"其他"这两个类型外,其他类别的信息消费上都呈现随年龄增长兴趣下降的趋势。

具体情况如图3-15所示。

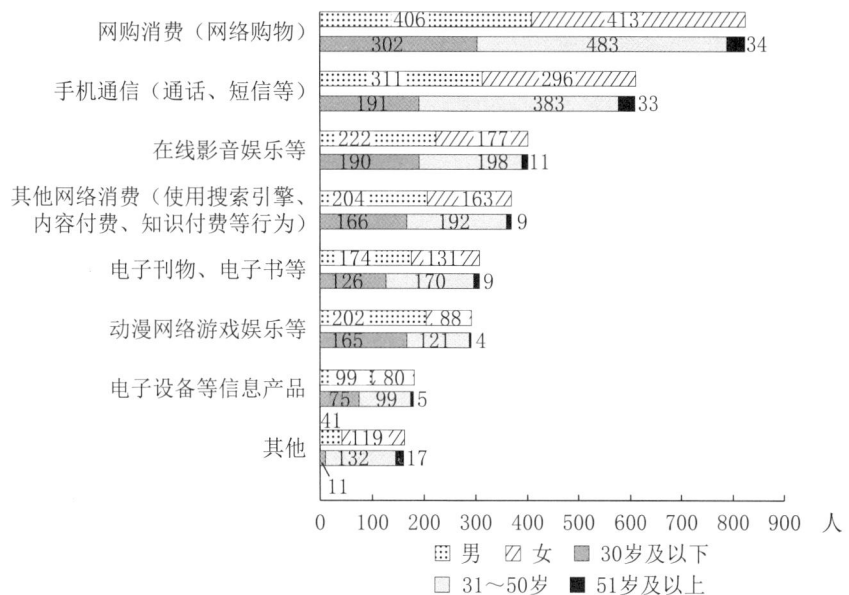

图 3-15　上海市居民的信息消费类型及其性别和年龄差异

资料来源:根据调研数据整理。

(二) 上海市居民的信息消费能力

上海市居民信息消费能力总体较低,且大部分信息消费支出都投掷于物质需求满足方面,精神需求满足的信息消费能力明显不足;男性比女性的信息消费能力更强,物质需求满足的信息消费能力无性别差异,精神需求满足的信息消费方面男性比女性消费能力更强;信息消费能力随年龄增长呈下降趋势;尤其是精神需求满足的信息消费方面,随年龄下降的趋势最为明显。

总体情况。当上海市居民被问到"您每月在信息消费上花费的总金额"时,有35%的居民都选择了 1~100 元,28%的居民选择了 101~300 元,14%的居民选择了301~500 元,501 元及以上的居民仅占 24%。其中在满足物质需求的信息消费方面,月均消费 0~100 元的居民占比 15%,101~300 元的居民占比 26%,301~500 元的居民占比 25%,501 元及以上的居民占比 34%。在满足休闲娱乐等需求的信息消费方面,月均消费 0~100 元的居民占比 45%,101~300 元的居民占比 24%,301~500 元的居民占比 15%,501 元及以上的居民占比 15%。由此可见,上海市居民在信息消费方面的支出较少,且在休闲娱乐等信息消费方面普遍支出也较少,而物质需求信息消费方面,相较于休闲娱乐需求信息消费方面,高水平的支出占比更高。

性别差异。在信息消费总金额方面,男性中月均消费 501 元及以上的占比 26%,

301～500元的占比17%，101～300元的占比30%，100元及以下的占比26%；女性中月均消费501元及以上的占比20%，301～500元的占比10%，101～300元的占比25%，100元及以下的占比45%。在物质需求信息消费金额方面，男性中月均消费501元及以上的占比34%，301～500元的占比25%，101～300元的占比27%，100元及以下的占比14%；女性中月均消费501元及以上的占比34%，301～500元的占比25%，101～300元的占比25%，100元及以下的占比16%。在休闲娱乐需求信息消费方面，男性中月均消费501元及以上的占比20%，301～500元的占比20%，101～300元的占比25%，100元及以下的占比35%；女性中月均消费501元及以上的占比12%，301～500元的占比11%，101～300元的占比23%，100元及以下的占比55%。由此可见，男性在信息消费方面的支出普遍比女性高，男性和女性在物质需求信息消费方面无很大差异，在休闲娱乐需求信息消费方面男性比女性支出更多。

年龄差异。在信息消费总金额方面，30岁及以下居民中月均消费501元及以上的占比31%，301～500元的占比11%，101～300元的占比25%，100元及以下的占比33%；31～50岁居民中月均消费501元及以上的占比20%，301～500元的占比15%，101～300元的占比30%，100元及以下的占比36%；51岁及以上居民中月均消费501元及以上的占比17%，301～500元的占比20%，101～300元的占比22%，100元及以下的占比42%。在物质需求信息消费金额方面，30岁及以下居民中月均消费501元及以上的占比36%，301～500元的占比22%，101～300元的占比30%，100元及以下的占比12%；31～50岁居民中月均消费501元及以上的占比35%，301～500元的占比25%，101～300元的占比24%，100元及以下的占比16%；51岁及以上居民中月均消费501元及以上的占比20%，301～500元的占比37%，101～300元的占比20%，100元及以下的占比23%。在休闲娱乐需求信息消费方面，30岁及以下居民中月均消费501元及以上的占比22%，301～500元的占比17%，101～300元的占比24%，100元及以下的占比37%；31～50岁居民中月均消费501元及以上的占比12%，301～500元的占比15%，101～300元的占比24%，100元及以下的占比49%；51岁及以上居民中月均消费501元及以上的占比10%，301～500元的占比12%，101～300元的占比25%，100元及以下的占比53%。由此可见，年轻居民在信息消费方面的支出普遍比年长的居民高，在物质需求信息消费支出方面的年龄差异相对较小，休闲娱乐需求信息消费支出方面的年龄差异较大。

具体情况如图3-16(a)、图3-16(b)、图3-16(c)所示。

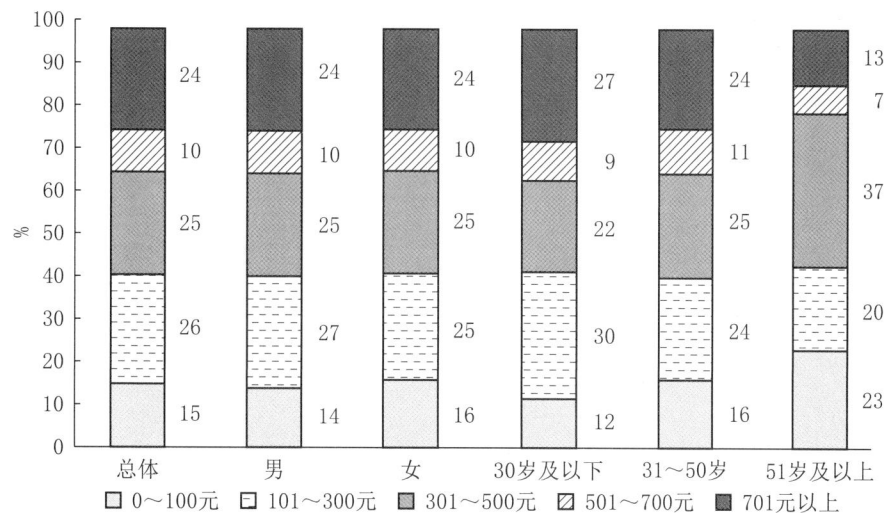

图3-16(a) 上海市居民网购(满足物质需求)消费金额及其性别和年龄差异
资料来源:根据调研数据整理。

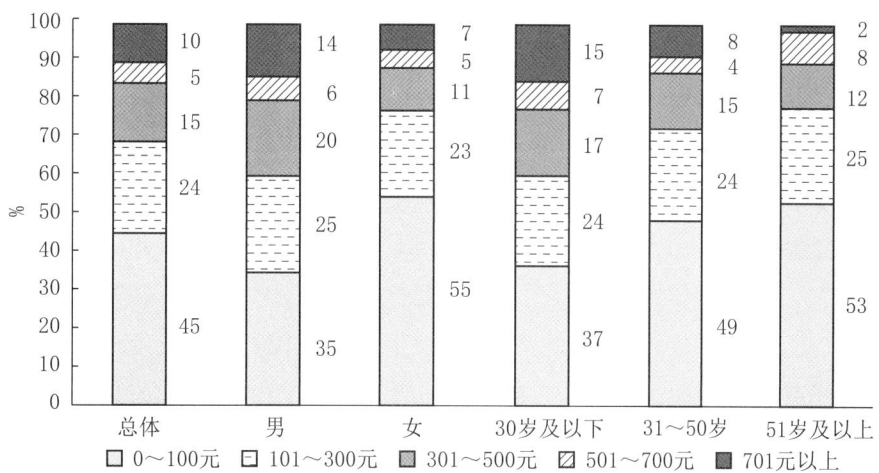

图3-16(b) 上海市居民网上休闲、娱乐(满足精神需求)消费金额及其性别和年龄差异
资料来源:根据调研数据整理。

(三)上海市居民的信息消费意愿

上海市居民消费意愿总体偏弱,但对信息消费的重视程度有明显增长趋势;男性信息消费的意愿较女性更强,且重视程度更高;居民信息消费意愿随年龄增长有下降趋势,但51岁及以上居民在信息消费意愿上有两极分化趋势。

总体情况。当上海市居民被问到"您每月信息消费的费用占总消费的比例是多少",有55%的居民选择了"20%以内",24%的居民选择了"20%～40%",14%的居

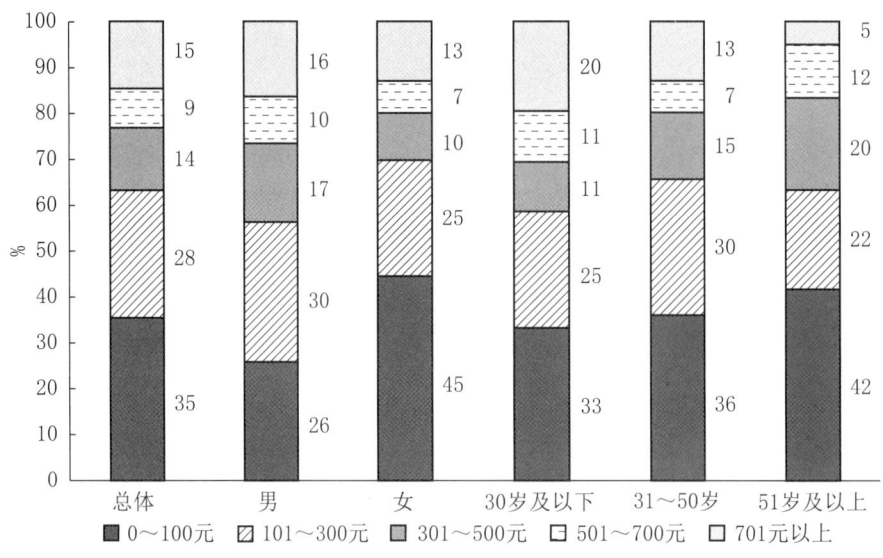

图 3-16(c) 上海市居民消费总金额及其性别和年龄差异

资料来源:根据调研数据整理。

民选择了"40%～60%",仅有 7% 的居民选择了"60% 以上"。由此可见,信息消费产生的相关支出仅占上海市居民所有消费中的较小一部分,人们仅愿意将一小部分的支出投入信息产品和信息服务品牌的消费上。

性别差异。从性别上来看,信息消费支出占总消费支出比例"20% 以内"的男性占比 49%,女性占比 60%;支出占比"20%～40%"的男性占比 28%,女性占比 21%;支出占比"40%～60%"的男性占比 14%,女性占比 13%;支出占比"60% 以上"的男性占比 10%,女性占比 5%。由此可见,男性更愿意将较多消费支出用于信息消费。

年龄差异。从年龄上来看,30 岁以下的居民中有 50% 的人信息消费支出占总消费支出"20% 以下",22% 的居民信息消费支出占比"20%～40%",17% 的居民信息消费支出占比"40%～60%",10% 的居民信息消费支出占比"60% 以上";31～50 岁居民中有 57% 的人信息消费支出占总消费支出"20% 以下",25% 的居民信息消费支出占比"20%～40%",12% 的居民信息消费支出占比"40%～60%",6% 的居民信息消费支出占比"60% 以上";51 岁及以上居民中有 60% 的人信息消费支出占总消费支出"20% 以下",25% 的居民信息消费支出占比"20%～40%",8% 的居民信息消费支出占比"40%～60%",7% 的居民信息消费支出占比"60% 以上",其中有 5% 的居民信息消费支出占比"80%～100%"。由此可见,年龄越大的居民,信息消费占总消费支出的比例越低,51 岁及以上人群有两极分化趋势,占比"20% 以下"和"80% 以上"的居民比例都是最高的。

具体情况如图 3-17 所示。

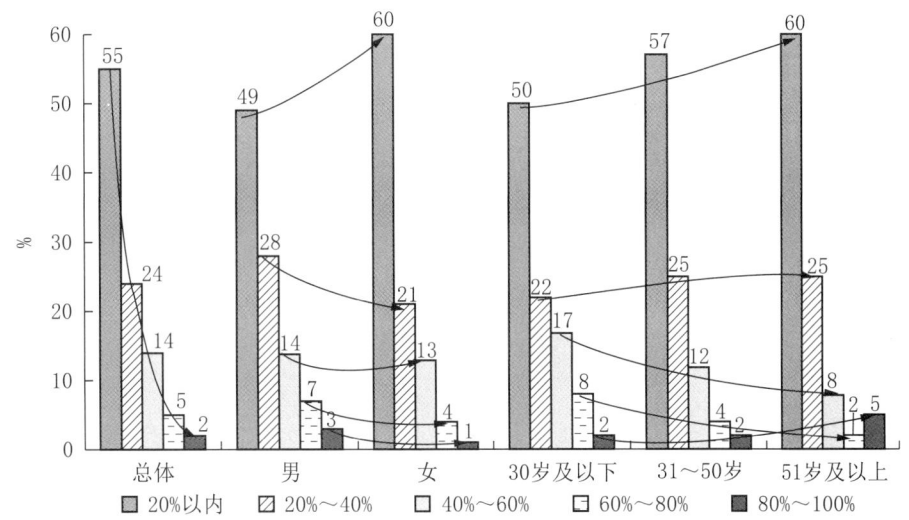

图 3-17　上海市居民的信息消费金额占总消费的比例及其性别和年龄差异

资料来源：根据调研数据整理。

进一步对上海市居民近半年来信息消费金额占总消费金额比例的变化趋势进行调研发现，有 45% 的居民表示有增加趋势，其中 12% 的居民有大幅增加趋势；几乎没变化的居民占比 36%；减少的居民占比 20%。从性别差异来看，男性中近半年信息消费占比增加的居民比例为 52%，女性为 38%；几乎没变化的男性占比 32%，女性 40%；减少的男性居民占比 15%，女性 33%。从年龄差异来看，30 岁及以下居民中近半年有增加信息消费支出配比的比例为 55%，31～50 岁的为 40%，51 岁及以上的为 35%；30 岁及以下居民中近半年信息消费支出配比几乎没变化的比例为 32%，31～50 岁的为 38%，51 岁及以上的为 42%；30 岁及以下居民中近半年有减少信息消费支出配比的比例为 13%，31～50 岁的为 22%，51 岁及以上的为 23%。具体情况如图 3-18(a)、图 3-18(b) 所示。由此可以看出，接近一半的居民表示近半年来有增加信息消费的支出配比，且男性中增加配比的居民占比较女性更高，30 岁及以下人群中增加信息消费支出配比的比例较 31 岁及以上居民更高。

二、上海市居民信息消费终端及品牌选择行为

（一）上海市居民信息消费终端选择

移动端是上海市居民信息消费的主流渠道，其中 App 和小程序成为上海市居民最受青睐的线上载体平台。

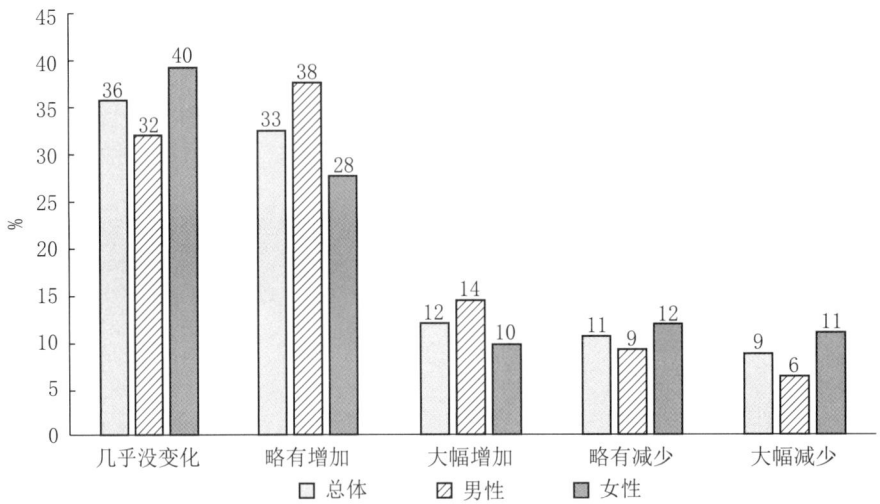

图 3-18(a) 上海市居民信息消费占总消费比例变化的总体情况及其性别差异

资料来源：根据调研数据整理。

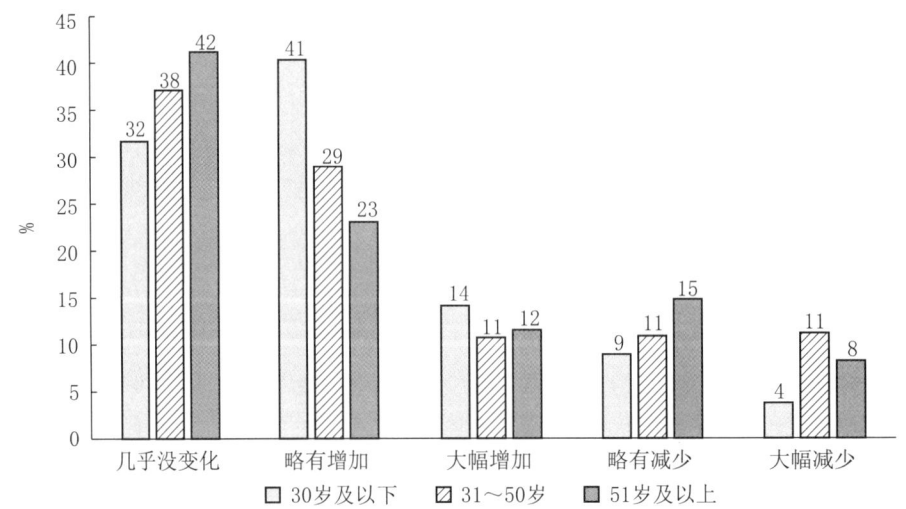

图 3-18(b) 上海市居民信息消费占总消费比例变化的年龄差异

资料来源：根据调研数据整理。

当上海市居民被问到"您最常使用的信息消费终端是什么",有 916 位(87%)居民选择移动端,142 位(13%)居民选择了 PC 端;当进一步追问较常使用的移动端时,有 724 位(79%)居民选择 App 端,595 位(65%)居民选择了小程序,334 位(36%)居民选择了公众号,93 位(10%)居民选择了快应用;当进一步调查较常使用的 PC 端时,有 99 位(70%)居民选择了桌面端,43 位(30%)居民选择了网页端。具体情况如图 3-19 所示。

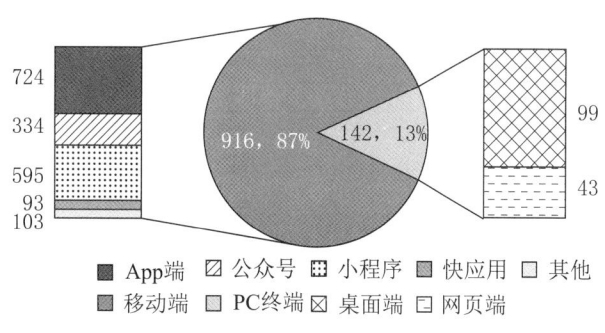

图 3-19 上海市居民信息消费终端选择

资料来源：根据调研数据整理。

（二）上海市居民信息服务品牌选择

上海市居民使用频率较高的信息服务品牌包括：网购、搜索引擎、在线社交、在线视频、短视频和在线支付类；在线买菜、直播电商、在线音乐、在线旅游出行和动漫类信息服务品牌在上海市居民中的渗透率还有待进一步提高；在线游戏和知识付费类信息服务品牌目前市场占有率较低。网购类信息服务品牌中，综合型购物平台品牌独领风骚，生活服务类电商品牌和特卖型电商平台品牌备受青睐，新零售平台品牌和直播类电商平台品牌快速兴起；直播带货类平台服务中，抖音和淘宝是上海市居民的首选品牌；百度在搜索引擎类信息服务品牌中占据绝对领先地位；微信、抖音和QQ是主流社交类信息服务品牌；叮咚买菜和盒马是第一梯队的在线买菜类信息服务品牌；腾讯视频和爱奇艺成为在线视频类信息服务品牌中的主流；抖音在短视频类信息服务品牌中独占鳌头；QQ音乐和网易云音乐是最常被使用的两个在线音乐类信息服务品牌；在线旅游出行类信息服务品牌中，携程更受青睐；哔哩哔哩品牌占动漫类信息服务半壁江山；网游类信息服务品牌中，人们更加偏爱王者荣耀与和平精英；知乎和喜马拉雅在知识付费类信息服务品牌中表现相对突出；微信支付和支付宝两个品牌占据在线支付类信息服务市场龙头地位。

当上海市居民被问到"您经常使用（或使用过）的网络购物平台包括（多选）哪些"，京东、淘宝、天猫、苏宁易购等综合型购物平台成为大多数居民的首选（908人/86%），其次便是生活服务类电商（美团、饿了么、叮咚买菜、跑腿、每日优鲜、京东到家等）（492人/47%）和特卖型电商平台（聚划算、拼多多、唯品会等）（435人/41%）；也有26%的居民选择了新零售平台（盒马、永辉、奥乐齐、瑞幸咖啡等）；有12%的居民选择了直播类电商平台（淘宝直播、京东直播、抖音直播、快手直播等）；选择品质电商、社交电商、二手电商、潮牌电商和跨境电商的比例都不超过10%；仅有1%的居民没有使用过网络购物类信息服务。具体情况如图3-20所示。

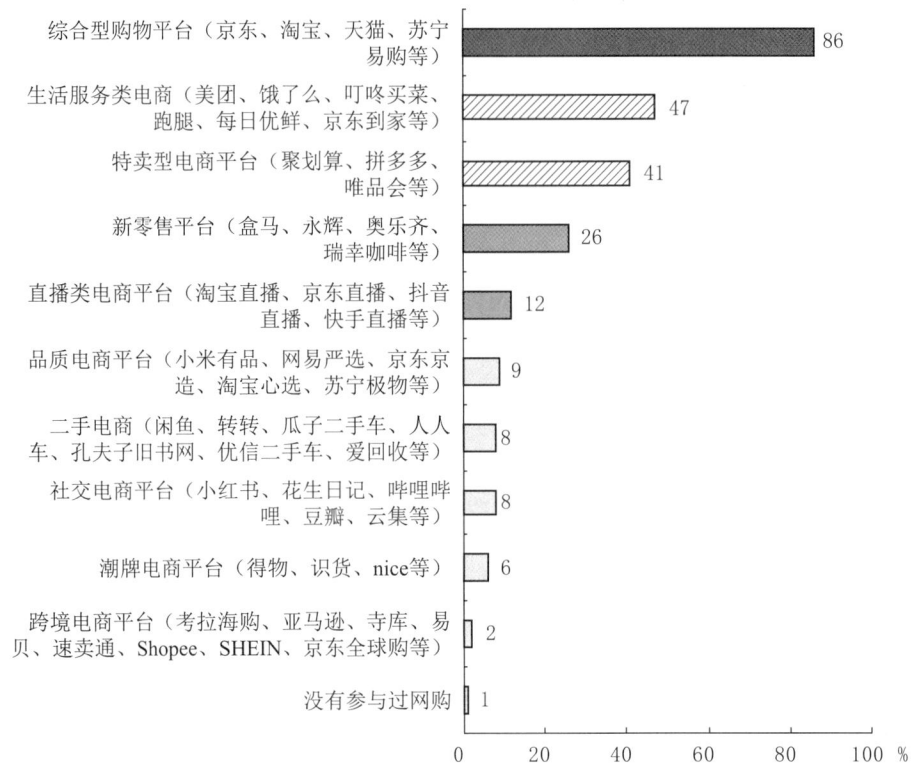

图 3－20　上海市居民网购类信息服务品牌选择

资料来源:根据调研数据整理。

当上海市居民被问到"您经常使用(或使用过)的直播带货平台包括哪些"时,有53%的居民选择了抖音电商;51%的居民选择了淘宝直播/点淘;25%的居民选择了拼多多;超过10%的居民选择了小红书、快手直播和京东直播;唯品会、得物、蘑菇街、苏宁直播等直播带货类平台服务鲜少有居民选择;有14%的居民表示从来没有使用过直播带货类平台服务。具体情况如图3－21所示。由此可见,直播带货平台服务在上海市居民生活中的渗透率还有待进一步提高,抖音电商和淘宝直播是上海市居民使用电商直播类平台服务时的首选品牌。

当上海市居民被问到"您经常使用(或使用过)的搜索引擎包括哪些"时,有88%的居民选择了百度;有20%左右的居民选择了360搜索、谷歌和搜狗浏览器;必应、有道搜索、搜搜、神马搜索等被选择的比例较低。具体情况如图3－22所示。由此可见,百度浏览器在搜索引擎类信息服务品牌中占据绝对领先地位。

当上海市居民被问到"您经常使用(或使用过)的社交软件包括哪些"时,有92%的居民选择了微信;59%的居民选择抖音;有43%的居民经常使用QQ;微博、哔哩哔

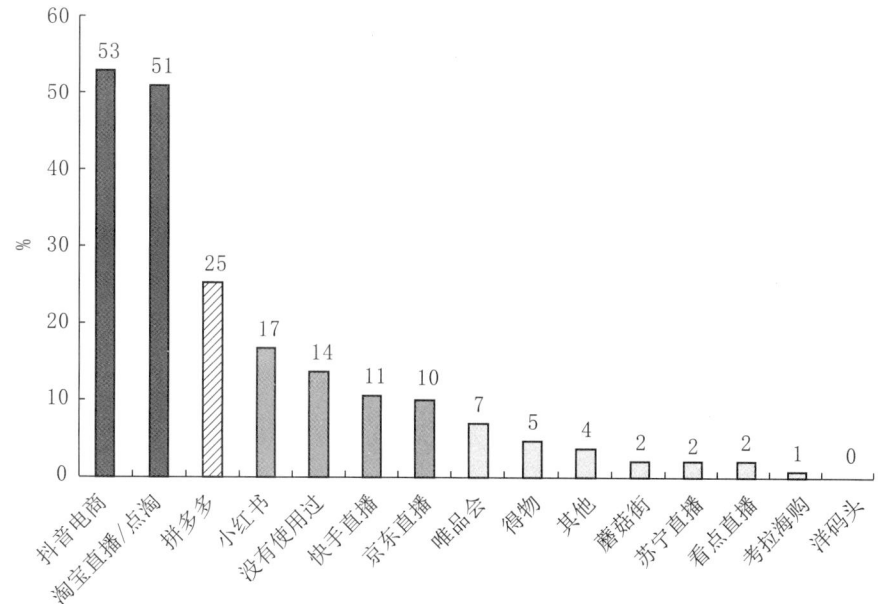

图 3-21　上海市居民直播带货类平台服务品牌选择

资料来源：根据调研数据整理。

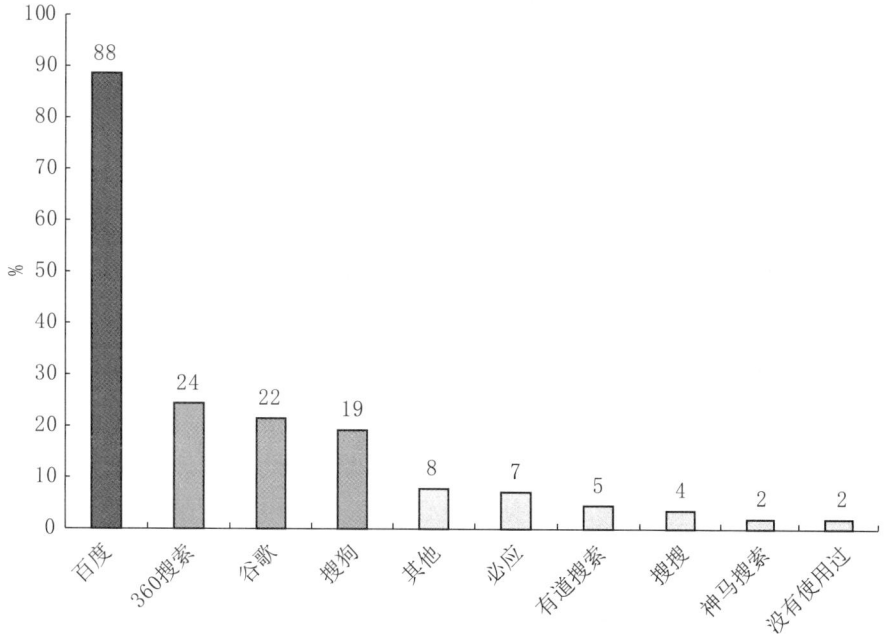

图 3-22　上海市居民搜索引擎类信息服务品牌选择

资料来源：根据调研数据整理。

哩、小红书这三个社交软件有超过10%的居民选择;快手、百度贴吧、知乎、Soul、豆瓣、虎扑等社交软件鲜少有居民使用;没有使用过社交软件的居民占比较少。具体情况如图3-23所示。由此可见,社交软件类信息服务在上海市居民中的渗透率较高,微信占据绝对领先地位,抖音和QQ为第二梯队的社交类信息服务品牌。

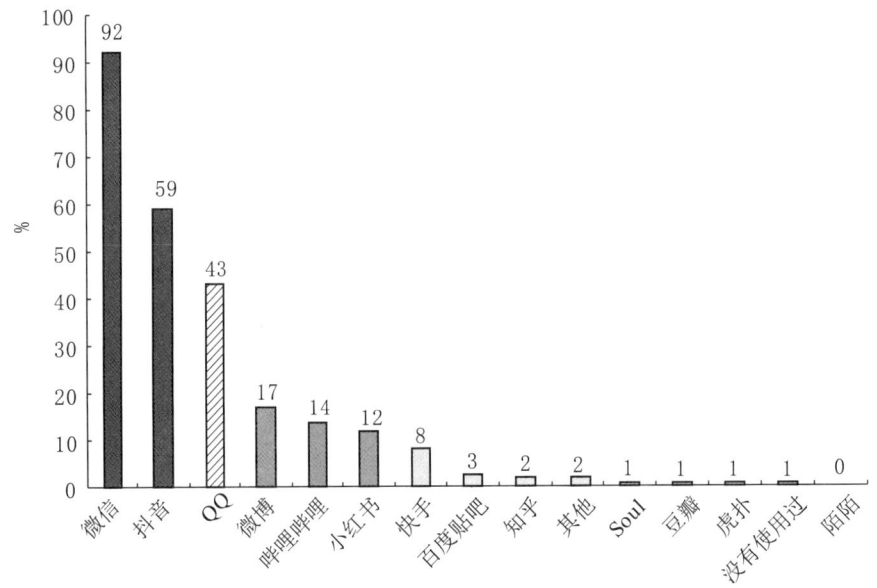

图3-23 上海市居民社交软件类信息服务品牌选择

资料来源:根据调研数据整理。

当上海市居民被问到"您经常使用(或使用过)的买菜App包括哪些"时,41%的居民选择了叮咚买菜;35%的居民选择盒马;美团优选、饿了么、每日优鲜、京东到家、美团买菜等有超过20%的居民使用过;永辉生活、淘菜菜、顺丰优选、美菜、多点、苏宁小店等被选择的比例较低;且有11%的居民表示没有使用过在线买菜类的信息服务。具体情况如图3-24所示。由此可见,在线买菜类信息服务在上海市居民生活中的渗透率仍有较大提升空间,叮咚买菜和盒马成为重要在线买菜类信息服务品牌。

当上海市居民被问到"您经常使用(或使用过)的在线视频平台是哪些"时,有60%的居民选择了腾讯视频和爱奇艺;选择优酷的比例是38%;其次便是哔哩哔哩(31%);有16%的居民选择芒果TV;西瓜视频、央视频、搜狐视频、咪咕视频、PP视频等被选择的比例比较低。具体情况如图3-25所示。由此可见,在线视频类信息服务品牌中腾讯视频和爱奇艺成为主流选择,优酷、哔哩哔哩和芒果TV是第二梯队的品牌。

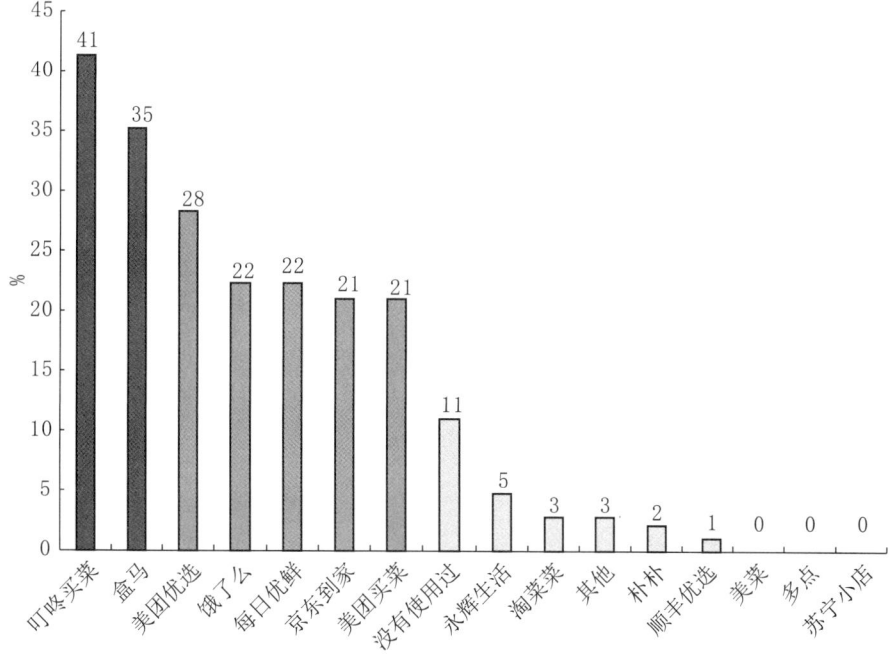

图 3-24　上海市居民在线买菜类信息服务品牌选择

资料来源:根据调研数据整理。

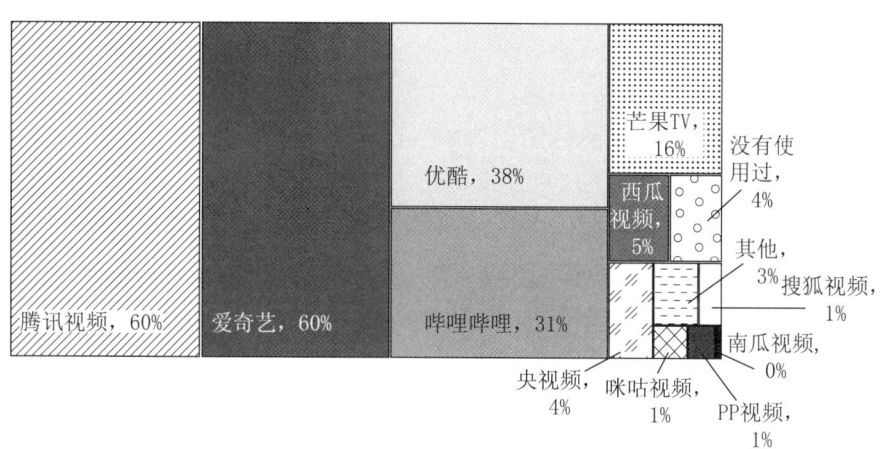

图 3-25　上海市居民在线视频类信息服务品牌选择

资料来源:根据调研数据整理。

当上海市居民被问到"您经常使用(或使用过)的短视频平台包括哪些"时,有78%的居民选择了抖音;超两成的居民选择了快手;超过10%的居民选择视频号和腾讯微视;西瓜视频、抖音火山版、美拍、好看视频、土豆、秒拍、随刻和梨视频等被选择的比例较低;且其中有10%的居民表示没有使用过短视频类信息服务。具体情况如图3-26所示。由此可见,短视频类信息服务在上海居民中的渗透率还有待提高,且其中抖音独占短视频类信息服务品牌的鳌头。

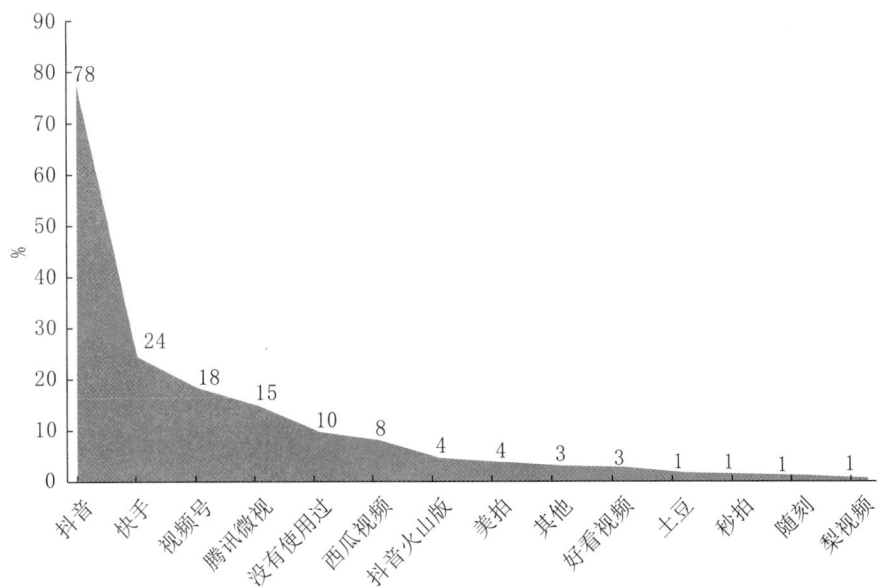

图3-26 上海市居民短视频类信息服务品牌选择

资料来源:根据调研数据整理。

当上海市居民被问到"您经常使用(或使用过)的在线音乐平台有包括哪些"时,有63%的居民表示在线音乐类信息需求通过QQ音乐满足;网易云音乐被选择的比例为49%;32%的居民表示使用过酷狗;酷我音乐也有13%的居民使用过;咪咕音乐、Apple Music、千千音乐、爱音乐、5sing、豆瓣FM等在线音乐类信息服务品牌在上海市居民中的渗透率较低。具体情况如图3-27所示。由此可见,上海市居民的在线音乐类信息需求主要由QQ音乐和网易云音乐两大主流平台满足。

通过调研"您经常使用(或使用过)的在线旅游出行服务平台有哪些",56%的居民选择携程;28%的居民使用过同程旅游平台;超过20%的居民表示从来没有使用过在线旅游出行平台;飞猪和去哪儿网也有超过10%的居民有使用经历;驴妈妈、途牛、马蜂窝、艺龙、穷游、京东旅行、要出发等平台被利用的频率比较低。具体情况如图3-28所示。由此可见,对于上海市而言,通过在线平台提供的相关信息服务来满足旅游出行需求的居民并不是很多,其中大家比较青睐的平台是携程。

通过询问上海市居民经常使用的动漫网站,调研了上海市居民在动漫类信息服

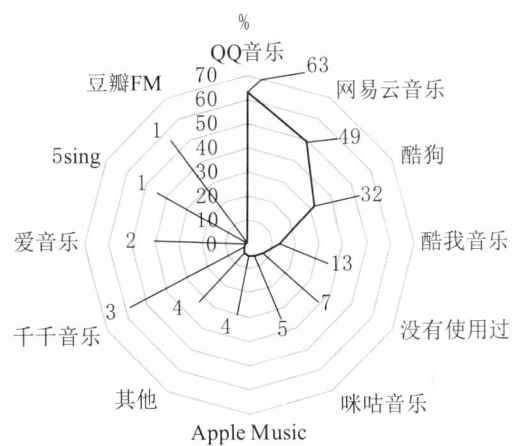

图 3-27　上海市居民在线音乐类信息服务品牌选择

资料来源:根据调研数据整理。

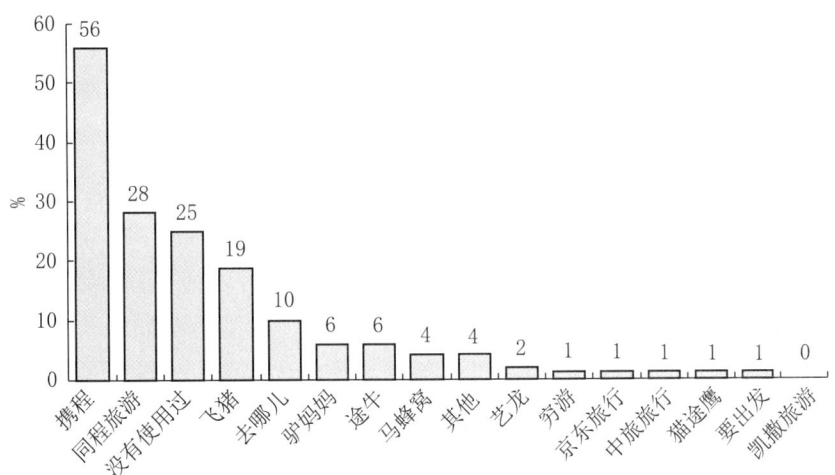

图 3-28　上海市居民在线旅游出行类信息服务品牌选择

资料来源:根据调研数据整理。

务方面的品牌偏好。数据结果显示:50%的上海市居民表示他们通过哔哩哔哩满足动漫类信息需求;从来没有浏览过动漫网站的居民比例高达 29%;有 24%的居民使用过腾讯动漫;有 15%的居民表示有过使用快看平台的经历;樱花动漫、爱奇艺叭嗒、优酷动漫、微博动漫、ACGneta、触漫、咪咕圈圈、漫漫漫画、小明太极和 AcFun 等的用户群体占比都不足 10%。具体情况如图 3-29 所示。由此可见,上海市居民中对动漫类信息服务有需求的比例偏低,现有的动漫类信息服务品牌中哔哩哔哩占据了半壁江山。

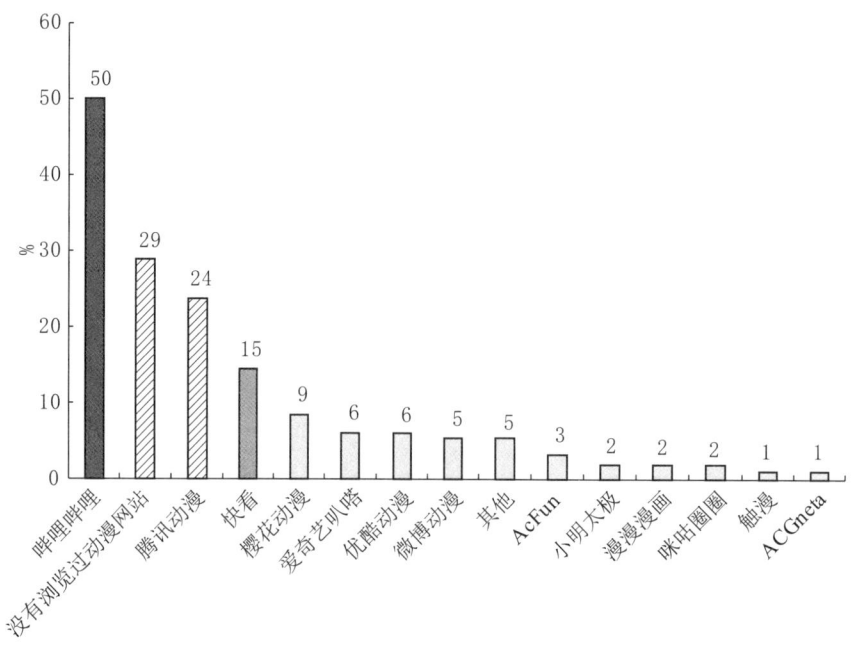

图 3-29　上海市居民动漫类信息服务品牌选择

资料来源:根据调研数据整理。

通过调研上海市居民经常玩或者玩过的网游品牌发现,46%的居民反馈从来没有玩过网游;在玩过网游的居民中,32%的居民经常玩王者荣耀;18%的居民玩过和平精英;新倩女幽魂、大话西游、荒野行动、梦幻西游、部落冲突:皇室战争、第五人格、阴阳师和穿越火线等网游的用户群体占比不足10%。具体情况如图3-30所示。由此可以看出,上海市居民对网游类信息服务的兴趣度不高,感兴趣的网游爱好者们更偏爱王者荣耀与和平精英这两个网游品牌。

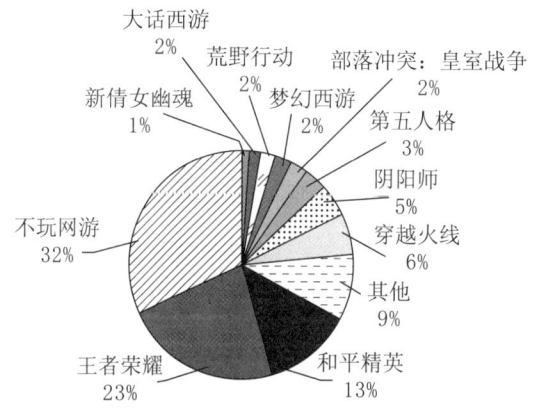

图 3-30　上海市居民网络游戏类信息服务品牌选择

资料来源:根据调研数据整理。

当上海市居民被问到"您经常使用(或使用过)的知识付费平台有哪些"时,40%的居民表示从来没有使用过知识付费类平台;30%的居民表示用过知乎;20%的居民表示用过喜马拉雅;超过10%的居民用过百度文库和腾讯课堂平台;网易云课堂、得道、有道精品课、荔枝微课、十点读书、豆瓣时间、分答、在行和馒头商学院等平台被上海市居民使用的频率较低。具体情况如图3-31所示。由此可以看出,整体上来看,上海市居民对知识付费类信息服务不太感兴趣,目前该方面的需求主要被知乎和喜马拉雅两个品牌满足。

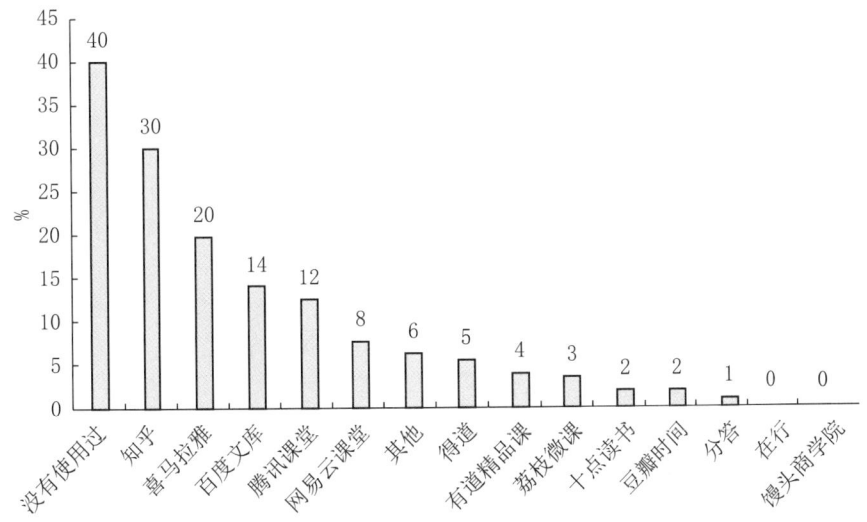

图 3-31 上海市居民知识付费类信息服务品牌选择

资料来源:根据调研数据整理。

通过调查上海市居民在线支付类信息服务使用经历发现,微信支付被91%的居民使用过;支付宝被83%的居民使用过;有25%的居民表示使用过云闪付;12%的居民使用过银联商务;京东支付、壹钱包、拉卡拉、银联在线、Paypal、块钱、翼支付、度小满钱包、易付宝、易宝支付和通联支付等被使用的频率较低;没有使用过在线支付的居民占比仅为2%。具体情况如图3-32所示。由此可以看出,在线支付逐渐成为上海市居民的主流支付手段,且微信支付和支付宝这两个品牌成为居民们最偏爱的选择。

三、上海市居民信息服务付费意愿

上海市居民总体的信息服务付费意愿较低,呈现明显的价值结果导向而不是机

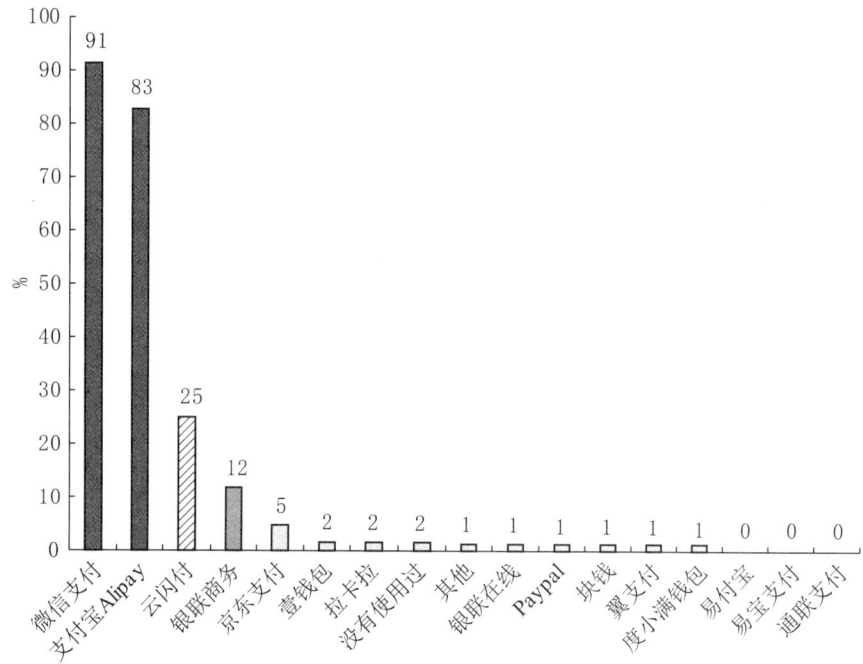

图 3-32　上海市居民知识付费类信息服务品牌选择

资料来源:根据调研数据整理。

会导向;游戏娱乐类信息服务比科技信息类信息服务更受宠。上海市居民的信息服务付费偏好呈现务实型,且女性比男性更务实,年长的比年轻的更务实。在享乐型信息服务付费意愿上无明显性别和年龄差异,总体呈现物质享乐和精神享乐并重的特征。上海市居民网络应用服务付费意愿不高,且随着年龄增长呈现下降趋势,相对偏爱专业知识和电子书类发展型信息服务;男性的网络应用服务付费意愿较女性更高,尤其是在网络游戏方面。

当上海市居民被问到"请问您愿意使用需要付费才能获得的信息服务"时,57%的居民表明愿意为有价值的信息服务付费,24%的居民愿意为游戏娱乐类信息服务付费,18%的居民愿意为科技信息类信息服务付费;在机会导向的信息服务方面,居民并没有明显的信息服务付费意愿;23%的居民表示会根据需求强弱的程度决定是否为信息服务付费,超过20%的居民认为经济限制是不愿意进行信息服务付费的重要原因,21%的居民认为很多资源的免费特征使得他们觉得没有必要进行信息服务付费。具体情况如图 3-33 所示。

当上海市居民被问到"享乐型信息服务消费(追求体验、乐趣、快乐和兴奋)和实用型信息服务消费(实用的、工具性的和功能性的),你更愿意为哪一类型信息服务付

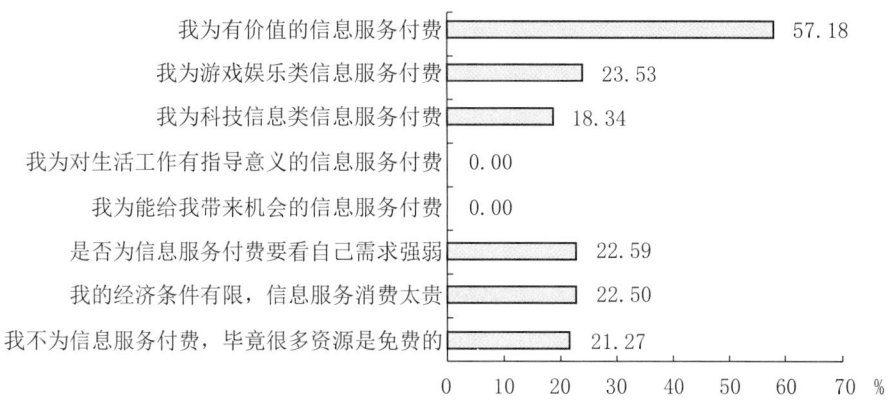

图 3-33　上海市居民信息服务付费意愿

资料来源：根据调研数据整理。

费"时，49%的居民表示享乐型和实用型信息服务并重，42%的居民表示更愿意为实用型信息服务付费，10%的居民更愿意为享乐型信息服务付费。从性别差异来看，男性中享乐型和实用型并重、更愿意为实用型信息服务付费和更愿意为享乐型信息服务付费的占比分别为53%、33%和15%，女性中相应的占比分别为45%、50%和5%。从年龄差异来看，在享乐型与实用型并重以及更愿意为享乐型信息服务付费这两个方面有明显的随年龄增长意愿下降的趋势（享乐型与实用型并重：30岁及以下67%，31～50岁41%，51岁及以上33%；更愿意为享乐型信息服务付费：30岁及以下13%，31～50岁9%，51岁及以上2%）；更愿意为实用型信息服务付费的意愿随年龄增长而增长（30岁及以下20%，31～50岁51%，51岁及以上65%）。具体情况如图3-34所示。由此可以看出，从总体来看，上海市居民在信息服务消费上还是较为务实的，且女性比男性更务实，年长的比年轻的更务实。

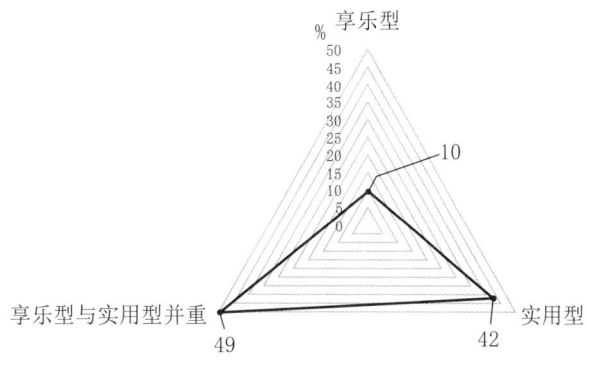

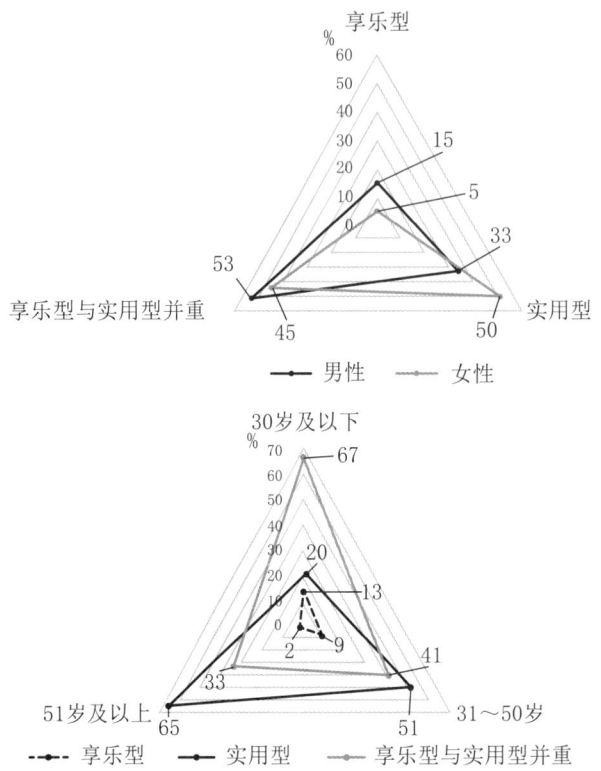

图 3-34　上海市居民不同类型信息服务的付费意愿及其性别和年龄差异

资料来源:根据调研数据整理。

当上海市居民被问到"享乐型信息服务消费中更愿意为精神享乐还是物质享乐型信息服务付费"时,77%的居民表示物质享乐和精神享乐型信息服务并重,10%的居民更愿意为精神享乐信息服务付费,13%的居民表示更愿意为物质享乐型信息服务付费;且在享乐型信息服务付费意愿方面没有明显的性别和年龄差异。

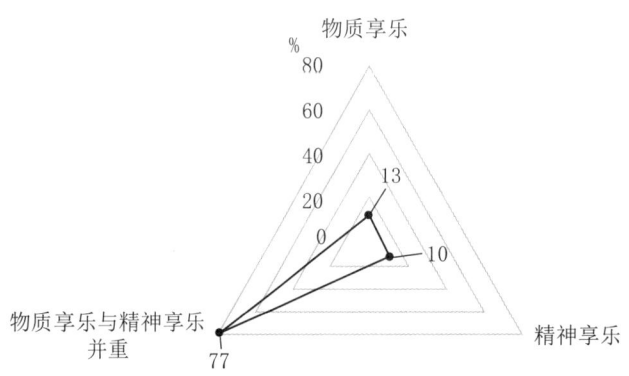

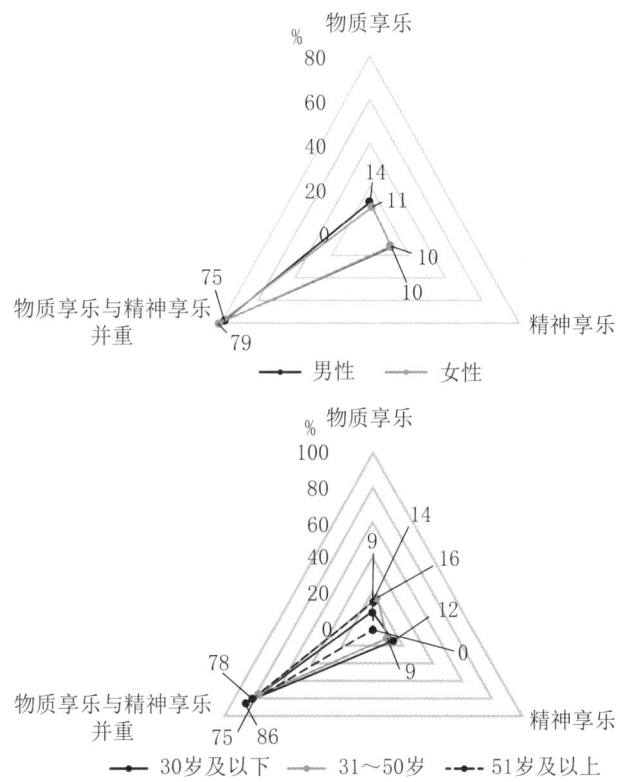

图 3-35　上海市居民不同类型享乐型信息服务的付费意愿及其性别和年龄差异

资料来源:根据调研数据整理。

当上海市居民被问到"您曾经有过付费的网络应用是哪些"时,超过三成的居民表示曾经为专业知识类和电子书类网络应用付过费;超过 20% 的居民为网络游戏、高品质的网络音视频和办公软件类应用付过费;为社交服务类网络应用付过费的居民占比 17%;为有独特内容的新闻资讯类信息服务付费的意愿不高。从性别差异来看,男性为各类网络应用付费的意愿比女性强(专业知识类:男性 41%,女性 26%;电子书类:男性 35%,女性 25%;网络游戏类:男性 43%,女性 16%;网络音视频类:男性 26%,女性 14%;办公软件:男性 23%,女性 17%;社交网站服务类:男性 23%,女性 10%;新闻资讯类:男性 10%,女性 4%),尤其是在网络游戏类应用上,男性的付费意愿明显强于女性。从年龄差异来看,网络应用付费意愿有明显的随着年龄增长而下降的趋势(专业知识类:30 岁及以下 49%,31~50 岁 27%,51 岁及以上 20%;电子书类:30 岁及以下 38%,31~50 岁 27%,51 岁及以上 18%;网络游戏类:30 岁及以下 49%,31~50 岁 20%,51 岁及以上 8%;网络音视频类:30 岁及以下 29%,31~50 岁 16%,51 岁及以上 8%;办公软件:30 岁及以下 27%,31~50 岁 17%,51 岁及以上 13%;社交网站服务类:30 岁及以下 23%,31~50 岁 14%,51 岁及以上 13%;新闻资讯类:30 岁及以下 7%,31~50 岁 7%,51 岁及以上 2%)。具体情况如图 3-36 所示。

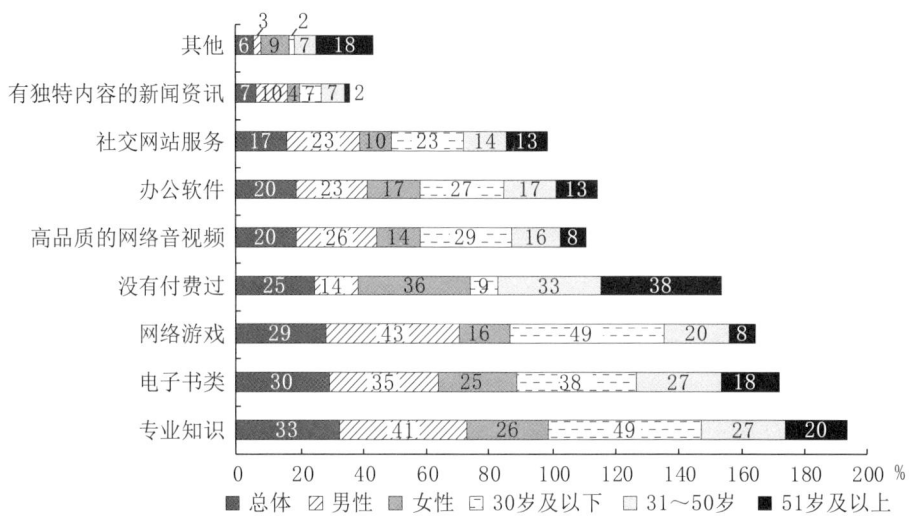

图 3-36　上海市居民网络应用类信息服务的付费意愿及其性别和年龄差异

资料来源:根据调研数据整理。

四、 上海市居民新型信息消费场景参与及品牌选择

上海市居民新型信息消费场景参与度有待提高,在线教育、共享服务、在线医疗和在线办公等信息消费需求发展较快,云健身和云 K 歌等逐渐渗透;在线医疗信息服务使用方面无明显性别和年龄差异,在线教育、共享服务、在线办公和云健身的参与度随年龄增长而下降,且男性有更高水平的参与度。上海市居民对在线医疗的应用主要是通过平安好医生、医院自建小程序、微医(We Doctor)和京东健康等,实现预约、远程问诊/会诊和在线买药等无接触式就医;上海市居民对在线教育的应用主要在孩子全科辅导和素质教育方面,作业帮、猿辅导和学而思网校成为较受青睐的品牌,成人通过腾讯课堂和中国大学慕课等实现自我发展的信息需求不断凸显;共享消费逐渐成为上海市居民的新常态,对共享服务的需求主要集中于共享出行领域,领头品牌是滴滴出行;在线办公成为新趋势,钉钉和企业微信成为在线办公类信息服务主流品牌;云健身逐渐成为运动新风尚,Keep 成为云健身类信息服务头部品牌。

总体情况。当上海市居民被问到"您曾使用过下述哪些新型信息消费场景",有

38%的居民选择了在线教育;35%的居民选择了共享服务(汽车、知识、金融、生活服务等);31%的居民选择了在线医疗;选择在线办公的居民占比为24%;有超过10%的居民使用过云健身、云K歌;有不超过10%的居民使用过云旅游、云招聘/云就业、直播卖车和智慧养老等;有36%的居民表示从来没有使用过上述新型信息消费场景。具体情况如图3-37(a)所示。由此可以看出,参与过新型信息消费场景的居民数量总体不算多,其中在线教育、共享服务、在线医疗、在线办公等信息消费场景参与度相对较高。

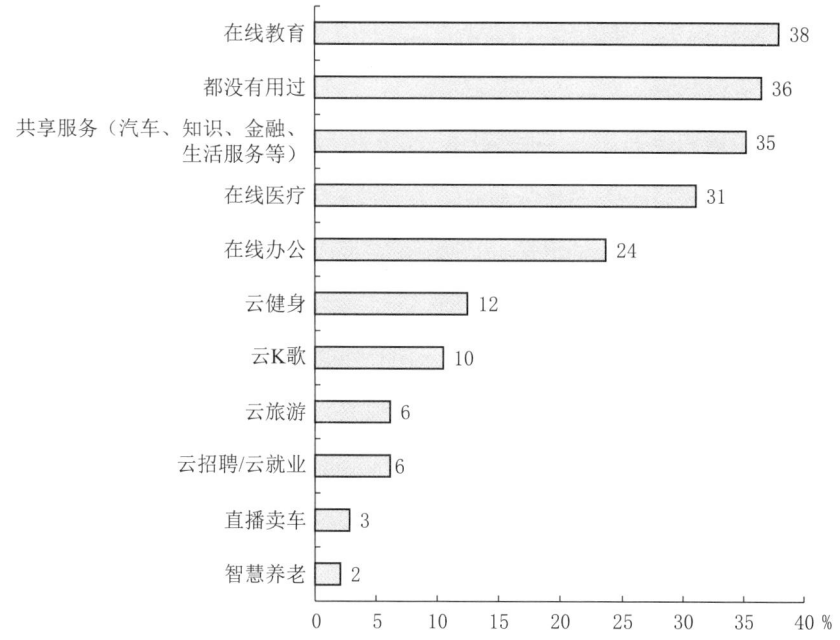

图3-37(a) 上海市居民新型信息服务场景参与的总体情况

资料来源:根据调研数据整理。

性别差异。从性别来看,男性中从来没有参与过这些信息消费新场景的占比27%,女性占比46%;男性中使用过在线教育的有43%,女性33%;男性中使用过共享服务的占比38%,女性占比32%;在线医疗使用过的男性占比32%,女性占比30%;有30%的男性使用过在线办公平台,然而仅有17%的女性使用过;云健身相关的信息消费场景有18%的男性参与过,相应的女性比例为8%;除此之外,在云K歌(男11%,女10%)、云旅游(男9%,女3%)、云招聘/云就业(男9%,女3%)、直播卖车(男5%,女1%)和智慧养老(男3%,女2%)这些信息消费场景中,有使用经历的男性占比都高于女性。具体情况如图3-37(b)所示。由此可见,除了在线医疗的使用方面男女比例没有明显差异以外,其他新型信息消费场景中有使用经历的男性占比均比女性高。

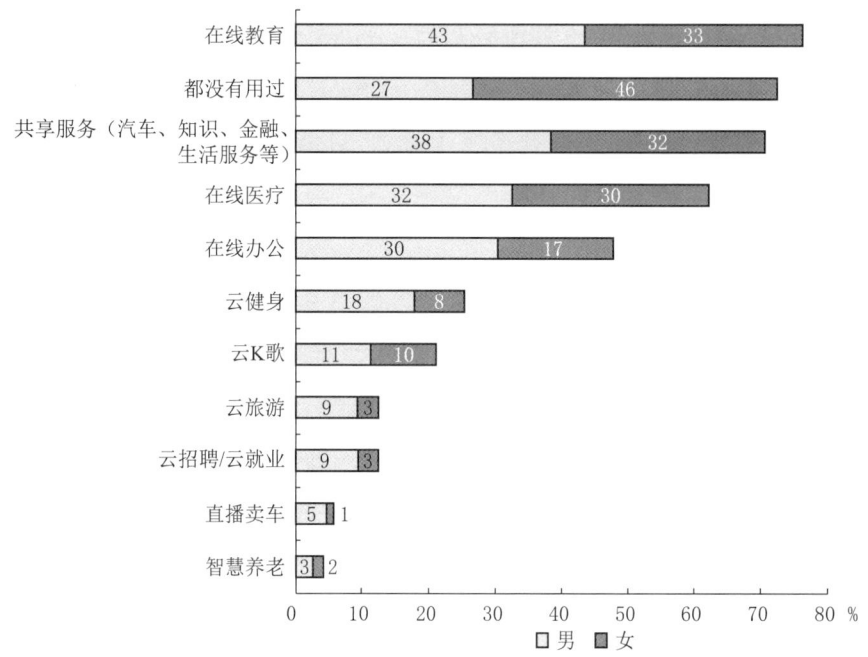

图 3-37(b) 上海市居民新型信息服务场景参与的性别差异

资料来源:根据调研数据整理。

年龄差异。目前参与度相对较高的几个新型信息消费场景中,在线教育(30岁及以下52%,31~50岁33%,51岁及以上18%)、共享服务(30岁及以下57%,31~50岁25%,51岁及以上18%)和在线办公(30岁及以下32%,31~50岁20%,51岁及以上15%)这三个新型信息消费场景有明显的随着年龄增长参与度下降的趋势;在线医疗(30岁及以下35%,31~50岁29%,51岁及以上27%)方面的参与度无明显的年龄差异;云健身(30岁及以下15%,31~50岁11%,51岁及以上8%)这个场景中的居民参与度也有随年龄增长而下降的趋势,但明显度不高;云K歌方面(30岁及以下17%,31~50岁7%,51岁及以上12%),30岁及以下和51岁及以上人群相对更感兴趣,31~50岁人群的兴趣度相对更低。具体情况如图 3-37(c) 所示。

对使用过在线医疗的328位居民还进行了关于在线医疗服务及其品牌选择的调研。在服务使用方面,88%的居民表示使用过预约门诊/医生服务;38%的居民使用过远程问诊/会诊;31%的居民使用过网上药品销售;超过两成居民使用过在线健康检测服务;13%的居民使用过在线办理医保手续服务。对于在线医疗服务品牌选择,

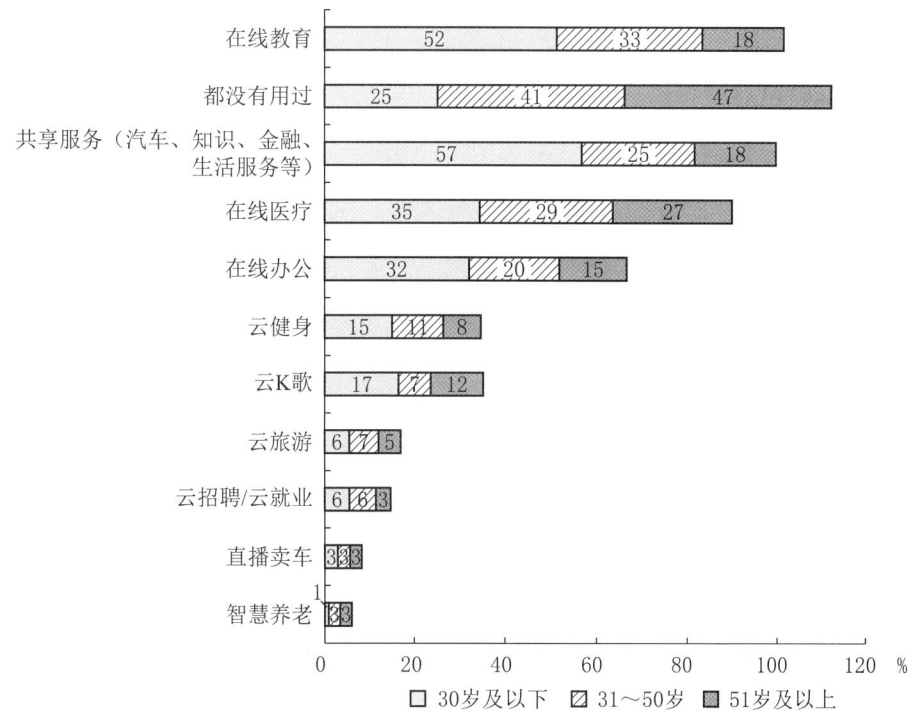

图 3-37(c) 上海市居民新型信息服务场景参与的年龄差异

资料来源：根据调研数据整理。

平安好医生得到 30% 的居民的青睐；超过两成的居民表示有通过医院自建的小程序、微医 We Doctor 和京东健康平台使用过在线医疗服务；17% 的用户使用过丁香医生；16% 的用户使用过阿里健康平台。具体情况如图 3-38 所示。由此可见，上海市居民主要使用在线医疗中的预约服务，远程问诊/会诊和在线买药的应用也逐渐增多；使用的在线医疗类信息服务品牌主要是平安好医生。

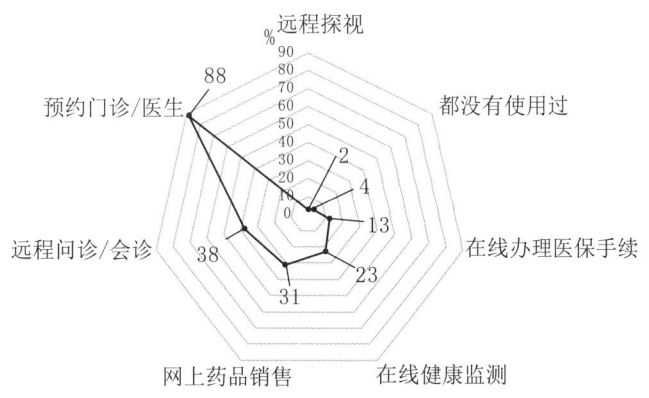

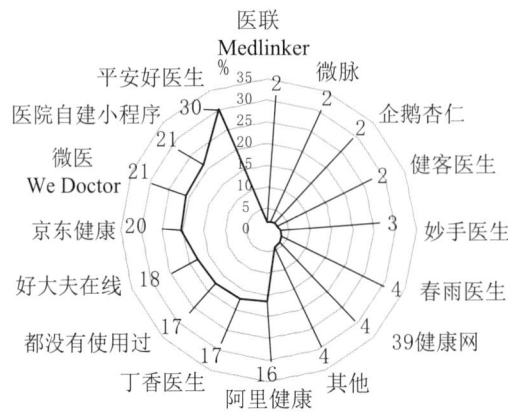

图 3-38　上海市居民在线医疗服务及其品牌选择

资料来源：根据调研数据整理。

对使用过在线教育的 401 位居民还进行了关于在线教育服务及其品牌选择的调研。在服务使用方面，71%的消费者选择了学校课堂相关的在线教育服务；三成用户通过在线教育平台进行职业技能学习和满足课外辅导需求；21%的居民使用过在线成人教育/继续教育服务；15%的居民使用过绘画乐器等艺术类在线教育服务；仅有7%的居民表示没有使用过在线教育服务。在服务品牌选择方面，作业帮（47%）、猿辅导（33%）这三个面向中小学生全科辅导类的平台备受青睐；学而思网校（29%）作为面向 6~14 岁的孩子提供素质教育服务的平台，也有接近三成的用户使用过；除此之外，腾讯课堂（29%）和中国大学慕课（28%）这两个主要面向成人的在线学习平台也有将近 30% 的居民使用过。具体情况如图 3-39 所示。由此可见，目前上海市居民关于在线教育服务的应用方向最主要还是孩子的课堂教育辅导方面，不过也有不少成人开始应用在线教育平台实现自我发展。

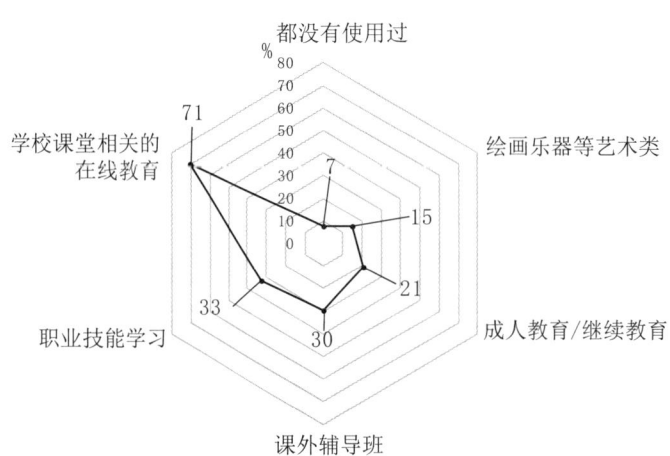

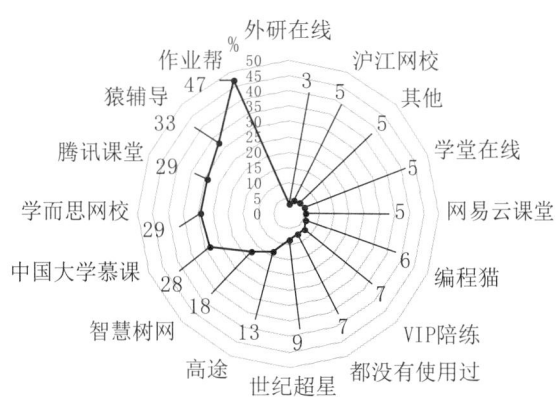

图 3-39　上海市居民在线教育服务及品牌选择

资料来源:根据调研数据整理。

对使用过共享服务的 372 位居民进一步进行关于品牌选择的调研发现,共享出行服务平台中排名靠前的包括:滴滴出行(81%)、高德打车(58%)、嘀嗒出行(29%)和神州专车(14%);共享短租服务平台中被使用频率较高的是:爱彼迎(Airbnb)(14%)和小猪短租(8%);其他类型共享服务平台被使用的频率较低。具体情况如图 3-40 所示。由此可见,上海市居民对共享服务的应用主要集中于共享出行领域,其中领头品牌是滴滴出行。

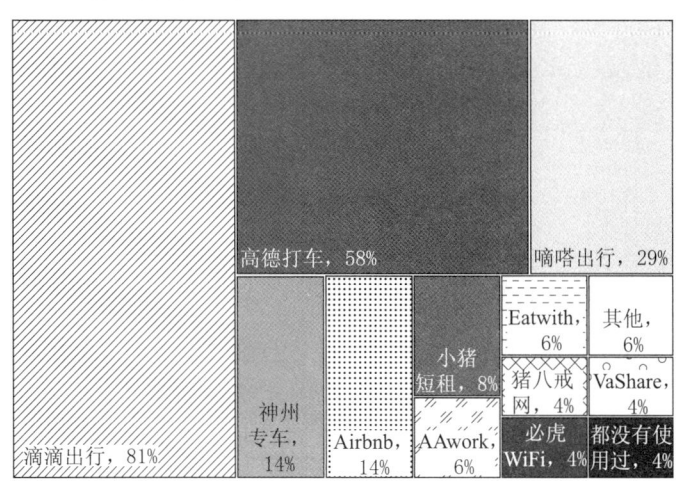

图 3-40　上海市居民共享服务品牌选择

资料来源:根据调研数据整理。

对使用过在线办公信息服务的 250 位居民进一步进行关于品牌选择的调研发现,66%的居民反映使用过钉钉平台;63%的居民通过企业微信实现在线办公;飞书也有 32%的居民表示使用过;12%的居民使用过华为云(Welink)平台;云之家、Microsoft Teams、泛微(weaver)、致远 M3、蓝信、网易灵犀办公平台的用户覆盖率偏低。

具体情况如图3-41所示。由此可见,随着疫情的持续蔓延和常态化,在线办公模式已经逐渐成为上海市居民的新常态,其中钉钉和企业微信成为最受青睐品牌。

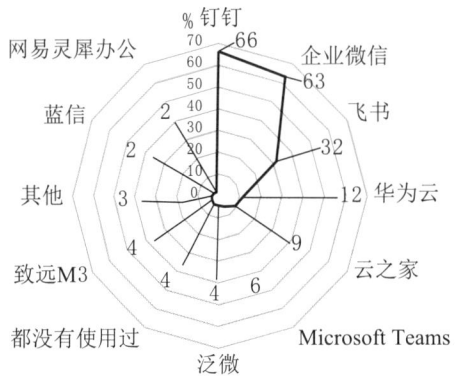

图3-41 上海市居民在线办公信息服务品牌选择

资料来源:根据调研数据整理。

对使用过云健身信息服务的132位居民进一步进行关于品牌选择的调研发现,52%的居民表示使用过Keep软件;33%的居民通过自媒体平台(例如:抖音—刘耕宏)自行选择喜欢的健身博主跟着健身;超过20%的居民曾经使用过悦动圈、乐动力、小米运动平台;超过10%的居民使用过悦走、开心走路、悦跑圈、咕咚(Codoon)平台。具体情况如图3-42所示。由此可以看出,新媒体的发展和疫情常态化的背景,使得云健身逐渐被健身爱好者所接纳,除了Keep占据较大市场份额外,其他平台的市场地位势均力敌。

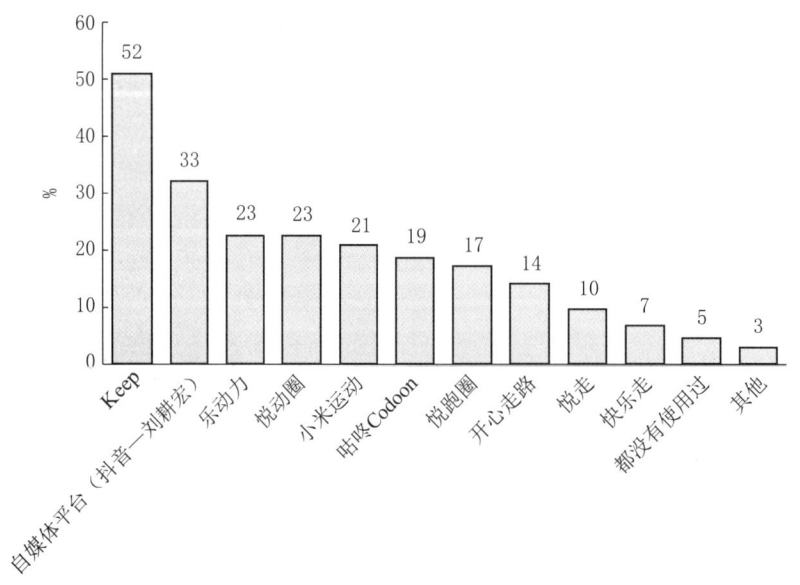

图3-42 上海市居民云健身服务品牌选择

资料来源:根据调研数据整理。

五、上海市居民智能化集成化信息产品消费意愿

上海市居民对智能化集成化新型信息产品兴趣较为浓厚,尤其对5G产品、智慧家庭产品和智能穿戴产品购买意愿强烈,AR/VR设备、智能网联汽车和无人机等信息产品的消费需求有爆发趋势。智慧家庭产品的购买意愿无明显性别差异,其他类别的新型信息产品方面,男性购买意愿都要强于女性。对智能化集成化新型信息产品的消费意愿随年龄增长呈下降趋势。

总体情况。当上海市居民被问到"您购买下述智能化集成化新型信息产品的意愿是什么样的",在5G手机方面,有25%的居民表示非常愿意购买,45%的居民比较愿意购买,不清楚、不太愿意与非常不愿意购买的居民占比30%;在智慧家庭产品(例如指纹锁/智能遥控/智能照明/安防报警系统/智能多媒体/智能家电等)方面,比较愿意和非常愿意购买的居民占比约64%,不太愿意购买的占36%;在智能穿戴产品(例如运动手环/智能手表/智能眼镜/智能头盔/智能球鞋等)方面,17%的居民表示非常愿意购买,39%的居民表示比较愿意购买,不清楚和不太愿意购买的居民占比约44%;在AR/VR设备(例如VR眼镜/VR头盔/VR一体机/VR头显/VR手机盒子)方面,比较具有购买意愿的居民占比约48%,不太愿意购买的占比约52%;在智能网联汽车(例如小鹏P7/理想ONE/蔚来ES6/蔚来ES8/第七代伊兰特/极狐阿尔法S/十一代思域/特斯拉Model3)方面,16%的居民表示非常愿意购买,30%的居民比较愿意购买,购买意愿不太高的居民占比约54%;在智能化无人机方面,比较具有购买意愿的占比41%。具体情况如图3-43所示。由此可以看出,所有类型的新型信息产品都有超过四成的居民较具购买意愿,且在5G手机、智慧家庭产品和智能穿戴产品这三种信息产品上的消费意愿尤其强烈。

性别差异。从性别差异来看,在所有类别的智能化集成化信息产品上,男性中比较愿意及非常愿意购买的人数占比都比女性要高(5G手机:男性78%,女性63%;智能穿戴产品:男性64%,女性48%;智慧家庭产品:男性69%,女性61%;AR/VR设备:男性56%,女性40%;智能网联汽车:男性55%,女性36%;智能化无人机:男性51%,女性32%)。其中在智慧家庭产品方面的性别差异不大。具体情况如图3-44(a)、图3-44(b)所示。

年龄差异。从年龄差异来看,对智能化集成化新型信息产品具有较高水平消费意愿的居民比例有随着年龄增长而下降的趋势(5G手机:30岁及以下81%,31~50岁65%,51岁及以上55%;智能穿戴产品:30岁及以下69%,31~50岁50%,

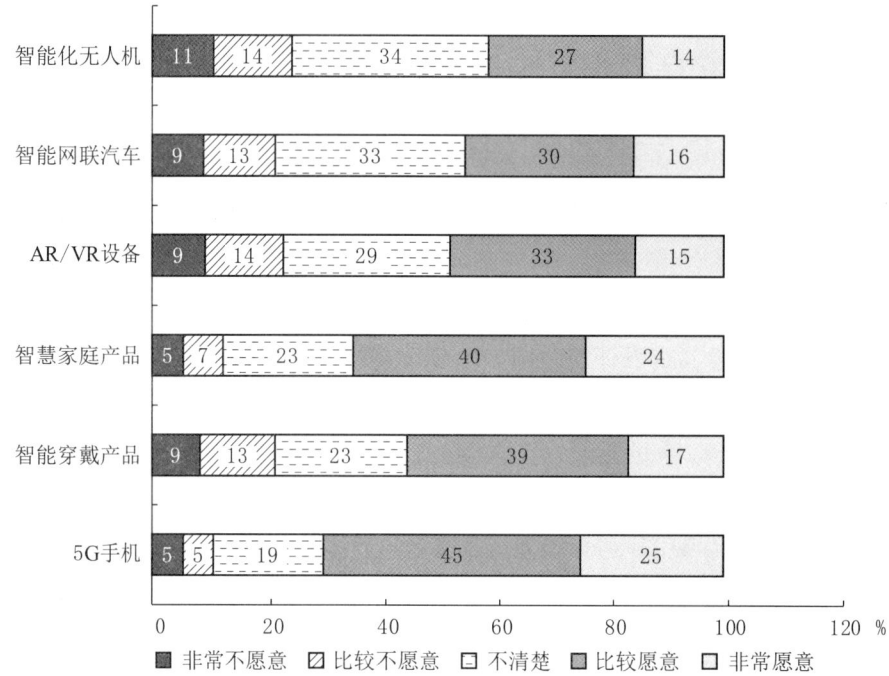

图 3-43　上海市居民智能化集成化信息产品消费意愿

资料来源:根据调研数据整理。

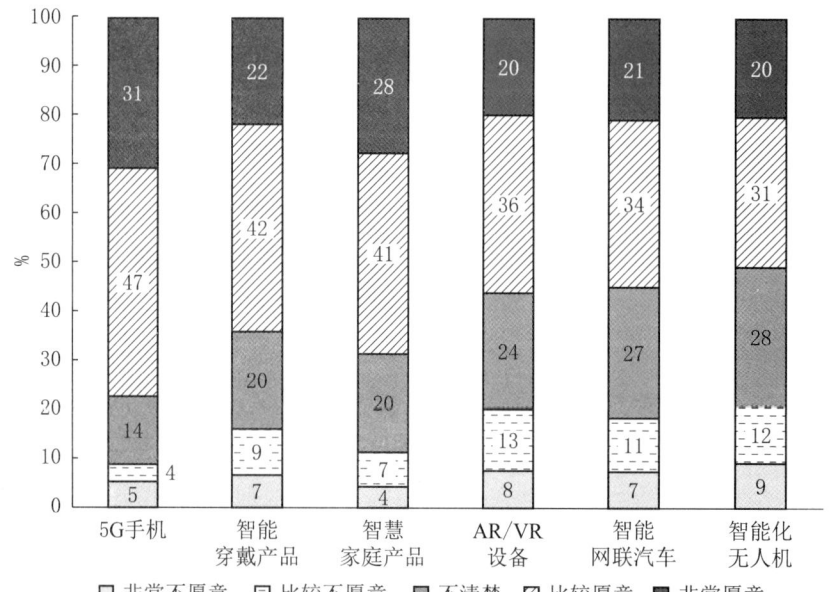

图 3-44(a)　上海市居民智能化集成化信息产品消费意愿(男性)

资料来源:根据调研数据整理。

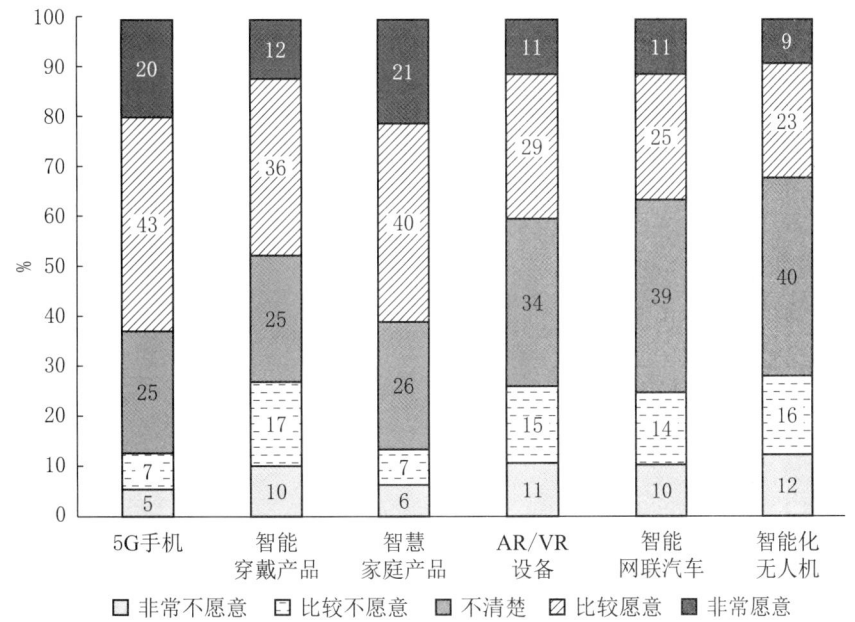

图 3-44(b) 上海市居民智能化集成化信息产品消费意愿(女性)

资料来源:根据调研数据整理。

51 岁及以上 40%;智慧家庭产品:30 岁及以下 71%,31~50 岁 62%,51 岁及以上 58%;AR/VR 设备:30 岁及以下 56%,31~50 岁 44%,51 岁及以上 40%;智能网联汽车:30 岁及以下 53%,31~50 岁 43%,51 岁及以上 30%;智能化无人机:30 岁及以下 47%,31~50 岁 39%,51 岁及以上 32%)。其中在智慧家庭产品和 AR/VR 设备等新型信息产品品类的消费意愿方面 30 岁以上人群无明显年龄差异。具体情况如图 3-45(a)、图 3-45(b)、图 3-45(c) 所示。

六、上海市居民信息消费过程中的权益保障问题

上海市信息消费者的权益未得到充分有效保障,其中以信息产品或服务品质问题最为严重;其次便是信息消费过程中的信息冗余和结构保障体系不完善的问题;最后,售后服务水平的提高也应该受到信息产品或服务的供应商重视。

当上海市居民被问到"信息消费过程中有哪些方面的信息权益未得到应有保障"时,超过四成的消费者反映存在"网购商品质量存在问题"和"网上经营者夸大商品性能"的问题;超过 30% 的居民表示曾经在信息消费过程中遇到过"垃圾广告信息泛滥""个人信息被泄露"和"售后服务不到位"的问题;"网上商家不履行约定或承诺"和"物

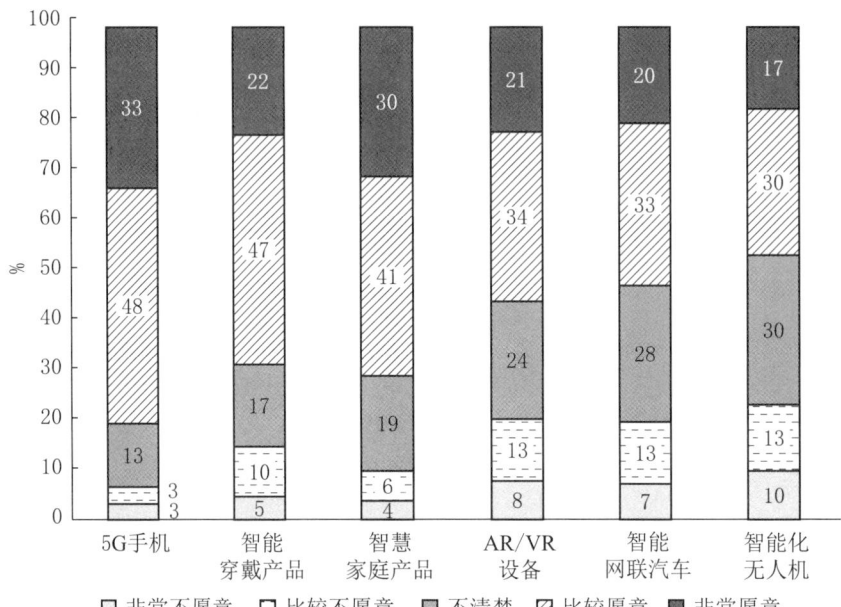

图 3 - 45(a)　上海市居民智能化集成化信息产品消费意愿(30 岁及以下)

资料来源:根据调研数据整理。

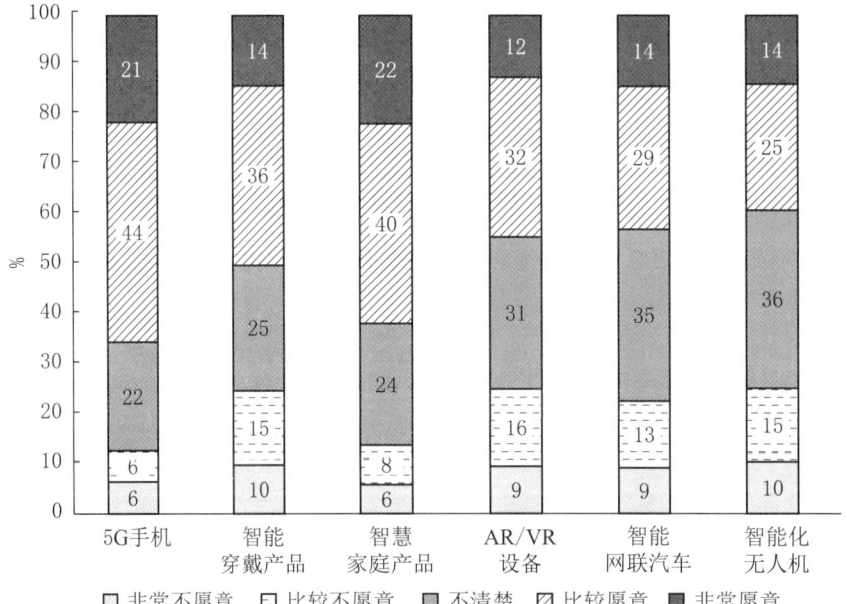

图 3 - 45(b)　上海市居民智能化集成化信息产品消费意愿(31—50 岁)

资料来源:根据调研数据整理。

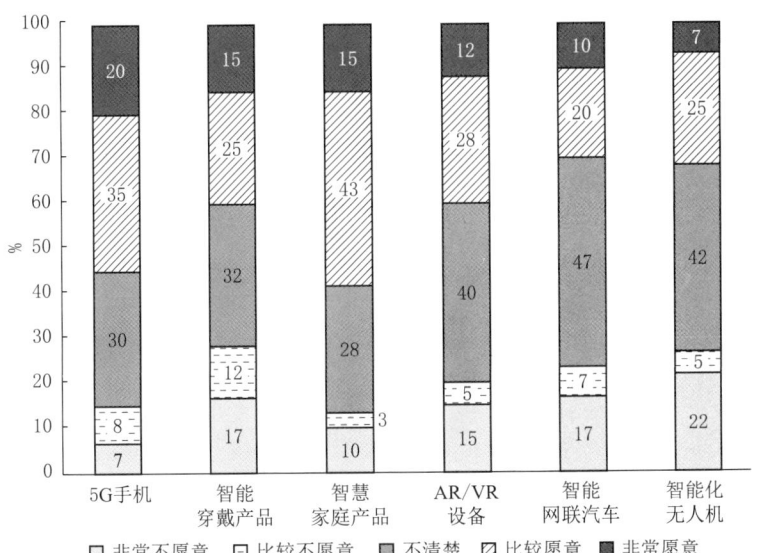

图3-45(c) 上海市居民智能化集成化信息产品消费意愿(51岁及以上)

资料来源：根据调研数据整理。

流配送不及时、态度不好"等问题也有超过20%的居民遇到过；18%的居民认为"被引导设置自动续费功能"是未得到保障的权益问题；10%左右的居民反馈"会员付费终止程序烦琐"和"扣费与实际消费不符"的问题同样需要引起重视；关于"擅自更改套餐业务"和"未定制服务被扣费"的问题相对被反馈的次数较少。具体情况如图3-46所示。

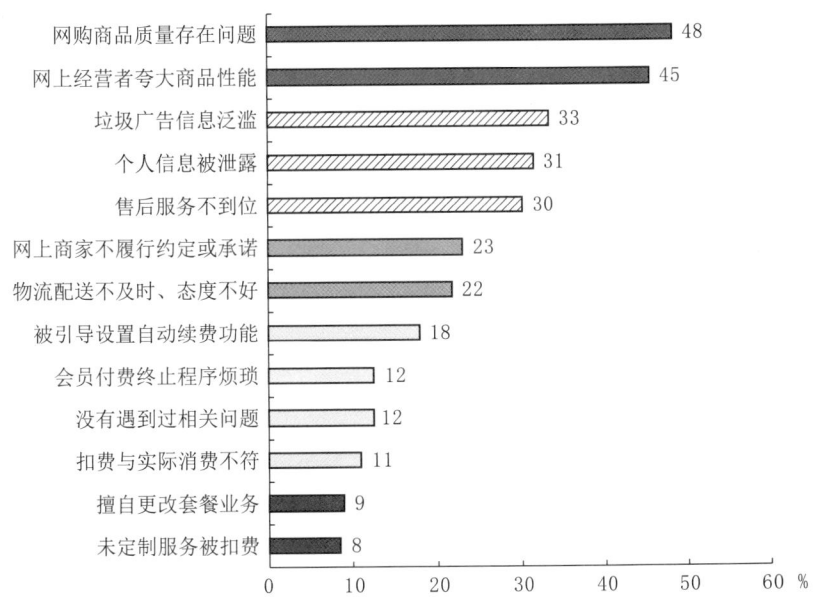

图3-46 上海市居民信息消费过程中遇到的权益保障问题

资料来源：根据调研数据整理。

第四章 上海商业热点分析——直播电商

第一节 数字经济与数字商务

一、数字经济的内涵

(一) 数字经济概念的界定

"数字经济"是一个内涵较为广泛的概念,最早是由美国经济学家唐·塔普斯科特(Don Tapscott)于1995年提出,唐·塔普斯科特认为数字经济是一种以信息化、数字化为主的经济形态,主要由网络信息产业、通信产业以及企业和个人的电子商务构成,它将改变国际事务的运行方式并引发新一轮的经济形势变动。[1]1996年美国学者尼古拉斯·尼葛洛庞帝(Nicholas Negroponte)指出数字经济具有虚拟交易的特性,它依靠比特进行发展,由数字化商品和互联网软件组成,是电子商务的子行业。[2]2002年美国学者金范秀(Beomsoo Kim)等将数字经济定义为一种特殊的经济形态,并认为它的本质是"商品和服务以信息化形式进行交易"。[3]

其实在早期,网络信息技术被认为是提高经济效益的辅助工具,"数字经济"一词主要是被用来描述互联网对经济贸易产生的影响。之后随着网络信息技术的迅速发展,数字经济逐渐成为学界研究的热点课题,虽然人们对数字经济一直进行深入持续

---

[1] Tapscott D. The Digital Economy: Promise and Peril in the Age of Networked Intelligence[M]. New York: McGrawHill, 1995。
[2] Negroponte N. Being Digital[M]. Random House Inc, 1995。
[3] Kim B, Barua A, Whinston A B. Virtual Field Experiments for a Digital Economy: A New Research Methodology for Exploring an Information Economy[J]. Decision Support Systems, 2002, 32(3): 215–231。

地研究,但对其概念还缺乏准确明晰的界定。各国政府对数字经济的概念不断补充发散,数字经济的规模不断壮大,内涵逐渐丰富。

在 2016 年 G20 峰会上发布的《二十国集团数字经济发展与合作倡议》中对数字经济给出了较为明确的概念解释:"运用数字化的知识和信息作为关键的生产要素、以现代化信息网络作为重要载体、以信息通信技术的有效使用作为效率提升和经济结构优化的重要推动力的一系列经济活动。"[1]由此可见,数字经济是以数据这一重要生产要素为基础进行的生产、流通、消费等一系列经济活动的总和。G20 对数字经济的内涵进行的充分概括,得到了国际的广泛认同。2017 年中国信息通信研究院(以下简称"中国信通院")发布的《中国数字经济发展白皮书(2017 年)》(以下简称《白皮书(2017)》)在 G20 杭州峰会的基础上对数字经济的含义进行了进一步的补充延伸,从生产力的角度对数字经济进行了数字产业化和产业数字化的"两化"定义。《白皮书(2017)》提出,数字经济主要有狭义和广义之分,狭义上的数字经济主要指数字化产业,即新型信息化产业,作为数字经济的基础部分它与信息通信技术应用紧密相关,具体产业形态有电子信息制造业、数字内容生产行业、软件及信息技术服务业、通信基础设施行业等众多数字技术带来的产业与服务;广义上的数字经济主要指产业数字化,即以信息化网络为载体,数据作为生产要素与其他产业相融合,从而为产业部门带来效益的增加,具体产业形态为那些本就存在的传统行业如加工制造业、农业、畜牧业等利用数字技术后,带来了产出的增长和效率的提升,其新增产出构成数字经济的重要组成部分。

2019 年中国信通院发布《中国数字经济发展与就业白皮书(2019 年)》(以下简称《白皮书(2019)》),从生产力与生产关系的角度出发,将"两化"进一步丰富完善为"三化",在"数字产业化、产业数字化"的基础上,加入了"数字化治理"。《白皮书(2019)》中表示数字经济的繁荣发展不但推进了产业变革,还带来了政府治理模式的改进,数字化治理提升了政府的社会治理能力,完善了政府的治理体系,体现了生产力和生产关系的辩证统一。2020 年,中国信通院在《中国数字经济发展与就业白皮书(2020 年)》中将数字经济的"三化"框架修正为"四化"框架,在"数字产业化、产业数字化、数字化治理"的基础上新增"数据价值化"。数字产业化和产业数字化重塑生产力,是数字经济发展的核心;数字化治理引领生产关系深刻变革,是数字经济发展的保障;数据价值化重构生产要素体系,是数字经济发展的基础。

目前数字经济发展势头欣欣向荣,概念得到不断的丰富与完善,但究其本质数字

---

[1] 彭刚,朱莉,陈榕.SNA 视角下我国数字经济生产核算问题研究[J].统计研究,2021,38(7):19-31。

经济是以数字化的知识和信息作为生产要素,依托现代互联网技术,使用数字技术和工具提升产业效益的经济活动。

(二) 数字经济在中国发展脉络

在国内,国家层面的数字经济相关政策的发展大致经历了信息化建设起步阶段、电子商务发展与信息化建设深入阶段、数字经济发展新阶段的三个演变历程。[1]

第一阶段:信息化建设起步阶段。

这是互联网进入中国的伊始阶段,这一阶段建设的主要目的是构建基本的信息化基础设施体系,为之后的信息化技术产业的发展奠定牢固基础。信息化建设起步阶段国家层面的数字经济相关政策如表4-1所示。

表4-1 信息化建设起步阶段数字经济相关政策

发布时间	文件/政策名称	核心描述
1999.01	《国务院办公厅转发信息产业部国家计委发布政策文件关于加快移动通信产业发展若干意见的通知》(国办发〔1999〕5号)	移动通信建设
2001.07	《国务院办公厅转发国家计委等部门关于促进我国国家空间信息基础设施建设和应用若干意见的通知》(国办发〔2001〕53号)	空间信息基础设施的构建与扶持
2002.09	国务院办公厅转发国务院信息化工作办公室《关于振兴软件产业行动纲要的通知》(国办发〔2002〕47号)	鼓励拉动内需促进软件产业的发展,国家加大对软件产业的投入、落实软件市场的优惠政策

第二阶段:电子商务发展与信息化建设深入阶段。

在这一阶段互联网进入中国开始蓬勃发展,在之前移动通信和空间基础设施建设的基础上,国家在软件、电子商务、信息资源共享、云计算、大数据以及"互联网+"等方面做出了重要规划。电子商务发展与信息化建设深入阶段国家层面的数字经济相关政策如表4-2所示。

表4-2 电子商务发展与信息化建设深入阶段数字经济相关政策

发布时间	文件/政策名称	核心描述
2005.03	《国务院办公厅关于加快电子商务发展的若干意见》(国办发〔2005〕2号)	改善我国电子商务发展环境,扩大电子商务应用范围、提高电子商务发展水平

---

[1] 杨芬,李延罡.数字辽宁发展现状及建议[J].合作经济与科技,2022(5):18-21。

(续表)

发布时间	文件/政策名称	核心描述
2006.04	《国务院关于同意建立全国文化信息资源共享工程部际联席会议制度的批复》(国函〔2006〕30号)	协调解决推进全国文化信息资源共享工程建设中的重大问题;讨论确定工作重点并协调落实;指导、督促、检查全国文化信息资源共享工程建设的各项工作
2007.04	《国务院公布实施的中华人民共和国政府信息公开条例》(国务院令〔2007〕492号)	推行政府信息公开,以提高政府执政能力,建设社会主义法治政府
2012.07	《国务院关于印发"十二五"国家战略性新兴产业发展规划的通知》(国发〔2012〕28号)	计划到"十二五"末期,在云计算的设施、软件、平台等方面实现重大突破
2013.05	《国家发展改革委关于加强和完善国家电子政务工程建设管理的意见》(发改高技〔2013〕266号)	鼓励在电子政务项目中采用物联网、云计算、大数据等新技术
2014.03	《2014年政府工作报告》	大数据首次写进中国中央政府工作报告
2015.07	《国务院关于积极推进"互联网+"行动的指导意见》(国发〔2015〕40号)	要将互联网与社会经济政治各个领域结合起来,推动社会科技进步、提高产业经济效益,提升政府治理能力,构建新的紧急社会发展形态
2015.08	《国务院关于印发促进大数据发展行动纲要的通知》(国发〔2015〕50号)	大数据产业正在成为新的经济增长点,要深入挖掘我国大数据的规模优势,发挥数据资源的战略作用,提升国家数据资源竞争力

第三阶段:数字经济发展新阶段。

随着数字经济上升为国家战略高度,政策以产业规划和指导意见为主,形成了较为明确的产业发展方向和发展目标,同时"数字化转型"也首次写入了五年规划。我国早期的数字经济探索主要集中于信息化建设和电子商务发展领域,自2015年习近平总书记首次在世界范围内对数字经济发展发表重要论述开始,数字经济逐步上升到国家战略层面,此阶段的政策内容以产业规划和指导意见为主,并形成了较为明确的产业发展方向和发展目标,我国也进入了数字经济发展新阶段。数字经济发展新阶段国家层面的数字经济相关政策如表4-3所示。

表4-3 数字经济发展新阶段数字经济相关政策

发布时间	文件/政策名称	核心描述
2015.12	习近平总书记在第二届世界互联网大会上以"数字中国"为主旨发表演讲	中国将推进"数字中国"建设
2016.05	《国务院关于深化制造业与互联网融合发展的指导意见》(国发〔2016〕28号)	要构建企业与互联网"双创平台",推动制造企业与互联网企业实现跨界合作

（续表）

发布时间	文件/政策名称	核心描述
2016.09	《国务院关于加快推进"互联网+政务服务"工作的指导意见》(国发〔2016〕55号)	要加快推动互联网与政务服务相结合,实现互联网与政务的深入合作
2016.09	G20杭州峰会上发布《G20数字经济发展与合作倡议》	阐述了数字经济的概念,强调了当前各国发展数字经济的重要性和意义,提出了发展数字经济以及各国之间交流合作要遵守的原则,表达了对数字经济未来的期待与展望
2016.11	《国务院关于印发"十三五"国家战略性新兴产业发展规划的通知》(国发〔2016〕67号)	加快推动数字创意产业建设
2016.12	《工业和信息化部、财政部关于印发智能制造发展规划(2016—2020年)的通知》(工信部联规〔2016〕349号)	阐述了当前智能制造的发展现状与前景,提出对智能制造未来的展望
2016.12	《国务院关于印发"十三五"国家信息化规划的通知》(国发〔2016〕73号)	主要目标集中在信息产业,要实现网络信息基础设施跨越式发展,初步形成信息产业生态体系
2017.01	《工业和信息化部关于印发大数据产业发展规划(2016—2020年)的通知》(工信部规〔2016〕412号)	展望大数据发展前景,提升国家数据资源竞争力
2017.03	《2017年政府工作报告》	数字经济首次被写入政府
2019.03	《2019年政府工作报告》	要继续壮大数字经济,推动数字经济蓬勃发展
2020.03	《工业和信息化部办公厅关于推动工业互联网加快发展的通知》(工信厅信管〔2020〕8号)	工业互联网等新型基础设施建设
2020.03	《工业和信息化部办公厅关于印发中小企业数字化赋能专项行动方案的通知》(工信厅企业〔2020〕10号)	在数字经济背景下,要促进产业集群数字化发展
2020.03	《中共中央 国务院关于构建更加完善的要素市场化配置体制机制的意见》	推进政府数据开放共享
2021.03	《中华人民共和国国民经济和社会发展第十四个五年规划和2035年远景目标纲要》	要加快数字化发展,建设数字中国,数字经济已成为我国重要的战略部署和发展方向,将成为我国经济实现转型、高质量发展的创新驱动力

二、数字商务概述

（一）数字商务的内涵与特点

数字商务是数字经济在商务领域的具体体现,也是数字经济最活跃、最集中的表现形式,是国家数字经济的重要组成部分。[1]它依托互联网平台,利用信息网络技术和数据分析手段,以数字交换技术为基础,将数据的价值运用到商业中,并将商业的运营和渠道等流程智能化、有机化、数字化。数字商务其本身并不提供商品,而是通过为销售方和消费者提供数字价值来创造财富。

数字商务主要有以下两个特点:

(1) 用数字技术创造价值。目前数字商务最显著的特点就是数字科学技术的应用,通过数字技术与商业的充分融合,不断创造出新业态及新模式。现在突出的前沿科技包括区域链、大数据以及5G移动通信技术和人工智能等。在国外,我国正在与东盟通过运用这些新技术为传统产业赋能,提高跨境贸易效率。在国内,我国数字商务总量占GDP比重高达30%以上,数字技术在不断创造经济价值的同时,还驱动各个产业向着网络化、数字化和智能化的方向发展,加大在教育、医疗、社区、文旅、交通等重点领域的数字化实践,通过数字技术不断提升公共服务均等化、普惠化、便捷化水平,解决经济社会的难点和痛点,不断创造社会价值。

(2) 数字化客户获取和销售。数字商务以客户为本,通过数字化技术及人工智能,借助互联网大数据分析和信息化掌控,帮助企业加快业务数字化客户获取水平,从客户获取被动方变为主动方。数字商务通过数字化技术进行多渠道获客,通过信息化网络对接百度、腾讯、抖音等广告投放平台,将客户偏好需求等信息进行同步、分配、流转,以进行全网数据收集、加工处理、分析客户需求,智能推荐精准目标客户,提升客户获取效率。在数字化浪潮下,越来越多的企业通过数字化实现企业转型,完成客户获取、企业营销、产品销售、售后服务、全程分析的流程智能化,实现企业可持续增长。

(二)数字商务发展现状

2021年12月,中央网络安全和信息化委员会印发了《"十四五"国家信息化规划》(以下简称《规划》),对我国"十四五"时期信息化发展做出部署安排,从总体上描绘了未来五年"数字中国"的建设图景和实施路径。《规划》提出要大力发展数字商务,促进产业数字化转型发展,加快迈入数字中国建设新阶段。目前中国数字商务蓬勃发展,日益成为我国带动消费、促进传统产业转型的重要引擎。

1. 保持迅速增长态势,发展潜力巨大

近些年我国数字商务交易额稳步提升,特别是网上零售业一直保持迅速增长势

---

[1] 徐朝威.产业数字化背景下的数字商务税收治理研究[J].税务研究,2021(11):74-78。

头。2021年我国网络零售业营业额高达13.1万亿元,与2020年相比增长14.1%。网上实物商品销售额首次突破10万亿元,增长12%。2021年"双十一"购物节全网交易额高达9 651.2亿元,较2020年同比增长12.22%,虽然未破1万亿元大关,但发展潜力巨大。[1]

2. "互联网+"等政策的支持

"互联网+"理念于2012易观第五届移动互联网博览会上首次被提出,2015年这一概念首次出现在政府工作报告中,鼓励"互联网+"与制造业在生产、流通、消费相结合,在生产端"互联网+"推动产业生产制造模式改革,提高企业生产制造效率;在流通端"互联网+"结合物流,使得交通运输更加高效,提高了数字商务在交通方面的物流运输水平;在消费端"互联网+"结合万众创新,提升了我国的人均可支配收入,为数字商务消费交易额的增长提供了强有力的支撑。

3. 大数据的应用推动数字商务的发展

与其他产业相比,数字商务产业需要更加庞大的数据量和更加广阔的数据来源渠道。数字商务产业在市场营销、物流运输、产业技术等方面已经日益成熟,产业体系逐渐成形,因此只有进一步挖掘出大数据价值的数字商务产业才能占领未来的数字产业市场。大数据本身十分重要,但是众多的数据中含有许多无用的"垃圾数据",从海量大数据中挖掘出有价值的部分,用大数据的思维来分析解决问题,才是当前数字商务企业努力前进的方向。

目前,数字商务成为经济社会发展的重要动力,是带动数字化生产、带动数字产业化、推进数字化治理的重要推手。所以要充分发挥数字商务的带头作用,促进数字商务发展,为中国发展数字经济和建设数字中国奠定强有力的基础。

三、上海数字商务发展现状

(一)交易规模稳步扩大,略有波动

随着我国数字经济的蓬勃发展,电商行业规模也逐渐扩大。自2011年以来上海市的数字商务交易额整体呈上升趋势,虽然略有波动,但整体表现出良好的发展态势。在2013年上海数字商务交易额首次突破1万亿元大关,到2016年又突破了2万亿元大关,到2019年交易额达到顶峰并突破3万亿元大关,受到2019年底开始的新冠疫情的影响,之后的2020年交易额略有下降,跌至3万亿元以下。到2021年

---

[1] 数据来源:《2021国家统计年鉴》,国家统计局网站(http://www.stats.gov.cn/tjsj/ndsj/2021/indexch.htm)。

交易额略有回升,达到 3.24 万亿元,比 2011 年增加了近 6 倍,较 2020 年增加了 2 986 亿元,同比增长 10.15%。具体如图 4-1 所示。

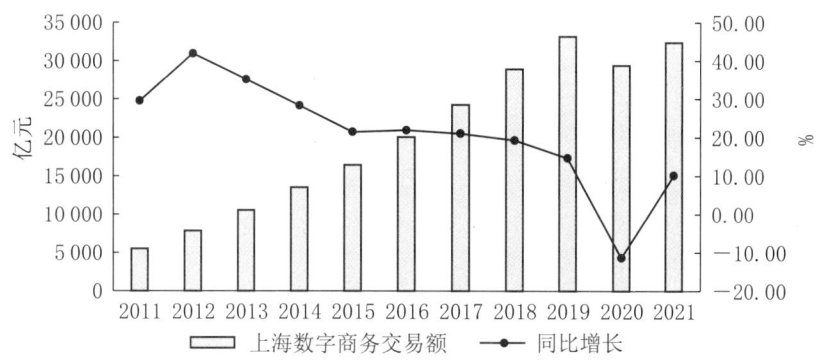

图 4-1 2011—2021 年上海数字商务交易额

资料来源:上海统计局。

上海数字商务发展迅速主要有以下几个方面的原因:

(1) 与数字商务配套的硬件设施、软件设施的同步发展。配套硬件设施如智能手机、便携平板电脑等电子设备广泛普及,为数字商务的迅速发展提供了便捷性;覆盖率极高的快递网点和顺丰快递、京东物流等众多的速递产业为网络实体商品的配送提供了便利的条件;上海实体店铺租金价格昂贵,网络店铺与实体店铺相比不需要缴纳店面租金,能极大程度地缩减经营成本;配套软件设施如微信、支付宝、网上银行等网络便捷支付领先全球,便捷的支付方式大大缩减了网络交易时间,提升了网络交易效率。

(2) 上海市政府政策的大力支持。良好的电商运营离不开政策环境的支持,上海作为一个经济高度发达的开放性大都市,本就拥有良好电商底蕴,同时政府又给予其强有力的政策支持,如 2022 年 5 月上海市人民政府发布的《上海市加快经济恢复和重振行动方案》中表示要支持电商平台以各种形式发放优惠券,刺激居民消费,对具有创意性的市场商业意见及能对消费市场增长有突出贡献的企业给予资金支持。

(3) 拥有长三角城市集群商业环境。上海及周边的江苏、浙江等省份人口密度高,消费需求量大,因此形成了发达的长三角商业集群。依托上海国际金融中心的城市定位,利用杭州电子商务之都的先天优势,背靠阿里巴巴等龙头企业,良好的商务环境吸引了大批企业来上海发展电商业务。数字商务依托大数据分析、个性化推送等功能,因此相关产业的数字化水平具有极高的门槛,而上海作为世界领先的数字技术领域的先行者之一,一直处在产业数字化转型的最前端,在数字化领域持续发挥着带头作用。

(二) B2B业务占据主导地位，B2C交易额占比稳步提升

上海数字商务交易额中，根据交易对象的不同，主要可以分为交易对象为企业与企业之间通过互联网进行产品、服务和信息交流经营的 B2B(Business-to-Business)交易，交易对象为企业和消费者之间通过互联网进行产品、服务和信息交流经营的 B2C(Business-to-Customer)交易。

1. B2B业务占据主导地位，交易额占比逐年下降

近十年来上海市的 B2B 交易额占比一直保持在总交易额的一半以上，占据主导地位。但占比逐年下滑，具体变化趋势如图 4-2 所示。

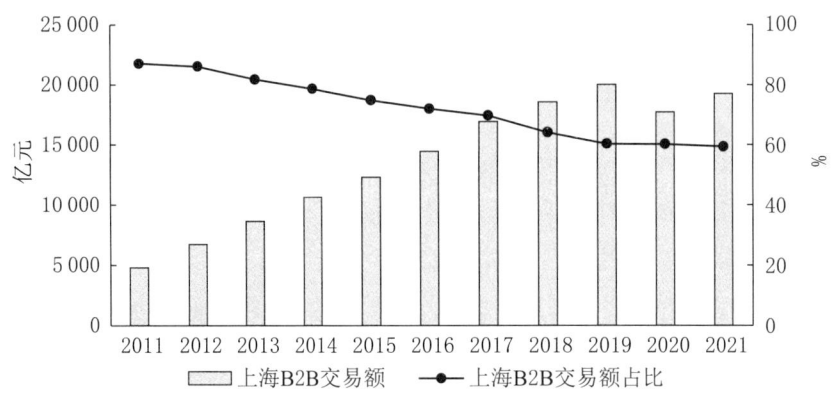

图 4-2 2011—2021 年上海 B2B 交易额及占比

资料来源：上海统计局。

根据图 4-2 显示，2014 年 B2B 交易额占比 78.6%，跌破 80%，到 2017 年 B2B 交易额占比跌破 70%，下降至 69.7%，直至 2021 年 B2B 交易额首次跌破 60%，下降至 59.4%。从 2011 年的占比 87%，逐步下降至 2021 年的 59.4%，共减少了 27.6%。虽然 B2B 交易额占比不断下降，但仍保持巨大的体量优势，依然是上海市数字商务发展的重要支柱，是上海数字商务交易额的首要贡献者。上海市 B2B 交易额呈整体上升趋势，中间略有波折，截至 2019 年，上海市 B2B 交易额一直持续稳定增加，到 2020 年受到新冠疫情的突发影响波动下降，减少 2 289 亿元，到 2021 年上海市 B2B 交易额回升至 19 240.6 亿元，比 2020 年增加了 1 543.3 亿元，同比增长 8.72%。

在上海市 B2B 交易额中，又以钢铁类 B2B 交易额为主。由于有宝钢钢铁厂等老牌工厂，上海市一直拥有优良的钢铁产业基础，钢铁数字商务一直保持着全国领先水平，我国 B2B 百强企业中钢铁企业占据 15 家，其中 6 家坐落于上海。[1] 上海作为国

---

[1] 刘骑旎.上海电子商务发展现状与特点分析[J].统计科学与实践，2018(12):33-36。

际经济中心、贸易中心,在经济发达、交通便利的同时,与其他外地钢铁厂相比,不具备传统的企业用地优势。因为土地使用受限且成本高昂,所以要积极引导上海市钢铁产业结构调整,促进其转型升级。上海具有优质的互联网平台发展与创新环境,国家和上海市政府也一直在鼓励钢铁产业同互联网相结合,朝着互联网平台的方向发展。如2022年上半年上海疫情防控期间,面临物流不便、人员流动停滞的情况,欧冶云商未雨绸缪,提前做好应急准备,互联网平台24小时"在线咨询交易+全程无接触运营"保障机制运行。对于钢厂客户,欧冶云商安排专属人员为其服务,系统和人工定期检查,确保客户专属平台稳定运营,随时满足客户的消费需求。得益于良好的钢铁产业基础和积极的政策支持,凭借强大的生产能力和企业整合能力,上海的钢铁业依托电子商务平台发起自营及撮合业务,为数字商务事业增砖添瓦。

2. B2C业务增长迅速,交易额占比逐年提升

B2C业务与B2B有所不同,主要是企业与消费者通过互联网进行产品、服务交易。上海作为中国四大直辖市之一,近年来B2C业务飞速发展,从交易额占比来看,上海市B2C交易额占比稳步上升,虽然交易额总量不如B2B产业,但发展势头良好。2014年交易额占比突破20%,上升至21%,2017年突破30%,到2019年交易额占比突破40%。从2011年的交易额占比13%,到2021年的交易额占比41%,共上升了28%。从交易额来看,2018年上海市B2C交易额首次突破1万亿元大关,截至2019年交易额一直持续稳定增加并在同年达到顶峰13 188亿元,之后2020年受疫情影响B2C交易额有所波动,略微下降,减少了1 480亿元,到2021年上海市B2C交易额开始回升至13 156亿元。具体情况如图4-3所示。

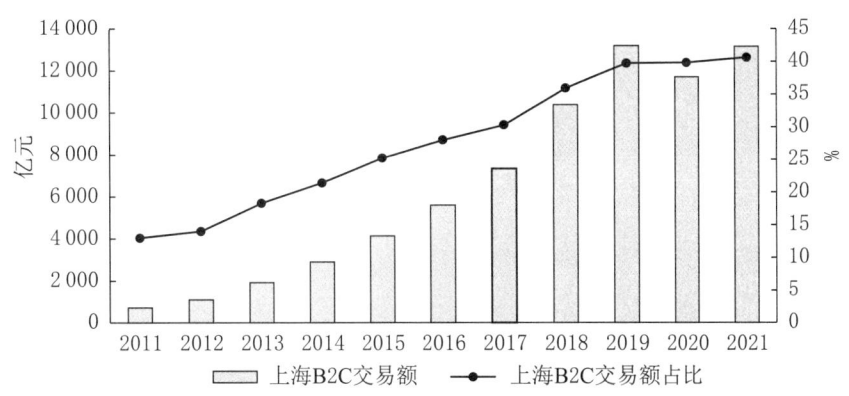

图4-3 2011—2021年上海市B2C交易额及占比

资料来源:上海市统计局。

在B2C交易额中,主要分为商品类网络购物交易额和服务类网络购物交易额。近几年来,服务类和商品类交易额都呈逐年上升趋势,发展态势良好。在同比增速方面,相较于商品类交易额的增速,服务类交易额的增速更为显著,在2021年上海市网络购物交易额中,商品类网络购物交易额7 829.7亿元,占上海市网络购物交易总额59.48%;服务类网络购物交易额5 333.3亿元,占上海市网络购物交易总额的40.52%。

上海市B2C发展之所以如此迅猛,一是上海作为经济金融中心,本身具有强大的商业底蕴,这为B2C的发展提供了强有力的支撑,而互联网企业的迅速发展,又为B2C提供了技术支持,让B2C的交易模式得以实现。之后随着互联网用户的增加,B2C业务也获得了巨大的人口红利,开始高速发展。二是上海拥有中国B2C消费电商巨头。2020年上海位列中国B2C消费电商前十强城市的第三,年交易规模18 412亿元,占总TOP100 B2C电商交易额比重的12.79%。2020年上海有17家消费电商企业上榜2020年中国B2C消费电商百强,平均交易规模达1 083亿元,位列2020年中国B2C消费电商企业TOP榜第三的拼多多就在上海,其2020年度交易额达到16 676亿元。在2018年拼多多在上海的电商市场销售份额为5%,2020年已达到12%,在两年时间内,抢占阿里巴巴的7%的市场份额,为上海在中国消费电商城市前三强的位置奠定了坚实的基础。除拼多多以外的其他16家消费电商的年交易额达1 736亿元。[1]其他上海知名电商包括小红书、得物、京东到家、爱回收、爱库存、叮咚买菜等。

(三)社会消费品零售额持续增长,无店铺零售与网上商店零售齐头并进

上海市的社会消费品零售总额呈递增趋势,在2015年突破1万亿元大关,到2021年社会消费品零售额稳定增长至18 079.25亿元,较2020年增加了2 146.75亿元,同比增长13.47%,为上海市经济增长做出了巨大贡献。其中2021年上海市无店铺零售额达3 738.79亿元,较2020年增加了697.04亿元,同比增长22.92%;网上商店零售额达3 365.78亿元,较2020年增加了759.39亿元,同比增长29.14%。近年来上海市无店铺零售额及网上商店零售额占社会消费品零售总额的比例快速提升,2021年上海市无店铺零售额占社会消费品零售总额的20.68%,较2020年增长了2.26%;网上商店零售额占社会消费品零售总额的18.62%,较2020年增长了1.59%。具体情况如图4-4所示。

---

[1] 涂佳.电商企业网络营销的问题及对策探寻[J].中国储运,2022(8):157-158。

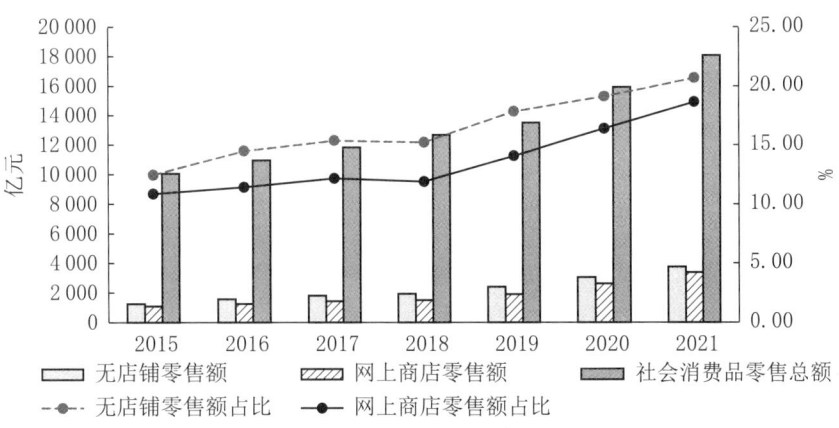

图 4-4 2015—2021 年上海社会消费品零售情况

资料来源:上海市统计局。

上海市社会消费品零售总额居于全国首位,无店铺零售额与网上商店零售额增长迅速,一是因为上海作为全力打响"上海购物"品牌和加快国际消费中心城市建设的亮点特色,首发经济、夜间经济、品牌经济、免退税经济"四个经济"成为推进上海消费市场提质升级、更好满足多元化消费需求的重要抓手。[1]二是无店铺零售主要借助自动贩卖机、流动售货车、电视营销、电话推销、销售人员上门等渠道进行开展,具有极大的即时性和便利性;网上商店销售主要是顾客通过手机、计算机等电子设备进入网络虚拟商店和网上商城,足不出户在家完成购物,网上商店与线下实体商店相比,不需要店面租赁等费用,能有效降低成本,体现在商品上就是更为实惠的价格,因此受到广大顾客的青睐,销售额不断增加,所占社会消费品零售额比重越来越大。

第二节　直播经济

一、直播经济概述

(一)直播经济的内涵与特点

直播经济本质上是"互联网+"浪潮下产生的一种新的经济形势。它借助互联网平台,与社会经济各个行业领域进行合作,通过网络传递的方式将现场发生事件的过程进行网络实时跟进与发布,是一种在双向交流的过程中产生经济效益的创新型经

---

[1] 吴卫群. 开放热土热盼"进博时间"到来[N]. 解放日报,2021-11-03(001)。

济形式,在推动社会科技进步、提高产业经济效益、优化企业产销结构等方面起着重要作用。

直播经济具有以下几个特点:

(1) 互动性强。在传统的经济模式中,往往是商家与消费者一对一单线交流,消费者之间互相独立,不能进行交流互动。然而随着互联网的飞速发展,直播经济的兴起为商家与消费者、消费者与消费者之间的多样化交流提供了可能。商家可以摆脱与消费者一对一的低效率销售模式,一名商家可以同时向数名消费者360度全面展示自己的产品,可以让消费者能沉浸式体验产品,还可以提高销售效率;消费者可以在互动区表达自己的需求和意见,商家对问题进行在线解答,买卖双方实时进行互动,能够提高消费者的购物体验感;直播经济在创新消费者与商家之间互动模式的同时,也改变了消费者之间传统的"禁言模式",让他们能够互相交流分享购物体验和产品使用感受。[1]在直播经济下消费市场的互动性和社交性特点愈发显著,每个个体都是信息的生产者、传递者和接收者。

(2) 形式多样化。这里主要包括直播形式的多样化、直播地点的多样化和盈利形式的多样化。多样化的直播形式主要包括带货直播、游戏直播、扶贫助农直播、网络教学直播、探店直播、综艺直播等。如2022年6月广州从化的荔枝通过助农直播间,随着冷链从枝头运往全国各地消费者手中,解决了荔枝运输不便的滞销问题的同时,更有助于增加农民收入、推动农民再就业、带动地方特色产业经济发展,成为乡村振兴的重要推手。直播商家在直播时可以根据自己的产品特色、主播的风格来选择不同的直播地点,以迅速拉近商家与消费者之间的距离,营造良好的直播氛围,如侧重于商品展示可以选择在专业的直播场地进行直播,侧重于实体商店展示可以到线下门店进行直播,侧重于产品生产环境展示可以选择在工厂进行直播,等等。根据不同的直播形式,直播间的盈利形式又分为产品销售盈利、粉丝打赏盈利、广告插入盈利、产品带货盈利等。

(3) 准入门槛低。互联网的发展和智能手机的普及为直播经济提供了硬件条件和技术支持,直播受到时间空间的限制越来越小,任何人只要凭借手机和网络就可以随时随地进行直播,将自己想要分享的内容直播给大家,消费者也可以随时观看进行互动或购买。直播+游戏、直播+旅游、直播+购物、直播+教育,只要主播在某一领域满足了粉丝多样化的需求,拥有某些吸引人的才艺或技能,在直播带货的同时穿插一些才艺展示活动赢得粉丝的喜爱,就有可能拥有巨大的流量。而部

---

[1] 杨青.主流媒体直播带货的特点及发展走向[J].西部广播电视,2020(16):31-33。

分消费者作为主播的粉丝,基于对主播的信任,往往会对主播带货的产品下单购买。因此,直播经济本质上是低门槛、零距离、沉浸式场景娱乐营销,不论主播是知识型还是娱乐型,都需要做到有技术支持、场景布置、人设稳固,巩固粉丝的同时吸引更多消费者参与,让消费者处在实时互动、轻松娱乐的氛围中,不知不觉就能完成产品销售。

(二) 直播经济的发展脉络

近些年中国在互联网技术、产业、应用以及跨界融合等方面取得了巨大进步,随着互联网技术的进步、传统产业运用互联网意识的提升,互联网与各传统行业都在不断尝试深入融合与创新,新的资源整合时代,使得商业形态逐渐发生变化,直播经济就是在这种不断融合与创新下诞生的。在我国直播经济主要经历了七个发展阶段,具体如图4-5所示。

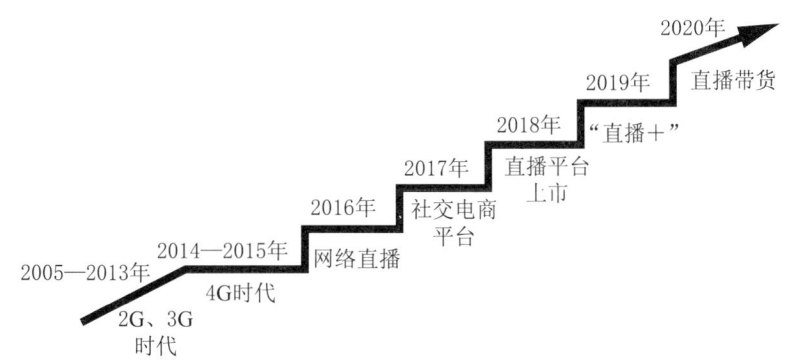

图4-5 我国直播经济发展脉络

资料来源:根据网络资源、新闻报道整理。

我国直播经济主要经历了七个发展阶段:起步阶段、迅速发展阶段、里程碑阶段、社交电商平台崛起阶段、直播平台上市阶段、"直播+"兴起阶段、新发展高潮阶段,具体如表4-4所示。

表4-4 我国直播经济发展阶段

发展阶段	主要内容
起步阶段 (2005—2013年)	此时的互联网技术并不十分发达,尚处于2G、3G时代,移动网络速度慢且覆盖不全面,网络数据传送质量低,移动直播尚不具有完备的发展条件,虽然在2005年国内首个视频直播9158成立,2008年秀场开启了直播模式,但这时的网络直播仍处于萌芽阶段,发展较为缓慢。

(续表)

发展阶段	主要内容
迅速发展阶段 （2014—2015年）	2014年电竞和手游产业让游戏直播爆红，斗鱼、虎牙等游戏直播全面涌现，2015年各大知名互联网公司纷纷投入直播领域，并且在当时仅一年中国就实现了4G全面普及，这为网络直播的发展提供了平台和技术条件，也为后来移动直播的发展奠定了基础。
里程碑阶段 （2016年）	用户通过手机移动客户端实现了网络直播，随时随地都可以直播。一时间几乎所有社交、电商、视频App等都开始做起了直播，所以这一年也被称为移动直播"元年"。2016年底，国家互联网信息办公室发布了《互联网直播服务管理规定》，文化部印发《网络表演经营活动管理办法》，对直播进行了更细致的规定，让后来的移动直播更加规范化。
社交电商平台崛起阶段（2017年）	社交平台电商带货崛起，大量中小电商开始往社交电商平台迁徙。这一年也是监管加强的一年，依法关停了很多非法、违规、影响恶劣的平台和主播。直播产业的健康发展，离不开国家政府有效的监管，加强监管能促进从业者把牢价值准则、守好商业底线、加强行业自律，为消费者带来更好的产品和体验。
直播平台上市阶段（2018年）	直播平台争相上市。经历了上一阶段的直播监管大洗牌，2018年众多的直播平台让直播界进行了资本的大洗牌，这一年盈利能力成了直播平台生存的关键。赴美上市的虎牙成了游戏直播第一股；映客赴港交所上市，成为港交所娱乐直播第一股。
"直播+"兴起阶段（2019年）	直播进入了更多元的商业模式，直播平台陆续进入"直播+"布局，积极寻求转型，突破原先单一的商业模式，探索更多元的变现模式，与电竞、综艺、文化、旅游等产业相结合，构建多元与差异的直播生态体系，直播成了任何人都可以赚钱的渠道。同年，直播平台纷纷在海外开拓直播业务，成了出海主力军。
新发展高潮阶段 （2020—2022年）	受新冠疫情的影响，直播迎来了新的发展高潮，直播带货成为经济转型的突破点。政府大力推动且肯定了疫情防控期间电商网购、在线服务等新业态对经济发挥的重要的作用，要继续出台支持政策，倡导各地因地制宜开展网络促销活动，以及把外贸生产企业也纳入直播经济，让"丝路电商"合作国驻华使馆官员也参与促销。

（三）直播经济的优点与弊端

1. 直播经济的优点

（1）优化生产结构，优化要素配置

生产决定消费，消费也能反作用于生产，成为推动经济发展的动力。直播经济的兴起，就是消费反作用于生产的过程。因消费者和商家不再只是单线的联系，信息的共享使得商家可以更快看到更精准的市场，会更注重产品的调整和升级，减少因信息不对称造成滞销和浪费。同时，直播经济可以对生产的调整和升级起导向的作用，创新销售服务形态，带动新兴行业的发展，提高结构升级和技术创新，实现要素最优分配，推动经济的高质量发展。

（2）拓宽原有市场，有效刺激消费

直播经济的发展，并不会打击传统经济；相反地，它与传统经济结合而衍生出更多不同的经济形式,带动了经济发展。直播经济实际上拓宽了原来的市场,其灵活性与准入门槛低为社会提供了更多的创业就业机会,只要一部手机,就可以进行产品销售。中国经济的巨大潜力在于内需,在过去刺激内需是一项非常艰巨的任务,但随着直播经济的兴起,人们可以面对面互动,它的真实感使得人们随时随地都在接受消费的刺激,在"秒杀""社交型消费""网红效应"的刺激下消费越来越普遍。

(3) 促进网络技术升级,加快探索步伐

互联网技术升级到3G时代达到5 000万用户水平耗时三年,2G时代达到这一水平耗时接近十年,而4G时代仅仅耗时不到一年。[1]2G到3G时代只有网络直播,且形式单一、模式单一;到了4G时代,移动直播发展迅速,形式和模式也更加丰富。互联网技术推动直播的发展,反过来,直播经济的迅猛发展,也加快了互联网技术的升级。移动直播之后,人们加快了对5G与人工智能结合的探索步伐,也加快了网络基础设施的建设。

2. 直播经济的弊端

(1) 互联网与传统企业结合不够充分

如今正在迈入一个新的资源整合时代,这个时代的资源应该是大数据的管理、分析和应用。要充分发挥直播经济的潜力和活力,首先要充分实现互联网与传统企业的结合。当前的传统商品与服务供应企业对网络经济的认知与运用能力参差不齐;相对地,网络企业对传统企业的经营也存在认知不全的状况。虽然在疫情的推动下,人们被动地涌入直播,但真正要走得长远且稳定,一定是建立在彼此间都有充分的理解和认识的基础上。

(2) 网络知识产权保护意识不足

直播经济改变了人们的社交和消费方式,信息爆炸性增长,但社会对网络的知识产权保护意识方面还存在不足。为了规范市场的发展,鼓励服务模式创新,政府应该牵头加强网络知识产权的保护,加强对新业态、新模式等创新成果的保护力度,针对直播与各行业融合的新特点,调整完善不适应直播发展和管理的现行法规及政策规定。加快推动制定网络安全、电子商务、个人信息保护、互联网信息服务管理等法律法规;完善反垄断法配套规则,加大反垄断法的执行力度,严格查处信息领域企业垄断行为,营造公平竞争环境。[2]

(3) 从业人员良莠不齐,缺乏系统培训

直播作为一个新的经济形式,它带来了很多新的工种,比如主播、在线学习服务

---

[1] 刘玉.财经动态[J].国际融资,2012(1):72-73.
[2] 朱俏俏,谢潇,罗蓉.技术创新语境下的知识产权保护难点分析:我国"互联网+"新商业模式为视角分析[J].商,2016(32):253.

师、互联网营养师、互联网信息审核员等。对工种进行系统性的培养可以提高劳动生产率和增进国民财富,因此应该鼓励高校根据发展需要和学校办学能力设置相关专业;鼓励社会提供互联网知识技能培训;鼓励互联网人才与传统行业人才双向流动。

二、直播经济的理论基础

(一) 4P营销理论

4P营销理论是四个基本策略的组合,即产品(Product)、价格(Price)、渠道(Place)、促销(Promotion),由于这四个单词的英文字头都是P,再加上策略(Strategy),所以简称为"4Ps"。[1]

产品是品牌载体,是最终用来满足消费者需求的东西,它可以是有形的货物,也可以是无形服务、咨询等;价格直接关系到企业的利润,它的受需求、成本和竞争三个因素影响,根据不同的市场定位,企业制定不同的价格策略;渠道是指产品从生产企业流转到用户的销售全过程所经历的各环节,企业与消费者通过营销网络来建立联系;宣传包含促销、公关、营销等一系列的企业活动,企业通过不同的宣传活动来刺激消费者消费,通过促销手段来吸引用户促进消费增长。4P营销理论模型如图4-6所示。

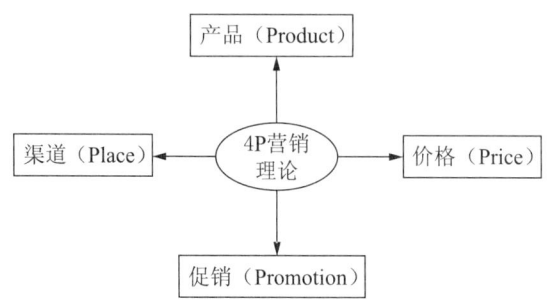

图4-6 4P营销理论模型

4P营销理论指导下的直播带货流程:首先,主播根据客户的年龄和消费能力来确定带货商品种类,通过各种渠道联系商家提供高质量商品。在质量的基础上进一步考虑价格,低廉的价格不但能提高直播带货率,还能吸引更多的客户进行购买,达到满意的销售成绩。其次是促销策略,设置引流的秒杀产品、限购的特价产品、足量的高毛利产品,配合满减优惠券和直播间抽奖等活动,达到引流和扩大交易量的效

---

[1] 曲亚楠.4P及4C在企业市场营销中的应用研究[J].商场现代化,2020(13):6-8。

果。最后在直播带货渠道方面,要做好直播文案、产品宣传以及预约海报,提前通过微博、朋友圈、抖音等大流量平台预热宣传,以便用最快的方式将产品卖出,最终实现超额带货量的目的。这就是直播经济的经典4P营销理论。

(二) 4C营销理论

4C营销理论由美国学者罗伯特·F.劳特朋(Robert F. Lauterborn)提出,他认为营销应该站在消费者利益角度,为此他提出了包括客户需求(Customer's need)、便利性(Convenience)、成本(Cost)、沟通(Communication)在内的4C理论。[1]4P理论的立场是企业,4C理论的立场是消费者,两者是不同时代、不同经济环境下的选择。

客户需求,指要从消费者角度出发,考虑消费者需要什么样的产品,而非企业能生产什么样的产品。便利性,是要为消费者提供便利,让消费者快速便捷地买到产品,由此产生了快递到家、入户保修、线上订货等服务。成本,是指客户愿意为产品支付的成本,因此企业不要从生产者角度直接给产品定价,要先分析产品目标人群的收入状况、消费习惯,了解到消费者为产品愿意付出的成本,在此基础上给产品定价。沟通在4C中是十分重要的因素,通过与消费者双向沟通互动,追求与消费者之间建立长期稳固的联系渠道。4C营销理论模型如图4-7所示。

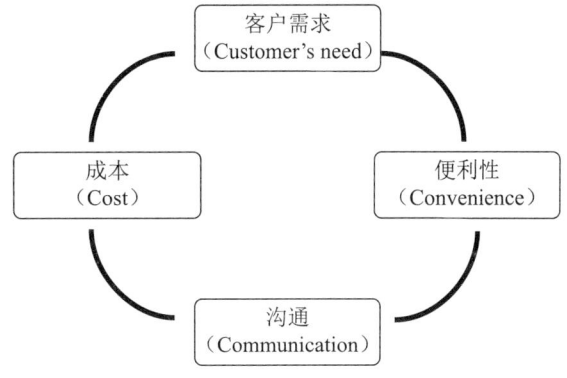

图4-7 4C营销理论模型

4C营销理论的中心是消费者,主播在直播带货过程中与消费者交流沟通,能充分了解到消费者的产品需求和使用感受,及时对客户情绪进行反馈,为消费者提供良好的购物体验。直播经济的出现让消费者能够随时随地进入直播间听取主播介绍来选购商品,节约了消费者搜索商品和了解详情这一步骤,缩短了消费者的决

---
[1] 沈伟民.疯狂的直播经济 炙热的地摊经济[J].经理人,2020(7):18-32。

策时间,提高了交易效率,节省了消费者的时间成本和选择成本。4C理论强调的沟通应用到直播中能建立良好的新型买卖关系,主播对于消费者问题的积极回应能增强消费者对品牌的好感度,进一步推动消费者对产品进行购买,实现产品售卖的最终目的。

(三) 场景营销理论

场景营销主要针对要推销的产品,在其生产、加工、使用的过程中构建出用户熟悉的具体场景进行营销,以提升用户的信任关系,激发用户对产品的占有欲、消费欲,进而产生消费行为。[1]在直播经济背景下,手机等移动设施的普及让直播地点更加灵活,客户深度参与直播互动场景,让网络直播营销更加高效。直播经济下的场景营销主要有三个要点:一是强调痛点场景。明确提出消费者在使用过程中可能遇到的问题和痛点,以引起消费者对商品的兴趣。例如在售卖垃圾袋时,先向消费者展示在使用普通垃圾袋的过程中,会遇到的破损、脏手等问题,再向消费者介绍直播间售卖的垃圾袋能完美避开普通垃圾袋的存在的问题。通过解决消费者在使用过程中出现的痛点,来激发消费者的兴趣,提高产品销量。二是效果场景展示。通过向消费者呈现产品购买与否的区别,以及产品的限量情况和受欢迎程度,让客户产生厌损心理,进而产生消费行为。三是使用场景复现。构建出消费者熟悉产品的具体使用场景来进行营销。例如鸭鸭羽绒服在雪地进行直播,羽绒服出现在雪地环境中能让消费者产生亲切感,在严寒天气主播穿着羽绒服能正常进行直播,向消费者充分展示了鸭鸭羽绒服的防寒保暖效果。通过构建出消费场景,让客户产生熟悉感和共鸣,从而达到产品售卖的目的。

(四) 马斯洛需求层次理论

马斯洛需求层次理论由低到高分为五个等级,按照层次结构从下往上依次为:生理需求(Physiological needs)、安全需求(Safety needs)、社交需求(Social needs)、尊重需求(Esteem needs)和自我实现需求(Self-actualization needs)。[2]前两个为初级阶段,中间两个为中级阶段,最后一个是高级阶段。直播为什么受到大众的喜爱?根据马斯洛需求层次理论,是因为直播涉及不同领域,可以满足主播和消费者不同层次的需求,直播经济下的马斯洛需求层次理论模型如图4-8所示。

---

[1] 曹孟熙.粉丝经济时代网络直播营销方略[J].营销界,2021(Z6):8-10.
[2] Maslow A H. A Theory of Human Motivation.[J]. Psychological Review,1943(4):370-396.

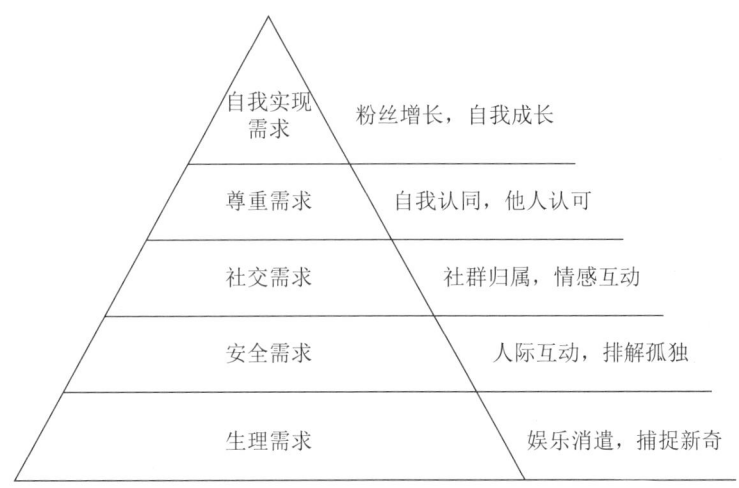

图 4-8　直播经济下的马斯洛需求层次理论模型

根据图 4-8 所示,马斯洛需求层次理论将用户的需求分为了五个层级,其中消费者、粉丝从直播中获得满足,需求层次较低;而网络主播作为一种职业,从业者对于尊重需求和自我实现需求的获得更为强烈。

(1) 生理需求:娱乐消遣、捕捉新奇。对于观众而言,网络直播能够提供娱乐感官刺激。如热爱购物的观众观看带货主播,满足自己的购物需求;看传统工艺制作流程,满足自己对传统美的体验及猎奇心理。移动直播在某种意义上是"全民秀场",每个人都可以在平台上展现自己,这使得直播内容千差万别,在充分满足用户猎奇或窥视心态的同时,又不必担心社交关系带来的负担和安全问题。

(2) 安全需求:人际互动、排解孤独。直播具有强烈的现场感,可以让用户沉浸其中,并且在网络直播间里拥有大量爱好相同的观众,人们可以在自己喜爱的直播间中聚众交流,安全地实现现实中未能满足的交流需求。

(3) 社交需求:在互联网时代便捷的购物方式和多样化的娱乐方式在方便了众人的同时,也让人们减少了日常社交;而在网络直播间中可以寻求志同道合的伙伴,且直播间匿名实时交流,让受众敢于充分表达观点与情绪,加上弹幕文化的出现,让参与者的参与感得到加强,满足了社交需要。

(4) 尊重需求:无论是主播还是观众,都在直播间寻找自我认同和他人认可。主播在寻求观众的认同和自我价值的实现,观众在寻求主播的注意和其他观众的理解注意,传达出自己的情绪与语言。

(5) 自我实现需求:通过直播,主播能用粉丝增加、观众反馈等直观现象证明自己,更能从这一切中获得经济等其他利益,实现自我。是马斯洛需求理论的最高层次。对于主播来说,在直播过程中,直播间火爆,商品售罄,创造自己的商业价值,同样是一种自我实现。

(五) 供求平衡理论

供求平衡本质上是市场上流通商品的数量与市场上消费者有能力购买的商品数量之间保持均衡的状态。产业的具体形态归根结底在于企业生产商品的需求和供给,需求能决定该产业所能达到的理想状态,供给能给产业的诞生提供现实基础,当供给与需求之间达到平衡状态时,该产业也就呈现出人们眼中的形态。因为供给与需求是不断变化的,两者形成的均衡点是动态的均衡,也在不断变化,产业因此也处在动态变化中。直播经济中不断变化的直播带货,背后体现的还是供求平衡关系。

秀场直播是直播经济发展的1.0时代,直播带货是直播经济进一步发展的表现,直播带货将直播与电子商务深度融合,让直播行业拥有了带货变现能力,是直播经济在商业化进程中的2.0时代。直播行业在1.0时代主要为满足人们的娱乐需求,到了2.0时代开始将商家与消费者通过直播连接到一起。直播行业开始带货的主要原因在于商品供需关系的变化。随着市场的饱和,商家的客户量随之减少,急需寻找新的客流来源,秀场直播虽有流量,但它的打赏变现并不能满足需求。商家需要流量,直播需要变现,直播带货行业应运而生。直播带货行业的产生,在供给与需求之间寻找到了一个新的平衡点,供给与需求在不断变化中维持动态平衡,直播带货在维持供需平衡的基础上不断变化。

如"双十一"购物节直播带货成为各大电商的主战场,主要因为它们能维持供求关系的平衡。"双十一"购物节是国民级的狂欢节日,商家提前进行宣发预热,消费者也积攒了购物欲望,准备在节日折扣中满足购物需求。"双十一"作为一年中最大的购物优惠节同样具有社会任务,它要最大限度地满足供需双方的需求,让商家获得利益满足,让消费者获得满意的商品。对于供给方商家而言,直播带货能将商品的详情直接呈现给消费者,让消费者在最短的时间内做出购买决定,转化链路短,转化效率高。商家要在有限的时间内卖出更多的商品,直播带货的每日预告,能够吸引有相同需求的消费者,实现在短时间内将流量最大化。对于需求方而言,直播间不但能让他们在短时间找到心仪的产品,还有更大的优惠,这会促使消费者增加光顾直播间的频率,在无形中增加他们的购买欲望,提升消费能力。

(六) SOR理论

刺激—机体—反应(SOR)模型认为物理环境所创造的氛围,可以影响人的内心状态,进而影响人的行为决策。在消费者行为的背景中,刺激是外在的购物环境,由营销组合变量和其他环境输入组成;机体被认为是介于个体外部刺激与最终所做出的行为和反应之间的内部处理过程,包括认知、情感、思维活动等内在的一种状态;反应是指消费者的行为或者意愿,包括心理反应(例如态度)和行为反应(例如购买等)。SOR 理论模型图如图 4-9 所示。

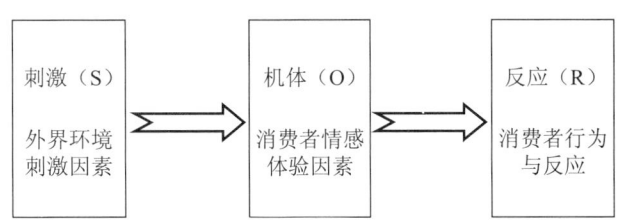

图 4-9　SOR 理论模型

在直播过程中,弹幕的各要素作为外界刺激(S),会影响消费者的内在感知(O),进而影响消费者的购买意愿(R)。沈薇以 SOR 理论作为理论基础,将弹幕各属性作为外在的刺激源,感知有用性和感知风险设为中介变量,消费者购买意愿作为测量反应的变量,以此为基础构建模型,通过实证的方式进行数据分析。研究结果显示:当直播带货的直播间中弹幕的数量越多、质量越好、情感更正面,消费者在直播间中的购买意愿会更高。另外,弹幕数量、质量、情感均正向影响消费者感知有用性,均负向影响消费者感知风险。[1]

三、直播经济的运营模式

(一)直播经济的运营主体

直播经济的运营主要涉及五个主体:商家、消费者、主播/直播平台、交易平台、MCN 机构。具体运营关系如图 4-10 所示。

在五个行为主体间存在相互关系,其中最主要的关系有:主播与商家的关系、主播与 MCN 机构的关系、交易平台与直播平台的关系。

(1) 主播与商家:CPS(Cost Per Sales)商业推广模式。CPS,主要以实际销售商品数量来换算广告推广费。在纯推广类的直播带货中,最主要的商业模式就是 CPS,即主播帮商家推销货物,商家根据主播的实际销售量将销售额折算成佣金。大流量

---

[1] 沈薇.网络直播带货中弹幕对消费者购买意愿的影响研究[D].昆明:云南财经大学,2022。

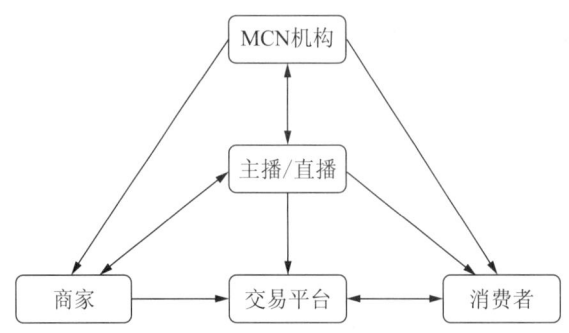

图 4-10 直播经济的运营主体及相互关系

主播除佣金以外还能获得"坑位费",即商品有资格出现在直播间的上架费用。佣金与坑位费是完全不同的两种收入来源,对于仅支付坑位费的商品,主播只会在直播间附上商品链接,不会对商品进行推销,也无法保证销量的多少。

(2) 主播与 MCN 机构:MCN 的英文全称是"Multi-Channel Network",是一种新兴的网红经济运作模式。[1]在直播经济中 MCN 机构主要负责孵化主播的个人品牌、供应链管理、店铺运营、粉丝运营等业务。它的主要运营模式如下:首先对主播进行一系列包装改造,为他们打造人设、安排剧本、指导拍摄,迎合大众口味获得流量;当主播具有一定的流量后,MCN 通过分析主播直播间主要受众的年龄、收入、喜好等,联系相关商家获取货源让主播开始带货。目前很多知名主播都是凭借 MCN 发展壮大起来的,比如知名带货主播李佳琦所在的上海美腕网络科技有限公司就是一家实力雄厚的 MCN 机构。

(3) 交易平台与直播平台:根据直播平台是否具有独立下单功能,可分为三类:镶嵌式、独立式、结合式。这里的直播平台主要指电商平台、内容平台、社交平台,为了更好地分析在此统一将它们称作直播平台。第一种镶嵌式是直播平台归属于交易平台,不具有独立性,消费者通过点击直播间商品链接,直接跳转到商品页面进行下单,如京东直播;第二种独立式直播是直播平台不属于交易平台,在直播间看中的商品不能直接跳转到商品页下单,需要先跳转到相关的交易平台才能进行下单,如微博直播;第三种结合式是直播平台既独立于交易平台之外,又具有直接下单功能,目前这类下单形式还比较少。

(二)直播经济的运营模式

直播经济的运营模式主要由四个部分组成:商家、主播或直播平台、交易平台、消

---

[1] 黄维."歪果仁研究协会"短视频的文化传播研究[J].湖北科技学院学报,2021,41(6):69-73.

费者。整个运营流程是：由 MCN 机构与商家合作获取货源，主播演示解说产品，消费者现场下单，订单传给交易平台，再由交易平台完成打包配送。[1]直播经济的运营模式流程如图 4-11 所示。

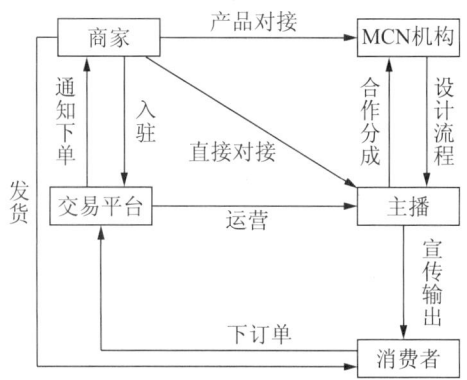

图 4-11 直播经济的运营模式流程图

在这种运营模式下，商家和 MCN 机构合作，MCN 机构分析主播直播间受众的年龄、需求和收入，商家根据消费者的需求来精准提供货源和自己的广告宣传需求，比如指定带货主播，安排具体宣传内容等。MCN 机构根据商家的需求设计介绍流程、产品广告、安排旗下的主播在直播间上架商品进行带货，主播的带货费用则与 MCN 机构合作分成；商家也可以支付给主播商品的坑位费和提成，直接与主播进行对接。

商家的产品入驻交易平台上架生成下单链接，再将链接嵌入直播间内，主播开播时向直播间的消费者宣传带货产品，提升消费者的购买意愿，当消费者意动后可以直接或间接通过直播间里的商品链接进行下单，订单实时传送到交易平台，交易平台通知商家有新的订单，由商家联系物流准备打包发货，最后商家发货消费者收货，整个交易流程完成。最后商家会支付给主播预先商定好的坑位费和带货提成，再由主播与 MCN 机构分成。

四、直播产业链

直播产业链围绕直播商业业务展开，主要包括以下几个产业环节（图 4-12）：

1. 基础硬件平台提供商

主要是指云服务商和 CDN（内容分发网络）厂商。能让直播业务在云平台上开

---

[1] 王高,张锐.直播带货：昙花一现还是大势所趋[J].全球商业经典,2021(1):86–91.

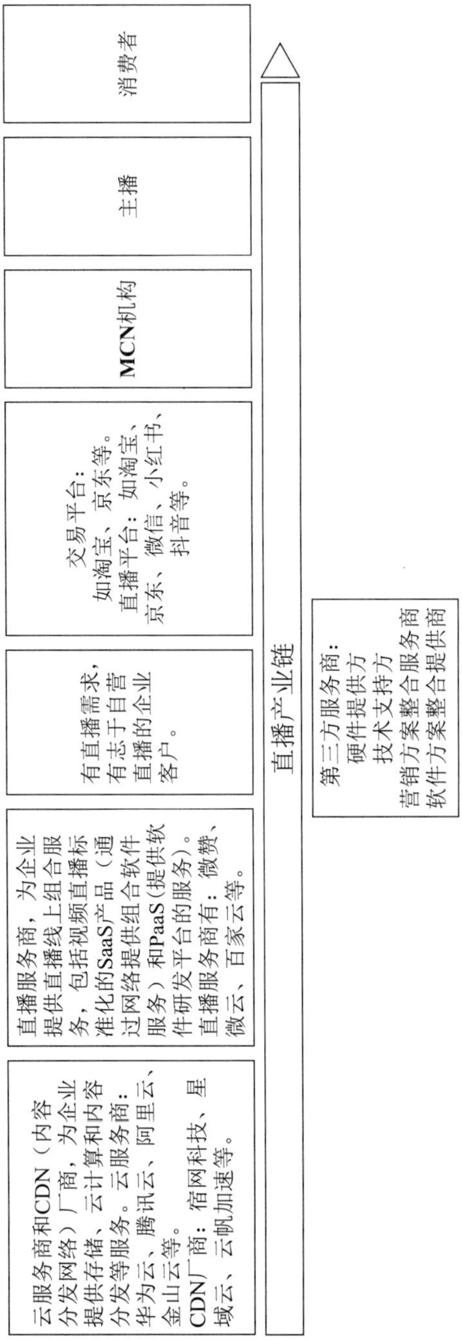
云服务商和CDN（内容分发网络）厂商，为企业提供存储、云计算和内容分发等服务。云服务商：华为云、腾讯云、阿里云、金山云等。CDN厂商：宿网科技、星域云、云帆加速等。
直播服务商，为企业提供直播线上组合服务，包括视频直播标准化的SaaS产品（通过网络提供组合软件服务）和PaaS(提供软件研发平台的服务)。直播服务商有：微赞、微云、百家云等。
有直播需求，有志于自营直播的企业客户。
交易平台：如淘宝、京东等。直播平台：如淘宝、京东、微信、小红书、抖音等。
MCN机构
主播
消费者
直播产业链
第三方服务商：
硬件提供方
技术支持方
营销方案整合服务商
软件方案整合提供商

图 4－12　直播产业链

展,并把内容以技术方式分发到广阔市场的用户终端上,是直播得以开展的基础前提,除业内人士外,存在感并不强。

2. 直播服务商

为企业提供直播线上组合服务,包括直播标准化的SaaS(直播软件服务商)产品和PaaS(直播平台服务商)产品。前者通过网络为直播业务提供组合软件服务,直播经营者购得服务后就不再需要自行开发或寻找开展业务的不同专业软件;后者提供软件研发平台服务。直播经营者可以通过PaaS打造专属的直播经营软件体系。

3. 交易平台和直播平台

在直播经济运营模式中对这两者有过论述,这两者可以是一体的,也可以是分立的。

4. MCN机构

如前所述,类似于直播主播的经纪业务经营者,也是直播渠道经营者,承担培养打造主播、开展直播经营的职能。

5. 主播

主播为直播内容的承担者,独立主播为产业链的一环,非独立主播则是MCN机构的一部分。

6. 消费者

直播商业模式的作用对象,直播市场的落脚点,整个直播产业链因消费者而存在。

7. 第三方服务商

在直播产业链中不占业务主流,为直播提供某方面支持的服务商。硬件提供方提供小型硬件设备,如视频硬件等;技术支持方提供如语音识别等非关键技术;营销方案整合服务商提供直播的整体营销方案。

第三节 上海直播电商现状分析

一、上海直播电商发展现状

从公开资料可以看出,上海市较早地在政府机构层面开始考虑利用直播等新商业模式活跃市场、推动经济。早在2017年上海购物节活动中,各类直播活动就得到大量运用,普陀区上海环球港主会场和浦东新区迪士尼小镇分会场就运用网络直播的方式增强活动的影响力,"黄浦最上海·24Live"网络直播、"国庆中秋的网红直播逛夜上海"等活动也取得了相当好的效果。当时的直播活动是对事件场景的直播,而不是直接以商品带货为目的的直播商业模式。之后,直播商业模式被大量运用到政府推动的市场促进行动中。

直播活动也被运用到产业促进中,2018年上海外贸品牌推介会也采用直播模式对外贸品牌进行推广。

在重大社会事件中,上海也善于应用直播商务解决社会问题。如疫情防控期间,市新冠疫情防控工作领导小组在市疾控中心举行的新闻发布会上就提到,鼓励并支持商户积极开展直播线上点餐等线上经营活动。疫情导致的经济压力非常大,上海有效地利用直播平台帮助企业缓解压力。如虹口区针对区内零售企业遇到的难题,提供苏宁易购平台、网络直播平台等零售终端渠道服务,帮助企业消化库存。

相对地,零售市场在运用直播新商业模式的时候,也把注意力放在上海这个国内最大的市场之一上。2017年的阿里旗下"双十一"主场落地在上海,天猫CEO在现场说明选择上海的原因时直言,因为近现代商业的历程、全球商品的进入和中国品牌的出海、新零售的探索,上海是一个鲜明的交点。[1]

上海最近几年主推老字号品牌复苏与拓展,在这过程中,一些传统著名品牌,如杏花楼食品等也纷纷利用直播这种新型商业模式寻找市场机遇,拓展销售渠道,增加市场覆盖面。

(一)政府对直播商业模式的支持力度大,直播产业的发展政府推手作用明显

从制定的政策性文件、政策执行动作和推动的市场活动来看,上海政府机构对直播行业的发展支持力度很大。

在政策和导向上,《上海市促进在线新经济发展行动方案(2020—2022年)》明确在拓展生鲜电商零售业态方面"鼓励开展直播电商、社交电商、社群电商、'小程序'电商等智能营销新业态"。

在产业政策落地方面,认定首批"上海市直播电商基地"12个:移动智地直播电商基地(运营机构:上海锐嘉科实业有限公司)、中广国际广告创意产业园(运营机构:中广国际广告创意产业基地发展有限公司)、Z播共享直播间(运营机构:上海大宁德必创意产业发展有限公司)、外高桥国际品质直播第一港(运营机构:上海外高桥新经济产业园)、能良直播电商基地(运营机构:上海能良电子科技有限公司)、5808直播电商基地(运营机构:上海嘉来顿活塞有限公司)、虹桥品汇直播基地(运营机构:上海

---

[1] 陈宁.双十一主会场首度移师上海[N].国际商报,2017-11-02(C2)。

虹桥国际进口商品运营管理有限公司)、尚街X创邑Space(运营机构:上海禹泰企业管理有限公司)、上海美谷美购直播爆款中心(运营机构:上海乐灵谷数字科技有限公司)、上海新世界大丸百货(运营机构:上海新丸商业运营有限公司)、万香国际创新港(运营机构:上海优雅仓储有限公司)、上海智慧岛数据产业园(运营机构:上海东滩建设集团有限公司)。

2020年下半年的"网络购物狂欢季"活动中,"11直播月"系列活动通过云播进博、直播盛典、上海制造品牌在线购等,做厚直播经济;以"沪上新消费,本地欢乐购"为主题的"上海在线生活节"启幕,围绕餐饮、品牌消费、家居消费、旅游出行推出24项主题活动。市级层面牵头,集结流量型经济平台,为在线新经济"造节",这是打破常规的新玩法。[1]

(二)打造完整的直播产业链

2020年,上海就开始致力于直播产业链的打造,《市商务委关于促进本市直播电商创新发展若干措施的通知》中明确提出激活直播电商上下游产业链包括直播电商基地、直播平台、MCN机构、专业服务机构等在内各个市场主体的活力,培育一个能赋能上海建设国际消费中心城市的直播电商新型生态圈。

2021年上海市商务委员会等多部门发布的《上海市推进直播电商高质量发展三年行动计划(2021—2023年)》中的重点任务前几项如培育直播电商平台、建设直播电商基地、集聚专业服务机构等也是围绕直播产业链建设展开的。

直播产业链本身的强大才能让政府、市场、企业更好地利用该产业优势推动其他产业的发展,促进经济繁荣,也能更好地满足上海乃至全国、全世界消费者的商品与服务需求。

(三)充分利用直播商业模式支持上海城市定位与远期建设目标的实现

上海的"十四五"规划和二〇三五年远景目标提到国际经济、金融、贸易、航运、科技创新中心和文化大都市功能全面升级,与此对应,上海在着力打造国际消费中心城市。直播商业是实现远景目标可运用的手段之一。如进博会,既是国家"一带一路"倡议的落脚点,也是上海建立国际消费中心城市的着力点之一。2019年的进博会上,乌干达的Africhain品牌的芒果干入驻天猫国际自营国内现货,9月通过一场直播,Africhain品牌芒果干走红国内市场,3天之内销售了几万袋,带动了当地工厂的

---

[1] 徐晶卉.流量型经济"破圈",迎来最佳发展窗口[N].文汇报,2020-12-21(02)。

产业升级和就业。在进博会上采用直播商业模式,对进博会的品牌、上海的消费品牌及上海国际消费中心城市形象的提升作用巨大,也有利于上海国际国内贸易中心城市地位的稳固。

"五五购物节"是上海打造的城市消费名片,也有应对疫情、提振经济、作为国际消费中心城市方面的意义。"五五购物节"是全方位全业态的消费购物节日,直播在此期间发挥着重要作用。如2020年的"五五购物节"期间,抖音启动"潮玩魔都首店"主题活动,由直播平台带领消费者"云逛"魔都首店,既让"五五购物节"更多彩,丰富了活动与消费渠道,也助推了上海着力打造的首店经济。

(四)产业规划反推直播的发展

上海近几年的产业发展规划中,积极利用直播商业模式推动产业发展。《市商务委关于促进本市直播电商创新发展若干措施的通知》认为上海市直播电商的重点发展方向是"直播+生活服务业""直播+产业供应链""直播+消费扶贫""直播+会展活动""直播+跨境电商"等领域,并在支持首发经济、提升夜间经济功能、推进品牌经济升级等方面发力。可以看出希望利用直播商业模式、直播产业链本身与其他产业链发生联动,互促的决心。

具体到区域产业发展方面,上海市经济信息化委员会、市药品监管局2021年发布的《上海市化妆品产业高质量发展行动计划(2021—2023年)》在数字化制造和服务方面提到:"推进化妆品柔性生产,引入消费者体验设计,满足护肤美妆个性化需求。优化化妆品供应链管理,建立与直播、电商等新消费平台匹配的供应响应机制。推进化妆品领域工业互联网和消费互联网两网融合,开展服务创新和商业模式创新。"在具体措施融合新生态行动中,更是明确"与直播电商融合推动全新型业态范式发展。培育具有全国影响力的美妆直播电商平台,建设若干美妆直播电商基地,培育优质多渠道网络服务机构,扶持专业美妆直播服务机构。支持东方美谷打造美妆直播之都,率先创新线上化妆品批发零售业务模式和商业业态。鼓励美妆电商来沪发展壮大,设立功能型总部,优化化妆品电商仓储第三方物流管理服务。鼓励生产制造企业通过社交媒体、电商平台等开展内容营销、直播自销,推广反向定制模式,形成消费促进生产的长效机制"。

直播有其传播性、亲和性、更强体验性等特点,非常有利于新产品与新市场的开拓。城市的产业规划往往意味着对原有市场的重新分割、定义甚至创造。相较于传统流通渠道,直播商业模式更利于新市场的主流消费人群接触了解、理解接受规划产业下的新产品和新消费需求。直播在商业模式上破局性的特点让它被纳入上海如美妆等产业规划中,这反过来又会加大对直播的需求,推动上海直播行业的发展。

(五)大型商业企业对直播商业形式的深入利用

上海商业版图中,线上零售占据的份额在扩大,大型线上零售企业都比较重视直播这种商业模式。在"11直播月"期间,有盒马直播宠粉节、饿了么口碑街活动、叮咚直播节等。大型线上商业企业采用直播商业模式助推主营业务的效益表现为:(1)部分商品直播效果明显,带动整体销售。如盒马秘鲁超大蓝莓、佳沛阳光金果、爱媛38果冻橙礼盒装等商品,直播间增量较之前增加50%,并造出多款爆品。(2)引流效果明显。如饿了么在世博源举办了筷乐狂欢节,吸引众多消费者参与其中,可帮助商业企业线上引流,也可在商业企业向线下实体拓展过程中引流。(3)带动销量。叮咚直播节活动期间,上海地区销售额同比增长60%。

(六)善于利用直播等新商业模式应对经济需求

经济运行有其规律性,又有其偶发性,上海,或者说全国、全球经济这两年都遭遇各种意外,如地缘政治冲突带来的全球供应链压力,疫情更是直接在消费端打击了经济。

上海作为国际化大都市,深入参与到国际经济流转中,面临的压力尤其大。为提振经济,刺激消费,一些新型商业模式被广泛深入利用。在推动"五五购物节",促进线上消费的背景下,直播商业模式非常受重视。2020年4月印发的《关于提振消费信心强力释放消费需求的若干措施》就明确提出了支持直播电商、社群电商、"小程序"电商发展。2021年上海市商务工作要点标明了"制定实施促进直播电商高质量发展三年行动计划,支持浦东、长宁、杨浦、嘉定、青浦、奉贤等区打造直播电商基地"。作为"五五购物节"的延续,又着力打造了两届"11直播月",取得不俗的市场效果。

一系列运用直播商业模式举措,有力地促进了消费,为上海本地产业的维持与发展提供了相当保障,在推动上海品牌影响力方面效果明显,为刺激经济、提振消费出力甚多。

(七)利用直播模式沟通开拓海内外市场

上海一直努力增加自己的国际化属性,配合国家的"一带一路"倡议,争取成为沟通国内外市场的关键节点。为了达到这个目标,上海采取了很多措施,如举办进博会,举办"五五购物节",打造首店经济、夜经济,努力建立国际消费中心城市,推广上海购物品牌等,实现这些举措,需要更多的商业模式支持,特别是易为新型消费群体接受的、能够打破地域间隔的商业模式。电商,特别是直观性强的直播商业模式,成为支撑这些经济举措、推动市场勾连的好方法。以"打造数字新基建,拥抱线上新经济"为主题的2020年(上海)国际技术进出口交易会(上交会)云上海外展就利用"云直播"等方式,向全球很多国家和地区发出上海的市场信号。

(八) 利用直播商业模式推动对口帮扶工作

支持中西部地区经济发展,是上海及东部经济相对发达地区对国家、对人民的义务。这个工作要做好、做到位其实较难。所谓授人以鱼不如授人以渔,帮助中西部地区工农业产品寻找市场、稳固市场,才能从根本上帮助中西部地区促经济、提收入、升就业。利用直播方式提升中西部地区商品销售,帮助扩大市场是上海一直在做的。上海市2020年对口帮扶地区特色商品展销会,就是利用直播等方式助力对口帮扶的云南、新疆、西藏、青海、贵州等7省(区、市)20个市(地、州)以及对口合作的大连市。

二、上海直播电商典型案例——虹桥品汇直播基地

1. 虹桥品汇直播基地概述

位于申昆路1988号虹桥进口商品交易展示中心(虹桥品汇)A栋B1层的虹桥品汇直播基地是首批"上海市直播电商基地"之一,地处进博会永久举办地——虹桥国际中央商务区,距虹桥枢纽1千米,交通便利。基地面积5000平方米,拥有绿幕直播间、仓储直播间、场景直播间、明星直播间等各类直播间共59间,3个共享会议室和1个大型培训室。

2. 建立背景

在地理空间上,上海是国家"一带一路"倡议的立足点之一,是国内市场走向国际、国外商品进入国内市场的重要通道和联结点。上海本身的城市目标之一是成为国际消费中心城市,近几年的经济政策关注点有城市消费品牌、产业品牌、数字经济、五大新城建设、高新产业布局等。作为"一带一路"倡议支撑的进博会在上海召开,也成了上海实现自身经济目标的契机。

进博会让全球各类特色商品汇聚上海,对接国内巨大的消费市场。但要让进博会真正发挥沟通作用,引导国内市场接纳国际商品,形成对外巨大的经济、市场影响力,还要看进博会展览之后"一带一路"沿线国家的商品是否能获得持续的销售渠道,对我国形成经济向心力。

虹桥进口商品展示交易中心是按照上海市委、市政府要求,由虹桥国际中央商务

区管委会主导,闵行区政府支持,东方国际集团牵头运营的承接和放大进博会溢出效应的"6天+365天"常年展示交易平台主平台。平台由40万平方米的展贸办公中心、5万平方米保税物流中心与21万平方米商贸体验中心构成,致力于打造进博成果集中展示地、进口商品集散地和国际贸易企业集聚地。为了进一步拓展进博商品的销售渠道,增强进博商品市场影响力,虹桥品汇利用平台整体优势,着力打造了虹桥品汇直播基地。

3. 定位与盈利模式

虹桥品汇直播基地定位于"放大进博效应,打造开放共享的国际贸易中心新平台"的新抓手;"畅通完善进博商品的集散链路"的新基建;"打造10个百亿级进口商品集散中心、形成1个千亿级国际贸易总部集聚区"的新工具。汇聚电商服务机构,培育新模式新业态,打造主题鲜明(直播+进博)、特色突出(直播+跨境)、示范性强(直播+产业供应链)的直播电商基地。

直播基地的运营方不仅自己开展直播业务,同时更着眼于通过打造直播平台与直播生态环境吸引MCN机构、品牌方、贸易企业入驻。

基地由虹桥品汇与直播行业领先服务商进宝汇团队合作经营。进宝汇由淘宝直播创始人领衔,是淘宝、抖音、快手等直播平台授权服务商,拥有专业的直播运营团队,丰富的明星KOL关键意见领袖主播资源,以及自行研发的智能双屏一体机,提供直播运营、视频制作、内容创作、平台分发、主播培训等各类专业服务。同时虹桥品汇与SMG(上海文化广播影视集团有限公司)旗下b+商城(上海东方播麦网络电子商务有限公司)进行了全面战略合作。通过承接SMG旗下优质栏目、热门综艺等的流量,将"内容"和"电商平台"打通,用户已覆盖全国所有省、自治区、直辖市。此外如竹迹文化、延睿文化、笙娱文化等一批MCN机构;德国福腾宝WMF品牌、麦隆咖啡、上海老字号梅龙镇等一批品牌方均纷至沓来入驻基地。

4. 直播基地运营实例

虹桥品汇直播基地运营的时间并不长,但得益于丰富且有特色的商品资源及良好的前期准备,已经积累了一些成功运营案例。

"2022上海网上年货节"期间巴基斯坦品牌"帕克柏仙"迎来直播首秀,推出专为中国市场打造的"元宝形"盐灯。

俄罗斯的太子伯郎酒业集团带来当地家喻户晓的"罗斯大班""极北苔原"等新年礼盒。俄罗斯青年诗人唐曦兰(Podareva Anastasia)表示,直播活动能够拉近中俄两边百姓距离,更深入地了解彼此。

服务于2022年"五五购物节·咖啡文化周"场播联动活动。主播嘉豪通过抖音平台向全国粉丝推广介绍全新落成的虹桥国际咖啡港,推销 TNO 口粮咖啡液、Java House 肯尼亚咖啡豆等,助力虹桥品汇构筑"从豆到杯"全产业链。在"五五购物节"期间同时推出"元气虹桥全球 GO 活动"系列活动,通过直播带货的方式动态地实现影响力、互动、体验三大方面的效果提升。通过"GO"购在虹桥、"惠"聚虹桥、"进"在虹桥等系列活动环节,直播带货总销售额数百万元;抖音短视频播放量破 892.2 万次,小红书、微博累计话题阅读量破 900 万次;活动的全网阅读量总数超 1 810.4 万次。

5. 结语

虹桥进口商品展示交易中心是承接和放大进博会溢出效应的"6 天 + 365 天"常年展示交易平台主平台,同时也是打造国际化中央商务区及国际贸易新平台的重要抓手。虹桥品汇抓住了近年来对区域就业、行业经济贡献明显增长的直播电商行业,借助虹桥品汇功能性平台建立直播基地,进一步拓展线上商贸空间,解决"最后一公里"问题,打破载体限制,为进一步承接和放大进博会溢出效应探索出一条新路。同时,它也为国际贸易平台上的各入驻企业提供直播相关服务,真正发挥平台助力中小企业发展的功能。虹桥进口商品展示交易中心将进博好物送入千家万户,更好地满足人民对美好生活的向往。

三、 上海直播电商存在的问题

(一) 虽已占据一定的先发优势,但未来仍面临激烈的竞争

上海最近两年在打造直播产业链,推广直播商业模式,把直播与其他产业发展结合起来推进方面做了很多工作,并取得了不俗的成效,上海正在利用自身广大的市场基数、发达的服务业支持、强大的基础设施及优异的贸易节点地位、深厚的品牌资源加速巩固在直播行业的优势。但我们也应注意到,直播是一种商业模式,是服务业的一类,更是一个轻资产行业,且直播不是非要在商品生产地、储存地或消费行为发生地,可以与实物分离,通过网络发布信息流推荐商品,也就是说直播商业或者说直播产业链是很容易复制的,且对所处地域没有绝对的要求。上海在直播产业链的打造方面即便有无数的优势因素,但未来可能因为或运营成本过高或政策优势不如特定扶持直播业的某些地区,或人力成本过高等一些原因,面临产业转移或其他地域直播产业链的直接竞争,所以上海在直播界的领先地位、产业链的稳固性方面仍存在很大的不确定性,有必要有针对性地努力。

（二）直播行业存在虚假商品信息、商品质量等问题

直播商业模式作为一种新发展的商业业态，避免不了大部分行业都存在的发展初期行业行为混乱，泥沙俱下的局面。现有的直播行业问题不少，但最为根本的问题是对商品信息、商品质量的虚假宣传，这是损害整个行业的发展前景的行为，已经有部分消费者对直播商品的质量表现出没有信心，应警惕网络直播遭遇电视直播的困境。

（三）上海直播产业链发展并不均衡，部分产业环节薄弱

考察上海的直播产业链发展情况，发现在MCN机构发展和主播培养上表现优异，但在产业链的中上游环节，包括云服务、CDN厂商和直播软件服务商、直播平台服务商等，发展是相对落后的，不利于直播行业的整体发展。

第四节　上海发展直播电商的政策建议

一、直播产业链参与主体各方行为自律

政府、商品供应方、商业平台、直播行业企业、直播从业者及消费者都非常重视直播商业模式。作为一种新的商业模式，由于出现时间较短，直播商业还没有被纳入零售业态，但其展示的价值足以让产业链上的所有人加以关注。快速发展常常与无序发展共存，高速发展能加大资源吸引力，成为直播行业发展的养分，无序发展则成为内生破坏力，让部分消费者远离直播，阻碍市场的扩大，甚至引发各种资源内耗，严重则对整个产业链产生不良影响。如此，直播监管者和参与运营者都要考虑一个问题，如何来规范直播行业的行为，既不至于监管过严，让直播行业失去生机，又不至于监管过松，或没有监管，把市场做坏，让直播失去根基。

1. 主播

直播行业中，主播直面消费者，为商品提供者（真正的商品销售者）引流带货。主播通过形象设计、人设运营形成一定的市场影响力。市场影响力，即对消费者购买意向的影响能力，是主播能拿来与直播产业链上游主体谈判、交易的标的。如某知名头部主播，离开一百多天后重返直播，仅半个小时观看人数就达600多万人，其影响力可见一斑，但开播后他改变了自己的直播风格，口头禅从"买它、买它"变成了直播背景和直播助理在聊天中滚动播放的"理性消费、快乐购物"。这一事例客观上体现了要对主播进行一定的监管，同时主播们要有一定的自律性。监管主

要涵盖如下内容：

首先，明晰社会责任，提升自我修养。主播要勇于承担社会责任，知法守法。直播行业发展得如火如荼，但部分头部主播却遭遇事业障碍，很大程度上问题出在自身，如偷税漏税问题。同时主播要提升自身修养。很多主播出名，形成巨大的社会影响力，更能快速转化商业利益，有其个人素质异于常人的原因，但也有直播行业短期内快速崛起的因素，所谓时势造英雄，并不意味主播们的专业素养、个人修养一定远高于他人。随着直播业的发展，主播们也必将经历大浪淘沙的过程，资源向高素质主播集中，所以主播应有一定的危机感，必须充实自身。

其次，对商品进行检测，维持主播自身市场形象与信誉。主播是商品的推荐者，在消费者眼中类似于渠道商，但他本质上是商品信息的发布者，是用自身市场影响力与信用让消费者接受商品信息，一旦推荐不合格商品，或夸大推荐语，实际商品与消费者的预期不符，就会消耗自身信誉，短期受益，长远受损。同时，对整个直播行业也会造成损害。

最典型例子是电视直播，电视直播除媒介和网络直播不一样外，没有太本质的区别。早期的消费者对电视渠道的公信力有天然的信任，后来电视直播的信誉遭受巨大损失，最后受众只剩下对外界信息不敏感的消费者。所以在推荐商品品质方面，主播要自律，对商品品质进行核验，同时有能力对主播行为约束的行政机构和相关组织要在立法、执法和制定行业自律规章方面加大力度。

再次，明确主播信息责任，确定责权划分。新事物的规则处于摸索阶段，责权利分配不是很明确，但这种不明确是因为大众对新事物运转模式的不了解。直播行业，主播被称为带货者，很多人不能确定他究竟是直接卖东西的，只是帮忙提供商品信息，也不知道他是如何盈利的。解析直播运营模式后，会知道大部分的直播是按售卖商品数量向主播支付佣金，一些大流量主播还会收取商品上架直播间的坑位费，类似于实体店的进场费、上架费。主播其实是给商家叫卖、导流，如果商品出现问题，可按合同法确定权责划分，与消费者达成买卖合同的拥有商品的商家，由卖家直接承担商品责任；但作为提供商品信息，鼓吹消费者购买的主播应该承担连带责任，消费者的购买行为很大程度上是基于一种信任关系。

所以各类主播要明白商品交易中的法律关系，更要明白自己在其中起的作用、承担的责任，现有的立法、司法环境也要从理论研究、法律规章制度的制定及司法判例等方面让主播在交易中的责任和利益范围明确下来，做到有法可依。

2. MCN机构

如前所述，在直播产业链条中MCN机构主要负责孵化主播的个人品牌、供应链管理、店铺运营、粉丝运营等业务。MCN之于主播,类似于经纪人公司于演员,但MCN比之更进一步,主播可以是MCN的雇员,MCN打造主播网络形象,推动主播在网络上的人气,只是因为主播网络形象打造成功后有很强的个人属性,才不至于完全如员工一样管理。MCN的盈利模式有以下几种:

(1) 签约代理已成名的、有市场影响力的主播,为主播提供商业完整的商业服务,参与主播创造的商业价值的分成。这一模式下,收益分成往往主播占据多数,MCN收取的是服务费用,主播个人的品牌价值仍归主播所有。

(2) MCN机构自身投入资源培养主播,这种情况下,收入分配倾向MCN机构,同时主播品牌归MCN机构所有。

(3) 规划创造内容,凭内容通过打赏、订阅收费等方式获益,再根据上述两种情形与主播分成。

(4) 通过商业代理,主要是广告代理获益,与主播分成。

如此盈利模式下,MCN行为规制或自我约束主要体现在以下方面:

(1) 涉及内容制造,或直播内容要符合社会道德规范的要求,不违背公序良俗,更不能逾越法律底线。

(2) 相对于主播,MCN更具专业性和资本力量,在大部分情况下也更为强势,因此要注意与主播之间关系的平衡,不能利用市场、行业优势地位行压榨之事,处理与主播之间的关系时,要符合相关法律规范如《中华人民共和国劳动法》等的要求。

3. 商家

商家为直播商品信息的提供者,商家在直播产业链中处于流量需求方的地位,通过向MCN和主播购买推荐位,把商品信息由主播推向市场,引来购买流量。还有一种情况是商家借用平台渠道自己做直播销售商品,或通过私域直播(商家不能越过平台,自己搭建平台做直播)自行销售商品,这可视为缩短了直播供应链渠道。

商家在直播产业中最需要严格把控的是:

(1) 商品信息的真实性。直播中对产品进行虚假宣传,通过话术,夸大、美化产品特性,推高商品价格的现象屡见不鲜,如此情况下商家和主播或MCN机构要共同承担责任。但更重要的是,在法律规制之外,商家也要意识到商业伦理的重要性,向消费者传递正确的商品信息,才能更好地维护直播产业的良性发展,让直播成为商家自身的另一个高效销售渠道。

(2) 商品质量控制。商品质量是消费者对商品的满意程度,不同消费人群对商品质量的认知是不一样的,不同人设的主播对应不同的细分市场,商家要充分意识到这一点,寻找与自身商品定位一致的主播合作,同时确保商品质量在细分市场的要求之上。

(3)对主播的直播内容存在一定的监管职能,确保直播内容的健康,符合国家法律规范。

4. 直播平台与交易平台

直播平台与交易平台的关系分为三类:镶嵌式、独立式、结合式。直播平台可以自己直播自己售货,也可以通过直播间内的链接把流量导向交易平台。直播平台为MCN机构和主播(私域直播除外)提供了经营直播、展示主播及其直播内容的平台。

直播平台的盈利模式如下:

(1)直播电商分成。主播利用直播平台为商家带货,收取相应的费用,直播平台与MCN都会参与分成,也即业内所称的线上线下盈利模式。从商家的角度来看,直播是线上导流,把流量引向线下或线上交易平台,完成多渠道运营。从这个角度来看,直播平台吃的是把流量从线上直播渠道导向交易平台和线下的红利。

(2)广告业务分成。即参与平台主播直播间广告的收益分成。

(3)内容打赏分成。即参与主播制作内容接受打赏收益的分成。

在此盈利模式下,直播平台和交易平台作为利益分润方,要承担维护消费者利益、确保商品质量、核查商品信息真实之责,也要确保直播内容合法性,符合公序良俗,维护整体的直播行业秩序,在一定程度上也要保证主播的合法利益得以维护。

二、 对直播产业链各方的权利和责任通过法律及制度的方式加以平衡

前面已经描述过直播产业链及处于其上的各个主体,可以看出各方是合作博弈的关系,合作是因为只有在直播事件中各主体合作才能达到直播的商业目的,博弈是因为各方在统一的直播商业利益之下又各自有利益,进行利益划分时难免会产生冲突。如主播希望在直播中更好地维持个人形象,基于长远考虑,还要让自己的人设更完美;平台则希望直播能给它带来更多的流量;商品销售者则希望主播能更多地展示其商品,用更直白的商业语言、更大的直播力度为他们推荐商品。这三者之间的目标有冲突的情况下,如没有外部干预,往往会由市场力量说了算。如主播明星化后,会拥有极大的市场影响力,可以挟这种影响力制约平台或商家;平台足够强大,会压制主播和商家的合理利益,让主播为了生存和长远发展委曲求全,让商家为了流量支付不合理的溢价;品牌商过于强大,当然也会让主播或平台感受到压力。

目前直播行业处于发展初期,除了现有基本商业交易法律规范外,没有针对直播行业特征性的法规加以调整,经常存在上述的这种基于利益冲突而产生的产业链关系内部不平衡,及权利和义务的不对等。如果长时间不进行规范性调整监管,直播产业链内部会发展出畸形的商业关系,垄断或不正当竞争的现象会变得普遍,导致直播产业链部分环节过于强势,部分环节过于弱化,最终会损害整个直播产业链。举例来说明上述问题,如商品信息的真实性问题。当具有巨大市场影响力的商品品牌方要求主播对商品功能进行夸大宣传,主播所在的MCN公司为了高额分成也向主播施压。主播在主观上不愿意为了短期利益,因虚假宣传破坏自己的商业形象,但考虑到作为垂直细分商品领域的主播,职业生涯还要依靠这一领域的头部品牌而不得不屈从。最终结果是消费者受损,主播名誉受损,产生不公平交易行为,破坏现有的商业秩序,直播产业链也在一定程度上受到伤害。如果事前有专门的法律规范或行业规范明确规定不得进行商品夸大或虚假宣传,并明确夸大虚假行为的要件,则很大程度上可以避免上述情况。所以有必要制定相应的法律和行业规范,为直播行业制定运行规则。政府监管与行业自治组织也要到位,来平衡行业内部的权责利关系,保证行业内部利益分配的合理性,维护整个行业的商业风气,让直播产业链不损害消费者利益,对其他产业的发展起促进作用。

三、 建立完整的直播人才培养体系

最初一批的主播是"野生"的,随着直播利益链的放大,更多人和机构注意到直播的商业价值,开始有意识地培养主播。目前培养主播的机构主要是MCN,也有各大电商交易和直播平台,但这些出于逐利本能对主播的培养存在一定的问题,这种培养模式是以利益为导向的,打造虚假人设等问题层出不穷,导致主播的个人素质堪忧,不利于主播个人的长期发展。

未来直播行业人才应该是成体系的,不仅仅有主播,还包括专业的幕后人员,对市场、行业有深入了解的团队运营人员等。同时就主播来说,应具备一定的专业知识储备,包括对类别商品的深入了解,有一定的口才,具备心理学、市场营销等知识,根据直播领域的不同,甚至要求主播在某些专业领域达到专家水准。同时主播可以打造人设,但这种人设应该是以一定的事实为基础的,在专业运营下的人设打造。

虽说当前的直播人员素质参差不齐,但未来必然是精英化的。鉴于MCN等机构利益化的导向,在人才培养方面存在急功近利等趋势。直播人才培养也应该像其他行业人才培养一样纳入正规教育体系,特别是职业教育体系,或让有监管的独立培训机构参与培养,形成院校、独立培训机构和MCN三维立体培养的模式。前两者,特别是院校,培养直播人才的基础素质,以广度和深度为要,独立培训机构的直播人才培养偏实践,MCN则是完全在实操中加强对直播相关人才的培养。

四、配合国家和地方发展战略,系统促进规划产业的发展

任何零售商业模式作为供应链的末端,都有以拉动方式配合产业发展的作用,直播商业模式亦然,由于其形象化、社交属性,在拉动产业发展这方面更易发挥作用。目前可观察到的直播商业模式作为国家和地方战略工具的现象主要表现在以下几个方面:

首先,对国家根本性战略的工具作用。如我国的"一带一路"倡议,有带动海上与陆上"一带一路"沿线国家产业共同发展、经济融通的使命,直播已经使很多沿线国家通过带货的方式实现经济交流,配合进博会发挥了重要的工具性作用。

其次,配合国家外交政策的实施。利用直播商业模式为西亚一些国家、与我国有传统友谊的国家在国内市场销售商品,以经济促外交,如阿富汗的松子通过直播方式在市场上实现了快速销售,以经济手段达到很好的外交效果。

最后,通过直播配合国家和地方产业促进的目标。如国家推行品牌战略,直播也是一种很好的工具。

直播商业模式在这方面的应用上海一直做得很好,如前所述,进博会一直在利用直播作为工具拓展上海的商业影响力,上海的美妆产业等规划发展行业也有效地利用直播来打造市场。随着上海对直播产业链的打造,直播商业模式在新商业业态中的影响将继续扩大,也能更好地在国家和地方战略、产业发展中发挥积极作用。

五、改变直播产业链中上游环节薄弱的发展状况

如前所述,上海的直播产业链强在MCN机构和主播群体、第三方服务中的营销方案等支持服务也不弱,但在云服务、CDN服务、SaaS服务、PaaS服务等方面存在短板。前者需要强大的资本和技术支持,后者对资本的要求相对较弱,但技术要求还是较高的。在营商环境、资本能力和技术市场环境等方面,上海具备支撑直播产业链的中上游环节,特别是组合软件服务和软件开发平台服务环节的实力。如果能出台相应的政策加以引导,则可能改变直播产业链中上游环节较为薄弱的发展状况。

六、构建良性直播生态产业链

直播产业发展的初期产业各环节都处于摸索状态,存在各种问题,如虚假宣传、过于夸大的人设打造、虚假数据、偷税漏税等。未来的发展是解决现已存在问题,走向良性发展的道路,还是参与方利用现在问题快速获利,涸泽而渔,是各方需要考虑的。上海相关政府机构在直播产业上,更多是作为推动者出现,监管者的身份表现得不明显。要让行业健康发展,可以推动者的身份促进直播行业各环节主体快速发展,利用行政与市场的手段把资源引导向直播行业,让产业链各环节提升效率与水平,同时还要以监管者的身份,保证直播行业各参与方的行为在法律与公序良俗的约束范围之内,承担相应的责任,既勇于开拓,又对自身行为自我约束,在自身专业领域实现创新发展,才能构建良性的直播生态产业链。

七、深度服务广泛的消费群体,特别是小众消费市场和生产消费市场的消费者

直播商业最初吸引的消费人群年龄层次偏低,且女性多于男性。随着直播影响力的扩散,其服务人群向高年龄段扩散,但有一个自然增长的阈值。上了年纪的人不大能接受网络直播,他们更倾向于接受电视直播;男性消费人群中有很大一部分人对直播存在一定偏见,认为直播主观性太强,隐含的意思是直播信息存在大量的虚假问题。这些因素导致当前状态下的直播商业模式发展到一定程度,消费群体的边界可能会固定下来。但良性的直播业态是高效提供有效消费信息的渠道,现有直播受众之外的消费人群客观上对直播商品是有需求的,只是主观的错位认知让他们徘徊于直播大门之外。直播行业应该通过更充分透明的信息交流,更有技术含量的推广把这部分消费者吸引过来,为他们提供服务。

另外,目前的直播服务对象主要是大众个人消费,一些小众消费品和生产消费由于市场小和专业性强,加上直播发展时间较短,还存在市场空白。直播提供的是商品交易信息,在此基础上实现交易促进,小众市场和专业市场其实更需要商品信息交流服务。首先,由于网络市场的开放性、无边界的特征,把小众市场放到14亿人口的基数背景下,就是个大市场,所以小众市场并不是小市场,值得为小众消费人群开拓直播空间。其次,直播的交流互动特征,非常符合专业市场的需求,正因为专业,所以需要通过直播空间的多维度交流让商品信息得到充分展示,有利于促进交易。

八、基础配套设施与业务支持体系建设

直播产业链的基础配套设施可简单划分为两大类,一类是所有服务产业都需要的基础设施,如支持大流量传输的通信网络,商业物流体系等;另一类是直接围绕直播提供产业支持的配套设施。对于前者,上海的商业基础设施整体完善,并在不断发展中,一般来说跟得上产业发展的需要,能为商业服务业的发展提供整体支持;对于后者,由于直播商业模式发展时间不长,相关特定的配套支持产业体系如何建设,如何支持直播产业快速发展,总体上仍处于摸索之中。

如上海支持建立直播产业基地,对配套人才的培养也在推进之中,鼓励其他产业运用直播新商业形式拓展市场等,但仍有可待加强之处,我们认为可从两个方向加以考虑:一是把资源从相关联领域引入直播产业体系,以加强配套设施和支持业务体系的建设。如随着直播的发展,对直播的内容质量会有更高的要求,作为一个新兴产业没有相关的人才与经验储备,可从相近行业,如影视、艺术内容提供等行业引入内容编导、美术、音效、经纪管理等企业和人才,让其转化为直播产业的支持体系。二是针对直播产业的特点,引导与鼓励直接建设相关配套设施与业务支持体系。

九、与其他零售业态特别是实体业态形成产业互动,共同发展

传统零售业态之间因定位不同,各自针对不同的细分市场,但边界并不清晰,形成相互之间的竞争,如超市与便利店之间,在服务社区居民时就存在一定的竞争关系。网络零售发展起来后,同实体业态重新分割市场的趋势越发明显,对部分实体业态的市场空间造成明显的挤压。作为网络零售细分业态(因为新产生的商业模式,还没有被相关标准明确定义为某种业态,但具有明显的独立业态特征),直播与其他业态在通路上存在一定的竞争性,但相比于纯粹的电商平台,它更具有成就其他业态的特征,能与其他业态形成互促关系。

专门的直播销售平台直接通过直播方式销售商品,这种情况下竞争性较为明显,会争取到其他渠道的市场份额,但有很大一部分直播商业模式是利用非零售商品平台如短视频平台等,吸引到流量后引入零售通路,如淘宝等电商平台,能促进其他零售业态的销售。

实体零售企业尤其需要抓住直播商业模式,为直播提供线下实体直播场所,让直播带动线下销售,把原只属于线下的销售场景,通过直播方式介入线上销售,带动移

动 App 等线上渠道,形成线上线下联动。实体零售企业一直试图把渠道拓展至线上,实现全渠道销售,大部分企业这方面的收效甚微。直播因其强社交属性,生动的场景营造,是线下企业线上突破的着力点。

这方面上海有部分企业在尝试,如 2019 年首个 5G 智慧化商业场景"THE BOXX"落户于徐家汇的"城开 YOYO"购物中心,通过直播等方式销售提供文化消费产品。但要注意的是,现在实体零售终端做直播的主体其实是品牌方、商品提供者或实体店的入驻商家,而不是业态零售商本身。业态零售商要形成这么一种观念,不仅仅是商品提供者可以把直播作为一种商品销售渠道,业态零售企业也可以把直播商业模式作为自己线上渠道的拓展,以零售商的身份对所经营的组合商品进行直播销售,走线上线下融合的路线。

十、 把新技术运用到直播商业中来

这两年新技术在国内零售商间的大规模普及和运用,已经让相关企业和从业人员习惯性地关注新技术所蕴含的机会。直播商业模式本身就是高速互联网、智能手机等技术运用的结果。在直播发展领域,仅仅对技术的盲目关注是不够的,要有技术前瞻性,能够合理推测哪些技术能够应用于直播商业模式,会产生什么样的直播创新。

当前直播是基于高速网络下,主播向消费者展示即时视频内容、传导商品信息的商业模式。未来随着 5G 的全面铺开,VR(虚拟现实)、AR(增强现实)、物联网等技术的低成本运用场景扩展,元宇宙概念不再是金融炒作工具,而慢慢走向现实,直播商业模式本身也会遭遇巨大变革。我们有理由相信在不久的将来,主播和消费者会像朋友一样在元宇宙的某个虚拟现实场景漫步,一起触感某件商品,仔细体验它的使用状态,此时新技术会再次为直播商业模式添上二次发展的翅膀。

十一、 夯实直播产业链的优势地位,让直播产业深刻融入城市经济运转中去

前面探讨过上海在直播产业链的打造、直播行业的催发中处于相对优势地位,而且目前也没有面临激烈的竞争。但要清楚,直播行业目前没有激烈的竞争,是因为直播商业模式处于起始发展阶段,市场仍在扩大,没有达到饱和。直播行业内的从业者之间、有意打造直播产业链的地区之间仍处于跑马圈地的时代。当直播商业模式逐

渐成熟,直播行业内部竞争必然激烈,区位之间对直播产业链的争夺也会激烈。加上直播属于服务性行业,当前来看准入门槛并不高,可复制性强,即便上海具有先发优势,未来直播行业内的企业仍有可能向更低运营和人力成本,或更具政策或税费优势的地区流转。

要避免上述情况的出现,应该提高直播商业模式的进入和运营门槛。此处的提高门槛不是说利用政策、地域限制、分割市场等反市场的方式人为制造困难阻止市场的资源配置作用,来防止直播行业企业外流,而是通过加大对直播行业基础设施投入,促使高新技术运用到直播中去,培养高素质的直播商业人才,提供高黏性的直播场景,充分利用上海商品、服务、信息汇聚点、国际国内贸易连接点的优势,打通直播与不同产业上下游的关系,把直播与上海的大型商业企业深度融合,让直播完全融入上海的商业环境中,无法分割出来,使得企业自然选择留在上海市场上。

十二、 直播行业成熟速度快,应快速进入规范运营和精细化运营阶段

因为技术迭代速度加快和市场成熟度提高,新的商业模式相比于原有商业模式,发展速度明显加快,百货业态用了百年时间从导入期走向成熟期,网络零售用了二十年就走过了成长期,进入成熟期。直播商业模式甚至还没来得及被界定为一种业态,就用了差不多六年时间进入了成长期的尾巴,有进入成熟期的迹象,整个行业一边快速发展,摸索发展方向,一边就在考虑稳固市场,与其他业态合作竞争。企业与行业在运营管理上的沉淀,走向规范运作和精细化运营也被提上日程。

规范化运作和精细化运营要求直播行业企业提升内部运营质量,在运营管理上不再是粗放式,用市场的跑马圈地代替企业内部的规范管理,而是用规范高效管理提升运营能力与服务输出质量,来支持企业对市场份额的争夺,降低内部管理成本,提升管理效率。

第五章 上海商业发展展望

第一节 疫情中的上海商业

一、客观立体看商业数据

新冠疫情开始至2022年已近3年,世界卫生组织提供的最新数据显示,截至2022年10月20日(北京时间10月21日),全球新冠疫情确诊病例达2.2347亿例,累计死亡病例达655.1678万例,数据还在更新。我们热切盼望的"大流行"宣告结束可能还有待时日,我们依然处在疫情之中,从"后疫情"时代切换至"疫情后"时代,路途依然遥远,道路依旧曲折,但前途一定光明。

后疫情时代上海商业怎么看?之前我们的分析往往聚焦上海本身、聚焦商业本身,没有放在全球、全国的背景下加以审视,没有综合经济、消费、收入等数据加以比较,这样的分析可能失真、失实。为了更好地、全面地、科学地反映上海商业概貌,我们拉长了时间的分析维度,拓展了相关因子分析的宽度。以十年的时间为长轴,从中国与世界各国经济增长率的对比,中国经济增长率对世界经济增长率的贡献,中国人民生活水平改善状况来看中国的经济全貌。同时,我们又以上海在全国各项数据中的表现,尤其是人均可支配收入、人均消费支出来探讨上海的商业状况,以下数据资料均来自"第一财经"的报道(图5-1、图5-2、图5-3、图5-4、图5-5)。

下述图示表明:十年来中国经济发生了翻天覆地的变化,不仅经济增速位居世界第一,而且对世界经济的贡献率也不断增长,为中国成为商业大国奠定了基础。在经济总量增长的同时,居民可支配收入日益增长,在这方面,上海的成绩亮眼。图5-5显示上海的人均可支配收入位居全国之首,与此同时,2021年上海也稳居人

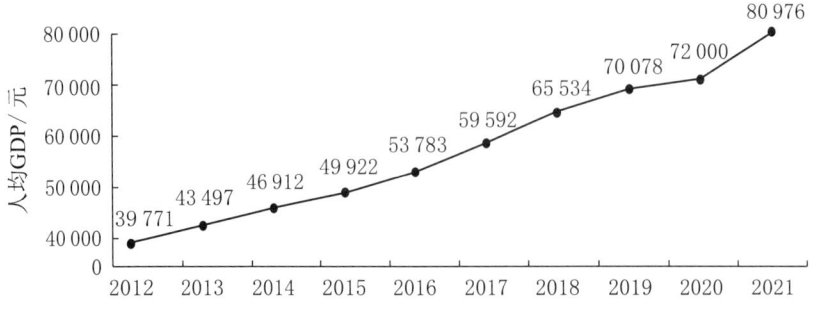

图 5-1　2012—2021 年中国人均 GDP

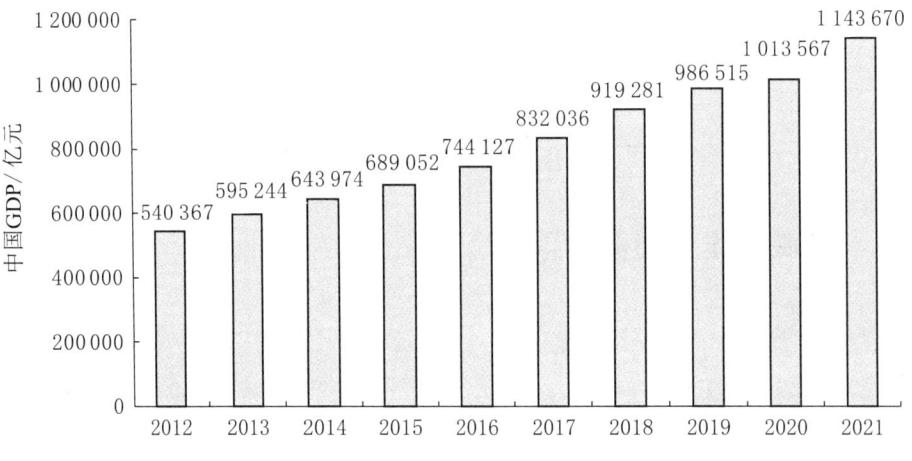

图 5-2　2012—2021 年中国 GDP

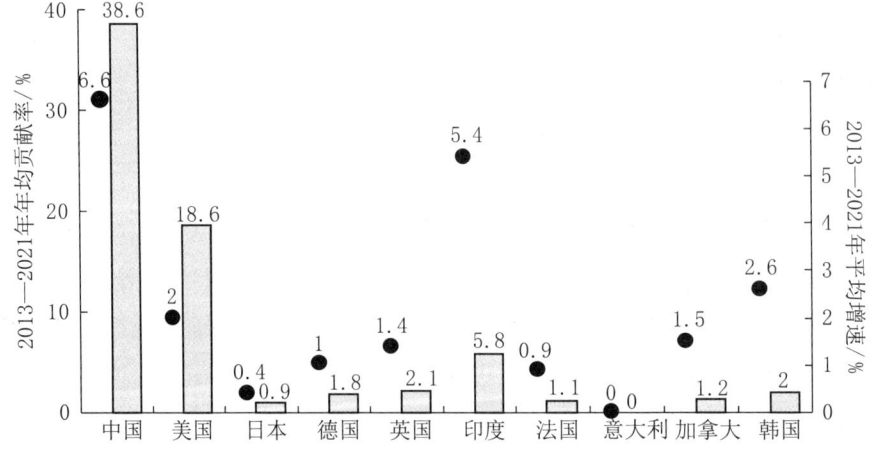

图 5-3　2013—2021 年世界主要国家经济增长率以及对世界经济增长的贡献率

数据来源：国家统计局根据世界银行数据库发行。

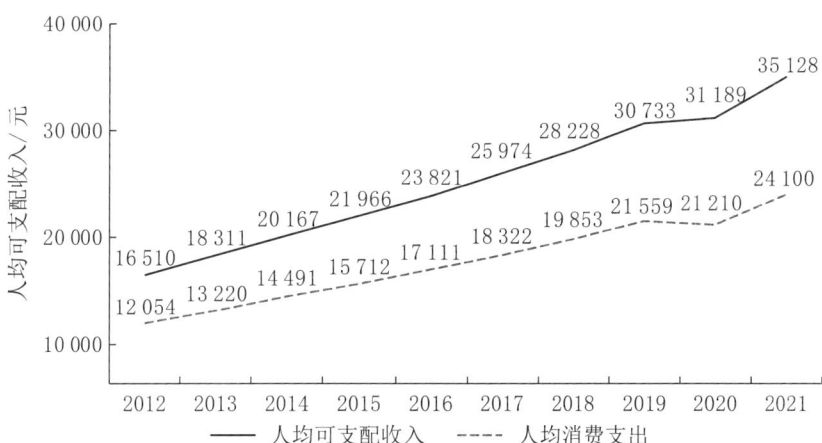

图 5-4　2012—2021 年全国居民人均可支配收入及人均消费支出

数据来源:国家统计局公报及年鉴。

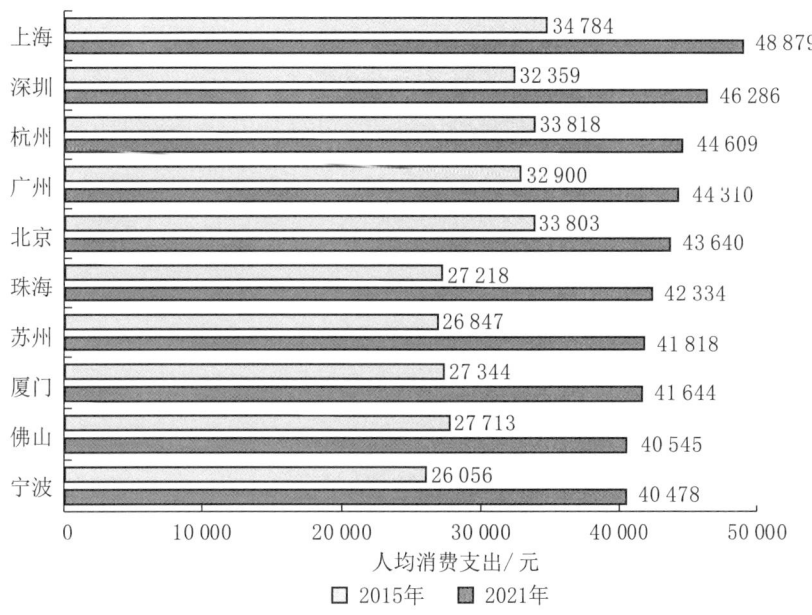

图 5-5　人均消费支出前 10 城市(按 2021 年排名)

数据来源:国家统计局公报及年鉴。

均消费支出榜首城市的地位(图5-5)。

2021年,上海实现社会消费品零售总额1.8万亿元,较2020年的社会消费品零售总额1.5万亿元又大大前进了一步,增长幅度也由2020年的0.5%的微涨发展为2021年13.5%的大涨,消费规模继续位居全国城市首位,继续保持中国消费第一城

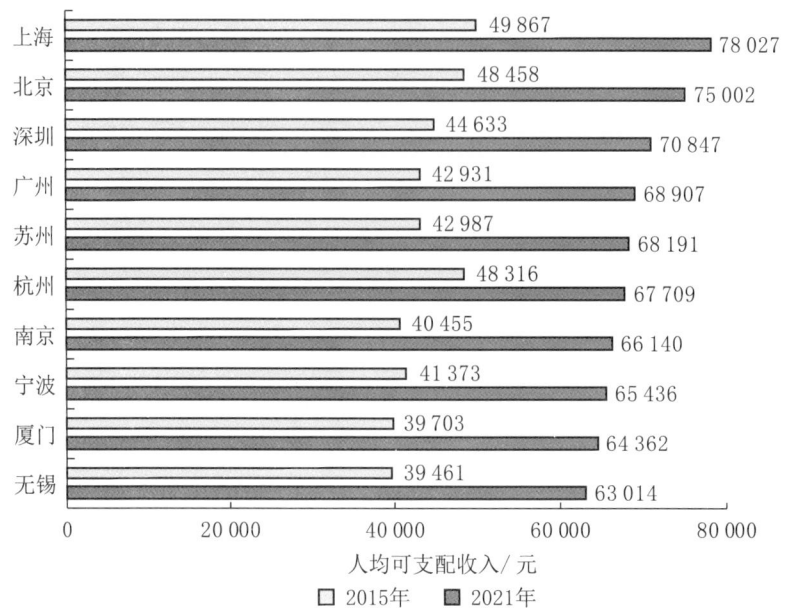

图 5-6　人均可支配收入前 10 城市(按 2021 年排名) [1]

数据来源:国家统计局公报及年鉴。
资料来源:转载自桐欣、刘展超,"十组图表看这十年",第一财经日报,2022-10-14。

的地位。如果将时间长度拉长至十年,我们会惊奇地发现,上海社会消费品零售总额在十年间翻了一番。消费毋庸置疑地成为拉动上海经济增长的第一动力。具体而言,2021 年,上海商品销售总额跃升至 16.3 万亿元,是 2012 年的 2.3 倍;电子商务交易额 3.24 万亿元,是 2012 年的 4 倍。

二、2021 年疫情变化中的上海商业

2021 年是新冠疫情暴发的第二个年头,相较于 2020 年突如其来新冠疫情对商业的猛烈冲击而言,这一年的疫情相对平缓,商业对于常态化疫情的应变能力逐渐增强,人们对于疫情后商业强劲复苏、消费报复性反弹的期待日益强化,与 2020 年相比,商业"扩张"替代了商业"收缩",但商业还远未达到"完全恢复",离商业"全面复苏"尚存距离,可以这么说:商业正在走向全面复苏的路上。如果没有 2022 年上半年的新冠疫情,如果没有 2022 年上半年上海经历的一个艰难的春天,或许上海的商业发展会有所不同。因此,当描述 2021 年的上海商业时我们感慨万千,我们以"写真"的方式勾勒出上海商业的全貌。

---

[1] 广州等个别城市的数据,分城镇居民和乡村居民收入两类公布,表中数据是加总测算。

2022年3月15日,上海市统计局发布了《2021年上海市国民经济和社会发展统计公报》,公报显示:2021年上海社会消费品零售总额达到18 079.25亿元,比2020年增长13.5%;商品销售总额为16.28万亿元,比2020年增长16.5%;批发和零售业增加值5 554.03亿元,比2020年增长8.4%;批发销售额14.62万亿元,增长率为16.9%;无店铺零售额3 738.79亿元,增长18.0%;网上商店零售额3 365.78亿元,增长率为20.8%,占社会消费品零售总额的比重为18.6%。[1] 具体细分如表5-1所示。

表5-1 2021年社会消费品零售总额及其增长速度

指　　标	绝对值/亿元	比上年增长/%
社会消费品零售总额	18 079.25	13.5
♯批发和零售业	16 623.32	12.7
住宿和餐饮业	1 455.93	22.7
♯国有	66.99	13.1
私营	3 770.50	6.6
股份有限公司	413.17	9.1
港澳台商投资	4 486.13	21.9
外商投资	4 769.41	21.4
♯无店铺零售额	3 738.79	18.0
♯网上商店零售额	3 365.78	20.8

资料来源:上海市统计局,《2021年上海市国民经济和社会发展统计公报》。

社会消费品零售总额是对商业消费数据的真实描述,从公报公布的数据来看,2021年上海商业的恢复态势还是较令人满意的,但如果具体到全年的不同时段,我们会发现,这种复苏的态势依次递减,强度逐渐减弱,明显呈现出前高后低的走势,更有甚者,2021年下半年的个别月份出现了负增长的情形,主要还是下半年疫情的多点零星散发所致。

2021年,上海商业市场活跃度继续稳居全国之首。商业市场存量盘活、增量井喷。上海商业存量继续居一线城市之首,商业增量市场迎来"爆发"态势,购物中心客流指数和商圈客流指数均位列全国第一。首店经济蓬勃发展,2021年上海全市新开首店1 078家,同比增长18.6%,继续领先全国,创历史新高。所有这些都可解读为人们商业信心的恢复、社会商业布局的重启。但我们不能不看到,在商业整体复苏的过程中,存在不平衡、不充分的问题,某些传统业态业绩出现"滑铁卢"现象,如大卖场、标准商超等,2021年大卖场、标准商超的销售量均较上一年下降10%以上,这固然有疫情的缘故,更需反思经营。

---

[1] 上海市统计局,《2021年上海市国民经济和社会发展统计公报》。

通过对2021年上海商业的再度描述,再次印证了我们在2020年的基本判断,那就是商业复苏步履艰难,消费修复进程曲折。或许我们将经历如下的经济修复过程,并遵循如下的消费修复规律:消费重挫—消费逐步修复—消费停止—消费再恢复,类似于"西班牙流感"后消费恢复的情形,虽然历史不会简单重复,但其中的内生机理还是相似的,其中的基本规律依然可循可探。

第二节 上海商业发展思考

一、消费信心是商业恢复的前提

思考商业发展,消费是个永远绕不过去的问题。提振商业,必须提振消费,必须让人们重拾消费信心。疫情这三年,人们的消费信心受到了极大的打击,消费预期降至前所未有的低点。来自东方财富网的数据显示,自2020年疫情全面暴发之时,衡量消费的三大指数(消费者信心指数、消费者满意指数、消费者预期指数)全面崩塌,绝对值、同比、环比下降。2021年2月起,数据才逐渐"翻红"。到了2021年10月,随着疫情的反复,三大指数再现"滑铁卢"现象。指数下降惨烈程度远超2008年9月全球金融危机,以及2018年3月中美贸易战对消费造成的重大影响(图5-7)。

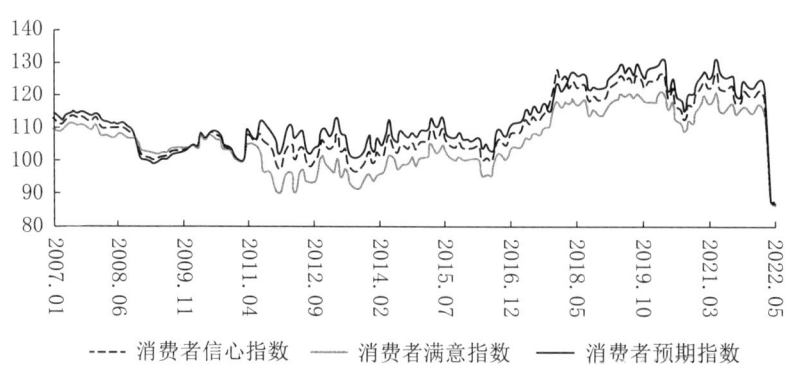

图5-7 2017—2022年中国消费者信心指数

资料来源:东方财富网数据中心(Choice 金融终端)历年数据,http://data.eastmoney.com/cjsj/xfzxx.html。

三大消费者指数反映的是消费者对经济环境、经济前景,自身收入水平、收入预期,以及消费心理状态的主观感受,是预测经济走势和消费趋向的一个先行指标[1],可以用来作为判断商业是否繁荣的依据。

---

[1] 钟厦.向信心指数要利润:2008,营销路在何方?[J].现代营销(学苑版),2008(02):20-23。

表 5-2 2010年10月份至2022年5月份中国消费者信心指数

时间	消费者信心指数			消费者满意指数			消费者预期指数		
	指数值	同比增长/%	环比增长/%	指数值	同比增长/%	环比增长/%	指数值	同比增长/%	环比增长/%
2022.05	86.80	-28.74	0.12	86.20	-25.95	-0.35	87.7	-30.06	1.04
2022.04	86.70	-28.64	-23.41	86.50	-24.72	-21.65	86.8	-31.06	-25.30
2022.03	113.20	-7.36	-6.06	110.40	-4.33	-4.25	116.2	-8.29	-6.21
2022.02	120.50	-5.12	-0.82	115.30	-4.71	-1.45	123.9	-5.42	-0.48
2022.01	121.50	-1.06	1.42	117.00	-0.85	1.30	124.5	-1.19	1.47
2021.12	119.80	-1.88	0.25	115.50	-1.53	0.70	122.7	-2.00	0.08
2021.11	119.50	-3.63	-0.58	114.70	-4.10	-1.21	122.6	-3.46	-0.24
2021.10	120.20	-1.23	-0.83	116.10	-0.43	-0.17	122.9	-1.84	-1.29
2021.09	121.20	0.58	3.15	116.30	1.13	0.95	124.5	0.24	4.62
2021.08	117.50	0.95	-0.25	115.20	3.97	1.05	119	-0.92	-1.16
2021.07	117.80	0.51	-4.07	114.00	1.88	-2.98	120.4	-0.17	-4.67
2021.06	122.80	9.06	0.82	117.50	7.90	0.95	126.3	9.73	0.72
2021.05	121.80	5.18	0.25	116.40	4.58	1.31	125.4	5.56	-0.40
2021.04	121.50	4.38	-0.57	114.90	2.32	-0.43	125.9	5.53	-0.63
2021.03	122.20	0.00	-3.78	115.40	-2.04	-4.63	126.7	1.20	-3.28
2021.02	127.00	6.81	3.42	121.00	4.85	2.54	131	8.09	3.97
2021.01	122.80	-2.85	0.57	118.00	-1.67	0.60	126	-3.60	0.64
2020.12	122.10	-3.55	-1.53	117.30	-2.82	-1.92	125.2	-4.13	-1.42
2020.11	124.00	-0.48	1.89	119.60	1.36	2.57	127	-1.47	1.44
2020.10	121.70	-2.09	1.00	116.60	-1.02	1.39	125.2	-2.57	0.81
2020.09	120.50	-2.90	3.52	115.00	-2.71	3.79	124.2	-2.97	3.41
2020.08	116.40	-4.90	-0.68	110.80	-6.02	-0.98	120.1	-4.23	-0.41
2020.07	117.20	-5.79	4.09	111.90	-6.36	2.75	120.6	-5.49	4.78
2020.06	112.60	-10.56	-2.76	108.90	-9.70	-2.16	115.1	-11.05	-3.11

(续表)

时间	消费者信心指数			消费者满意指数			消费者预期指数		
	指数值	同比增长/%	环比增长/%	指数值	同比增长/%	环比增长/%	指数值	同比增长/%	环比增长/%
2020.05	115.80	-6.16	-0.52	111.30	-6.55	-0.89	118.8	-5.86	-0.42
2020.04	116.40	-7.10	-4.75	112.30	-6.65	-4.67	119.3	-7.30	-4.71
2020.03	122.20	1.53	2.78	117.80	-1.34	2.08	125.2	-1.57	3.30
2020.02	118.90	-5.63	-5.93	115.40	-4.63	-3.83	121.2	-6.26	-7.27
2020.01	126.40	2.18	-0.16	120.00	1.35	-0.58	130.7	2.75	0.08
2019.12	126.60	2.93	1.61	120.70	2.12	2.29	130.6	3.40	1.32
2019.11	124.60	2.05	0.24	118.00	0.60	0.17	128.9	2.87	0.31
2019.10	124.30	4.37	0.16	117.80	2.97	-0.34	128.5	5.07	0.39
2019.09	124.10	4.73	1.39	118.20	4.14	0.25	128	5.00	2.07
2019.08	122.40	3.20	-1.61	117.90	3.60	-1.34	125.4	2.87	-1.72
2019.07	124.40	3.93	-1.19	119.50	3.46	-0.91	127.6	4.16	-1.39
2019.06	125.90	6.51	2.03	120.60	6.07	1.26	129.4	6.77	2.54
2019.05	123.40	0.41	-1.52	119.10	0.85	-1.00	126.2	0.08	-1.94
2019.04	125.30	1.95	0.97	120.30	2.38	0.75	128.7	1.74	1.18
2019.03	124.10	1.47	-1.51	119.40	1.96	-1.32	127.2	1.19	-1.62
2019.02	126.00	1.61	1.86	121.00	1.68	2.20	129.3	1.49	1.65
2019.01	123.70	1.14	0.57	118.40	1.02	0.17	127.2	1.19	0.71
2018.12	123.00	-2.30	0.74	118.20	0.51	0.77	126.3	3.02	0.80
2018.11	122.10	-2.01	2.52	117.30	0.86	2.53	125.3	3.30	2.45
2018.10	119.10	-6.66	0.51	114.40	-3.38	0.79	122.3	-1.29	0.33
2018.09	118.50	-2.79	-0.08	113.50	-0.18	-0.26	121.9	2.78	0.00
2018.08	118.60	0.85	-0.92	113.80	3.27	-1.47	121.9	6.28	-0.49
2018.07	119.70	4.45	1.27	115.50	4.62	1.58	122.5	4.34	1.07
2018.06	118.20	4.32	-3.82	113.70	4.79	-3.73	121.2	4.12	-3.89

(续表)

时间	消费者信心指数			消费者满意指数			消费者预期指数		
	指数值	同比增长/%	环比增长/%	指数值	同比增长/%	环比增长/%	指数值	同比增长/%	环比增长/%
2018.05	122.90	9.73	0.00	118.10	9.45	0.51	126.1	9.94	−0.32
2018.04	122.90	8.38	0.49	117.50	8.00	0.34	126.5	8.68	0.64
2018.03	122.30	10.18	−1.37	117.10	10.26	−1.60	125.7	10.07	−1.33
2018.02	124.00	10.12	1.39	119.00	10.90	1.54	127.4	9.64	1.35
2018.01	122.30	12.00	−2.86	117.20	12.26	−0.34	125.7	11.83	2.53
2017.12	125.90	16.14	1.04	117.60	13.40	1.12	122.6	9.96	1.07
2017.11	124.60	14.73	−2.35	116.30	11.51	−1.77	121.3	8.79	−2.10
2017.10	127.60	19.03	4.68	118.40	15.40	4.13	123.9	12.43	4.47
2017.09	121.90	16.54	3.66	113.70	13.47	3.18	118.6	10.22	3.40
2017.08	117.60	11.36	2.62	110.20	8.46	−0.18	114.7	5.91	−2.30
2017.07	114.60	7.30	1.15	110.40	7.92	1.75	117.4	6.92	0.86
2017.06	113.30	10.11	1.16	108.50	9.49	0.56	116.4	10.33	1.48
2017.05	112.00	12.22	−1.23	107.90	13.34	−0.83	114.7	11.58	−1.46
2017.04	113.40	12.28	2.16	108.80	13.93	2.45	116.4	11.17	1.93
2017.03	111.00	11.00	−1.42	106.20	11.91	−1.03	114.2	10.44	−1.72
2017.02	112.60	7.85	3.11	107.30	6.55	2.78	116.2	8.70	3.38
2017.01	109.20	5.00	0.74	104.40	4.09	0.68	112.4	5.44	0.81
2016.12	108.40	4.53	−0.18	103.70	3.08	−0.58	111.5	5.39	0.00
2016.11	108.60	4.32	1.31	104.30	4.09	1.66	111.5	4.60	1.18
2016.10	107.20	3.28	2.49	102.60	2.70	2.40	110.2	3.57	2.42
2016.09	104.60	−0.95	−0.95	100.20	−0.89	−1.38	107.6	−0.83	−0.65
2016.08	105.60	1.54	−1.12	101.60	1.91	−0.68	108.3	1.40	−1.37
2016.07	106.80	2.22	3.79	102.30	1.51	3.23	109.8	2.64	4.08
2016.06	102.90	−2.50	3.11	99.10	−2.63	4.10	105.5	−2.31	2.63

(续表)

时间	消费者信心指数			消费者满意指数			消费者预期指数		
	指数值	同比增长/%	环比增长/%	指数值	同比增长/%	环比增长/%	指数值	同比增长/%	环比增长/%
2016.05	99.80	−9.19	−1.19	95.20	−8.99	−0.31	102.8	−9.35	−1.81
2016.04	101.00	−6.13	1.00	95.50	−7.01	0.63	104.7	−5.59	1.26
2016.03	100.00	−6.63	−4.21	94.90	−7.23	−5.76	103.4	−6.26	−3.27
2016.02	104.40	−4.92	0.38	100.70	−4.19	0.40	106.9	−5.40	0.28
2016.01	104.00	−1.61	0.29	100.30	−0.50	−0.30	106.6	−2.20	0.76
2015.12	103.70	−1.98	−0.38	100.60	−0.30	0.40	105.8	−3.02	−0.75
2015.11	104.10	−1.33	0.29	100.20	−0.10	0.30	106.6	−2.20	0.19
2015.10	103.80	0.39	−1.70	99.90	2.15	−1.19	106.4	−0.75	−1.94
2015.09	105.60	0.19	1.54	101.10	0.20	1.40	108.5	0.09	1.59
2015.08	104.00	0.19	−0.46	99.70	0.71	−1.07	106.8	−0.19	−0.17
2015.07	104.48	0.08	−1.00	100.78	1.90	−0.98	106.98	−0.94	−0.94
2015.06	105.54	0.80	−3.97	101.78	3.43	−2.70	108	−0.83	−4.76
2015.05	109.90	7.43	2.14	104.60	7.50	1.85	113.4	7.39	2.25
2015.04	107.60	2.67	0.47	102.70	1.78	0.39	110.9	3.26	0.54
2015.03	107.10	−0.74	−2.46	102.30	0.99	−2.66	110.3	−1.78	−2.39
2015.02	109.80	6.50	3.88	105.10	7.91	4.27	113	5.61	3.67
2015.01	105.70	4.55	−0.09	100.80	5.66	−0.10	109	3.81	−0.09
2014.12	105.80	3.42	0.28	100.90	5.65	0.60	109.1	2.15	0.09
2014.11	105.50	6.67	2.03	100.30	7.50	2.56	109	6.13	1.68
2014.10	103.40	0.49	−1.90	97.80	1.88	−3.07	107.2	−0.28	−1.11
2014.09	105.40	5.61	1.54	100.90	7.11	1.92	108.4	4.73	1.31
2014.08	103.80	6.13	−0.57	99.00	7.49	0.10	107	5.31	−0.93
2014.07	104.40	7.41	−0.29	98.90	8.21	0.51	108	6.93	−0.83
2014.06	104.70	7.54	2.35	98.40	7.31	1.13	108.9	8.36	3.13

(续表)

时 间	消费者信心指数			消费者满意指数			消费者预期指数		
	指数值	同比增长/%	环比增长/%	指数值	同比增长/%	环比增长/%	指数值	同比增长/%	环比增长/%
2014.05	102.30	3.33	−2.39	97.30	4.18	−3.57	105.6	2.82	−1.68
2014.04	104.80	1.06	−2.87	100.90	3.91	−0.39	107.4	−0.65	−4.36
2014.03	107.90	5.17	4.66	101.30	7.20	4.00	112.3	4.08	4.95
2014.02	103.10	−4.71	1.98	97.40	−3.18	2.10	107	−5.56	1.90
2014.01	101.10	−3.25	−1.17	95.40	−0.73	−0.10	105	−4.63	−1.69
2013.12	102.30	−1.35	3.44	95.50	−2.35	2.36	106.8	−0.74	3.99
2013.11	98.90	−5.90	−3.89	93.30	−5.38	−2.81	102.7	−6.12	−4.47
2013.10	102.90	−2.98	3.11	96.00	−5.10	1.91	107.5	−1.67	3.86
2013.09	99.80	−1.03	2.04	94.20	−1.92	2.28	103.5	−0.52	1.87
2013.08	97.80	−1.62	0.62	92.10	−0.92	0.77	101.6	−2.04	0.59
2013.07	97.20	−1.02	0.21	91.40	−2.04	−0.33	101	−0.49	0.50
2013.06	97.00	−2.32	−2.02	91.70	−1.71	−1.82	100.5	−2.62	−2.14
2013.05	99.00	−4.97	−4.53	93.40	−3.85	−3.81	102.7	−5.67	−5.00
2013.04	103.70	0.68	1.07	97.10	2.53	2.75	108.1	−0.37	0.19
2013.03	102.60	2.55	−5.18	94.50	4.71	−6.06	107.9	1.24	−4.77
2013.02	108.20	3.03	3.54	100.60	4.63	4.68	113.3	2.14	2.91
2013.01	104.50	0.56	0.77	96.10	0.29	−1.74	110.1	0.72	2.32
2012.12	103.70	3.23	−1.33	97.80	4.96	−0.81	107.6	2.16	−1.65
2012.11	105.10	8.32	−0.91	98.60	9.54	−2.53	109.4	7.56	0.07
2012.10	106.06	5.56	5.17	101.16	10.19	5.33	109.33	2.90	5.08
2012.09	100.84	−2.44	1.44	96.04	0.94	3.32	104.05	−4.41	0.32
2012.08	99.41	−5.32	1.23	92.95	−4.07	−0.37	103.71	−6.06	2.18
2012.07	98.20	−7.01	−1.11	93.30	−3.01	0.00	101.5	−9.21	−1.65
2012.06	99.30	−8.14	−4.68	93.30	−9.59	−3.95	103.2	−7.36	−5.21

(续表)

时 间	消费者信心指数			消费者满意指数			消费者预期指数		
	指数值	同比增长/%	环比增长/%	指数值	同比增长/%	环比增长/%	指数值	同比增长/%	环比增长/%
2012.05	104.18	−1.53	1.14	97.14	−7.13	2.58	108.87	2.13	0.34
2012.04	103.00	−3.38	2.95	94.70	−9.90	4.93	108.5	0.93	1.81
2012.03	100.04	−7.02	−4.73	90.25	−13.84	−6.14	106.57	−2.52	−3.93
2012.02	105.02	5.42	1.05	96.15	−3.39	0.34	110.93	11.32	1.48
2012.01	103.92	4.02	3.44	95.82	−3.99	2.83	109.31	9.31	3.79
2011.12	100.46	0.06	3.53	93.18	−6.91	3.52	105.32	4.69	3.55
2011.11	97.03	−5.69	−3.42	90.01	−12.18	−1.95	101.71	−1.35	−4.27
2011.10	100.47	−3.16	−2.81	91.80	−10.95	−3.52	106.25	2.03	−2.39
2011.09	103.37	−0.70	−1.55	95.15	−8.02	−1.81	108.85	4.18	−1.40
2011.08	105.00	−2.14	−0.57	96.90	−8.76	0.73	110.4	2.32	−1.25
2011.07	105.60	−2.04	−2.31	96.20	−9.59	−6.78	111.8	2.95	0.36
2011.06	108.10	−0.37	2.17	103.20	−4.27	−1.34	111.4	2.30	4.50
2011.05	105.80	−2.04	−0.75	104.60	−2.88	−0.48	106.6	−1.48	−0.84
2011.04	106.60	0.00	−0.93	105.10	−1.04	0.33	107.5	0.66	−1.67
2011.03	107.60	−0.28	8.01	104.75	−2.56	5.26	109.32	1.04	9.71
2011.02	99.62	−4.39	−0.28	99.52	−4.03	−0.28	99.65	−4.64	−0.35
2011.01	99.90	−4.58	−0.50	99.80	−4.77	−0.30	100	−4.40	−0.60
2010.12	100.40	−3.39	−2.42	100.10	−3.54	−2.33	100.6	−3.25	−2.43
2010.11	102.89	−0.43	−0.83	102.49	−1.26	−0.58	103.1	0.11	−100
2010.10	103.75	0.52	−0.34	103.09	−0.91	−0.34	104.14	1.46	−0.33
2010.09	104.10	1.27	−2.98	103.44	−0.23	−2.60	104.49	2.25	−3.16
2010.08	107.30	4.48	−0.46	106.20	2.31	−0.19	107.9	5.83	−0.64
2010.07	107.80	5.56	−0.65	106.40	2.74	−1.30	108.6	7.37	−0.28

(续表)

时间	消费者信心指数			消费者满意指数			消费者预期指数		
	指数值	同比增长/%	环比增长/%	指数值	同比增长/%	环比增长/%	指数值	同比增长/%	环比增长/%
2010.06	108.50	7.45	0.46	107.80	5.42	0.09	108.9	8.78	0.65
2010.05	108.00	6.76	1.31	107.70	5.20	1.41	108.2	7.83	1.31
2010.04	106.60	6.06	−1.20	106.20	4.34	−1.21	106.8	7.18	−1.29
2010.03	107.90	7.55	3.55	107.50	5.01	3.66	108.2	9.34	3.54
2010.02	104.20	3.19	−0.48	103.70	1.06	−1.05	104.5	4.63	−0.10
2010.01	104.70	3.40	0.75	104.80	1.78	0.99	104.6	4.49	0.60
2009.12	103.92	2.09	0.57	103.78	0.56	−0.02	103.98	3.05	0.96
2009.11	103.33	−1.78	0.11	103.80	−2.17	−0.23	102.99	−1.54	0.34
2009.10	103.22	−4.34	0.41	104.04	−2.59	0.34	102.64	−5.40	0.45
2009.09	102.80	−5.61	0.09	103.68	−3.10	−0.11	102.18	−7.19	0.23
2009.08	102.70	−6.04	0.57	103.80	−3.17	0.23	101.95	−7.82	0.80
2009.07	102.12	−7.33	1.13	103.56	−4.11	1.28	101.15	−9.37	1.04
2009.06	100.97	−8.04	−0.18	102.25	−5.06	−0.12	100.11	−9.97	−0.23
2009.05	101.16	−8.03	0.65	102.37	−4.50	0.58	100.34	−10.17	0.69
2009.04	100.51	−8.38	0.19	101.78	−4.97	−0.58	99.65	−10.47	0.70
2009.03	100.32	−9.05	−0.65	102.37	−5.03	−0.23	98.96	−11.57	−0.92
2009.02	100.97	−8.20	−0.28	102.61	−4.64	−0.35	99.88	−10.42	−0.23
2009.01	101.25	−9.27	−0.54	102.97	−5.01	−0.23	100.11	−11.88	−0.78
2008.12	101.80	−9.99	−3.23	103.20	−6.78	−2.73	100.9	−11.95	−3.54
2008.11	105.20	−6.07	−2.50	106.10	−3.02	−0.66	104.6	−8.00	−3.59
2008.10	107.90	−4.17	−0.92	106.80	−2.82	−0.19	108.5	−5.07	−1.45
2008.09	108.90	−3.71	−0.37	107.00	−3.17	−0.19	110.1	−4.01	−0.45

稳经济必先稳消费者信心,保消费主体才能保市场主体,才能繁荣商业市场。

二、提振消费是商业繁荣的基础

提振消费需要理念先行;提振消费需要观念改变;提振消费需要科学谋划;提振消费需要路径依赖;提振消费需要政策助力;提振消费需要多措并举。我们要重视消费对国民经济的拉动作用,重视消费在商业繁荣中的基础地位作用,但并不能因此无限扩大消费的功能,把消费认为是万能的工具,看作拯救当下商业的唯一良方,从而陷入消费主义泥潭,误入消费驱动怪圈(特指消费单轮驱动经济),高奏消费主张旋律。我们必须清醒地认识到消费不是万能的,但离开消费又是万万不能的。

商业恢复怎么做？商业繁荣怎么促？对上述两个问题的回答需要我们重新审视消费过程、生产过程、流通过程;需要我们厘清四组关系:需求导向和供给引领;企业中心和客户中心;商品销售和生活售卖;生产商品和生产商群。

1. 需求导向和供给引领

供给与需求是一对孪生姐妹,互相依存、互相成就、互相联系、互相作用、互相制约。需求需要供给来满足,供给又创造新的需求。如果说传统的消费是"单向发力"的,要么来自供给端,抑或来自需求端,那么高质量消费一定是"双向共力""双侧改革",以创新驱动引领供给、创造需求、满足需求、提升需求。

2. 企业中心和客户中心

相较于计划经济年代一切以企业为中心,企业生产什么,顾客必须照单全收,没有任何回旋余地;市场经济崇尚的是一切以消费者为中心,消费者有求,企业必有应,从企业自身需求出发的4P定律让位于从顾客需求出发的4C定律。尤其在今天严峻的商业形势下,我们更需要"一切为了客户""为了客户的一切""为了一切的客户"。

3. 商品销售和生活售卖

不同于以往的销售模式注重于商品本身的"实用"功能,开发的是商品既有的"物质"属性;现代的销售模式则超越了商品本身的"物质"属性,向商品潜在的"精神"属性过渡,现今消费的是商品背后的文化、情感、精神寄托与追求,甚至于这种商品背后的非商品因素远远超越商品本身,妥妥地属于生活方式的"售卖"。

4. 生产商品和生产商群

从以消费者为中心出发,到生活方式的售卖,我们可以意识到,今天的生产不只是简单的产品生产,今天的生产会诞生出不同的商群。虽然"物以类聚、人以群分"仍然适用,但流向发生了些许的变动,不再"人随物动",而是"物随人动","人"是一切的中心,"物"永远是从属地位、次要地位。于是出现了"懒人一族""银领一族""奶爸一族""瘦身一族""妈妈一族",出现了"新人类""Z世代"……我们需要研究这些不同商群的特殊族消费习惯,迎合并满足这些不同商群的特殊族群需求。

总之,消费是个值得研究的问题,也是一个需要深耕的领域,抓住了消费这个"牛鼻子",商业繁荣的明天才会到来,为此我们还需努力。

参 考 文 献

[1] TAPSCOTT D. The Digital Economy：Promise and Peril in the Age of Networked Intelligence[M]. New York：McGrawHill，1995.

[2] NEGROPONTE N. Being Digital[M]. Random House Inc，1995.

[3] KIM B，BARUA A，WHINSTON A B. Virtual Field Experiments for a Digital Economy：A New Research Methodology for Exploring an Information Economy[J]. Decision Support Systems，2002，32(3)：215—231.

[4] 彭刚,朱莉,陈榕.SNA 视角下我国数字经济生产核算问题研究[J].统计研究，2021，38(7)：19-31.

[5] 杨芬,李延罡.数字辽宁发展现状及建议[J].合作经济与科技,2022(5):18-21.

[6] 徐朝威.产业数字化背景下的数字商务税收治理研究[J].税务研究,2021(11):74-78.

[7] 刘旖旎.上海电子商务发展现状与特点分析[J].统计科学与实践,2018(12):33-36.

[8] 涂佳.电商企业网络营销的问题及对策探寻[J].中国储运,2022(8):157-158.

[9] 吴卫群.开放热土热盼"进博时间"到来[N].解放日报,2021-11-03(01).

[10] 杨青.主流媒体直播带货的特点及发展走向[J].西部广播电视,2020(16):31-33.

[11] 刘玉.财经动态[J].国际融资,2012(1):72-73.

[12] 朱俏俏,谢潇,罗蓉.技术创新语境下的知识产权保护难点分析：以我国"互联网＋"新商业模式为视角分析[J].商,2016(32):253.

[13] 曲亚楠.4P及4C在企业市场营销中的应用研究[J].商场现代化,2020(13):6-8.

[14] 沈伟民.疯狂的直播经济 炙热的地摊经济[J].经理人,2020(7):18-32.

[15] 曹孟熙.粉丝经济时代网络直播营销方略[J].营销界,2021(Z6):8-10.

[16] MASLOW A H. A Theory of Human Motivation.[J]. Psychological Review,1943(4):370-396.

[17] 沈薇.网络直播带货中弹幕对消费者购买意愿的影响研究[D].昆明:云南财经大学,2022.

[18] 黄维."歪果仁研究协会"短视频的文化传播研究[J].湖北科技学院学报,2021,41(6):69-73.

[19] 王高,张锐.直播带货:昙花一现还是大势所趋[J].全球商业经典,2021(1):86-91.